STA

CHIARA SINATRA (a cura di)

STAMPA E REGIMI

STUDI SU *LEGIONI E FALANGI/LEGIONES Y FALANGES* UNA *RIVISTA D'ITALIA E DI SPAGNA*

PETER LANG
BERN · BERLIN · BRUXELLES · FRANKFURT AM MAIN · NEW YORK · OXFORD · WIEN

Bibliographic information published by die Deutsche Nationalbibliothek
Die Deutsche Nationalbibliothek lists this publication in the Deutsche Nationalbibliografie; detailed bibliographic data is available on the Internet at ‹http://dnb.d-nb.de›.

British Library Cataloguing-in-Publication Data: A catalogue record for this book is available from The British Library, Great Britain

Library of Congress Cataloging-in-Publication Data

La pubblicazione di questo volume è stata finanziata dall'Università degli Studi di Palermo con i fondi dell'ex Dipartimento di Letterature e Culture Europee (DILCE) e il fondo FFR-programma di Ricerca 2012-ATE-0274 dal titolo: Stampa e regimi. Legiones y Falanges/Legioni e Falangi. Rivista d'Italia e di Spagna (1940-1943): catalogazione e approssimazione critica linguistico-letteraria. CUP (Codice Unico Progetto) B71J12001610001 Coordinatore Scientifico del programma di Ricerca: Floriana Di Gesù. Membri del gruppo di ricerca: Floriana Di Gesù, Assunta Polizzi, Carla Prestigiacomo, Chiara Sinatra.

ISBN 978-3-0343-1621-7 br.   ISBN 978-3-0351-0845-3 eBook

This publication has been peer reviewed.

Hochfeldstrasse 32, CH-3012 Bern, Switzerland
info@peterlang.com, www.peterlang.com

Printed in Switzerland

Indice generale

Presentazione

Chiara Sinatra

I saggi che costituiscono questo volume sono il risultato di un approccio critico su più versanti a *Legioni e Falangi. Rivista d'Italia e di Spagna/ Legiones y Falanges. Revista mensual de Italia y de España* condotto con il fine di recuperare i paradigmi culturali dei totalitarismi che questa pubblicazione raccolse e di cui si fece espressione. La rivista fu, infatti, il risultato di un preciso progetto politico-culturale volto a vincolare l'Italia fascista – pronta a entrare nella seconda guerra mondiale – con la Spagna franchista *posbélica.* Un'unione resa possibile oltre che – comprensibilmente – dalla comune base ideologica, anche dal linguaggio e dai temi che permeano l'ambiente politico e sociale ricreato dalla rivista. Sebbene in letteratura vi sia testimonianza dell'impegno profuso dai due regimi nel realizzare questo progetto editoriale bilingue grazie all'intervento di intellettuali di indubbio calibro di entrambi i paesi che legarono la loro firma a *Legioni e Falangi/Legiones y Falanges*, la bibliografia sull'argomento è assai limitata, soprattutto in Italia, mentre in Spagna si registrano alcune esperienze di riflessione parziale su questa pubblicazione. Il patrimonio bibliotecario italiano e quello spagnolo a tutt'oggi sono carenti della digitalizzazione e catalogazione della rivista, sebbene essa sia reperibile lacunosa nell'edizione italiana presso la Biblioteca Nazionale (2 numeri) e la Biblioteca di Storia Moderna e Contemporanea di Roma (30 numeri); è invece completa (33 numeri) presso la Biblioteca della Fondazione Casa Oriani di Ravenna, da cui proviene il *corpus* catalogato dal gruppo di ricerca. La versione digitalizzata dell'edizione italiana completa è attualmente disponibile in linea sul sito della South Florida University Library. L'edizione spagnola cartacea completa si trova invece presso la Biblioteca Nacional di Madrid – dove è stata reperita – ed è presente con pochi numeri presso l'Hemeroteca Municipal del Ayuntamiento di Madrid. Dal catalogo *on line* risulta, infine, un'edizione completa di *Legiones y Falanges* presso la Biblioteca della Universidad de Castilla – La Mancha.

Quello che presentiamo qui è, dunque, il primo studio monografico complessivo mai realizzato su *Legioni e Falangi/Legiones y Falanges,* reso possibile dall'acquisizione del *corpus* da parte del gruppo di ricerca che ha operato una prima catalogazione di entrambe le edizioni.[1] La visione trasversale proposta dai saggi contenuti in questo volume permette tra l'altro di seguire l'evoluzione della vicenda editoriale di *Legioni e Falangi/Legiones y Falanges* e di interpretare perfettamente i mutamenti storici e politico-culturali che ne condizionarono l'uscita. Attraverso i contributi redatti in italiano e in spagnolo che qui si presentano, si vuole offrire, a chi si appresta alla rilettura di questa *Rivista d'Italia e di Spagna*, la visione storica, artistica, letteraria, linguistica e sociologica cui fece capo quel progetto editoriale, mentre il bilinguismo di questo libro trae ispirazione da quello già proprio della rivista.

Al fine di snellire la lettura dei riferimenti bibliografici del *corpus* citato in ogni studio, si è scelto il seguente criterio: *Legioni e Falangi*: *L/F*, numero, anno editoriale, anno, pagine; *Legiones y Falanges*: *Ls/Fs*, numero, anno editoriale, anno, pagine.

I. Le «Note su un'iniziativa editoriale di regime», a cura di chi scrive, cercano di chiarire – senza alcuna pretesa di esaustività – in che contesto politico s'inquadra la nascita della pubblicazione oggetto del nostro studio, ripercorrendo per grandi linee la traiettoria dell'atteggiamento assunto dal regime fascista e da quello franchista riguardo alla propaganda all'estero attraverso la stampa. Inoltre, il saggio raccoglie i primi esiti della ricostruzione della vicenda editoriale e politica che si presume portò alla scissione, nel maggio del 1941, della redazione di *Legioni e Falangi* da quella di *Legiones Falanges*, fino al sesto numero riunite nella sede romana della Garzanti. Segue una breve descrizione della struttura della rivista con particolare riferimento alle rubriche speculari che si ritrovavano in entrambe le edizioni.

---

1 Per i dettagli si veda più avanti, alla sezione *Catalogo* a cura di Assunta Polizzi.

Attraverso lo studio della grafica e delle fotografie – a partire dalle immagini delle copertine – Alina Navas nel suo saggio dal titolo «Gráfica y totalitarismo. El caso de la revista *Legiones y Falanges*» compara le due edizioni della rivista con altre pubblicazioni coeve èdite sia dai servizi di propaganda del primo franchismo sia da quelli dell'ultimo fascismo in cui, nonostante conviva un modello comune, si apprezzano importanti differenze nei temi e nelle forme in cui essa si articola.

Le relazioni culturali e politiche tra la Spagna e l'Italia si concretizzarono in quegli anni attraverso informazioni di natura diversa, è quanto sostiene Rosa Mateu Serra nel saggio «*Legiones y Falanges*: una aproximación a los anuncios pubblicitarios», il cui proposito è di avviare un'analisi della sezione dedicata agli annunci pubblicitari, in cui – in maniera più o meno esplicita – si delineano aspetti che possono fornire dati interessanti specialmente per ciò che riguarda la vita quotidiana dell'epoca: tipologia dei prodotti pubblicizzati, tipo di pubblico a cui ci si rivolge, valori trasmessi, etc. In effetti, tra queste pagine si può ritrovare una forma di persuasione diretta a un pubblico cui si pretende trasmettere o inculcare una serie di valori imperanti o che si cerca di perpetuare.

A partire dall'idea originaria di una rivista che presentasse i medesimi contenuti in edizione bilingue, come era quella alla base del progetto editoriale di *Legioni e Falangi/Legiones y Falanges*, nel contributo «La traduzione come specchio identitario in *Legioni e Falangi/Legiones y Falanges*» – a firma della curatrice del volume – si vuole intendere la traduzione innanzitutto in un'ottica meta- testuale come fatto culturale che permette alla rivista di esistere attraverso la pubblicazione simultanea nelle due lingue e in accordo con l'apparato ideologico dei due regimi. La catalogazione del *corpus* ha consentito di valutare quanto abbia influito la presenza dei testi tradotti nelle due edizioni, siano essi articoli, editoriali, opere di creazione letteraria o di critica. In una prospettiva intertestuale, invece, i contributi sulla traduzione di alcuni tra i maggiori studiosi dell'epoca (Juan Ramón Masoliver, Ettore De Zuani, Martín de Riquer) in *Legioni e Falangi/Legiones y Falanges* sono da intendersi come una riflessione, attraverso l'opera individuale o in prospettiva filologica, su metodi e processi traduttivi. Gli stessi testi sono da considerarsi indicativi anche di una visione "di regime" della traduzione nell'ambito delle relazioni culturali tra Italia e Spagna in questo periodo e nei confronti dei nemici comuni.

Prende le mosse dal concetto di "genere" come uno dei paradigmi culturali cui i regimi totalitari riservarono la massima priorità, il saggio «'Sostitute d'onore'. Las mujeres en *Legiones y Falanges*», che raccoglie le riflessioni di Mechthild Albert a partire dall'analisi di un *corpus* di articoli tratto dalla rivista. L'autrice ha potuto constatare come tutta una serie di organizzazioni specifiche – *Arbeitsdienst*, Littorali femminili del lavoro, *Auxilio social* e *Falange Femenina* – dimostrassero l'importanza data alla donna dai regimi fascisti e lo sforzo da essi compiuto per formarla attraverso queste istituzioni e in che misura si rendessero manifeste le ambiguità relative al concetto di genere. In particolare, è l'esperienza quotidiana del lavoro a segnare un primo passo verso l'emancipazione. Tuttavia, nonostante la dimostrazione della loro competenza professionale, per le donne l'uguaglianza con gli uomini rimane un fatto provvisorio. Indipendentemente dal loro valore, le donne resteranno nient'altro che delle "Sostitute d'onore".

Si snoda attraverso una prospettiva storica il saggio di Matteo Di Figlia «Un lessico fascista per un ordine mondiale. Il lemmario politico di *Legioni e Falangi*», in cui l'autore si prefigge di rispondere a diverse questioni riguardanti la funzione politica che poteva svolgere *Legioni e Falangi* negli intendimenti dei suoi promotori italiani: come veniva attualizzato in quegli anni il legame tra l'Italia fascista e una Spagna appena uscita dalla guerra civile, quale significato attribuivano i fascisti a un' iniziativa editoriale condivisa da un paese impegnato nella seconda guerra mondiale e uno che da quel conflitto restava distante. Il saggio cerca di mettere a fuoco il contributo dato da alcuni giornalisti la cui partecipazione nella rivista fu particolarmente assidua (come ad esempio Giovanni Ansaldo). Ma, soprattutto, si tenta di definire un lemmario, un insieme di concetti chiave: termini o espressioni quali "rivoluzione", "marcia", "gioventù", "guerra civile" che informavano l'universo semantico offerto dagli articoli dell'edizione italiana. Da esso, sostiene l'autore, trapelavano alcune delle più profonde tensioni che stavano allora scuotendo e rimodulando le forme dell'autorappresentazione fascista.

Si colloca sul versante spagnolo, invece, il lavoro dello storico Josep Gelonch Solé, «Eduardo Aunós, de una dictadura a otra. Autoritarismo, corporativismo y fascistización en España (1918-1945)», che analizza la traiettoria politica e ideologica del giurista, scrittore e politico *leridano*, presente con diversi contributi in *Legiones y Falanges*. Nonostante Aunós sia considerato il principale fautore del corporativismo sociale e politico della Spagna degli anni Venti e Trenta, la sua biografia politica ha ricevuto tuttavia un'attenzione non adeguata da parte della storiografia. Ministro nelle due dittature spagnole dell'epoca, quella di Primo de Rivera e quella di Franco, la sua traiettoria politica e ideologica è molto rappresentativa dei processi di radicalizzazione antiliberale e antidemocratica e di fascistizzazione sperimentati dall'insieme della destra autoritaria spagnola nel periodo 1914-1945, parallelamente a ciò che accadeva in Europa. L'influenza dei pensatori, dei movimenti politici e degli avvenimenti europei è la chiave che permette di comprendere le diverse risposte politiche autoritarie che furono avanzate di fronte alla crisi del liberalismo parlamentare e democratico, i profondi conflitti sociali e le richieste di un forte movimento operaio.

Il saggio di Mostafa Ammadi dal titolo «Imágenes de Marruecos en la prensa del régimen franquista» presenta una riflessione sulle testimonianze che la stampa degli anni Quaranta offre sul Marocco e sulle immagini contraddittorie che di esso rimanda. Da un lato, infatti, si mostra il valore che ebbe agli occhi delle potenze internazionali – per motivi militari ed economici – un territorio situato in una zona strategica; dall'altro il Marocco è ancora un paese immerso in antiche tradizioni e sussidiario dell'assistenza coloniale. Nel caso della Spagna si trattava di un fedele alleato del regime franchista. L'autore dimostra come questi tre nodi cruciali si sviluppino anche negli articoli della rivista italo-spagnola.

Sebbene in prospettiva diversa, la visione di un paese terzo è presente anche nel saggio di Cinzia Giacinta Spinzi «L'egemonia anglosassone nella rivista *Legioni e Falangi*. Costruzioni ideologiche e identitarie», che, attraverso l'analisi linguistica funzionale di alcuni articoli dell'edizione italiana di *Legioni e Falangi*, ha condotto uno studio sull'ideologia che li ha intessuti in relazione alla costruzione di una identità inglese di tipo egemonico. Partendo dalla catalogazione operata dal gruppo di ricerca, l'autrice ha preso in considerazione alcuni articoli che trattano da vicino la questione inglese in rapporto all'intesa italo-spagnola. Vari "discorsi" si intrecciano nella rivista, da quello storico a quello geografico, da quello spirituale a quello sentimentale al fine di giustificare ideologicamente un comportamento e un profilo avido, opportunista, perfido e poco sensibile quale quello attribuito dall'identità fascista a quella inglese.

A proposito delle costruzioni identitarie che prendono forma attraverso i testi che compongono la rivista, il saggio di Catalina Fuentes Rodríguez, «La construcción de la identidad grupal en el discurso ideológico», analizza la costruzione discorsiva dell'immagine *di gruppo* del falangista e dell'uso che di essa si fa come strumento ideologico per rafforzare l'immagine dell'endogruppo e convincere il destinatario della bontà della propria posizione in contrasto con la tesi della parte avversa. Riunendo la metodologia propria della linguistica pragmatica e dell'*Análisis Crítico del Discurso*, si affrontano le strategie argomentative utilizzate e le espressioni linguistiche scelte, concentrandosi fondamentalmente sul lessico.

Nell'edizione spagnola della rivista oggetto del nostro studio il testo giornalistico risponde a un chiaro disegno ideologico, che mira alla costruzione di una "nuova" identità nazionale. E' questo il tema del saggio di Carla Prestigiacomo dal titolo «*Legiones y Falanges*: estrategias argumentativas para 'una España Nueva, Libre y Grande'». In questo senso, l'attualità sociale e politica, ma anche la scelta dei contenuti culturali, sotto l'autorevolezza della firma del *soggetto argomentante*, assumono i toni del discorso ideologico e performativo, plasmando coscienze e muovendo all'azione. In questo contesto, la persuasione può assumere i toni della manipolazione, della messa in atto di una forma di influenza illegittima. Così, temi come la guerra, la rivoluzione, l'impero, il declino e la resurrezione della Spagna, la *cristiandad* y la *cruzada*, la *sangre hispana* o il pericolo "rosso", definiscono un discorso ideologico, dai toni populisti e fascisti (ma anche religiosi), che mira a costruire una 'España Nueva, Libre y Grande' per la quale il regime totalitario e la partecipazione alla seconda guerra mondiale diventano strumenti imprescindibili per il successo.

Uno spazio rilevante in entrambe le edizioni della rivista è dedicato alla letteratura. Il discorso composito del testo giornalistico si arricchisce così di cronaca narrativa, *fiction* storico-documentaria, racconti, testi odeporici, composizioni poetiche inserite in saggi brevi o riflessioni di un cospicuo numero di scrittori e poeti del momento, potenziandosi attraverso traduzioni, recensioni, commenti, scambi e rimandi referenziali tra i due paesi. Nel recuperare i paradigmi letterari della rivista, Assunta Polizzi ha percepito una scrittura spesso articolata sulla dimensione dell'Io e da essa determinata. Il macrotesto giornalistico e il discorso attualizzante su cui poggia, pur accogliendo la pluralità di voci e di visioni, necessita della immediatezza e della responsabilità autoriale di un soggetto che nel presente racconta a partire dalla propria esperienza. Tali testi ricevono la pressione attualizzante del macrotesto in cui si collocano, la rivista, e mostrano un "sovraccarico" di riferimenti socioculturali e ideologici. Pertanto, nello studio «Scrittura autoreferenziale negli articoli letterari di *Legioni e Falangi/Legiones y Falanges*», l'autrice ha scelto alcuni esempi di un *corpus*, in entrambe le edizioni, in cui si modula la pratica dell' autoreferenzialità.

Il lavoro di Donatella La Monaca «*"Scrisse di tutto e fu sempre lui"*: Orio Vergani e la parabola di *Legioni e Falangi* tra reportage e racconto» ripercorre il lungo racconto della vita della penisola iberica iniziato nel 1936 così come si delinea dalle colonne del periodico attraverso gli articoli dello scrittore durante il triennio della militanza ideologica della rivista, dal 1940 al 1943. A quell'estate risale, infatti, la reclusione, per mano anarchica, del giornalista, inviato dal *Corriere della Sera* per saggiare i prodromi di quella che a breve sarebbe divampata come una sanguinosa e spietata guerra civile. Si susseguono, dal suo rientro, con regolarità, sul rotocalco mensile, edito in Italia e in Spagna, i capitoli di un unico "discorso" sempre più scevro da concessioni oratorie all'eloquio ufficiale, di riferimenti ideologici e slittato verso l'affabulazione evocativa, la traduzione narrativa dei dati memoriali, la costruzione sensoriale dell'immagine, il ritmo diaristico. Dall'«Assedio dell'Alcazar. Film di un popolo» del 1940 alla

«Grande vasca» del 1943, secondo l'autrice prende corpo un percorso di significativa rimeditazione del vissuto personale e storico di Vergani e che, non a caso, si chiude nell'ultimo anno con prose di invenzione pura.

Di rilievo nella rivista è anche la sezione di critica letteraria, esplorata da Antonella Russo in «Militanza e critica letteraria in *Legiones y Falanges*». Secondo l'autrice gli articoli – tra gli altri – a firma di Concha Espina, Alfredo Marqueríe, Pedro Mourlane Michelena, Cristóbal de Castro o Joaquín de Entrambasaguas, costituiscono un'interessante raccolta di testi in cui si mescolano tono informativo e soggettività, con l'intenzione non solo di orientare il lettore nel panorama letterario ma anche di ordinarne i riferimenti e il mondo. Ancor prima che attraverso le valutazioni su autori o testi, è nella selezione accurata dei contenuti, che vanno dai classici al teatro contemporaneo con particolare attenzione ai Secoli d'Oro che, secondo Russo, in *Legiones y Falanges* si costituisce uno schizzo del paradigma letterario *nacional*, componente sostanziale dell'operazione di costruzione e legittimazione del potere da parte del regime.

Una lettura dei contenuti della rivista attraverso le firme che vi scrissero in relazione ad altre pubblicazioni dell'epoca compone la riflessione di Domenica Perrone «Una pagina inedita di interventismo culturale: gli articoli letterari di *Legioni e Falangi*». Il saggio prende le mosse dal confronto con la rivista di *Lettere ed Arti d'Italia, Primato*, diretta da Bottai, il cui primo numero usciva l'uno marzo 1940. Nell'analisi di Perrone il mensile italo-spagnolo fa da contraltare alla proposta elitaria del quindicinale di Bottai, concentrata eminentemente su una prospettiva artistica, letteraria e filosofica. La pagina letteraria in *Legioni e Falangi* spesso viene fuori, secondo l'autrice, dall'intreccio di istanze diverse come accade, per esempio, in alcuni scrittori come Nino Ruggeri, una delle firme più assidue che si fa interprete degli intenti della rivista. A penne come la sua si uniscono poi quelle di giornalisti scrittori come Orio Vergani, di giornalisti filologi come Francesco Piccolo, autori di interessanti *reportages*. Costituiscono inoltre importanti apporti quello di Salvatore Battaglia, grande filologo romanzo, sul *Poema de mío Cid* e quello evocativo memorialistico di Ercole Patti.

Si sviluppa con riferimento al panorama letterario dell'epoca anche il contributo di Rogelio Rodríguez Pellicer «Escritores valencianos y referencias a Valencia en *Legiones y Falanges*». Intellettuali della Comunidad Valenciana come José Martínez Ruiz (Azorín), Samuel Ros Pardo e Juan Beneyto Pérez collaborarono con questa pubblicazione periodica d'ispirazione falangista con testi di creazione letteraria e di carattere ideologico. Il testo è volto a cogliere, nelle due edizioni della rivista, tra i riferimenti patriottici alla guerra che si propagava nel mondo in quel momento, allusioni a Valencia, alla sua storia, alle sue usanze e alle sue festività.

La stampa degli anni Quaranta rispecchiò l'interesse politico utilizzando il cinema come strumento di propaganda. María Ángeles García Collado si occupa di cogliere questo orientamento attraverso la lettura di numerosi articoli che compongono in *Legiones y Falanges* la sezione "Voces de la pantalla". Il saggio «Cine ítalo-español y actualidad cinematográfica en la prensa falangista» evidenzia come i giornali e le riviste dell'epoca diedero al cinema uno spazio privilegiato e tra le loro pagine rappresentarono gli interessi incrociati da un lato dei meccanismi di censura e di controllo ideologico del governo attraverso il commento orientato di pellicole di attualità, e dall'altro la diffusione di notizie dell'incipiente industria cinematografica dirette a un pubblico straordinariamente attratto dal cinema. Queste traiettorie divergenti di propaganda, cultura popolare e settima arte si ricongiungono nella rivista *Legioni e Falangi* / *Legiones y Falanges*.

Il rapporto tra la maggiore istituzione culturale in materia di politica linguistica e la nostra rivista è oggetto dello studio di María Matesanz del Barrio «El reflejo de la actividad lingüística de la Academia en *Legiones y Falanges*». Tra gli autori che vi scrissero e che furono membri della Real Academia Española (RAE) ritroviamo nomi importanti quali Azorín, Manuel Machado, Cela, Caro Baroja, Eugenio d'Ors, Julio Casares o José María Pemán, sebbene non tutti fossero accademici negli anni della pubblicazione (1940-1943). Nonostante l'origine e l'orientamento di questa rivista, gli articoli pubblicati da accademici della RAE non adottano la medesima prospettiva. Così, alcuni sono di carattere esclusivamente letterario, altri strettamente linguistico e altri tra la letteratura e la linguistica lasciano intravedere l'ideologia dominante di quegli anni, in accordo con i regimi totalitari e fascisti di Italia e Spagna. L'autrice restringe l'analisi ai testi che in maniera più diretta s'identificano con una parte fondamentale dei lavori dell'Accademia: l'attività lessicografica.

Riflette sulla politica linguistica dei regimi totalitari e sul loro tentativo di creare un codice identitario il saggio di Floriana di Gesù intitolato «L'*argot* del legionario: un esempio di commistione e commutazione di codice in *Legiones y Falanges*», che parte dall'idea della rivista come prodotto di genere, come un'espressione prototipica del concetto Bachtiano di *ideologema*. Nel caso di *Legioni e Falangi/Legiones y Falanges* si tratta di un ideologema identitario che – *hjelmslevianamente* parlando – ha la sua forma e una sua sostanza dell'espressione. Analizzando la lingua di *Legiones y Falanges* l'autrice ha potuto riscontrare un uso del linguaggio fortemente ideologizzato che è espressione di un marcato progetto di ricostruzione delle radici di un Sé nazionalista. L'elemento identitario è egregiamente veicolato attraverso un contenitore (Linguaggio) espressione di una *Wertgestalt*, una forma colma di significato che reca in sé elementi fondamentali dell'esperienza. In particolare, l'autrice si sofferma ad analizzare l'articolo di Ernesto Giménez Caballero sulla C.T.V., apparso nel primo numero di *Legioni e Falangi/Legiones y Falanges* del 20 novembre del 1940, sostenendo che esso, dal punto di vista linguistico e ideologico, possa essere pensato come il manifesto della politica linguistica adottata e della volontà di propaganda di quell'unione italo-spagnola che vedeva anche nella nascita di una *jerga* comune un'ulteriore conferma della fusione ideologica in un *patois* risultato di un processo di commistione e commutazione di codici.

II. Come si è osservato in queste pagine *Legioni e Falangi. Rivista d'Italia e di Spagna/Legiones y Falanges. Revista mensual de Italia y de España* è una pubblicazione che nella sua unicità offre molteplici prospettive di analisi nella ricostruzione del panorama storico, sociale, retorico e linguistico dell'epoca, oltre che letterario e artistico. Essa vuole rappresentare, al di là della narrazione di due regimi, una sorta di *koiné* fascista in cui, attraverso il bilinguismo e la traduzione, si sostanzia una propaganda politica – anche linguistica – basata sugli ideali e i valori condivisi dai due totalitarismi. Nelle intenzioni di chi ha collaborato a questo volume, grazie a una visione trasversale delle due edizioni, c'è l'intento di presentare la rivista non solo come uno dei modelli esemplari delle relazioni culturali e politiche tra l'Italia fascista e la Spagna di Franco negli anni 1940-1943, ma anche di descriverla come uno strumento d'informazione e di "formazione" propagandistica in cui la parola, il racconto e l'immagine si offrono a sostenere l'immediatezza del messaggio ideologico.

Catalogo

Assunta Polizzi

Dopo la difficile fase di reperimento complessivo di *Legioni e Falangi/ Legiones y Falanges*, si è proceduto alla catalogazione del materiale contenuto nei 33 numeri dell'edizione italiana e nei 31 di quella spagnola. Questa attività ha impegnato il gruppo di ricerca per un anno ed ha portato al raggiungimento del primo prodotto della ricerca, non rintracciabile nelle banche dati sulla stampa dell'epoca, fondamentale per procedere nelle attività di sondaggio del *corpus*, studio delle occorrenze, accostamenti tematici, valutazione delle firme e loro persistenza lungo l'arco dei tre anni dell'esistenza della rivista. Utilizzando l'applicativo Bibliophilia, il gruppo di ricerca ha, pertanto, effettuato la schedatura bibliografica di ciascuna unità testuale della rivista, trascrivendo il maggior numero di dati riguardanti copertine, quarte di copertina, sommari, annunci pubblicitari, articoli, immagini e didascalie. Ne è risultato un vasto e dettagliato catalogo esportabile anche in formato pdf (circa 400 pagine) in cui è possibile effettuare delle ricerche incrociate per l'individuazione di occorrenze di autori, temi, parole chiave, ecc. in modo da procedere all'analisi critica del *corpus*. Ciascuna scheda comprende, in ordine, il titolo dell'unità testuale ove espresso, altrimenti la definizione tipologica tra parentesi quadra secondo i criteri stabiliti dal gruppo; seguono: autore, data di pubblicazione, anno e numero, pagine, genere, lingua di pubblicazione, presenza di immagini o illustrazioni con eventuali didascalie, infine, una descrizione sintetica ed eventuali note. La catalogazione si è effettuata nella lingua di edizione della rivista, ottenendo così un repertorio bilingue. L'ulteriore processo di divulgazione del catalogo prevede la messa a punto di un software che permetta di rendere fruibile in rete la banca dati ottenuta. Di seguito, due esempi di scheda tipo:

Copertina Legioni e falangi n.10. Sul fronte russo. Nostro soldato di cavalleria lanciato in una azione attraverso una cortina nebbiogena

Categoria: Immagine 1
Data di pubblicazione: 1 agosto, 1942-XX, Roma - Anno II
Stato: In mio possesso
Presente in Readlist: Sì
Data di inserimento: domenica 22 settembre 2013

Breve Historia del Legionario
Nino Ruggeri

Pagine: 14-16

Categoria: Política y sociedad
Data di pubblicazione: 20 Diciembre 1940
Anno di prima pubblicazione: Año 1 N. 2
Pagine: 14-16
Genere: Noticia
Lingua: Spa
Presente in Readlist: Sì
Data di inserimento: 06 marzo 2014
Immagini (foto, illustrazione) (articolo di riferimento, didascalia): foto redactor del Legionario en Teruel; Foto redacción del Legionario en Zaragoza; foto portada del Legionario; foto cazadores españoles; foto decoraciones en el interior de la redacción del periódico

Descrizione: breve historia del Legionario que nació en marzo de 1937, descripción del periódico, muestra de poesía escritas por legionarios incluso en un italiano/siciliano

Pagina Web

FLORIANA DI GESÙ

Il TEAM MEMITA' si costituisce con l'obiettivo di far conoscere come l'esperienza comune dei regimi totalitari europei abbia influito nella costruzione di un'identità e di una memoria storica con cui il presente si confronta. Il tutto con la finalità di operare un processo d'integrazione che veda, nell'analisi 'inclusiva' di quei modelli culturali, il punto di partenza per una possibile ricodifica, nel presente, dei processi identitari per una profonda integrazione socio-culturale in Europa. La finalità principale del TEAM è quella di ricodificare il concetto di identità nazionale attraverso l'analisi dei "manufatti ideologici dell'epoca" per potere mantenere e preservare l'eredità culturale, ma anche per essere di monito alle generazioni future.

Obiettivi principali: lo sviluppo di iniziative socio-culturali per la promozione e divulgazione di una corretta politica linguistica e culturale che abbia come capisaldi i concetti di: identità, solidarietà, tolleranza e stabilità; la costruzione di *networks* e materiali educativi, che sfruttino potenzialità dell'*Educational Technology*, per il potenziamento dell'acquisizione di una competenza inclusiva d'ordine storico-culturale e linguistico in ambito educativo/formativo.

Il gruppo di ricerca mette liberamente a disposizione del lettore la sua pagina web <http//:www.memita-net.com> dove troverà:

– una selezione di immagini della rivista *Legioni e Falangi/Legiones y Falanges*;
– una selezione di immagini e testi analizzati nel libro.

Presentación

CHIARA SINATRA

Los ensayos que este volumen reúne son el resultado de una aproximación crítica, desde distintos enfoques, a la publicación bilingüe *Legioni e Falangi. Rivista d'Italia e di Spagna/ Legiones y Falanges. Revista mensual de Italia y de España* con el fin de estudiar los paradigmas culturales de los que la misma se hizo intérprete en su momento. Esta revista fue, de hecho, un proyecto editorial que respondía a un claro diseño de vinculación política y cultural entre la Italia fascista —a punto de entrar en la segunda guerra mundial— y la España franquista y posbélica. Una unión que se hizo posible gracias al lenguaje utilizado y a los tema abordados por la revista, que de esta manera consiguió representar el ambiente político y social de la época bajo una óptica común: la de dos regímenes que compartían ideales y valores. Si bien la literatura sobre el tema reconoce que la revista fue el resultado del esfuerzo de los dos regímenes para poner en marcha un proyecto editorial bilingüe con el favor de destacados intelectuales de ambos países, la bibliografía existente sobre *Legioni e Falangi/Legiones y Falanges* es escasa, sobre todo en Italia, y en España solo se encuentran algunas reflexiones esporádicas sobre esta publicación. Los patrimonios bibliotecarios italiano y español carecen, hasta la fecha, de la digitalización y catalogación de la revista, aunque puede encontrarse la edición italiana en papel —incompleta— en la Biblioteca Nazionale (2 números) y la Biblioteca di Storia Moderna e Contemporanea de Roma (30 números); la edición completa, en cambio, (33 números) se puede hallar en la Biblioteca della Fondazione Casa Oriani de Ravenna, de donde procede el *corpus* que el grupo de investigación ha catalogado. La versión digitalizada de la edición italiana se puede consultar en línea en la página web de la South Florida University Library. La edición española completa en papel se encuentra en la Biblioteca

Nacional de Madrid —donde la hemos hallado— y pocos números de la revista se han localizado en la Hemeroteca Municipal del Ayuntamiento de Madrid. Además, según el catálogo en línea, una edición completa de *Legiones y Falanges* se puede encontrar en la Biblioteca Universitaria de la Universidad de Castilla – La Mancha.

De hecho el que aquí se presenta es el primer estudio monográfico integralmente dedicado a *Legioni e Falangi/Legiones y Falanges* y que se ha llevado a cabo gracias a la adquisición del *corpus* y a una inicial catalogación de ambas ediciones realizada por el grupo de investigación.[1] Al interpretar la revista perfectamente los cambios históricos, políticos y culturales que influyeron en ella a lo largo de su vida editorial, los ensayos presentes en este libro ofrecen una múltiple perspectiva de ambas ediciones revelando su evolución. Quiénes se acerquen a leer esta *Revista de Italia y de España* encontrarán aquí una serie de ensayos redactados en italiano y en español, ya que el bilingüismo de este libro quiere recalcar, de hecho, el que fue propio de la publicación.

Con el fin de facilitar la lectura de las referencias bibliográficas del *corpus* de cada estudio, para citar la revista se ha adoptado el siguiente criterio: *Legioni e Falangi*: *L/F*, número, año editorial, año, páginas; *Legiones y Falanges*: *Ls/Fs*, número, año editorial, año, páginas.

I. El texto que abre el libro «Note su un'iniziativa editoriale di regime» —a cargo de quien escribe— desea aclarar —sin la pretensión de ser exhaustivo— en qué contexto político pudo enmarcarse el nacimiento de la publicación que es el objeto de este estudio, teniendo en cuenta la actitud ideológica de los regímenes fascista y franquista con respecto a la propaganda en el extranjero. Además, el texto recoge los primeros resultados de las investigaciones del grupo sobre la trayectoria editorial y política de la revista, intentando explicar las razones históricas de la separación que se produjo entre las dos redacciones, ya que hasta el sexto número ambas ediciones se publicaron en la sede romana de la Garzanti. Luego se describe brevemente la revista destacando la importancia de las secciones gemelas presentes en las dos ediciones.

---

1 Por lo que concierne la catalogación de la revista, véase más adelante el apartado *Catálogo* a cargo de Assunta Polizzi.

A través de un estudio de la gráfica, y en particular de las fotografías —a partir de las portadas— Alina Navas en su ensayo «Gráfica y totalitarismo. El caso de la revista *Legiones y Falanges*» compara la revista y sus ediciones con el resto de las publicaciones coevas realizadas tanto por los servicios de propaganda del primer franquismo, como del último fascismo en las que, a pesar de convivir un modelo común, se aprecian importantes diferencias tanto en los temas como en las formas de articular la propaganda.

El propósito del artículo de Rosa María Mateu Serra, «*Legiones y Falanges*: una aproximación a los anuncios publicitarios» es llevar a cabo una primera aproximación al apartado de la revista dedicado a los anuncios publicitarios, sección donde, de forma más explícita o implícitamente, se dibujan aspectos que pueden aportar datos sobre el telón de fondo del momento, en especial sobre la vida cotidiana: tipología de los productos anunciados, tipo de público al que se dirigen, valores que se transmiten, análisis pragmático-lingüístico de los mecanismos de persuasión utilizados, etc. Efectivamente, según defiende la autora, entre estos anuncios se puede encontrar una forma de persuasión dirigida a un público al que se pretende transmitir o inculcar una serie de valores imperantes o intentar su perpetuación.

A partir de la idea originaria de una revista que presentara los mismos contenidos en edición bilingüe, como fue en principio *Legioni e falangi/Legiones y Falanges*, en la aportación de la coordinadora de este volumen «La traduzione come specchio identitario in *Legioni e Falangi/Legiones y Falanges*» se va a examinar la traducción desde un enfoque metatextual, es decir como hecho cultural que hace posible que la revista exista gracias a la edición paralela en ambos idiomas y a una retórica conforme a la de los dos regímenes. La catalogación del *corpus* ha posibilitado asimismo evaluar cuánto influyó la presencia de textos traducidos en las dos ediciones, fueran noticias, editoriales, obras de creación literaria o de crítica. Desde un enfoque intertextual, en cambio, algunos artículos sobre la traducción se pueden entender como una reflexión de algunos entre los mayores intelectuales de la época (Juan Ramón Masoliver, Ettore De Zuani, Martín de Riquer) acerca de los métodos y de los procedimientos de traducción en su propia experiencia o a lo largo de los siglos. Los mismos textos se pueden considerar como una muestra de una visión "de régimen" de la traducción en el marco de las relaciones culturales entre Italia y España.

'Los conceptos de "género" constituyen un paradigma cultural de primer orden al que los regímenes fascistas reservan la máxima prioridad, especialmente en lo que se refiere al papel de la mujer'. Es este el comienzo del ensayo de Mechthild Albert «'Sostitute d'onore'. Las mujeres en *Legiones y Falanges*». El análisis de un amplio corpus de artículos de la revista permite a la autora destacar en qué medida la importancia concedida a la imagen de la mujer (incluso transversalmente con respecto a los géneros textuales) reflejara de hecho una visión masculina de lo femenino. Los regímenes fascista y las organizaciones como *Arbeitsdienst, Littorali femminili del lavoro, Auxilio social* y *Falange Femenina* querían formar a las mujeres también a través de unos discursos. La autora observa en qué medida estos expresan las ambigüedades inherentes a los conceptos de género, principalmente en el contraste entre la modernidad y la tradición. Es en la actividad laboral cotidiana donde se da un primer paso hacia la emancipación. Sin embargo, observa la autora, que las mujeres 'a pesar de haber demostrado su competencia profesional [...] independientemente de su valor, nunca serán más que unas "Sostitute d'onore"'.

Se desarrolla en una perspectiva histórica el texto de Matteo Di Figlia «Un lessico fascista per un ordine mondiale. Il lemmario politico di *Legioni e Falangi*», en el que el autor se plantea contestar algunas cuestiones: ¿Qué función política podía desarrollar una revista como *Legioni e Falangi* en las intenciones de sus creadores italianos? ¿Cómo pudo actualizarse, en los años cuarenta, la relación entre la Italia fascista y una España que salía de la guerra civil? ¿Qué significado atribuían los fascistas a una iniciativa editorial que incluyera un país implicado en la segunda guerra mundial y otro que se había quedado al margen de ese conflicto? Este ensayo pretende responder a estas cuestiones analizando especialmente el contenido de los artículos escritos por autores italianos examinando los de algunos periodistas cuya participación fue constante (destacan por ejemplo los editoriales de Giovanni Ansaldo). Sin embargo, se intenta definir un lemario, un conjunto de conceptos clave. Términos y expresiones como *rivoluzione, marcia, gioventù, guerra civile* contribuyeron en definir el universo semántico ofrecido por los artículos italianos. A partir de ello, de alguna manera, según el autor filtraban algunas entre las más profundas tensiones que estaban sacudiendo y remodulando las formas de la autorepresentación fascista.

El trabajo del historiador Josep Gelonch Solé «Eduardo Aunós, de una dictadura a otra. Autoritarismo, corporativismo y fascistización en España (1918-1945)» analiza la trayectoria política e ideológica del jurista, escritor y político leridano Eduardo Aunós (1894-1967), colaborador en diversos números de la revista *Legiones y Falanges*. A pesar de que Aunós es considerado el principal impulsor del corporativismo social y político en la España de los años veinte y treinta, su biografía política ha merecido aún una atención menor por parte de la historiografía. Ministro en las dos dictaduras españolas del período, la de Primo de Rivera y la de Franco, su trayectoria política e ideológica es muy representativa de los procesos de radicalización antiliberal y antidemocrática y de fascistización que experimentó el conjunto de la derecha autoritaria española a lo largo del período 1914-1945, en paralelo a lo que sucedía en Europa. La influencia de los pensadores, movimientos políticos y acontecimientos europeos es clave para entender las diversas respuestas políticas autoritarias que aparecieron ante la crisis del liberalismo parlamentario y democrático, los profundos conflictos sociales y las demandas de un poderoso movimiento obrero.

El ensayo de Mostafa Ammadi «Imágenes de Marruecos en la prensa del régimen franquista» presenta una reflexión en torno a los testimonios que sobre Marruecos nos deja la prensa de los años cuarenta, ofreciéndonos imágenes contradictorias. Por una parte —defiende el autor— nos muestran el valor para las potencias internacionales de un territorio situado en una zona estratégica por motivos militares y económicos; por otra parte, Marruecos es todavía un país sumergido en antiguas tradiciones y subsidiario de la asistencia colonial y, en el caso de España, un fiel aliado del régimen franquista. Estos tres ejes se desarrollan en los artículos de la revista ítalo-española *Legioni e Falangi.*

Rivista d'Italia e di Spagna/Legiones y Falanges. Revista mensual de Italia y de España.

Aunque desde otro enfoque, la presencia de la imagen de un país extranjero es el tema del artículo de Cinzia Giacinta Spinzi «L'egemonia anglosassone nella rivista *Legioni e Falangi*. Costruzioni ideologiche e identitarie» que, gracias al análisis lingüístico funcional de unos cuantos artículos de la edición italiana de la revista, emprende un estudio sobre la ideología que los ha tejido con respecto a la construcción de una identidad inglesa hegemónica; un estudio más aproximado y crítico con respecto, por ejemplo, a un enfoque de tipo político-sociológico. Desde la catalogación realizada por el grupo de investigación, la autora ha tomado en consideración unos artículos que abordan desde muy cerca la cuestión inglesa en relación con el eje italo-español. Unos cuantos "discursos" se cruzan en la revista, del histórico al geográfico, del espiritual al sentimental con el fin de justificar ideológicamente una actitud y un perfil ávido, oportunista, pérfido y poco sensible propios de la identidad inglesa según la fascista.

El ensayo de Catalina Fuentes Rodríguez «La construcción de la identidad grupal en el discurso ideológico» analiza la construcción discursiva de la imagen grupal del falangista en esta revista y su uso como instrumento ideológico para reforzar la identidad del endogrupo y persuadir al receptor de la bondad de la posición propia frente a las tesis del contrario. Aunando la metodología de lingüística pragmática y el Análisis Crítico del Discurso la autora aborda las estrategias argumentativas utilizadas y las expresiones lingüísticas elegidas, centrándose fundamentalmente en el léxico.

En la edición española de la revista objeto de nuestras investigaciones, el texto periodístico trasluce un indiscutible diseño ideológico que aspira a la construcción de una "nueva" identidad nacional. Es el tema del ensayo de Carla Prestigiacomo «*Legiones y Falanges*: Estrategias argumentativas para 'una España Nueva, Libre y Grande'». En este sentido, la actualidad social y política, pero también la selección de los contenidos culturales, bajo la autoridad del sujeto argumentante, asumen los tonos del discurso ideológico y performativo, forjando conciencias y empujando a la acción. En este contexto, la persuasión se convierte en una práctica discursiva ilegítima o, en otras palabras, en manipulación. En efecto, temas como la guerra, el imperio, el ocaso y la resurrección de España, la cristiandad, la sangre hispana o el comunismo, constituyen la base de un discurso ideológico, populista y fascista, al servicio de 'una España Nueva, Libre y Grande', para la que el régimen totalitario y la participación en la segunda guerra mundial, representan instrumentos imprescindibles para el éxito.

La literatura destacaba en ambas ediciones de la revista. El discurso heterogéneo del texto periodístico se enriquecía, desde luego, con crónica narrativa, ficción histórico-documental, cuentos, textos odepóricos, composiciones poéticas insertadas en ensayos breves o reflexiones de un conspicuo número de escritores y poetas coevos, potenciándose a través de traducciones, reseñas, comentarios, intercambios referenciales entre los dos países. Recuperando los paradigmas literarios que la revista recogió y de los cuales se hizo expresión, Assunta Polizzi en el ensayo «Scrittura autoreferenziale negli articoli letterari di *Legioni e Falangi/Legiones y Falanges*» destaca una escritura que a menudo se basa en la dimensión del yo y por ella determinada. El macrotexto periodístico y el discurso actualizante en el cual se funda, a pesar de que acoja la pluralidad de voces y de visiones, necesita la inmediatez y la responsabilidad autorial por parte de un sujeto que en el presente relata a partir de su propia experiencia. Estos textos reciben la presión actualizante del macrotexto en el cual se colocan, la revista, y enseñan una "sobrecarga" de referencias socioculturales e ideológicas. Por lo tanto, en este estudio, la autora ha escogido algunos ejemplos dentro de un *corpus*, en ambas ediciones, en los cuales se modula la práctica de la 'autoreferencialidad', es decir textos, que se pueden adscribir a diferentes tipologías textuales, vinculados con un Yo narrativo, que se propone como testimonio, reportaje, reflexión, forma narrativa incluso de ficción.

El texto de Donatella La Monaca «"Scrisse di tutto e fu sempre lui": Orio Vergani e la parabola di *Legioni e Falangi* tra *reportage* e racconto» fecha al julio de 1936 el origen de la larga narración de la vida de este escritor en la península ibérica, tal como se perfila entre las columnas de la revista en sus artículos. Remonta a aquel verano, de hecho, la reclusión, a manos anarquistas, del periodista corresponsal del *Corriere della Sera* que quería ensayar los inicios de la que pronto estallaría como una sangrienta y cruel Guerra Civil. Se suceden, a partir de su regreso, con regularidad, en la publicación editada en Italia y España, los capítulos de un único *discorso* cada vez más carente de concesiones oratorias al lenguaje oficial, de referencias ideológicas y que desliza hacia la afabulación evocativa, la traducción narrativa de los datos de la memoria, la construcción sensorial de la imagen, las pautas propias del diario. Desde el «Assedio dell'Alcazar. Film di un popolo» del 1940 hasta «La grande vasca» de 1943, se perfila un recorrido de significativa remeditación de lo vivido personal e histórico que, no por casualidad, se cierra en el último año con prosas de ficción pura.

Antonella Russo en el ensayo «Militanza e critica letteraria in *Legiones y Falanges*» investiga la sección de crítica literaria en *Legiones y Falanges*, que asimismo tenía un gran relieve en esta publicación. Según la autora las columnas de Concha Espina, Alfredo Marquerie, Cristóbal de Castro o Joaquín de Entrambasaguas, entre otras, ofrecen un interesante conjunto de textos en el que se mezclan información y evaluación, con el objetivo no solo de orientar al lector en el panorama literario, sino también de ordenar sus referencias culturales y su mundo. Más allá de las valoraciones sobre textos y autores, que se analizan en detalle, ya a través de la selección cuidada de los contenidos —que abarcan desde los clásicos hasta el teatro contemporáneo— se va esbozando el paradigma literario "nacional", elemento fundamental en el proceso de creación y legitimación del poder por parte del régimen.

Hace referencia al panorama de las revistas literarias italianas de la época el ensayo de Domenica Perrone «Una pagina inedita di interventismo culturale: gli articoli letterari di *Legioni e Falangi*». Según esta autora la lectura de *Legioni e Falangi* permite ampliar la visión sobre la realidad intelectual de los años de la guerra y componer un marco más detallado de las distintas propuestas culturales nacidas dentro del fascismo. El ensayo compara en principio la revista con la de *Lettere ed Arti d'Italia, Primato*, dirigida por Bottai, cuyo primer número sale el uno de marzo de 1940. La revista mensual italo-española se opone a la publicación elitista de Bottai que se concentra esencialmente en una perspectiva artística, literaria y filosófica. De ahí que en *Legioni e Falangi* aparezcan en menor medida textos de escritores e intelectuales de relieve. La página literaria nace a menudo de distintas sugestiones, como por ejemplo en autores como Nino Ruggeri, una de las firmas más presentes, que se hace portavoz de las intenciones de la revista. A su lado, las firmas de escritores y periodistas como Orio Vergani, de periodistas filólogos como Francesco Piccolo, ambos autores de sugestivos reportajes. Además, es importante la aportación de Salvatore Battaglia, destacado filólogo románico, sobre el *Poema de mío Cid* y la contribución sugestiva de Ercole Patti.

Se desarrolla también en el ámbito del panorama literario de la época el texto de Rogelio Rodríguez Pellicer «Escritores valencianos y referencias a Valencia en *Legiones y Falanges*» que aborda el tema de la presencia de escritores valencianos en las páginas de la revista italo-española. Intelectuales de la Comunidad Valenciana como José Martínez Ruiz (Azorín), Samuel Ros Pardo y Juan Beneyto Pérez colaboraron con esta publicación periódica de tendencia falangista con textos de creación y textos de carácter ideológico. Por otra parte, en las dos ediciones de la revista, tanto en la española como en la italiana, aparecen, entre las referencias patrióticas a la guerra que se libraba en el mundo en ese momento, alusiones a Valencia, a su historia, a sus costumbres y a sus fiestas.

La prensa de los años cuarenta reflejó el interés político por utilizar el cine como medio de propaganda. María Ángeles García Collado investiga este tema a través de la lectura de diversos artículos de la sección dedicada al cine «Voces de la pantalla». El ensayo «Cine ítalo-español y actualidad cinematográfica en la prensa falangista» destaca como los periódicos y revistas de la época otorgaron al cine un espacio privilegiado y en sus páginas representaron los intereses cruzados de, por una parte, los mecanismos de censura y control ideológico del gobierno a través del comentario sesgado de películas de actualidad y, por otra, la difusión de noticias de la incipiente industria cinematográfica dirigidas a un público extraordinariamente atraído por el cine. Estas líneas divergentes de propaganda, cultura popular y séptimo arte, defiende la autora, se combinaron en la revista *Legioni e Falangi/Legiones y Falanges*.

Las relaciones entre la mayor institución cultural de política lingüística y nuestra revista es el objeto del estudio de María Matesanz del Barrio «El reflejo de la actividad lingüística de la Academia en *Legiones y Falanges*». Entre los autores que escribieron para ella y que fueron miembros de la Real Academia Española (RAE) se encuentran nombres tan destacados como Azorín, Manuel Machado, Cela, Caro Baroja, Eugenio d'Ors, Julio Casares o José María Pemán, aunque no todos eran académicos en los años que duró la publicación (1940–1943). A pesar del origen y orientación de esta publicación, declaradamente ideológica, no todos los artículos publicados por académicos de la RAE tienen este enfoque. Así, algunos son exclusivamente literarios, otros netamente lingüísticos y algunos artículos entre la literatura y la lingüística dejan entrever la ideología dominante en esos años, acorde con los regímenes totalitarios y fascistas de Italia y España. Dado que no son pocos los artículos que publicaron los académicos de la Española en esos años, la autora ha optado por restringir su análisis a los artículos que más directamente se identifican con una parte fundamental de la labor de la Academia: la actividad lexicográfica.

El ensayo de Floriana di Gesù «L'*argot* del legionario: un esempio di commistione e commutazione di codice in *Legiones y Falanges*» reflexiona acerca de la política lingüística de los totalitarismos y de su propósito de crear un código lingüístico identitario. La revista, como un producto de género, es una expresión prototípica del concepto Bachtiano de ideologema, tal como lo desarrolla Kristeva en 1969. Sin embargo, por lo que concierne *Legioni e Falangi/Legiones y Falanges*, es un ideologema de identidad que tiene su forma y su sustancia de la expresión, por decirlo con Hjelmslev. Analizando la lengua de *Legiones y Falanges* la autora ha observado un uso altamente ideológico del lenguaje que es expresión de un marcado proyecto de reconstrucción de las raíces de un Yo nacionalista. Este trabajo de Floriana Di Gesù se centra en el análisis del artículo de Giménez Caballero sobre la CTV, que apareció en el primer número de *Legioni e Falangi/Legiones y Falanges* el 20 de noviembre de 1940. La autora cree que desde el punto de vista lingüístico e ideológico este texto se puede considerar como el manifiesto de la política lingüística adoptada por el régimen y de la voluntad de propaganda de la unión italo-española que veía en el surgimiento de una jerga común, una confirmación más de la fusión ideológica. Se observa, de hecho, un deseo de "codificación" y la construcción de un subcódigo compartido, de un *patois* resultado de un proceso de mezcla y conmutación de los códigos.

II. *Legioni e Falangi. Rivista d'Italia e di Spagna /Legiones y Falanges. Revista mensual de Italia y de España* es una publicación que por su unicidad ofrece múltiples perspectivas de análisis para componer el marco histórico, social, retórico y lingüístico de la época, además que literario y artístico. La revista quiso ser, además de la narración de una parte de la historia de estos dos regímenes, una *koiné* fascista en la que, gracias al bilingüismo, se concretaba una propaganda basada en ideales y valores compartidos. El objetivo principal de quienes han colaborado en este volumen, gracias al estudio de ambas ediciones, ha sido presentar la revista como uno de los modelos ejemplares de las relaciones culturales entre la Italia fascista y la España de Franco en los años 1940–1943 y como un medio de información y *formación* propagandística en el cual el discurso, la palabra y la imagen se rinden al mensaje ideológico.

Catálogo

Assunta Polizzi

Después de la compleja fase de recolección de *Legioni e Falangi/ Legiones y Falanges*, se ha pasado a la catalogación del material contenido en los 33 números de la edición italiana y en los 31 de la española. Esta actividad ha ocupado al grupo de investigación durante un año y ha llevado a conseguir el primer producto del proyecto, no localizable en bancas de datos sobre prensa de la época, fundamental para seguir adelante en las actividades de sondeo del *corpus*, estudio de las frecuencias de ocurrencias, acercamientos temáticos, evaluación de las firmas y su persistencia a lo largo de los tres años de la existencia de la revista. Utilizando el soporte Bibliophilia, el grupo de investigación, por lo tanto, ha ido fichando cada una de las unidades textuales de la revista, transcribiendo el mayor número de datos acerca de portadas, contraportadas, anuncios publicitarios, artículos, imágenes y pies de foto. El resultado ha sido un amplio y detallado catálogo exportable también en formato PDF (alrededor de 400 páginas), que hace posible efectuar búsquedas cruzadas para individualizar ocurrencias de autores, temas, palabras clave, etc., y para avanzar con el análisis del corpus. Cada ficha comprende, en orden, el título de la unidad textual, en caso de que esté expresado, de otra forma, la definición tipológica entre corchetes según los criterios establecido por el grupo; siguen: autor, fecha de publicación, año y número, páginas, género, lengua de publicación, presencia de imágenes o ilustraciones con eventuales pies de fotos, finalmente, una descripción sintética y eventuales notas. El ulterior proceso de divulgación del catálogo prevé la ideación de un software que permita hacer aprovechable en la red el *database* obtenido.[1]

1 Para un ejemplo de ficha véase más arriba.

Página Web

FLORIANA DI GESÙ

El Grupo MEMITA' se ha formado con el objetivo de dar a conocer cómo la experiencia común de los regímenes totalitarios en Europa haya contribuido a la construcción de una identidad y una memoria histórica con las que el presente se relaciona.

Todo ello con el propósito de operar un proceso de integración, que ve en el análisis 'integrado' de los modelos culturales, el punto de partida para una posible re-codificación, hoy, de los procesos de identidad para una profunda integración socio-cultural en Europa. El propósito principal del equipo es la re-codificación del concepto de identidad nacional, a través del análisis de los "artefactos ideológicos de la época" con el fin de mantener y preservar el patrimonio cultural, y también ofrecer un modelo para las generaciones futuras.

Entre los objetivos principales: el desarrollo de iniciativas socioculturales para la promoción y difusión de una correcta política lingüística y cultural que tenga como sus piedras angulares los conceptos de: identidad, solidaridad, tolerancia y estabilidad; la construcción de redes y materiales educativos, que exploten el potencial de la tecnología de la Educación, para el fortalecimiento de la adquisición de conocimientos de carácter histórico-cultural y lingüístico en la educación/formación.

El grupo de investigación pone libremente a disposición del lector su página web <http//:www.memita-net.com> donde encontrará:

- una selección de imágenes de la revista *Legioni e Falangi/Legiones y Falanges* relacionadas con los artículos contenidos en el libro;
- una selección de textos y de los *corpora* analizados en el libro.

Note su un'iniziativa editoriale di regime

Chiara Sinatra
Università di Palermo

Sin pretensión de exhaustividad el artículo se plantea reconstruir el contexto político y el ambiente cultural en que puede enmarcarse el nacimiento de la revista «Legioni e Falangi/Legiones y Falanges», teniendo en cuenta la actitud ideológica de los regímenes fascista y franquista con respecto a la propaganda en el extranjero. El artículo recoge los primeros resultados de las investigaciones del grupo sobre la trayectoria editorial y política de la revista, intentando explicar las razones históricas de la separación que se produjo entre las dos redacciones en el mayo de 1941. Luego se describe la estructura de la revista destacando la importancia de las secciones gemelas presentes en las dos ediciones y su bilingüismo.

1. Stampa e regimi. Le origini di una "Rivista d'Italia e di Spagna"

Con l'inizio della guerra in Etiopia e poi di quella civile in Spagna, la propaganda all'estero divenne un impegno importante per il regime di Mussolini, da attuarsi attraverso la larghissima diffusione di «fiumane di pubblicazioni e di fotografie illustranti la teoria e la pratica del fascismo» (Matteini, 1945: 28). Tuttavia, un'attenta disamina del vasto panorama bibliografico riguardante l'intervento italiano nella guerra di Spagna operata dagli studiosi negli ultimi trenta anni – tra essi Torcellan (1988); Pizarroso (1993: 17–22); Moreno Cantano (2012: 11–22) – ha permesso di riscontrare la centralità riservata all'apporto militare e politico che gli italiani diedero agli insorti, ma non una riflessione specifica sul rapporto tra la stampa e l'attività propagandistica fascista in Spagna. In generale, emerge il dato che si è dedicata una maggiore attenzione al ruolo della comunicazione sociale attraverso media quali la radio e il cinema.

Senza alcuna pretesa di esaustività, ma con il fine di chiarire il più possibile in che contesto politico s'inquadra la nascita di una pubblicazione come *Legioni e Falangi/Legiones y Falanges*, prima di inoltrarci nello studio della rivista, può essere di qualche utilità ripercorrere per grandi linee la traiettoria dell'atteggiamento assunto dal regime fascista riguardo alla propaganda all'estero.

Dall'intensa attività svolta dagli enti preposti alla diffusione dell'informazione traspare chiaramente l'importanza crescente che aveva acquisito per l'Italia la guerra in Spagna non solo per la cifra altissima dei volontari della Legione C.T.V. e degli effettivi che vi presero parte in seguito, ma, com'è noto, soprattutto in relazione agli equilibri con la Germania nazista nelle fasi immediatamente precedenti la seconda guerra mondiale (Pizarroso, 1993: 19). Per ragioni di prestigio politico e di ritorno economico dal 1937 si dà ampio risalto alle notizie dal fronte spagnolo con grande impiego di uomini e mezzi grazie all'istituzione a Salamanca di un Ufficio Stampa e Propaganda della Missione Militare Italiana che, tuttavia, inizialmente non prevedeva ancora la possibilità di pubblicare direttamente in Spagna (Pizarroso, 1993: 25). Vi collaboravano alcuni nomi del giornalismo italiano che ritroveremo tra le pagine di *Legioni e Falangi*, tra cui Lamberti Sorrentino, che coordinava la sezione Radio e Gian Gaspare Napolitano che in quella sede diresse la Sezione Esteri.

Quando l'USP divenne USI (Ufficio Stampa e Propaganda Italo-spagnolo) dal novembre 1937 e fino alla fine della guerra civile, nonostante i cambi di vertice e di sede, l'organizzazione restò immutata se non addirittura potenziata con la rappresentanza diplomatica presso l'Ambasciata Italiana a Madrid nel controllo delle funzioni di stampa e propaganda «avente per fine» – nelle parole del Generale Gambara – «non solo l'assistenza morale alle truppe del C.T.V. ma anche principalmente la penetrazione spirituale, italiana e fascista nel non facile ambiente spagnolo» (citato in Pizarroso, 1993: 30). Questi ultimi dati acquistano un rilievo particolare sia perché oggi è possibile affermare che all'origine della rivista oggetto di questo studio ci sia stato un disegno di abile e simultanea diplomazia di regime, sia perché la linea editoriale adottata da *Legioni e Falangi* rispondeva esattamente ai criteri indicati da Gambara.

L'attività propagandistica fascista all'estero si giovò della creazione dell'Ente Stampa come diretta emanazione del Ministero della Cultura Popolare, istituito dall'aprile del 1940 «allo scopo di provvedere ai servizi redazionali di collaborazione e di corrispondenza per giornali, quotidiani e periodici» (Matteini, 1945: 36). Di fatto, a questa finalità si aggiungeva quella di «esaltare al massimo la guerra in provincia e di attaccare l'Inghilterra e l'America». Fino a quel momento lo stesso Ministero della Cultura Popolare con i rapporti ai direttori e con "disposizioni" quotidiane segrete indicava gli argomenti da trattare, le notizie da cestinare, la soddisfazione o l'insofferenza del Duce per il modo in cui i suoi ordini erano stati eseguiti (Matteini, 1945: 28). A questo proposito, nel 1941, in *Legiones y Falanges* Nino Ruggeri, in un articolo che ricostruisce la biografia di Mussolini, commenta che il Duce:

> Conoce todas las armas de lucha, desde la radio al cinematógrafo, todo cuanto la técnica moderna ofrece a un jefe de Estado para transformar políticamente a un pueblo. Pero si tuviese que elegir un arma, no vacilaría en la elección, se inclinaría por la prensa. [...] El periódico, cuando está hecho como él sabe, quema los dedos, alienta en la obscuridad del bolsillo, se conserva amorosamente hasta que el color amarillo le da el conmovedor aspecto de un incunable [...] El *Popolo d'Italia*, por él fundado ha sido en este sentido la más importante central eléctrica de la Revolución porque cree ciegamente, repetimos, en el poder de la palabra impresa o hablada. (*Ls/Fs*, 3, I, 1941, 14)

La propaganda politica era a carico di testate quotidiane, settimanali e periodici, ma anche di un apparato di editori a disposizione del regime, o quantomeno a sostegno di esso. Tra essi anche Aldo Garzanti, editore di numerose opere che erano «strumento di propaganda nazionale e fascista» e soprattutto di questa «nuova collezione di opere politiche e di attualità destinate ad avvalorare e difendere le ragioni della Patria nel glorioso periodo delle guerre di Etiopia e di Spagna» (citato in Tranfaglia/Vittoria,

2000: 325). Come si annuncia dalle pagine pubblicitarie di molti numeri che aprono entrambe le edizioni della nostra rivista, la Garzanti avrà modo di reiterare il disegno editoriale che sottende la pubblicazione di *Legioni e Falangi/Legiones y Falanges* grazie a un'edizione settimanale bilingue italo-tedesca dell'*Illustrazione Italiana*: «destinata a rinsaldare i rapporti culturali dell'Asse» che «verrà messa in vendita in Germania e nei paesi scandinavi».

Dalle stesse pagine si lanciano, dal 1940, anche altre opere edite dalla Garzanti destinate allo stesso pubblico di *Legioni e Falangi/Legiones y Falanges* quali *Spagna di Dio* di Orazio Pedrazzi ex ambasciatore d'Italia in Spagna, la *Storia di Spagna* di Temistocle Celotti, pubblicazioni quali *Vecchia e nuova Spagna* di Stanis Ruinas o *Con gli insorti in Marocco e in Spagna* di Renzo Segalà, ma anche opere di divulgazione come la *Grammatica pratica della lingua spagnola* di Carlo Boselli, il *Dizionari spagnolo-italiano/ italiano-spagnolo*, sempre a cura di Boselli e Melzi.

1.1 Una lettura mirata del rapporto tra *prensa* e *propaganda* volta a ricercare notizie sulle origini della rivista oggetto di questo studio, conferma che l'idea di una pubblicazione bilingue come *Legioni e Falangi/ Legiones y Falanges* è da rintracciarsi sicuramente in seno alle istituzioni dei due regimi, e che sia stata messa in atto attraverso i canali diplomatici che mantenevano le relazioni culturali tra i due paesi. Come segnala Moreno Cantano (2011: 15) in Spagna i canali di diffusione utilizzati per la legittimazione della nuova era franchista nella ricostruzione morale e materiale del paese furono la radio, l'arte e la cultura, come in Italia. Le tecniche di propaganda all'estero erano molteplici e tutte rispondenti a un criterio resosi uniforme agli altri totalitarismi europei:

> la regla de la simplificación y del enemigo único, de la exageración y de la desfiguración, de la repetición [...] Falange aspiró durante todo este período al encuadramiento y a la nacionalización de la sociedad mediante la creación de una cultura popular y la formación de una conciencia nacional [...] el periodismo se erigió como un código ideológico gracias al cual los españoles, y- como se anhelaba- el ciudadano extranjero-, apoyarían la causa y el Estado franquista. (*Ibidem*)

Alla luce degli studi più recenti di questo autore sull'apporto fondamentale delle figure della diplomazia per la proiezione fuori dal paese dell'immagine della dittatura franchista anche attraverso l'industria culturale (Moreno Cantano, 2012), è possibile ipotizzare qui che il progetto editoriale di *Legioni e Falangi/Legiones y Falanges* s'inserisse perfettamente nel processo di sistematizzazione dell'apparato di propaganda attraverso la stampa. L'autore, infatti, rileva il ruolo svolto dalla diplomazia nelle principali capitali europee e americane dalla fine della guerra civile alla fine della seconda guerra mondiale, in un cammino verso una crescente neutralità volto a rendere la dittatura franchista sempre più «aceptable» (Moreno Cantano, 2012: 15) all'opinione pubblica internazionale. A questo proposito il lavoro di Peña (2010) mostra chiaramente i contrasti di Franco con l'anima falangista del governo, in cui prevalse la volontà di Ridruejo e Tovar di controllare il settore della stampa e della propaganda, ponendo l'accento sull'aspetto totalitario del nuovo regime. In questo caso la strategia falangista consisteva nel mettere in risalto le relazioni culturali con l'Italia fascista. Come riferisce Peña (2010: 121) grazie all'iniziativa dell'*agregado de prensa* presso l'Ambasciata a Roma, Giménez Arnau, si inizia una collaborazione tra intellettuali «para reforzar la difusión del ideario político totalitario». L'idea che la rivista ebbe origine in ambito politico grazie alla collaborazione delle rispettive rappresentanze diplomatiche si può rintracciare anche nello scambio riportato dallo stesso Peña:

> Luciano de Feo, director general del IRCE (Istituto Nazionale per le Relazioni Culturali con l'Estero) comunicaba al delegado del Minculpop (Ministero della Cultura Popolare) las propuestas del diplomático español que aseguraba no solo la colaboración de destacados académicos de la lengua como Manuel Machado, Pedro Sainz Rodríguez y Miguel Asín Palacios, sino también el envío de artículos mensuales de otros escritores en su inmensa mayoría falangistas (Alfaro, Salavería, Aznar, Víctor de la Serna, Eugenio d'Ors, Marqués de Lozoya, Sánchez Mazas, Marquerie, Montes, Ridruejo, Ros y Halcón) "da considerarsi tra i maggiori della Spagna contemporanea". (*Ibidem*)

In tale contesto nasce una pubblicazione sovvenzionata direttamente dai due partiti che vede come primo direttore e cofondatore per l'edizione spagnola Agustín de Foxá, capo della *Falange Española* in Italia. Una rivista che Peña definisce «una incansable campaña propagandística, con la anuencia de los falangistas, en pro de la intervención española del lado de las potencias del Eje» ma anche capace di pubblicizzare in Italia gli sforzi del governo franchista per la ricostruzione, oltre che di tracciare in maniera netta il profilo del nemico comune.

Queste "Note", che rappresentano un iniziale approccio rispetto ai temi e alla struttura della rivista, nell'evidenziarne una genesi così marcatamente politica, in maniera implicita intendono indicare per il futuro un percorso di ricerca più specifico da seguire per quanto riguarda la fortuna e la reale diffusione di questa pubblicazione in entrambi i paesi. A questo proposito Schifano (2007) ne rileva il carattere esclusivo, mettendo in evidenza come si trattasse di un prodotto destinato a un pubblico ristretto:

> Legiones y Falanges, por mucha calidad que tuviera, estaba destinada, fundamentalmente, al aparato de ambos partidos, miembros del gobierno y autoridades varias, pero no al gran público. Y el régimen fascista deseaba un instrumento más popular para acceder a la opinión española. *Tempo* estaba destinada a ser ese instrumento [...].

Le definizioni che soprattutto in Spagna la riflessione critica ha riservato a *Legiones y Falanges* la descrivono come una «curiosa experiencia [...] efímera muestra de la amistad hispano-italiana» (Mainer, 1971: 46); «Un extraordinario caso de colaboración fascista italo-española» (Rodríguez Puértolas, 1986: 369, II); sul versante storico si parla di «una publicación, moderna y ambiciosa, que aglutina doctrina política común e intelectuales de ambos países» (Peña, 2010: 122); dal punto di vista delle relazioni culturali tra Spagna e Italia Llorens (1994: 99) dà risalto alla cifra degli intellettuali che vi scrissero ma anche all'ottima qualità dei contributi fotografici e della fattura.

2. La vicenda editoriale di *Legioni e Falangi / Legiones y Falanges*

Nel 1940 la casa editrice Garzanti inizia a pubblicare parallelamente, in edizione italiana e in edizione spagnola, la rivista *Legioni e Falangi*.

Rivista d'Italia e di Spagna/Legiones y Falanges. Revista mensual de Italia y de España. A capo del progetto editoriale come direttori e co-fondatori compaiono le firme di Giuseppe Lombrassa e – come accennato – Augustín de Foxá. Il primo incarnava perfettamente il ruolo che il Duce aveva auspicato per la sua stampa, unendo l'attività giornalistica a quella di alto funzionario del Partito. Sul versante spagnolo della rivista, figura diversa era quella di Agustín de Foxá, poeta, narratore, giornalista e diplomatico, la cui condirezione però durò solo fino alla sesta uscita di *Legiones y Falanges* (*Ls/Fs*, 6, I, 1941) a causa del suo allontanamento dall'Italia decretato dallo stesso Mussolini. Tra le cause dell'espulsione, provocata da un incidente diplomatico in cui Foxá incorse forse non del tutto involontariamente- come riferito da Peña (2010: 119) – non possono ignorarsi le relazioni interne e i rapporti di potere tra i vari gruppi falangisti. Di fatto, il susseguirsi di una serie di avvenimenti significativi quali la rimozione di Foxá e la sua sostituzione con Román Escohotado Jiménez, anch'egli falangista ma autore di minor calibro, e la mancata uscita del settimo numero di *Legiones y Falanges* del maggio 1941, con lo spostamento della redazione spagnola da Roma a Madrid, dimostrano come la vicenda editoriale di *Legioni e Falangi/Legiones y Falanges* fosse collegata a figure politiche di primo piano dell'epoca.

Il primo numero dell'edizione italiana è del 28 ottobre 1940, uscendo, poi, con una periodicità mensile, fino all'1 luglio 1943, per un totale di 33 numeri. L'edizione spagnola, che vede la prima uscita il 20 novembre del 1940, consiste in 31 numeri, i primi sei dei quali stampati nella redazione romana della Garzanti.

Come già accennato, l'assenza del settimo numero di *Legiones y Falanges*, quello del maggio del 1941, segna un importante riordinamento del progetto giornalistico e culturale della rivista. Dal numero 8–9 (*junio-julio* 1941) l'edizione spagnola passa a Madrid, a carico della *Delegación Nacional de Prensa y Propaganda*.

Sullo sfondo di tale divisione editoriale, oltre alle vicende riportate più sopra, si suppone possa collocarsi la crisi di governo del maggio dello stesso anno, che determinerà una rimodulazione della prima fase del sistema di controllo della stampa avviata già nel 1938.

Seguendo la ricostruzione storica di Dominguéz Arribas (2009), il *Servicio Nacional de Prensa* e il *Servicio Nacional de Propaganda* dipendevano allora dal Ministerio de la Gobernación, attraverso la *Subsecretaría de Prensa y Propaganda*, sotto il controllo dei falangisti radicali. Nell'agosto del 1939 la *Subsecretaría* è affidata a José María Alfaro mentre Dionisio Ridruejo sarà direttore generale della *Propaganda* fino al 30 ottobre del 1940. Il *Ministerio*, però, rimane vacante dallo stesso ottobre, da quando Serrano Suñer passa agli Affari Esteri, mantenendo comunque il controllo del settore della *Prensa y Propaganda* attraverso il fidato sottosegretario José Lorente Sanz e in seguito con Antonio Tovar. La crisi politica si innesca il 5 maggio del 1941, quando Franco affida il *Ministerio de la Gobernación* vacante al colonnello antifalangista Valentín Galarza, il quale annullerà l'ordine firmato dal sottosegretario Tovar che rendeva i periodici della *FET*, il partito della *Falange*, esenti da censura previa. La contrapposizione tra l'ala falangista del governo e quella di segno opposto diventa scontro aperto. Dopo le dimissioni di Tovar e i diversi attacchi dei falangisti anche dalle pagine di *¡Arriba!* con un articolo anonimo poi attribuito a Ridruejo, Franco rimodella l'intero assetto governativo, aumentando, di fatto, il numero dei ministri falangisti. In materia di stampa e propaganda le competenze sono trasferite dal *Ministerio* alla *Secretaría General* de FET, e nel dettaglio alla sua *Vicesecretaría de Educación Popular* (VSEP), creata il 20 maggio del 1941.

Alla luce dello studio di Llorens, che descrive in maniera dettagliata i vari spostamenti non solo della redazione ma anche della sede amministrativa (1994: 91), si evince la diretta dipendenza di *Legiones y Falanges* dalla *Delegación Nacional de Prensa y Propaganda*. Inoltre, come conseguenza plausibile del vuoto di governo e della relativa crisi descritta, oltre che della succitata rimozione di Foxá da direttore, è da intendersi l'assenza del numero 7 di *Legiones y Falanges*, che riprende in autonomia redazionale la sua pubblicazione con il numero doppio 8–9 nel luglio del 1941 dalla sede di Madrid, dimostrando di non voler rinunciare al progetto editoriale che la lega all'Italia.

3. La rivista

> Tutti i giornali devono formare un blocco solo [...] dalla prima all'ultima pagina, dall'articolo di fondo, che sviluppa e commenta il tema politico dominante della giornata, all'avviso economico, che figura sopra il nome del direttore responsabile, il giornale deve preoccuparsi di trovare un'omogeneità essenziale (citato in Tranfaglia, 1980: 147).

Quanto proclamato da Mussolini in questo discorso del 1928 «da soldato a soldati» ai giornalisti, si riconosce nella piena corrispondenza che si crea in *Legioni e Falangi* tra i contenuti e i vari generi testuali. Si ritrovano qui le firme pregevoli di Giovanni Ansaldo, Mario Appelius, Lamberti Sorrentino, Gian Gaspare Napolitano, Orio Vergani, Indro Montanelli, che avevano fatto parte del gruppo storico dei corrispondenti di guerra per le varie testate, ma anche di Nino Ruggeri, Achille Benedetti, Antonino Trizzino, Elio Zorzi, di studiosi come Ettore De Zuani e Salvatore Battaglia, di figure femminili quali Margherita Berio o l'attrice Laura Solari.

Su *Legiones y Falanges* scrivono invece, tra gli altri: Ernesto Giménez Caballero, Concha Espina, Edgar Neville, Alfredo Marquerie, Dionisio Ridruejo, Juan Ramón Masoliver, Martín de Riquer, Joaquín Entrambasaguas, Azorín, Camilo José Cela, Francisco de Cossío, Gerardo Diego, Julio Caro Baroja, Manuel Machado, Eugenio D'Ors, Álvaro Cunqueiro, Melchor Fernández Almagro, Julio Casares, senza contare i contributi di figure militari o politiche di spicco.

Riscontrando come finalità ultima della pubblicazione, in questa straordinaria dimensione internazionale, la creazione di paradigmi culturali a partire da comuni sistemi politici, le sezioni fisse riguardano, oltre che l'attualità e la politica interna ed estera, anche teatro, cinema, musica, spettacoli, letteratura, arte. Raramente compaiono contributi senza firma, tuttavia in alcuni casi gli autori si celano dietro degli pseudonimi – noti come nel caso di Azorín (José Martínez Ruíz), El Tebib Arrumi (Víctor Ruíz Albéniz), Quintilio Maio (Alberto de Chirico) o Ricciardetto (Augusto Guerriero) – o altri che invece rimangono sconosciuti: Freccia Nera, Vice, Farfarello, César, Fernán.

In particolare, oltre alle sezioni pubblicitarie e quella dedicata alle novità editoriali della casa editrice Garzanti, ad aprire la rivista in entrambe le edizioni è il sommario, accanto al quale compare la miniatura della foto di copertina corredata da didascalia, mentre un'ampia sezione della pagina è riservata a un'immagine di grande formato che ritrae spesso i gerarchi dei due regimi in pose emblematiche oppure intenti nella lettura della rivista stessa. Nel primo numero di entrambe le edizioni compare l'immagine di Mussolini che riserva una dedica autografa alla rivista. Anche la retrocopertina è sempre una foto a tutta pagina con didascalia.

In *Legioni e Falangi/Legiones y Falanges* assumono naturalmente grande rilievo le rubriche speculari *Trenta giorni a Roma – Trenta giorni a Madrid/Treinta días en Roma – Treinta días en Madrid* che riportano mensilmente l'attualità dei due paesi strutturandosi in una serie di fotogrammi narrativi arricchiti da didascalie. Sono curate rispettivamente negli anni da Freccia Nera o da Vice e da Juan Ramón Masoliver e Luis González Alonso.

Oro e sangue/Oro y sangre, invece, si compone di *reportage* sulle realtà politiche di paesi esteri come gli Stati Uniti, la Gran Bretagna, Singapore o l'Iran, in chiave spesso contrastiva e critica rispetto al modello italo-spagnolo su cui poggia la rivista. Ne sono curatori Cesare Guerri, Farfarello, Ricciardetto.

Sono simmetriche anche le rubriche: *Voci dello schermo/Voces de la pantalla* che raccontano l'attualità cinematografica con recensioni e riflessioni essenzialmente sul cinema spagnolo e su quello italiano, aprendo a volte ad articoli sulle esperienze di altri paesi, *Maschere e scene/Máscaras y escenarios* dedicate al teatro e all'opera, come riflessione critica e come spettacolo. Entrambe le sezioni vantano le collaborazioni di specialisti spagnoli e italiani che si alternano, ovvero Díez Crespo, Antonio de las Heras, il già citato Quintilio Maio, Evaristo Gherardi, Ciro Poggiali e Giulio Confalonieri.

Sono presenti solo nell'edizione spagnola lo spazio a carattere ludico a cura di César *Horas perdidas* dal numero 27 (*Ls/Fs*, 27, III, 30) con giochi enigmistici e, dal numero successivo (*Ls/Fs*, 28, III, 36), le vignette di *Humor de Italia y de España*.

Esclusivamente nell'edizione spagnola si ritrovano le rubriche fotografiche *La viva actualidad. Fotografías del momento de España y el extranjero* poi sostituita da *Actualidades*, e *Contrastes* in cui la sostanza essenzialmente visiva contribuisce all'informazione politica o tende a sottolineare modelli iconografici tra di loro polemici.

La rivista si arricchisce di un apparato di illustrazioni e fotografie sempre in bianco e nero, riservando una luce cromatica solo alla copertina, di indubbio pregio per qualità delle immagini e per i tagli e le prospettive delle visioni. Oltre ai ritratti delle personalità citate negli articoli, le immagini all'interno della rivista rappresentano riproduzioni di opere d'arte, quadri, elementi architettonici, frontespizi di esemplari antichi. Ma, soprattutto, la pagina incornicia tra le colonne di parole la foto della cronaca così come l'immagine inconsueta o *tremendista* del reportage di guerra o la visione del racconto di viaggi di realtà esotiche.

Se i primi numeri fino al settimo, con la condivisione della sede romana, mantengono un rapporto quasi speculare per i contenuti e per la disposizione della materia verbale e visiva, dopo la separazione editoriale si crea un ragionevole quanto significativo divario tematico tra *Legioni e Falangi* e *Legiones y Falanges*. L'edizione italiana già dalla copertina non perde l'identificazione con il linguaggio visivo bellico: con l'entrata in guerra dell'Italia le proposte non si allontaneranno da immagini dal fronte italiano o da quello tedesco, lasciando o talora alla quarta di copertina una certa estensione tematica con fotografie relative ad altri soggetti. L'edizione spagnola inizia a prediligere dal numero 10 (*Ls/Fs,* 10, II, 1942) un sereno argine nazionale nella rappresentazione di elementi *castizos* rintracciabili in panorami, scorci, dettagli di un paesaggio ispanico rassicurante ed emblematico che segue l'alternarsi delle stagioni. Dal numero 18 (*Ls/Fs*, 18, II, 1942) in occasione della celebrazione dell'anniversario della fine della guerra civile e della ricostruzione franchista, si presentano i temi bellici in alternanza a quadri di tipo *costumbrista*, anche tedeschi.

Riguardo ai testi, tale divergenza offre l'opportunità di rimodellare le composizioni di ogni uscita, di fatto ormai a carico di ciascuna delle sedi, arrivando anche a inserire sezioni o eliminare delle rubriche. Si può seguire l'evoluzione della rivista in accordo con le importanti vicende storiche e politiche che coinvolsero i due paesi dal 1940 fino alla brusca interruzione del luglio 1943 per l'edizione italiana, che si tradusse anche nella fine di quella spagnola.

Le analisi attente di Peña (2010) e Llorens (1994), cui si è fatto riferimento spesso in questo lavoro, offrono una ricognizione più che esaustiva, per ciascuna delle due edizioni, di argomenti, contenuti e autori presenti nella rivista. Da questi studi e dalla frammentaria bibliografia esistente su *Legioni e Falangi/Legiones y Falanges* prendono le mosse i saggi contenuti in questo volume che, sui medesimi argomenti, contenuti e autori hanno indagato e alla cui lettura, per questo motivo, si rimanda.

Riferimenti bibliografici

AGENZIA STEFANI (1939) *Il 15 annuale dell'agenzia fascista*, Tivoli, Officine grafiche Mantero.

ALLOTTI, P. (2012) *Giornalisti di Regime. La stampa italiana tra fascismo e antifascismo (1922–48)*, Roma, Carocci.

CASTRONOVO, V./ TRANFAGLIA, N. (1980) *La stampa italiana nell'età fascista*, Bari, Laterza.

CORTI, P./PIZARROSO QUINTERO, A. (1993) *Giornali contro: "Il Legionario" e "Il Garibaldino": la propaganda degli italiani nella guerra di Spagna*, Alessandria, Edizioni dell'orso.

DI FEBO, G./MORO, R. (a cura di) (2005) *Fascismo e Franchismo. Relazioni, immagini, rappresentazioni*, Roma, Rubbettino.

DOMÍNGUEZ ARRIBAS, J. (2009) *El enemigo judeo-masónico en la propaganda franquista (1936–1945)*, Madrid, Marcial Pons.

FERRETTI, G. C./GUERRIERO, S. (2010) *Storia dell'informazione letteraria in Italia dalla terza pagina d Internet.1925–2009*, Milano, Feltrinelli.

GONZÁLEZ CALLEJA E./LIMÓN NEVADO F. (1988) *La hispanidad como instrumento de combate. Raza e imperio en la Prensa franquista durante la guerra civil española*, Madrid, C.S.I.C.

LLORENS GARCÍA, R. F. (1994) «*Legiones y Falanges*: una experiencia insólita» *Relaciones culturales entre Italia y España, III Encuentro entre las Universidades de Macerata y Alicante*, Alicante, Universidad de Alicante 91–103. <http://www.cervantesvirtual.com/obra-visor/relaciones-culturales-entre-italia-y-espana-iii-encuentro-entre-las-universidades-de-macerata-y-alicante-marzo-1994--0/html/ff14801a-82b1-11df-acc7-002185ce6064.html> [ultimo accesso 31/07/2014].

LLORENTE HERNÁNDEZ, A. (1992) *Arte e ideología en la España de la postguerra (1939–1951)*, Tesis Doctoral, Universidad Complutense de Madrid.

MAINER, J. C. (1971) *Falange y literatura. Antología*, Barcelona, Labor.

MATTEINI, C. (a cura di) (1945) *Ordini alla stampa: la politica interna ed estera del regime fascista nelle disposizioni emanate ai giornali dal ministero della cultura popolare*, Roma, Editrice polilibraria italiana.

MORENO CANTANO, A. C. (coord.) (2011) *El ocaso de la verdad Propaganda y prensa exterior en la España franquista*, Gijón, Ediciones Trea.

MORENO CANTANO, A. C. (coord.) (2012) *Propagandistas y diplomáticos al servicio de Franco,* Gijón, Ediciones Trea.

PEÑA, V. (2010) «España y la segunda guerra mundial: doctrina política y cultura militante en *Legioni e Falangi. Rivista d'Italia e di Spagna* (1940–1943)», RSEI, 6, 119–143.

PIZARROSO QUINTERO, A. (1990) *Historia de la propaganda: notas para un estudio de la propaganda política y de guerra*, Madrid, Eudema.

PIZARROSO QUINTERO, A. (1994) *Stampa e mezzi di comunicazione in Spagna,* Milano, Franco Angeli.

RODRÍGUEZ PUÉRTOLAS, J. (1986) *Literatura fascista española*, Madrid, Akal, II.

SCHIFANO, P. (2007) «Los problemas financieros, administrativos y políticos de *Tempo* edición española», Sección prensa Archivo Digital Fernández-Xesta. <http://fernandez-xesta.es/PRENSA/

ARTICULOS/LOS%20ARTICULOS.%20Esp/-%20ITALIA%20 Tempo%20en%20Espana.esp.pdf> [ultimo accesso 31/07/2014].

TORCELLAN, N. (1988) *Gli italiani in Spagna. Bibliografia della guerra civile spagnola*, Milano, Franco Angeli.

TRANFAGLIA, N./VITTORIA, A. (2000) *Storia degli editori italiani*, Bari, Laterza.

Gráfica y totalitarismo. El caso de la revista *Legiones y Falanges*

ALINA NAVAS
Universidad Complutense de Madrid

L'unicità della rivista «Legiones y Falanges/Legioni e Falangi» data dalla sua doppia versione permette di rinvenire elementi comuni e differenze nella cultura degli anni dell'ultimo fascismo e del primo franchismo. Attraverso lo studio della sua grafica, e in particolare delle sue fotografie, é possibile collocare la rivista nel quadro delle pubblicazioni di entrambi i regimi, malgrado l'anonimato che caratterizza le immagini. Nel saggio si compara la rivista con altre pubblicazioni coeve édite sia dai servizi di propaganda del primo franchismo sia da quelli dell'ultimo fascismo in cui, nonostante conviva un modello comune, si apprezzano importanti differenze sia nei temi sia nelle forme in cui si articola la propaganda stessa.

1. *Legiones y Falanges* una revista única

Legioni e Falangi. Rivista d'Italia e di Spagna/ Legiones y Falanges. Revista mensual de Italia y de España (mensual, octubre de 1940-julio de 1943) fue una revista única, publicada simultáneamente en España e Italia durante el auge de los totalitarismos que debía, en teoría, proyectar los intereses comunes de las dos naciones aunque en la práctica no hizo que destacar los rasgos comunes entre fascismo y falangismo. Se trata de una herramienta útil para conocer las relaciones culturales bilaterales entre el último fascismo y el primer franquismo, el perfeccionamiento de la propaganda bajo el totalitarismo y su influjo en el franquismo, así como los principales agentes y publicaciones de los grupos que administraron la revista. A pesar de ser muy similar en sus dos ediciones, un análisis de su gráfica deja ver aspectos de la evolución de la cultura bajo el franquismo hacia el conservadurismo, la uniformidad y la nazificación de la cultura italiana bajo el fascismo, la omisión de aspectos como el antisemitismo italiano o el clericalismo español y finalmente, en los últimos números, el deterioro de las relaciones bilaterales. La revista es testimonio de los cambios tecnológicos operados en la propaganda de ambos regímenes. Además, la revista es una fuente importante para documentar la actividad de Falange en el Exterior, sus contactos oficiales y localizar entre sus colaboradores personajes muy ligados en épocas anteriores a las relaciones culturales entre ambos países desde la Dictadura de Miguel Primo de Rivera como Ettore de Zuani, Felipe Sassone, Juan Ramón Masoliver o Cesare Alessandro Gullino.

La revista nacía al calor de la "hermandad" entre la Italia fascista y la España franquista en un momento delicado, la II Guerra Mundial. Un "calor helado" hizo que las relaciones entre ambos países se materializaran en el plano cultural sólo en ocasiones excepcionales como las páginas de esta revista. Dependía del Ministerio de las Corporaciones italiano y del Departamento de Intercambio de Propaganda de la Delegación Nacional del Servicio en el Exterior de FET de las JONS (DNSEF) marginando, como venía siendo habitual desde mediados de los años treinta, las embajadas de ambos países. Al parecer la Falange en el Exterior se había fundado en 1935 tras el último viaje de José Antonio Primo de Rivera a Italia. El primer grupo en Italia se constituyó en Milán el 8 de agosto aunque empezó su actividad en enero de 1936 y, al parecer, Arturo Cuartero era jefe de la Falange en Italia antes de la guerra.[1] Se decía que llevaba dos años de actividad y aunque se habló de una formación espontánea también se decía que dependía de la DNSEF y que en cada país había un delegado (Del Castaño, 1939). Por otro lado es importante tener en cuenta que fue el Ministerio de las Corporaciones el encargado de editar esta revista y no el activo *Ministero di Cultura Popolare* (MinCulPop). Por último la casa editorial involucrada en esta

1 Giménez Caballero, E. (prol) en Rasi, G. (1937) *Inferno spagnolo*, Milán, STEM-Minerva, 1937. En su esquela de ABC aparecía como fundador de la Falange en Italia, ABC, 24 de abril de 1968.

empresa era la Garzanti lo que explica que la revista recuerde a otros productos de la editorial como *Stile* de Gio Ponti, *L'Illustrazione Italiana* o *Archittettura*, la revista del Sindicato Fascista de los Arquitectos. La revista contaba con dos directores. El español Agustín de Foxá y el italiano Giuseppe Lombrassa entonces Subsecretario del Ministerio de Corporaciones. Italia ya venía publicando proyectos en otros idiomas como la revista *Tempo* publicada en diez idiomas y que desde enero de 1941 contaba con una edición en español en la que colaboraban Ismael Herráiz o Eugenio D'Ors y que, como *Legiones y Falanges*, era cosmopólita, con artículos muy diversos y fotografías a color.

La idea de la revista italo-española ha sido vinculada a un proyecto del periodista José Antonio Giménez Arnau agregado de prensa de la embajada española ante el rey que era un reducto de falangistas afines a Ramón Serrano Súñer que había accedido a la cartera del Ministerio de Asuntos Exteriores en octubre de 1940. Era su persona de confianza, corresponsal de EFE al menos desde 1940 propuso a las autoridades italianas el intercambio de artículos, firmados por destacadas personalidades del mundo de la cultura, para que fueran publicados en periódicos y revistas de gran repercusión en los dos países (Moreno, 2010). Esta afinidad, como explica Moreno, desapareció pronto y el embajador español en Italia, Pedro García Conde, se quejaba ya en abril de 1940 del tono de algunos periodistas italianos. Como destaca el investigador, la entrada de Italia en la guerra endureció la censura italiana y toda publicación extranjera debía ser filtrada por el MinCulPop y el Ministerio de la Guerra, a pesar de que los corresponsales alemanes e italianos no sufrían la censura previa en España desde septiembre de 1940. Los corresponsales españoles se quejaban de que, muchas veces, los italianos no sólo informaban antes, sino que además lo hacían de hechos prohibidos dentro y fuera de España. Además, pronto empezaron las primeras críticas dentro de las filas del fascismo contra el franquismo por su posición ante la II Guerra Mundial.

Por encima de estos roces quedó la revista, celebración de un momento álgido entre los dos países. Las ediciones no eran gemelas, señal, no sólo de sus distintos emitentes, sino de la modulación del producto ante sus públicos. La sección más importante y como el resto muy manipulada, era precisamente la dedicada a las relaciones italo-españolas. En realidad, y a pesar de su formato de revista de actualidad, se volcaba en temas interesantes pero evitando sistemáticamente el presente. Los asuntos, más allá de las clásicas cuestiones que se repitieron en la prensa italiana y española, versaban sobre los ya tratados por los hispanistas y corresponsales: poco sobre la cultura contemporánea y mucho sobre las grandes épocas del pasado de España e Italia como la Edad de Oro siendo comunes Bocaccio, Tasso, Zorilla Lope de Vega. El resto de secciones se fueron rellenando con el tiempo hasta cubrir los contenidos habituales de una revista de los años treinta para un público masa teatro, cine, música, literatura y arte. Las ediciones fueron prácticamente idénticas hasta el número 7 (de mayo de 1941) momento en que dejó de publicarse y redactarse sólo en Roma por cambios que la revista omitió. Hasta entonces ambos países habían compartido la dirección, la redacción, la administración y la publicidad. A pesar de la aparente amistad, De Foxá salió desplazado por problemas todavía no aclarados con el régimen de Mussolini o dentro del propio gobierno franquista, Falange o todos ellos. Era el jefe de Falange en Italia y había llegado a la embajada de España ante el Rey en marzo de 1940 en calidad de secretario. Estos dos cargos, prueban la confluencia entre el partido y el Gobierno. El 16 de abril de 1941 la embajada española recibió una comunicación del *Ministero di Affari Esteri* italiano solicitando que el diplomático abandonase el país por ser un espía británico. Recibió la dirección de la revista Román Escohotado, un poeta de quinta fila, crítico literario de *Arriba*. En agosto fue nombrado agregado de prensa en la embajada Luis García Alonso y sus quejas ya eran continuas ante las noticias poco decorosas que publican los italianos sobre el franquismo. Este periodista ocupaba un lugar importante en la revista y realizaba la sección *30 giorni a Madrid*, resumen de la política española. Para Moreno, la versión italiana tenía mayor libertad de contenidos aunque García Alonso y la DNSEF intentaron insertar artículos sobre temas españoles y cooperar con periodistas italianos. Se llegó incluso a pensar que era conveniente que algunos de los escritos, en su mayoría de García Alonso fueran realizados por otros corresponsales como Ismael Herráiz o Luis León. A ello hay que sumar los cambios internos dentro del franquismo, el 30 de mayo de 1941 se anuncia el tercer Gobierno de Franco y aunque Serrano Súñer continúa al frente del Ministerio de Asuntos Exteriores se nombra ministro de Gobernación a Valentín Galarza Morente lo que supuso la pérdida de la prensa para Serrano Súñer y provocó importantes dimisiones dentro de Falange. Con el nuevo gobierno se crea la Vicesecretaría de Educación Popular de FET y JONS, dependiente de la Secretaría General del Movimiento, que asumió y reorganizó los Servicios de Prensa y Propaganda lo que supuso para *Legiones y Falanges* algunos cambios que se perciben tímidamente.

A pesar de que la revista continúa su camino ensalzando las buenas relaciones, las cosas entre ambos países no van igual. Un ejemplo es que, en un momento en que los italianos todavía no tienen problemas en el plano internacional, Serrano Súñer realiza su segundo viaje a Italia en junio de 1942. Su jefe de gabinete, segundo del ministerio y responsable de la prensa exterior es Felipe Ximénez de Sandoval. El viaje es muy distinto al que realizara en 1941 ya que llega con un séquito mínimo y menor revuelo mediático. Con Ciano se encuentra en Livorno y advierte las críticas de éste sobre las aventuras sentimentales y el cinismo del *duce*. Tres meses más tarde, el 3 de septiembre, Serrano Súñer es cesado por los altercados entre falangistas y carlistas en el santuario de Begoña. Le sucede Francisco Gómez-Jordana Sousa lo que supone un giro hacia la neutralidad para España y no gustó al encargado de negocios de la embajada italiana en Madrid. Aunque la revista se seguía imprimiendo, se cerraba una época en que las relaciones entre ambos países habían dependido del entendimiento entre Ciano y Serrano Súñer, por encima de las instituciones creadas a tal efecto. La situación del fascismo no ayuda. En julio de 1943 se produce el desembarco en Sicilia y se imprime el último número de la revista. Pietro Badoglio es nombrado Jefe de Gobierno y Mussolini es arrestado; liberado y se organiza la República Social Italiana (septiembre de 1943 hasta el 25 de abril de 1945). En 1943 abre la Conferencia de Postdam y el Congreso de Bari de los partidos antifascistas y en el proceso de Verona se juzga a los miembros del gran consejo que habían votado a Mussolini. Las derrotas italo-alemanas y el aislamiento internacional obligaron a Franco a renunciar al "ideal totalitario" en beneficio de un "autoritarismo pragmático" y la eliminación de los signos exteriores más evidentes del totalitarismo, lo que quedó reflejado en el título del libro publicado en 1944 por el corresponsal español en Roma Herráiz, *Italia fuera de Combate*.

2. El arte de eludir la actualidad

La revista vio la luz en unos años en los que las publicaciones habían sido totalmente controladas por el régimen fascista y había poco margen para la libertad. La prensa había sido el primer sector cultural en ser fascistizado, es decir, se había eliminado la oposición, la libertad de prensa, se había centralizado y controlado las publicaciones para servir al fascismo. Toda la prensa sonaba como una orquesta al unísono, una metáfora que Mussolini había usado en un encuentro con periodistas en Roma en 1928 ante los que exigió polifonía pero con un solo director (Amicucci, 1938). Aunque era mensual, para *Legiones y Falanges* se eligió un formato periodístico típico de los semanales de actualidad aunque en su caso su objetivo informativo se redujo a presentar la actualidad que tocaban al régimen fascista y franquista con el objetivo de resaltar el contacto y las similitudes. A pesar de ser una revista de actualidad, observaremos las constantes limitaciones de este tipo de contenidos a través de distintos mecanismos. Un momento ulterior en el cambio de tono que sufrieron muchas revistas del régimen fue la primavera de 1942 momento en el que revistas perdieron su escaso margen de libertad. En palabras de Tronfi que ha estudiado la revista *Primato*, coetánea y mucho más aperturista gracias a la protección del ministro Bottai:

> Senza clamore lo spazio per la polemica frizzante, per l'invettiva arguta si restringe e, gradualmente, è destinato a sparire; allo stesso modo si eclissa, quasi repentinamente, ogni richiamo alle letterature e alle arti del nemico, che diventa sempre più tale, che va combattuto in tutti i campi, anche e soprattutto in quello della cultura. Si fanno, invece, più visibili la necessità di fare corpo unico, il bisogno d'univocità,

> l'urgenza di creare un corale consenso e sostegno di fronte alla guerra, tralasciando anche divergenze, pur sfumate ed astratte (Tronfi, 2010: 23).

Precisamente en este momento, el exceso y el defecto de información gráfica son estrategias muy útiles para reforzar el consenso ante un silencio mediático. A veces lo que no se puede decir se puede enseñar. Es el caso de *Legiones y Falanges*, que informa de ciertos aspectos de la actualidad sólo a través de las fotos. También, con imágenes muy potentes celebra constantemente una falsa actualidad, como por ejemplo la publicación desfasada de las fotos del día de la Victoria en el número 18, las del 18 de julio en el número 21 y las del entierro de José Antonio en los números 21 y 24. Esta alteración de la realidad se aprecia en la sección *Actualidades* que recuerda a las de otros medios como *L'Ilustrazione italiana y* que irá perdiendo peso alejando gradualmente la revista de la actualidad mediática.

3. El arte de la propaganda gráfica

Para tratar los contenidos que debían acercar Italia y España se eligió un formato muy nuevo en ambos países, el fotoperiódico (*rotocalco*). Se trata de un tipo de revista muy difundido en estos años que nace al paso del desarrollo tecnológico que impone la comunicación de masa. Se basaba en el sistema de impresión del huecograbado, que permite realizar largas tiradas de publicaciones con muchas imágenes a bajo coste y que triunfó en estos años cambiando definitivamente la gráfica de muchas Revistas marcando el inicio de la actual "dictatura de la imagen". Se trata de un tipo de revista de consumo rápido y escasos niveles de lectura. Estas características nos hacen intuir un público de referencia vasto, no específico, poco fiel, interesado en colmar su necesidad de información fundamentalmente a través de fotografías. Probablemente la difusión de la revista fuera significativa, facilitada por pedidos institucionales y por la distribución en las colonias aunque es probable que su consumo no fuera el esperado.

Como otras revistas de la fase totalitaria, *Legiones y Falanges* tiene un discurso gráfico muy autónomo y alejado del texto hasta el punto de que es posible hablar de un segundo discurso muy potente pero que no se refleja en los sumarios. El elemento más importante del fotoperiódico son las fotografías impactantes de gran formato. Un lugar especial merecen las portadas y las contraportadas siempre fotográficas con el título resaltado en rojo, amarillo o azul, un formato muy similar a la americana *Life*. Se trata de portadas típicas del fotoperiódico con grandes imágenes y pequeños toques de color que las hacían muy llamativas. Como ha dicho Clark, cualquier obra de arte puede estar al servicio de la propaganda en distintas direcciones sobre todo en los estados autoritarios (Clark, 2000) y las revistas son otro ejemplo. En las portadas, Italia mantiene las alusiones constantes a la guerra pero focalizando en los aspectos más técnicos hasta lograr la alienación del lector y evitar la empatía. Se trata de un subgénero fotográfico muy vinculado a la fotografía militar que llena muchas de las páginas de la revista.

Fig. 1 y 2: *Life* de junio de 1944, portada, *L/F*, 9, I, 1941, portada. (Las fotografías de *Legioni e Falangi* a las que hacemos referencia en este artículo y citadas en el texto como "Figura 1, Figura 2, etc." son consultables en la página web <http//:www.memita-net.com>).

Ya durante la Guerra de Etiopía las autoridades fascistas encargadas de la propaganda habían exigido no tomar, y mucho menos publicar, fotografías de ejecuciones capitales, o episodios de la resistencia que no fueran puntuales. Nada se publicaba acerca de la triste realidad de los soldados, el hambre, el frío, las enfermedades. Ya en ese momento se habían explotado las vistas aéreas que no sólo testimoniaban las estrategias del ejército sino la riqueza e inmensidad de los campos a los ojos de una posible colonización. Como no podía ser de esperar, algunas fotos procedían de la Guerra Civil (1936–1939) a pesar de que se trataba de un periodo que el franquismo intentaba "superar". Se trata de fotografías con un alto valor histórico. En estas fotos de la llamada por la propaganda fascista *Guerra di Spagna*, ya no podían funcionar a las alusiones a la colonización: construcción de casas o llegada de colonizadores y era necesario poner el acento en la fuerza militar italiana. Esta estrategia gráfica aumentaba en las fotos de la II Guerra Mundial donde se daba una visión heroica de la intervención de Italia. El discurso fotográfico de *Legiones y Falanges* sigue a pies juntillas las disposiciones del MinCulPop acerca de las fotografías que debían ser publicadas. No se debía publicar material de guerra de otros países que pudiera suscitar la comparación, ni fotografías de heridos italianos en camilla y se debía potenciar el poder de las fuerzas armadas dando relevancia a la batalla naval (Fig. 3 y 4, *L/F*, 6, III, 1943, 10 y *L/F*, 9, III, I, 1943, 17).[2] Algunas de las fotografías tomadas con la idea de mostrar la producción armamentística italiana en las fábricas, recuerdan enormemente a las fotografías coetáneas de la URSS de Stalin. Aunque la idea era hacer ver que se estaba permanentemente en guerra, la versión española se desmarcaba ya desde sus portadas truncando con el belicismo de la versión italiana y apostando por una imagen de paz a partir del número 8–9. Así a partir del número 11 las portadas de la edición española se dedicaban sistemáticamente a las ciudades y pueblos españoles evitando cualquier alusión a la guerra y resaltando el valor del patrimonio español.

---

2 Mannucci, S., «Disposizioni del Minculpop sulla fotografía», <http://www.storiaxxisecolo.it/fascismo/fascismo17g.htm> [Fecha acceso: 26.6.2014].

Marca de la rigidez que imponía la revista, no hubo cambios significativos, excepto los ya señalados, ni en la maquetación de las portadas ni en las del interior entre 1940 y 1943 de cada versión. En el interior las fotografías se solían maquetar a razón de dos por página con reducido margen y en raras ocasiones se combinaban en forma de collage. Ya en los últimos Números están más presentes fotografías de una sola página, en ocasiones, sin margen que dan un protagonismo todavía mayor a la imagen. Estas fotografías recuerdan a los reportajes fotográficos, que se intercalan en los números de la revista compuestos básicamente por fotografías de gran tamaño prácticamente sin texto. Ninguna foto está firmada y muchas veces se aprovechaba para incorporar comentarios que alteran la fuente y dirigen los sentimientos del lector/observador.

Respecto a los contenidos gráficos, la revista sigue las disposiciones del MinCulPop que no sólo sugería el nivel de importancia de las imágenes y su frecuencia sino que además exigía permanentemente contenidos como imágenes de las GIL, de los funerales de Bruno Mussolini, mientras prohibía otros como los acontecimientos de Hollywood, fotos edificantes, heroicas o poco numerosas de enemigos, escándalos amorosos, mujeres desnudas, celebraciones en las que aparecieran personajes sin el uniforme fascista o gente italiana que disfrutaba en la playa mientras Italia luchaba en la guerra.

En general se descifran distintas fuentes ya desde los primeros números que parecen proceder de los servicios de propaganda de ambos países, el fascista muy maduro y el franquista en formación y constante emulación. Se aprecian muchas fotografías reutilizadas de muy diversa datación, desde las fotos de San Sepolcro a fotografías de la primera Falange que parecen provenir de archivos privados. De hecho la revista es fuente riquísima de fotografías del primer falangismo y de las primeras celebraciones del franquismo que no siempre aparecen en otras revistas españolas. A partir del número 8 Italia aumenta la dimensión de las fotos hasta casi ocupar una página, publicando muchas imágenes que enfatizan la unión con la estética alemana que en la versión española se conservan sólo en los reportajes comunes. En la versión italiana, las secciones casi no cambian: *Voci dello schermo, Oro e sangue, Lettera da Madrid* y aparecen fotos de gran calidad que parecen proceder de una red más internacional (Fig. 5 y 6, *L/F*, 12, II, 1942, 5 y *L/F*, 3, II, 1942, 22). Allí hay poca presencia de fotografías del Magreb y muchos estereotipos de España. En los últimos números, la revista pierde interés, no llegando a las 40 páginas y sólo se sostiene gracias a las impactantes fotografías que no menguan en calidad y algún artículo brillante.

Mientras la versión española dedica una gran parte a la participación de Italia en la II Guerra Mundial y subraya los paralelismos entre la colonización de Marruecos y Abisinia, Italia se centra en dar una visión más internacional. En ambas el enemigo es Inglaterra aunque la italiana también carga particularmente contra Estados Unidos. Aunque la Guerra Civil española ha terminado e Italia se encuentra sumergida en la II Guerra Mundial, la versión italiana da gran protagonismo gráfico a su participación en la Guerra Civil española destacando aspectos de la retaguardia del *Corpo di Truppe Volontarie* (CTV) como la publicación del periódico *Il Legionario*, los hospitales y cementerios italianos e imágenes de la barbarie que a veces llegan a ser muy crueles y ridiculizan el enemigo (*L/F*, 9, I, 1941, 3 y 29). Mientras, en la edición española, el conflicto de la II Guerra Mundial está latente únicamente a través de las fotos descontextualizadas de soldados y poblaciones de lugares lejanos o grandes reportajes de la División Azul, pero no a través de los textos.

Gran importancia se da en ambas versiones a las fotografías de celebraciones de masas de ambos países que *ex-profeso* llegan a confundirse. Como otros medios de propaganda del régimen fascista, se ensalzan las similitudes entre el fascismo y el falangismo. Ambas ediciones destacan ritos nacionales, militares, totalitarios protagonizados por masas especulares como en los desfiles en Padova de los batallones de la GIL, la fundación de los sindicatos (*Ls/Fs*, 3, I, 1941), el traslado de los restos de José Antonio de Alicante a Valencia, vistas de los campamentos de la OJE, la presencia de la OY, de los Flechas, la Divisón Azul o los viajes de autoridades de ambos regímenes. Se pone especial atención a las celebraciones internacionales focalizando la presencia de jóvenes y mujeres y las actividades deportivas. En ocasiones un mismo evento, no necesariamente de actualidad, llega a llenar varios números. Son fotos muy impactantes en las que se privilegian vistas desde arriba que enfatizan las coreografías. En muchas de ellas los retoques son muy evidentes como es el caso de las fotografías del CNS que además se encuadran artificialmente en escenarios rurales (*Ls/Fs*, 3, I, 1.2.1941). Son imágenes con un mayor ritmo gráfico: masas ordenadas y jerárquicas que se contraponen a las imágenes de otros países fuera del Eje como los sucios obreros de Gales. A pesar de la intención por identificar los dos países, se aprecia aquí, una ritualidad española más específica y primitiva, falta de monumentalidad y de la dimensión de la religión propia del Estado totalitario (Moro, 2005).

Los dictadores tienen un tratamiento separado de la masa, generalmente aparecen de tres cuartos y perfil, cada uno domina la versión de su país sin mezclarse. Sólo en el número 5 se publica la foto más esperada, los dos dictadores en Bordighera (Fig. 7, *L/F*, 5, I, 1941, portada) vestidos con el uniforme militar. Son fotos muy retocadas en el caso de Mussolini y llama la atención la naturalidad de las fotos de Franco en la versión italiana (Fig. 8, *L/F*, 12, II, 1942, 7). A pesar de lo esperado, las imágenes de ambos se explotan escasamente frente a otros agentes como ministros o embajadores (*Ls/Fs*, 3, I, 1941). Curiosamente la vida del *duce* recibe en los primeros números de la versión española más importancia que la de Franco o José Antonio.

Este repertorio gráfico corresponde exactamente con la línea de la propaganda oficial ya seguida por los *cinegiornali* y los documentales del Instituto Luce filmados en España durante la Guerra Civil que según Renato Moro destacaron los actos de masas, se ocuparon poco del franquismo, del que daban una imagen homogénea sin hablar de la política autárquica o corporativa, y tendían a mostrar las analogías con el fascismo, subrayando el papel del falangismo y un tratamiento separado para los lideres. Ya en la guerra este tipo de imágenes había provocado problemas por el excesivo protagonismo del CTV.

Mientras las fotografías de *Legiones y Falanges* muestran la euforia de la despedida de la División Azul, la versión cambia de formato en el número 8 y 9 y la redacción pasa a la calle Montesquinza 2 sede de la Delegación Nacional Prensa y Propaganda en Madrid. A partir de este momento la revista presenta más títulos en cursiva y fotografías propias y desde el número 10 se introducen muchas reproducciones de obras clásicas sin pies de foto. La publicidad empieza a ser española y aparecen reportajes en sepia y verde. No obstante continúa una estética común en ambas versiones en los reportajes dedicados a Falange como *Permanencia de José Antonio* en el número 13 con una impresionante composición gráfica pero que empiezan a desentonar con el resto. A partir del número 15 la revista pierde calidad y escasean los actos conjuntos. En ellas se evidencian diferencias notables respecto a la presencia de Alemania. Al ser una revista dedicada a la hermandad entre España e Italia en los últimos números es evidente la nazificación de la versión italiana frente al peso dado a Alemania en la versión española que en esta revista está mucho más medido frente a otras revistas españolas que ya en estos años prefieren el modelo nazi frente al fascista. Ambas versiones incorporan ilustraciones gráficas como mapas, un recurso muy usado también en las exposiciones de propaganda fascista que aquí sirven fundamentalmente para informar de los avances de la guerra (Fig. 9 y 10). En el número 19 aparecen las primeras ilustraciones artísticas acompañando los cuentos frecuentemente sin firmas y muy mediocres. Se descifran nombres como Teodoro Delgado, Balbuena, Cabanyes y Durán Los títulos de estas secciones recuerdan a los tebeos. En la sección *Humor* destacan viñetas de gráficos españoles e italianos en línea con revistas italianas como *Becco Gillo* a *Bertolo* y *Le Grandi Firme* a las secciones de humor de *Omnibus* y a las españolas *La ametralladora. Semanario de los Soldados* publicada por la Delegación del Estado para la Prensa y la Propaganda y que después editaría *La Codorniz.* El texto recorre un camino muy distinto al contenido gráfico. Generalmente se dividía en dos o tres columnas. La tipografía se cuidaba poco y era pequeña. Sólo algunas secciones como *Pantalla* tienen una gráfica propia más interesante. *Legiones y Falanges* alterna pocas tipografías, utiliza normalmente cajas muy similares a las usadas por *Omnibus*, *Oggi* o *Primato.* Las únicas secciones de arte que alcanzan un lugar de excepción son el cine y el teatro con secciones autónomas que recuerdan a *Cinema* de Vittorio Mussolini o a *Comoedia. Rivista di commedie e vita teatrale* con fotos impresionantes de actrices italianas al estilo de las divas de Hollywood. Son muy pocos los contenidos artísticos de interés y frecuentemente centrados en el arte antiguo, los paisajes rurales y la crítica de arte anacrónica y conservadora. Desde el número 22 se aprecia el interés por volver a la normalidad en la política artística del franquismo subrayando también las novedades como la participación de España en la Bienal de Venecia, aunque las obras que se eligen para ilustrar la revista son, como la crítica, conservadoras y anacrónicas o se destacan exposiciones muy mediocres como el salón de Otoño o la Exposición del Descanso. Respecto a al publicidad, en los primeros números sólo hay publicidad italiana que recuerda a la aparecida en revistas italianas como *Domus* y *Stile*. La publicidad italiana mejora a partir del número 7 con obras realmente creativas mientras la española es anódina y con una gráfica muy monótona que no llega a la altura de la publicidad española de revistas como *Vértice*.

La revista fue poco atenta a los editores, y más allá de los nombres de los directores no encontramos nombres de correctores, traductores, gráficos, editores o maquetadores aunque se aprecian cambios formales que denotan cambios en las redacciones. Este hecho hace difícil vincular la revista e identificar a sus creadores. Se trata de un anonimato impuesto, característico de las publicaciones del último fascismo y del primer franquismo. Los intelectuales y artistas debían "humillarse", someterse al oficio como simples artesanos y practicar su arte como técnicos al servicio de un bien colectivo, la Patria. Por otra parte los autores del aspecto más tecnológico de la revista como son la gráfica y la fotografía, tenían para los administradores de la revista un valor instrumental que se esconde recalcando continuamente valores tradicionales. Tampoco se citan fotógrafos ni agencias aunque este hecho responde a otra cuestión, la manipulación de las fuentes fotográficas, práctica frecuente de muchas revistas bajo el totalitarismo.

4. La gráfica del último fascismo

Legiones y Falanges es fundamentalmente un producto de la gráfica del régimen fascista, un régimen pionero en el control de los medios de comunicación de masa. Una parte importante de la gráfica fascista nace las publicaciones ligadas al movimiento Strapaese: *Il Selvaggio* (1927–1943), *L'Italiano* (1926–1942) fundadas por Leo Longanesi y *Primato, rivista quindicinale di Lettere e arti d'italia* (1940–1943) fundada por Giuseppe Bottai. Una parte de esta herencia *strapaesana* pasa a las revistas de los Grupos Universitarios Fascistas (GUF): *L'Universale* (1931–1935), *Il Ventuno* (1932–1940 de Venecia), *Il Bó* de Padua (1935–1937), *Architrave* de Bologna (1940–1942) que como *Legiones y Falanges* contienen secciones muy diversas. También recuerda a *Prospettive* (1939–1951) dirigida por el *strapaesano* Curzio Malaparte en la que colaboran algunos autores de la revista italo-española. Muchos colaboradores de estas revistas desembocarían en *Omnibus* (1937–1939) el primer rotocalco italiano de gran tirada y éxito con temas de actualidad. Llegó a alcanzar las 100.000 copias y contenía secciones de literatura, política e incluso viñetas satíricas aunque terminó siendo censurado por el MinCulPop. El semanal destacaba por el ingente uso y tamaño de las fotografías relacionadas con temas de actualidad y no fue ajeno ni a la Guerra Civil ni a la manipulación de la fotografía. Ya muchas de sus imágenes no llevaban pies de foto, generalmente se trataba de masacres a manos de los republicanos vistas con la modernidad que Longanesi supo dar al cotidiano. Más contemporánea a *Legioni e Falangi* es el segundo *rotocalco* italiano, *Oggi* (3 junio 1939–31 enero 1942) refundado en 1945 y publicado hoy por RCS Media Group con una gran tirada. Sus directores eran Mario Pannunzio y Arrigo Benedetti colaboradores de Longanesi en *Onmibus* que tras el cierre de la revista fueron llamados a Milán por Angelo Rizzoli. La revista proponía secciones variadas de literatura, actualidad e historia. Ambos *rotocalchi* comparten con *Legioni e Falangi* una importancia enorme de la fotografía y colaboradores como Arrigo Benedetti, Indro Montanelli, Manlio Lupinacci, Quintilio Maio, artistas como Renato Guttuso y dan publicidad a los mismos libros editados por Garzanti de autores como Riccardo Bacchelli, Dino Buzzati o Curzio Malaparte. Con *Primato* comparte colaboradores como Rolandino que firmaba el *Calendario* de *Primato* y *Voces de la Pantalla* de *Legiones y Falanges*. Se trata de una revista cultural con cuarenta páginas muy cuidadas impresas en excelente papel que destacó por la importancia del debate intelectual, del aparato iconográfico, las excelentes ilustraciones y reproducciones artísticas. Comparándolas, *Legiones y Falanges* tiene colaboradores más homogéneos sin duda porque es un proyecto incubado en el aparato y no de un grupo intelectual o una probeta de un ministro fascista protector de la reflexión teórica dentro del fascismo como *Primato*.

Por último, las portadas llamativas y los titulares alarmantes recuerdan a revistas antisemitas como *Quadrivio* (1933–1941, semanal) en el que se encuentran fotos de la misma procedencia. En la misma línea recuerda a las portadas llamativas y a los cuadros gráficos de *La difesa della razza* (5 agosto-1943), revista dirigida por Telesio Interlandi que usó el color en sus portadas. También la maquetación y las secciones recuerdan a algunas revistas de artes como *Domus* o *Stile* que se anuncian en la revista.

5. La gráfica del primer franquismo

El franquismo puso todo su empeño ya durante la Guerra Civil en aumentar el número de publicaciones y muchas de ellas fueron controladas por Falange española que desde la Unificación se denominó FET de las JONS. Por lo que respecta a las revistas del Movimiento publicadas en el exterior, el hecho de que fuera una revista codirigida eleva la calidad. *Legiones y Falanges* no era la primera publicación de los servicios en el exterior de Falange. Un ejemplo fue *Yugo. Doctrina de Unidad Nacionalsindicalista* (1938–1941) publicada por la Delegación territorial de Prensa y Propaganda de Filipinas. Era una revista con secciones muy similares aunque más anárquica con una maquetación más rudimentaria y tradicional con poco interés por la gráfica y el arte hasta el punto de que muchas de sus imágenes son poco cuidadas, reutilizadas y sin firma con la excepción de estupendos fotomontajes.

Revistas de consumo interno recuerdan a *Legiones y Falanges* o a sus secciones. Por el peso dado al aparato fotográfico, la revista más cercana a la italo-española fue *Fotos. Semanario Gráfico de Reportajes.* (San Sebastián, 1937–1963). Es una interesante revista semanal anterior a la Unificación. Manuel Hedilla se la encargó a Manuel Fernández Cuesta, hermano del futuro embajador en Italia Raimundo Fernández Cuesta, creando una revista pionera en el franquismo tanto en el uso del huecograbado como la tipografía, que en los primeros números no incluía ni el escudo de Falange, ni el yugo y las flechas. En la revista aparecieron muchas colaboraciones con pseudónimos, buenas fotos de Pascual Marín, ilustraciones, una importante sección de cine y una secciones de humor que tras abril de 1939 abandonó la crítica constante al bando republicano por una línea más blanda, costumbrista y popular en línea con la sección de humor de *Legiones y Falanges.* Se imprimía con grandes fotos y reportajes en sepia muy similares e incluso secciones como: *Cinco minutos de humor, Pantalla, Califa* y artículos dedicados a los clásicos de la cultura. Desde el punto de vista gráfico su portada recuerda a *Legiones y Falanges* aunque *Fotos* es una revista menos dependiente, más artesanal, dinámica y libre que alterna el uso de la fotografía, la tipografía, la publicidad y dibujantes propios de mayor calidad.

Otra revista cercana era *Vértice. Revista Nacional de la Falange* (San Sebastián, 1937–1946 mensual). Coincidió con la Unificación y era la revista más lujosa publicada por la Delegación Nacional de Prensa y Propaganda. Llegó a las 100 páginas y contaba con una tirada discreta. Como *Legiones y Falanges* era generalista y tenía secciones de cine, cultura física, plástica, foto y novedades, aunque la guerra y los acontecimientos del régimen marcaron muchos de sus contenidos. También se publicaron noticias sobre Italia y Alemania, destacando las concentraciones de masas. A pesar de lo que se podría pensar, en la revista hubo escasas alusiones a Italia y generalmente se concentraron en la política, en la actividad de los legionarios, los actos presididos por el *duce* y los viajes de personalidades. Aunque se interesó por el cine, no fue hasta junio de 1938 cuando inauguró una sección que estuvo muy influenciada por el cine alemán. Tras la guerra desaparecieron los temas épicos y se decantó por las reproducciones de obras de arte y como en *Legioni e Falangi* desaparecieron las ilustraciones expresas.

Mostró una de las maquetaciones más modernas de la época, publicidad y fotografías de alta calidad y modernas, muchas veces anónimas, que fueron desapareciendo. Su diseño recuerda a revistas como *Domus,* y a otras publicaciones fascistas sus páginas negras con letras doradas en las que se lee “presente” y sigue la numeración romana. La revista era, como *Legiones y Falanges,* muy dependiente de las fotos, a veces maquetadas sin pie de foto sobre fondos en rojo, blanco y negro que daban vivacidad a la revista. Contaba con reportajes de Arte e Historia en un estilo más tradicional, con una maquetación más conservadora, letra cursiva, abundantes reproducciones de óleos y grabados muy similares a las de *Legiones y Falanges* y mejores ilustradores. Se aprecia un estrecho vínculo entre la modernidad de la publicidad y la de la revista. La publicidad era moderna y multicolor, llenaba hasta 24 páginas antes del sumario, frente a la escasa publicidad de *Legiones y Falanges* que recuerda más a la publicidad contenida en las páginas posteriores de *Vértice.*

La versión de la Sección Femenina fue *Y* (1938–1945, San Sebastián) una publicación que buscaba la difusión de una mujer falangista, idealizada, moderna, combativa, tradicional, generalmente rubia y sumisa. La revista, dirigida por Pilar Primo de Rivera, estaba muy orientada hacia la Alemania nazi y la Italia fascista y difunde una imagen de la mujer falangista muy próxima a la de *Legiones y Falanges.* La revista era realizada por el mismo grupo que *Vértice* con un diseño también moderno aunque más clásico e infantilizado característico de las publicaciones dirigidas a la mujer. Incorporó abundantes reportajes fascistas en sepia y secciones artísticas dedicadas a la cultura del pasado.

Las revistas de esta época se completaron con la aparición de *Destino* (1937–1980) que incluía grandes fotos en algunas de sus páginas, toques de rojo y que finalmente adoptó en 1948 una portada muy similar al fotoperiódico concediendo todo el espacio a la foto. Una línea gráfica muy diversa tomó *Escorial* (noviembre de 1940/1950-no se publicó entre 1947 y 1949) aunque la revista nos interesa porque algunas de sus secciones de literatura e historia tocan temas sobre Italia muy similares a *Legiones y Falanges.*

6. Conclusiones

Como se ha señalado, para entender los cambios producidos en la cultura bajo el fascismo es necesario no limitar el estudio de la cultura a la alta cultura sino englobar las industrias culturales y los *mass media* (Forgarcs/Dundle, 2008). Realizando esta operación, encontramos productos culturales como *Legiones y Falanges* que evidencian una propaganda gráfica oficial muy coordinada y controlada que utilizó técnicas muy modernas propias de la comunicación de masas con la idea de llegar a un amplio público y reforzar el consenso en un momento clave para el franquismo y difícil para el fascismo. Hablamos de una época de crisis, un clima intelectual complejo, variado, punto de partida de la transformación social que supuso grandes cambios para ambos países y en ese sentido la revista debe ser considerada, junto a otros fotoperiódicos, pasarela de la modificación del consumo producida ya en los últimos años del fascismo y del primer franquismo. El enfoque historiográfico que tiende a subrayar el papel de los actores, generalmente intelectuales y a marginar el valor de los productos culturales sus mercados y públicos orilla el fenómeno del consumo, de la recepción y el impacto en una cultura de masas. En este sentido *Legiones y Falanges* es técnicamente un buen producto mediático cuyo éxito se compromete por los altos niveles de propaganda. Como hemos señalado, la revista es un ejercicio de síntesis entre las publicaciones fascistas y franquistas. Esta mediación se logra no sólo a través de colaboradores y temas comunes sino fundamentalmente mediante una gráfica reconocible y dominante que permanece invariable a lo largo de los 33 números de la revista y que soporta gran parte del discurso. *In nuce*, la revista muestra la difusión de productos mediáticos transnacionales incluso en un contexto totalitario donde los contenidos son eminentemente nacionalistas e imperialistas. Por eso la revista muestra una tipología que acerca el producto a la masa: gran importancia de la imagen y secciones como el cine o el teatro, y estrategias propias de la propaganda de régimen.

A pesar del anonimato, a través del de la comparación gráfica de las dos versiones ha sido posible vincular la revista a la voluntad de sus emisores, a sus productores, evidenciando la intervención de sectores culturales diversos. Se completa así el cuadro que frecuentemente recae en el análisis del discurso en un momento en el que no se puede eludir el protagonismo de la imagen. En ella, como en otras publicaciones totalitarias, es necesario tener en cuenta la posición y hegemonía del discurso gráfico, la independencia frente al texto, la importancia de los cambios tecnológicos, la limitación de la libertad de contenidos visuales, como partes fundamentales del discurso.

Referencias bibliográficas

AGUILAR BERMÚDEZ, R./ MARTÍN GARCÍA, R./CAL R. (1999) «La propaganda franquista en la revista "Fotos"», *Revista latina de comunicación social, de Filología Española*, 18. <www.ull.es/publicaciones/latina/a1999gjn/85cal.htm> [Fecha acceso: 1.7.2014].

AMICUCCI, E. (1938) *La stampa della Rivoluzione e del regime*, Milano, Mondadori. Citado en TRONFI, L. (2001) *Il "Primato" di Giuseppe Bottai cultura e política* (*1940–1943*), Moderna.

CANNISTRARO, P. (1974) *La fabbrica del consenso. Fascismo e mass media*, Roma-Bari, Laterza.

CLARK, T. (2000) *Arte y propaganda del siglo XX*, Madrid, Akal.

DEL CASTAÑO, J. (1939) «La Falange Exterior», Y, marzo.

FORGACS, D./ GUNDLE S. (2008) *Mass culture and Italian society, from Fascism to the Cold War*, Paperback.

GIMÉNEZ CABALLERO, E. (prol) en RASI, G. (1937) *Inferno spagnolo*, Milán, STEM-Minerva.

GOGLIA, L. (1981) *Storia fotografica dell'impero fascista. 1935–1941*, Roma-Bari, Laterza.

GÓNZALEZ CALLEJA, E., (1994) «El Servicio Exterior de Falange y la política exterior del primer franquismo: consideraciones previas para su investigación», Hispania, nº 186, Vol. UV, Madrid, p. 281.

LAURA E. G. (2000) *Le stagioni dell'Aquila. Storia dell'Istituto Luce*, Roma, Ente dello spettacolo.

LLORENS, R. F. (marzo, 1994) «Legiones y falanges: una experiencia insólita. Relaciones culturales entre Italia y España» En Relaciones culturales entre Italia y España: III Encuentro entre las universidades de Macerata y Alicante» En: <http://www.cervantesvirtual.com/obra-visor/relaciones-culturales-entre-italia-y-espana-iii-encuentro-entre-las-universidades-de-macerata-y-alicante-marzo-1994--0/html/> [Fecha acceso: 26.6.2014].

MANNUCCI, S., «La fotografia strumento della dell'imperialismo fascista». <http://www.storiaxxisecolo.it/fascismo/fascismo17e.htm> [Fecha acceso: 26.6.2014].

MANNUCCI, S., «Disposizioni del Minculpop sulla fotografía», <http://www.storiaxxisecolo.it/fascismo/fascismo17g.htm> [Fecha acceso: 26.6.2014].

MORENO CANTANO, A. C. (2006) «Unidad de destino en lo universal. Falange y la propaganda exterior (1936–1945)», Stud. hist., H.ª cont, pp. 107–131.

MORENO CANTANO, A. C. (2010) «Proyección propagandística de la España franquista en Italia (1936–1945)» En: <http://www.investigadoresfranquismo.com/pdf/comunicacions/mesa6/moreno_6.pdf> [Fecha acceso: 26.7.2014].

MORO, R. (2005) «L'immagine del franchismo nei cinegiornali e nei documentari dell'Italia fascista», *Fascismo e Franchismo: relazioni, immagini e rappresentazioni*, G. Di Febo e R. Moro (coor.), Rubettino, p. 277–305.

SAZ-CAMPOS, I. (1990) Fascismo y relaciones internacionales: la historiografía española sobre un periodo álgido de las relaciones hispano-italianas, en GARCÍA SANZ, F., (cor.) (1990), *Españoles e Italianos en el mundo contemporáneo*, Madrid, CSIC.

Legiones y Falanges: una aproximación a los anuncios publicitarios

ROSA MATEU SERRA
Universidad de Lleida

Le relazioni culturali e politiche tra Spagna e Italia si contretizzano e acquistano rilievo con l'edizione condivisa della rivista «Legiones y Falanges», che comprende informazioni di natura diversa di grande interesse sul contesto storico del momento (1940–1943). Il proposito di questo saggio è di avviare un'iniziale approssimazione alla sezione dedicata agli annunci pubblicitari, in cui in maniera più o meno esplicita si delineano aspetti che possono fornire dati sullo scenario dell'epoca, specialmente per ciò che riguarda la vita quotidiana: tipologia dei prodotti pubblicizzati, tipo di pubblico a cui ci si rivolge, valori trasmessi, analisi pragma-linguistica dei meccanismi di persuasione impiegati, etc. In effetti, tra questi annunci si può ritrovare una forma di persuasione diretta a un pubblico cui si pretende trasmettere o inculcare una serie di valori imperanti o che si cercano di perpetuare.

1. Introducción

Las conexiones culturales y políticas entre España e Italia quedan potenciadas con la creación de la edición compartida de la revista *Legiones y Falanges*, que incluye informaciones diversas de gran interés sobre el contexto histórico del momento (1940–1943). Nuestro propósito en este artículo es llevar a cabo una primera aproximación a una de las secciones de la revista, en concreto al apartado dedicado a los anuncios publicitarios, donde de forma explícita, o implícitamente en menor grado, se dibujan aspectos que nos pueden aportar datos sobre el telón de fondo del momento. En especial, nos interesa hacer hincapié en la tipología de los productos anunciados, tipo de público al que se dirigen, valores que se transmiten, análisis de los mecanismos de persuasión pragmáticos utilizados, etc. Nos dedicaremos exclusivamente a la edición española de la revista. Efectivamente, entre estos anuncios podemos encontrar una forma de persuasión dirigida a un público al que se pretende transmitir o inculcar una serie de valores imperantes o intentar su perpetuación.

2. Algunos datos de interés

Como hemos dicho, el interés por mantener o acrecentar las relaciones entre España e Italia, hace que prolifere la publicación de una serie de revistas, vinculadas en mayor o menor grado al Movimiento, algunas de ellas en coedición entre los dos países, como es el caso que nos ocupa. No solo eso, como veremos, en algunos de los anuncios se deja patente este interés por mantener o incrementar estas relaciones con el país vecino.

Una de ellas es la revista *Legiones y Falanges* (1940–1943), en edición compartida con Italia (*Legioni e Falangi*), que puede aportarnos datos de gran interés para conocer el caldo de cultivo sociológico, histórico, político y cultural del periodo[1]. La creación de la revista se produce en un momento álgido: tras la victoria de Franco en 1939, las relaciones culturales entre Italia y España se fueron intensificando. El interés de esta revista radica en la gran cantidad de informaciones de

1 La revista es de carácter mensual y consta de 31 números. El inicio de la publicación se produce en noviembre de 1940, en Italia, y el último número se edita en junio de 1943 (coincidiendo con la caída del fascismo italiano). En 1941 la dirección es asumida por Agustín de Foxá, y la redacción se instala en España, en la sede de la Delegación Nacional de Prensa y Radio del Movimiento, y los ejemplares también pasarán a imprimirse en Madrid (v. Llorens, 1994).

diversos tipos que ofrece a través de las diferentes secciones: literatura, política, firmas de autores, cosmética, mecánica, teatro, cine, espectáculos, etc.

Por lo que respecta a los distintos anuncios incluidos en la revista, en muchos de ellos se explicita esta propensión por dejar patente la importancia de las relaciones entre ambos países (y, como veremos, también, con Alemania).

Delgado destaca la «importancia de la propaganda política del franquismo como elemento integrador y consolidativo de la propia dictadura» (2006: 9). Asimismo, la importancia que conceden los dirigentes a las opiniones de la gente se hace patente con el siguiente dato: en otoño de 1942 comienza a funcionar en la Vicesecretaría de Educación Popular el denominado Servicio Español de Auscultación de la Opinión Pública, dependiente de la Delegación Nacional de Prensa[2] «para conocer las actitudes cotidianas de la población respecto a la política del gobierno». (Martín de la Guarda, 2006: 27). Así, destaca Martín de la Guarda (2006: 28):

> Los ideólogos del régimen franquista eran conscientes de la importancia de los medios de comunicación para formular y propagar valores que debían inculcarse en el público lector en función de los intereses del gobierno.

3. La sección de anuncios de *Legiones y Falanges*

En todos los números de la revista se dedican una o varias páginas a anuncios, que oscilan entre una sola y con un solo anuncio que la ocupa toda (en el último número) hasta dos o tres páginas, que es la extensión

2 Recordemos también que en 1938 se había aprobado la Ley de Prensa, inspirada en los modelos de propaganda creados por Mussolini, en la Italia fascista, y Goebbels, en la Alemania nazi (Cisquella *et al.*, 2002: 19. Interesante el capítulo dedicado a los veintiocho años de censura provisional.

más común, hasta llegar a un máximo de cuatro páginas en algunos anuncios.

La portada es a dos tintas, pero el interior se utiliza solo una. La mayoría de los anuncios se acompañan de ilustraciones, en general fotografías o imágenes muy realistas.

Para llevar a cabo una primera aproximación a las categorías de los anuncios que aparecen en la edición española de *Legiones y Falanges*, hemos escogido tres bloques o periodos, con el objetivo de extraer una primera conclusión sobre las posibilidades de análisis. Hemos vaciado los primeros cinco números, los intermedios —del ocho al undécimo—, y la última parte, desde el número veinticinco al treinta y uno (siguiendo siempre la numeración de la revista en la edición española, ya que hay un momento en que la numeración en las respectivas ediciones italiana y española difiere). Nos interesaba analizar el segundo bloque, en especial los números ocho y nueve, porque son los únicos números que aparecen publicados conjuntamente.

En este primer rastreo por los anuncios nos interesaba especialmente recalar en las áreas o ámbitos más publicitados, por una parte, y destacar aquellos valores transmitidos en ese especial momento político y cultural, por otro. Nuestra intención primera no es, pues, llevar a cabo un análisis cuantitativo y exhaustivo como objetivo último, sino que pretendemos identificar algunos datos que nos sirvan para hacer una primera aproximación cualitativa a estos anuncios. Asimismo, incidiremos en aquellas características lingüístico-pragmáticas que de modo intencional o, a veces, inconscientemente, acompañan a todo acto de persuasión como es esencialmente la publicidad en una revista[3].

---

3 Desde un punto de vista general, tanto la lengua utilizada como las ilustraciones de los productos son de carácter sencillo, con textos no demasiado extensos (aunque en los últimos números aparecen textos más largos y trabajados). Veamos algunos ejemplos. Hallamos eslóganes sencillos que constan de un solo sintagma: «un solo impermeable» (*Caesar*) (nº 1), «boquilla con filtro condensador» (*Sannico*) (nº 1); estructuras repetitivas: «un nombre una marca una garantía» (*Barbisio*) (nº 1); enunciados asertivos: «la pluma que no da pena» o exclamativos: «¡El deseo de todos!», ambos para el anuncio de la pluma *Ancora* (nº 1). En convivencia con este estilo, también se utilizan estructuras más recargadas y

Parece ser que la revista no iba destinada al gran público, sino en especial a los dos partidos que en su momento la editaron conjuntamente: el Partido Nacional Fascista, por un lado, y Falange Española y de las J.O.N.S., por otro. Parece ser que la revista *Tempo* fue la encargada de dirigirse al público general (Schifano, 2007).[4]

Expondremos los anuncios en diferentes tablas, una para cada uno de los bloques de los números de la revista indicados más arriba, más o menos ordenados por ámbitos, indicando el número o números donde aparecen así como el nombre de la marca, cuando ello sea posible.

3.1 Los anuncios en los números 1–5

Veamos, a continuación, los anuncios que aparecen en los primeros cinco números. Los hemos ordenado, en la medida de lo posible, de acuerdo con los ámbitos temáticos que comparten.

pesadas: «Basta una mirada para comprobar la cantidad de tinte existente todavía en el muy capaz depósito» (plumas *Omas Lucens*) (nº 2, 3 y 5).

4 Otros ejemplos de revistas de la época son *Fotos*, subtitulada “Semanario gráfico de reportajes”, «[...] una de las publicaciones que Falange Española y de las JONS (luego FET y de las JONS) pone en marcha como modo de propaganda» (Cal, 1999: 1), o la revista *Mástil,* las cuales, como veremos, también aparecen anunciadas dentro de *Legiones* y *Falanges* en varios de sus números.

Tabla 1: Tipología anuncios números 1–5 (edición española).

Ámbito / Anuncio	*nº 1*	*nº 2*	*nº 3*	*nº 4*	*nº 5*
Material para campamentos / *Moretti*	x				
Impermeables / *Caesar*	x				
Sombreros / *Barbisio*	x		x		
Artículos cuero / *Arejna*	x				
Boquillas de cigarrillos / *Sannico*	x				
Tabaco / Buen Tabaco[5]	x				
Banca / *Banca Commerciale Italiana*	x				
Banca / *Banco de Roma*					x
Industria Minera y Química / *Montecatini*	x				
Industrias mecánicas / *Elli-Zerboni*		x		x	
Industria mecánica / *Ottico Mecanica Italiana*				x	
Industria petróleo / *Italol*. Azienda Generale Italiana Petroli)					x
Cierres automáticos / *Consorcio Industriali Chiusure Lampo*	x				
Agencia transportes / *Bavastro y Raimondi*		x	x	x	x
Aprestos y desaprestos[6] / *Diastafor*			x	x	x
Talleres mecánicos / *Pomini*		x			
Laboratorio biológico / *Dr. Zanoni*	x				
Conservas alimenticias / *Diana*	x				
Minas / *A. Ca. I.* (*Azienda Carboni Italiani*)	x				
Perfume de mujer (y caballero) / *Tabaco de Harrar*	x				
Medicamento / Aspirina				x	x
Plumas / *Ancora*	x	x	x	x	x
Pluma / *Omas Lucens*		x	x		x
Revista *L'Illustrazione Italiana* / sobre el plebiscito antifrancés	x				

5 No acabamos de identificar si es la marca o la descripción del producto.

6 Se refiere a los arreglos, acabados, en la industria textil.

Ámbito / Anuncio	*nº 1*	*nº 2*	*nº 3*	*nº 4*	*nº 5*
Revista *L'Illustrazione Italiana* / anuncio edizione bilingue italo-tedesca		x			
Revista diseño / *Stile*		x			
Revista moda / *Linea*		x			
Colecciones monografías / *Ediciones Garzanti* (para conocer Italia y España)		x			
Próxima publicación *Gli ultimi giorni del re di Roma* / *Garzanti Editor*			x		x
Anuncio colección Antiguos Maestros Italianos / *Garzanti Editor*			x	x	
Anuncio *Historia de España* / *Garzanti Editor*					x
Anuncio *Spagna di Dio* / *Garzanti Editor*				x	
Cine / *Il Re d'Inghilterra non paga*		x			

En cuanto a las categorías que aparecen, de modo general, podemos indicar que no se suele repetir el mismo anuncio en los distintos números; cuando ello ocurre es de modo excepcional. Así, los anuncios que se repiten como mínimo en tres de los cinco números son: la Agencia de Transportes *Bavastro y Raimondi*; los Aprestos y Desaprestos */Diastafor*; la pluma *Ancora*, y la pluma *Omas Lucens.* El resto de productos aparecen solo en uno o dos de los cinco números.

Respecto a los ámbitos a que refieren estos anuncios, podemos destacar, también, de acuerdo con la cantidad de anuncios por temática: el mundo de la industria (minera, química, mecánica, alimenticia, petrolera, etc.). Le siguen el mundo de las editoriales, y anuncios de obras y revistas (*Stile*[7], *Linea*[8]) y, seguidamente, el listado de bancos.

7 Dedicada al mundo del hogar.

8 Dedicada al mundo de la moda italiana.

En cuanto a las características de los anuncios en la edición española se difunden tanto productos españoles como italianos (como ocurre, asimismo, en la edición italiana, anunciando también productos españoles). Veamos algunos ejemplos: *Italol*: «el poderoso organismo italiano para la transformación y la venta de todos los productos derivados de petróleo. Azienda Generale Italiana Petroli A.G.I.P» (*Ls/Fs*, 5, I, 1941, sp), cuyo acrónimo elegido como marca ya puede remitirnos a las relaciones entre España e Italia (lo italiano y lo español); o la industria minera y química de *Montecatini*: «el máximo aporte a la autarquía química y a la eficiencia bélica de la Italia en armas» (*Ls/Fs*, 1, I, 1940, sp)

– Asimismo, se apela en ocasiones a las relaciones mantenidas con el país vecino:
  Agencia de Transportes *Bavastro y Raimondi*, que se inicia con un encabezamiento en mayúsculas con el nombre de los dos países ITALIA-ESPAÑA; se señala la dirección de las respectivas sedes en Barcelona y Génova (*Ls/Fs*, 5, I, 1941, sp) —Las relaciones con Alemania también eran positivas: en el número 2 se anuncia la próxima aparición de una edición bilingüe semanal italo-tedesca de la revista *L'Illustraziones Italiana,* que será distribuida en el país germano (*Ls/Fs*, 2, I, 1940, sp)
– También queremos destacar, aunque solo aparece un anuncio en el primer número, la publicidad otorgada a los "materiales para campamentos", ya que ocupa toda una página con una gran ilustración que dibuja una tienda de campamentos; recordemos que "ir de campamentos" fue una actividad, todavía hoy vigente con otras características, que tuvo pleno apogeo en la época franquista. (v. tiendas coloniales *Ettore Moretti, Ls/Fs*, 1, I, 1940, sp)
– Entre los números indicados solo aparece un anuncio de cosmética femenina, *Tabaco de Harrar*; "para la señora refinada", reza en letras en tamaño más grande.
  El adjetivo "refinada" aplicado a la señora indica que va dirigido a las clases altas, así como las características del perfume "sutil, delicado, persistente", considerado de los mejores en el extranjero (aunque indique en principio para las señoras refinadas, en letra más pequeña indica "para caballeros y señoras"). En cualquier

caso, como en el resto de productos de este tipo, queda claro que se dirige a la clase alta del momento. El dibujo, a gran tamaño, que acompaña al producto también es uno de los más delicados y originales, dibujado en tinta, que hemos hallado. (*Ls/Fs*, 1, I, 1940, sp)

- No nos parece extraño que en estos primeros números impere la visualización de aquellos aspectos económicos que hacen que España o Italia ocupen un lugar relevante en Europa (industria, bancos, etc.) aunque más tarde se irá ampliando el espectro de anuncios hacia otras categorías.
- el gregarismo, aspecto característico del ámbito publicitario, que busca que el receptor se sienta formando parte de la mayoría, se hace visible en algunos eslóganes, como el siguiente, que empieza con el acto asertivo: «la pluma de todos», y añade después el enunciado exclamativo «¡El deseo de todos!», para la pluma *Ancora* (Ls/Fs, 1, I, 1940, sp)

3.2 Los anuncios en los números 8–11

Hemos escogido los números 8 y 9 (junio-julio de 1941) ya que es la primera y única vez en la historia de la revista en que se editan dos números conjuntamente, hecho que coincide con el traslado de la redacción de la revista a España[9]. Parece ser también que son los primeros números en que las portadas de la edición italiana y española difieren, lo que también puede provocar otros cambios internos. A partir de 1942 ya se empiezan a diferenciar no solo las portadas, sino también los contenidos, la numeración, etc. (Llorens, 1994).

9 La Redacción se traslada a la Delegación Nacional de Prensa y Propaganda, Montesquinza, 2, Madrid. La sección de Administración y Publicidad se lleva a cabo en la calle Hermosilla, 73, Gráficas Españolas.

Las características de los anuncios de estos dos números difieren totalmente del resto de spots. Se publicitan exclusivamente los títulos de cinco revistas: la Revista Española de Cinematografía *Primer plano*, la revista deportiva *Marca*, la revista *Fotos*, y la revista de actualidad *Mastil*, todas ellas acompañadas de las ilustraciones de las portadas. A su vez, cada revista va acompañada de una breve descripción de sus características. Podemos destacar algunos elementos en cada una de ellas.

- Revista *primer Plano*. Es la revista Española de Cinematografía. Lingüísticamente, sorprende que alterne en el mismo anuncio el tratamiento cortés de "Usted" con el tuteo:
  «*Lea Ud.* Primer Plano», se lee en la parte superior izquierda del anuncio; mientras que en la parte inferior se enuncia: «Si *quieres* seguir al día la vida cinematográfica *lea Ud.* PRIMER PLANO[10] [...]». Si la alternancia se diese solo en los dos enunciados independientes no sería tan perceptible la falta de cohesión, pero llama la atención la discordancia dentro de la mima frase; el descuido puede deberse a la falta de revisión de la redacción.
- Revista *Marca.* Semanario Gráfico de los Deportes. Aparece en la portada la imagen de un atleta, probablemente tirando disco.
- Revista *Fotos.* Merece la pena mencionar los dos eslóganes que aparecen como reclamo junto a la imagen de la portada: «La revista Gráfica de más tirada y más leida [sic] en España» y, seguidamente, «*Su importancia es tal*, que es el órgano de Prensa Española *más atacado por la Prensa y las Radios Inglesas*».[11]
  Despunta el hecho de que justamente el motivo de su relevancia o significación sea el hecho de que sea la revista más atacada por medios de comunicación ingleses, lo que demuestra el estado de las relaciones entre Inglaterra y España. La deslegitimización por

10 La cursiva es nuestra.
11 La cursiva es nuestra.

parte del otro, en este caso no demasiado afín, legitima la preeminencia del producto.

- La revista *Mastil* comprende «Cuentos, narraciones, reportajes de actualidad, entrevistas, deportes, páginas de formación Nacionalsindicalista, pasatiempos, historietas, etc.». La inclusión de "páginas de formación Nacionalsindicalista" deja entrever la orientación de la revista.

  El traslado de la redacción supuso, seguramente, algunos cambios, desajustes o impedimentos de tipo editorial que provocaron la unificación de los dos números y la restricción del número de anuncios y su tipología. En este número solo se presentan revistas, pero la descripción de las mismas anuncia la importancia que va a tener la publicidad de las revistas del momento, en general, en números posteriores.

Con el propósito de observar si este cambio físico de redacción repercutió especialmente en el formato o contenidos de los anuncios, hemos revisado los dos números siguientes, 10 y 11, tal y como queda detallado en la tabla siguiente; como veremos, sus contenidos corroboran, efectivamente, que los dos números anteriores representaron solo un momento excepcional, y la revista retoma los rasgos iniciales.

Tabla 2: Tipología anuncios números 10–11 (edición española).

Ámbito / Anuncio	*nº 10*	*nº 11*
Banca / *Banco de Vizcaya*		
Banca / *Banco Español de Crédito*	x	
Banca / *Banco de Crédito Local de España*	x	
Banca / *Banco Central*	x	
Materiales de construcción / *Pedro Diago Alameda*	x	
Fábrica de yeso / *El Gallinero*	x	
Mármoles / *Carlos Tortosa S.A.*		x
Panificadora de Usera		x
Almacenes / *Mariano Zugasti*	x	
Fábrica confecciones / *Miguel Artola*	x	
Grandes Almacenes / *San Mateo*		x
Alcoholes perfumería, artículos de limpieza / *Alcoholeon*		x
Pintura-decoración / *José María Valverde*	x	
Crianza y exportación de vinos / *José Cárdenas Lebrón*	x	
Organización mundial alemana de informaciones / *Transocean, S.A:*	x	
Reservado para C.R.E.P.A.	x	
Reservado para la Compañía Anónima del AZOE	x	
Hotel y restaurante De primer orden[12] / (antes Gaylord's)/		x
Compañía Trasatlántica		x
Anuncio Editorial / *La Editorial católica*		x
Anuncio Editorial / *Editorial Saturnino Calleja, S.A.*		x

Veamos algunos de los rasgos que consideramos más relevantes. Como puede verse en la tabla, sigue teniendo preeminencia la publicidad sobre el ámbito industrial, el de la banca, y el mundo editorial; sin embargo, los productos anunciados en cada categoría son nuevos con respecto a los que apreciamos en los primeros números.

12 No se entiende bien si es el nombre del restaurante; no aparece claro en el material consultado.

- En la línea general de los números iniciales, no suele repetirse el mismo producto en dos números sucesivos.
- Aparece más publicidad sobre el mundo de ocio: hoteles y restaurantes, o una Compañía Trasatlántica.
- Se dejan dos espacios en blanco reservados para la publicidad de C.R.E.P.A. y la compañía Anónima del AZOE.
- Las relaciones amistosas con Alemania permiten el anuncio de la "Organización mundial alemana de informaciones, *Transocean*, S.A".
- Se incluyen más anuncios referidos al ocio, aunque en una pequeña proporción con respecto al resto. Como indica Belmonte: «La vida cotidiana encantadora y los ocios del "gran mundo"[13] son el crisol de este mecanismo propagandístico» (2006: 34). Seguramente, como esta revista no iba especialmente al público general sino al afín al régimen, esta categoría publicitaria no interesaba particularmente.

3.3 Los anuncios en los números 25–31

Por lo que respecta a los últimos siete números de la revista, podemos establecer una diferencia entre los tres primeros (del 25 al 27) y los cuatro últimos (del 28 al 31), en cuanto al número de anuncios publicitados, el contenido y la presentación. La tabla siguiente recoge los anuncios que se incluyen:

13 El entrecomillado es de la autora.

Tabla 3: Tipología anuncios 25–31 (edición española).

Ámbito / Anuncio	*nº 25*	*nº 26*	*nº 27*	*nº 28*	*nº 29*	*nº 30*	*nº 31*
Calzado de lujo / *Summum*					x		
Toldos y cortinas / *Francisco Mora Rey*	xx	x	x	x	x		
Almacén de saquerío / José María Jiménez Laiglesia						x	
Fábrica de cintas de seda y algodón / *Hermen Cortasa*	x						
Fábrica de tejido / S. Martí Mañé	x						
Fábrica de tejidos y géneros de punto/ *Industrias de La Malla*	x						
Construcciones en cerrajería artística / *Pedro Martí*	x						
Fábrica Nacional de moneda y timbre	x					x	
Mármoles/ *Torra y Passani*	x						
Banca Nazionale del Lavoro						x	
Fábrica de tejidos para señoras / *Industrial Lanera*	x						
Fábrica de joyería, relojería y platería / *El Regulador*			x				
Calados y bordados mecánicos / *V. Marco*		x					
Material eléctrico/ *Juan F. Beño*			x				
Manufacturas/ L.B. LTDA.		x					
Manufactura de punto rayon/ Vda. de ¿?[14] Royo		x					
Industrias Térmicas/ Ferrer	x						
Representaciones de industria y comercio/ *R.I.C.S.A.*	x	x					

14 No se entiende bien la inicial del nombre.

Ámbito / Anuncio	*nº 25*	*nº 26*	*nº 27*	*nº 28*	*nº 29*	*nº 30*	*nº 31*
Sociedad Nacional Industrias Aplicaciones Celulos Española/ *SNIACE*					x		
Laboratorios / *Hispamer Jesús Frutos y CIA. LTDA.*			x				
Maquillaje mujer / *Visnú*	x	x					
Salones de peluquería para caballeros / *Manuel G. Pozo*				x			
Revista/ *Africa* (Revista Española de Colonización)	xx	x	x				
Administración de Semanarios y revistas del Movimiento	x				x		
Diarios, revistas y publicaciones / *Sociedad General Española de Librería*				x			
Revista / *Legiones y Falanges* (edición italiana)						x	
Editorial Tradicionalista				x			
Productora cine / *Hércules films*	x						
Estudios y laboratorios cinematográficos / *Ballesteros*				x			
Cine / *Atlántico Cinema*		x					
Presentación cartelera cine / *CIFESA*				x			
Radio / *Radio Nacional*						x	
Teatro / *La Teatral*		x					
Imprenta / *Casado*					x		
Licor / *Anís Corona*					x	x	
Motor Diesel			x				
Alegato a favor de autonomía de Europa				x	x		
Material de cirugía y ortopedia / *Hijos de D. Queralto*				x			
Higiene alimentaria						x	
Naranjas de España						x	

Desde el número 25 hasta el 27 se sigue, de modo general, la misma dinámica publicitaria; no obstante, queremos destacar algunos aspectos. En el número 25 aparece un anuncio con el encabezado "Administración de Semanarios y Revistas del Movimiento" al que sigue un listado en orden alfabético de estas revistas: *Africa, Escorial, Flechas y Pelayos, Fotos, Haz, Juventud, Legiones y Falanges, Maravillas, Marca, Mastil, Medina, Primer Plano, Radio Nacional, Ser, Vértice, e Y*[15], que anuncia otro listado de revistas que aparecerá en el número 29 (sin embargo, en este número, también se incluye un anuncio con las revistas del momento, aunque no se presentan como revistas del "Movimiento", como en el número 25, sino que se anuncia: «La Administración de Semanarios y Revistas [...] le ofrece» y se indican las siguientes (ahora no ordenadas alfabéticamente, incluyendo las anunciadas en el número 25 y algunas de nuevas, además de señalar la temática de cada una de ellas): *Marca* (deportes), *Primer Plano* (cine), *Radio Nacional*, *Fotos* (actualidad), *Medina* (moda), *Y* (mujer y hogar), *Flechas y Pelayos* y *Maravillas* (infantiles), *Mayo* (juventud), *Africa* ("la revista de nuestro protectorado"), *Escorial* (cultura y letras), *Haz* (revista actual), *Legiones y Falanges* ("la revista de Italia y España"), *SER* ("la revista que leen todos los médicos"), *I.O.N*, ("la revista de las Industrias Químicas españolas"), *COOPERACION* ("la Revista Sindical de Cooperación") y *VERTICE* ("el vértice de todas las revistas"). Vemos como en la relación queda incluida la misma revista *Legiones y Falanges*.

- El anuncio de toldos y cortinas *Francisco Mora Rey* aparece sucesivamente desde el número 25 (en este mismo número en dos ocasiones) hasta el número 28; la revista *Africa* aparece anunciada del número 25 al 27.
- Los anuncios sobre cine, radio y teatro van adquiriendo fuerza[16].

15 Vemos como queda incluida la revista *Legiones y Falanges*.

16 Radio Nacional de España se crea en 1937. Como indica Ruiz Carnicer: «a la altura de 1945 nos encontramos con 63 emisoras privadas, seis pertenecientes a RNE (Radio Nacional de España) y nueve del Movimiento». (Ruiz Carnicer, 2001: 82).

– En el número 27 (1943) se dedica una página entera para el anuncio del Motor *Diesel*. De nuevo la revista se hace eco de la industria alemana que será capaz de «construir instalaciones con motores DIESEL [...]». El spot está conformado por una fotografía a gran tamaño del motor; cabe destacar el texto que aparece en la parte inferior derecha, adherido a una imagen de Europa que, a su vez, se sitúa sobre una bola del mundo: «Europa siendo el continente de posibilidades ilimitadas fecunda las obras más fundamentales del mundo entero» (*Ls/Fs*, 27, I, 1943, sp). La presencia de España en Europa y la importancia de esta última en el mundo se impondrá de forma más visible a partir del siguiente número, el 28. A partir de este, y hasta el cierre de la revista, con el número 31, se aprecia un cambio de formato o estrategia importante: aparece una primera página entera que encabeza la sección de publicidad, y una segunda, con el resto de anuncios, en pequeño tamaño, como es habitual en el resto de anuncios de la revista.

Nos interesa destacar esta primera página, con un formato y contenidos que comparten también los números 28 y 29 (*Ls/Fs*, III, 28, 1943, sp y *Ls/Fs*, III, 29, 1 1943, sp, respectivamente)

Hallamos una página entera, que inicia el apartado de anuncios, que consta de:

a. Una imagen a gran tamaño que describe una serie de personas que representan a Europa transportando en hombros diferentes productos; como se explicitará más abajo, se está ilustrando "la gran familia europea".
b. Bajo la imagen, se enuncia el eslogan con la prosopopeya:
   EL SUELO DE EUROPA ALIMENTA A TODOS SUS PUEBLOS
c. Le sigue el texto:

> Suficiencia en los recursos vitales, capacidad para
> vivir sin tutelas, energía espiritual y fuerza material
> para resolver sus propios problemas. Todo ésto [sic] lo
> dá [sic] el suelo de Europa a sus pueblos.
> Cada pueblo Europeo con su personalidad destacada,

con su fisonomía peculiar, laborando dentro
de la gran familia europea, hará que tenga
VIDA PROPIA la NUEVA EUROPA[17]

d. Aparece otra imagen de tamaño más pequeño que muestra unos brazos alzados sosteniendo una porción de tierra, supuestamente Europa.
e. Concluye el anuncio con la siguiente aserción:
CEREBROS Y BRAZOS EUROPEOS PRESERVAN A EUROPA DEL BOLCHEVISMO[18]

Como puede apreciarse, ha habido un claro proceso de selección léxica que apela a la autonomía, fuerza y personalidad de Europa; no solo en el aspecto material, sino también en lo espiritual: “suficiencia”, “vivir sin tutelas”, energía espiritual”, “fuerza material”, son los términos que se escogen para describir este continente.

El texto e imagen que cierran el anuncio son impactantes: unos brazos levantando una porción de tierra, Europa, y la metáfora indicando el poderío de Europa para defenderse del bolchevismo.

Los números 30 y 31 vuelven a compartir una primera página entera que abre la sección de publicidad (en este último número solo aparece este anuncio y no hay una segunda página). Los contenidos y el objetivo perseguido guardan un gran paralelismo con el anuncio analizado en los dos números anteriores; solo cambia la especificidad de los productos anunciado: naranjas y aceite españoles, respectivamente. Existe una simetría perfecta en la composición:

17 Mantenemos la disposición del texto del original, así como las mayúsculas que aparecen.

18 También en mayúsculas en el original.

nº 30	Nº 31
EUROPA PUEDE VIVIR POR SÍ MISMA	*EUROPA* PUEDE VIVIR POR SÍ MISMA
Imagen de conjunto de naranjas	Imagen de conjunto de aceitunas
NARANJAS DE *ESPAÑA*	*OLIVARES* DE *ESPAÑA*
Texto explicativo	Texto explicativo
Cerebros y brazos *europeos* preservan a Europa del bolchevismo[19]	Cerebros brazos *europeos* preservan a Europa del bolchevismo[20]

Ambos anuncios comparten el eslogan de encabezado: «Europa puede vivir por sí misma».

Si en los dos números anteriores (28 y 29) se publicitaba a Europa a través de una serie de valores como: independencia, personalidad, vida propia, energía espiritual y fuerza material, estos dos números refieren a la autonomía de Europa para mantenerse desde el punto de vista económico gracias, en parte, a la presencia de España, como se hace patente en el texto que acompaña a las imágenes:

Número 30:

> NARANJAS DE ESPAÑA
> La naranja española sin rival en el mercado mundial es el orgullo del comercio exterior de España y constituye por si [sic] sola, uno de los fuertes pilares de la economía europea (*Ls/Fs*, 30, III, 1943, 38)

19 La cursiva es nuestra.

20 La cursiva es nuestra.

Efectivamente, la economía española se describe como uno de los "pilares" de la economía europea y como el "orgullo del comercio exterior". De nuevo, el texto que cierra el anuncio apela a la defensa europea frente al bolchevismo, como en los dos números anteriores y también el que cerrará la revista, el número 31.

En este último, la única variante respecto al número anterior es el texto escrito bajo la foto de un grupo de aceitunas:

> OLIVARES DE ESPAÑA
> En medio de los campos de España, las hileras de olivares con sus hojas de plata, son como formaciones en el ejército de la producción. En la economía europea son un factor importantísimo los aceites españoles (*Ls/Fs*, 31, III, 1943, 2)

Nuevamente, impera la presencia de España en la economía europea, con esta comparación de aire militar: «las hileras de olivares [...] son como formaciones en el ejército de la producción [...]».

4. Conclusiones

Dado el carácter introductorio y aproximativo de este trabajo los datos cuantitativos utilizados no pueden servirnos para extraer conclusiones definitivas; no obstante, desde el punto de vista cualitativo sí podemos llevar a cabo algunas consideraciones de lo que, de entrada, puede aportar la revista en su conjunto desde el punto de vista de la sección de anuncios.

En las páginas anteriores hemos querido presentar el acto publicitario como un acto comunicativo pragmático, mediante el que se pretende persuadir de las bondades del poder a un público destinatario, en este caso, seguramente un público afín al régimen franquista. Desde un punto de vista general, nos parece que las informaciones aparecen más bien de forma explícita, a través de la plasmación de unos valores muy definidos, solidarios, que anuncian también el ambiente histórico-político de los años siguientes. La selección léxica permite visualizar una serie de valores propios del periodo. Desde un punto de vista estético predomina la sencillez, las ilustraciones "fotografían" el producto anunciado, casi de modo hiperrealista, con pocos atisbos de simbolismo o abstracción.

Referencias bibliográficas

BELMONTE, F. (2006) «Los mecanismos de difusión del discurso oficial en la prensa cultural del primer franquismo (1937–1946)», en Delgado (coord.) *Propaganda y medios de comunicación en el primer franquismo (1936–1959)*, Universidad de la Rioja, Servicio de Publicaciones, 29–49.

CAL, R., AGUILAR, R., MARTÍN, P. (1999) «La propaganda franquista en la revista *Fotos*», *Latina. Revista Latina de Comunicación Social*, 18/6/1999 <http://www.ull.es/publicaciones/latina/a1999gjn/85cal.htm>.

CISQUELLA, G., ERVITI, J. L., SOROLLA, J. A. (2002) *La represión cultural en el franquismo*, Barcelona, Anagrama.

DELGADO, J. M. (2006) (coord.) *Propaganda y medios de comunicación en el primer franquismo (1936–1959)*, Universidad de la Rioja, Servicio de Publicaciones.

GRACIA, J. y M. A. RUIZ CARNICER (2001) *La España de Franco (1939–1975). Cultura y vida cotidiana*, Madrid, Síntesis. <http://www.cervantesvirtual.com/obra-visor/relaciones-culturales-entre-italia-y-espana-iii-encuentro-entre-las-universidades-de-macerata-y-alicante-marzo-1994-0/html/ff14801a-82b1-11df-acc7-002185ce6064.html> (consultado: 26/6/2014).

LLORENS, R. F. (1994) «Legiones y Falanges: una experiencia insólita» *Relaciones culturales entre Italia y España, III Encuentro entre las Universidades de Macerata y Alicante*, Alicante, Universidad de Alicante, 91–103.

MARTÍN DE LA GUARDA, R. (2006) «Los medios de comunicación social como formas de persuasión durante el primer franquismo», en Delgado (coord.) *Propaganda y medios de comunicación en el primer franquismo (1936–1959)*, Universidad de la Rioja, Servicio de Publicaciones, 15–28.

RUIZ CARNICER, M. A. (2001) «La educación popular en el régimen franquista», en Gracia, J. y Ruiz Carnicer (2001) *La España de Franco (1939–1975). Cultura y vida cotidiana*, Madrid, Síntesis, 69–125.

SCHIFANO, P. (2007) «Los problemas financieros, administrativos y políticos de *Tempo* edición española», Sección prensa Archivo Digital Fernández – Xesta. <http://fernandezxesta.es/PRENSA/ARTICULOS/LOS%20ARTICULOS.%20Esp/-%20ITALIA%20Tempo%20en%20Espana.esp.pdf> (consultado: 2/7/2014).

SEVILLANO, F. (1998) *Propaganda y medios de comunicación en el franquismo*, Publicaciones de la Universidad de Alicante. Edición electrónica Espagrafic.

La traduzione come specchio identitario in *Legioni e Falangi / Legiones y Falanges*

Chiara Sinatra
Università di Palermo

El estudio de unos artículos aparecidos en la revista «Legioni e Falangi/ Legiones y Falanges» permite centrarse en el rol de la traducción en una época en que la connotación ideológica que se otorga a esta actividad hace de ella un hecho cultural bastante controvertido.

El ensayo examina la traducción bajo un enfoque meta textual, es decir como hecho cultural que determina la existencia de la revista gracias a la edición paralela en ambos idiomas y a una retórica conforme a la de los dos regímenes. Desde un enfoque intertextual, en cambio, algunos artículos sobre la traducción que aparecen en la misma revista se pueden leer como una reflexión de algunos entre los mayores intelectuales y estudiosos de la época (Juan Ramón Masoliver, Ettore De Zuani, Martín de Riquer) acerca de los métodos y de los procedimientos de traducción observados en su propia labor o a lo largo de los siglos. Los mismos textos se pueden considerar como una muestra de una visión "de régimen" de la traducción en el marco de las relaciones culturales entre Italia y España.

L'ambiguità dei regimi totalitari europei nei confronti della traduzione e della valenza ideologica ad essa attribuita all'epoca, trova riscontro in numerosi studi che si riferiscono alla storia dell'editoria italiana del XX secolo (Tranfaglia/Vittoria, 2000; Ferretti/Guerriero, 2010; Allotti, 2012); così come nei testi che ricostruiscono la storia dell'industria delle traduzioni in Italia, Spagna, Germania e Portogallo durante le dittature del secolo scorso (Rundle, 2004; Rundle/Sturge, 2010).

Una visione fondamentale, inoltre, apportano a questo tema gli studi che hanno approfondito il ruolo esercitato dalle varie forme di censura e di verifica dell'ortodossia di quelle opere nel momento in cui, negli stessi paesi, la produzione culturale assumeva una dimensione industriale naturalmente inclinata verso l'internazionalizzazione.

Partendo dai contributi che offrono un'analisi della traduzione come fatto culturale in seno ai regimi totalitari, in questo lavoro si è scelto di adottare la prospettiva di Venuti sulla traduzione (1998) innanzitutto a proposito dell'importanza fondamentale che assume la scelta stessa dei testi da tradurre, prima ancora della loro produzione, circolazione e ricezione, a causa degli effetti che essi producono nella società che li accoglie (Venuti, 1998: 67). Ancora dagli studi di Venuti giunge chiara la rivendicazione del ruolo fondamentale della traduzione come attività che si colloca a fianco della produzione culturale di un'epoca e che contribuisce alla formazione identitaria di una nazione, con la capacità di sostenerla in maniera coerente attraverso la formazione di modelli:

> In creating stereotypes, translation may attach esteem or stigma to specific ethnic, racial and national groupings, signifying respect for cultural difference or hatred based on ethnocentrism, racism, or patriotism. In the long run, translation figures in geopolitical relations by establishing the cultural grounds of diplomacy, reinforcing alliances, antagonism and hegemonies between nations. (Venuti, 1998: 68)

La traduzione come operazione culturale volta alla proiezione all'estero di un'immagine vittoriosa dell'Italia fu un fenomeno da sostenere negli anni dell'espansione in Etiopia e, con diverse ragioni (Pizarroso Quintero, 1993: 13–53) in occasione dell'intervento nella guerra civile in Spagna, ma soprattutto con l'entrata in guerra accanto alla Germania nazista. Si contrapponeva a essa l'idea di dover arginare un'invasione incontrollata di prodotti letterari di paesi stranieri – soprattutto anglosassoni – ideologicamente in polemica con il regime e capaci di mettere in questione il prestigio culturale di una nazione fascista. Si consideri, inoltre, che all'immagine che il fascismo proietta di sé nel periodo 1938–1943 con l'attività del Ministro Pavolini, si associa anche la componente razziale, con la cosiddetta "bonifica della cultura" e le restrizioni nei confronti delle case editrici, definita da Rundle «a call to arms that was only exacerbated by the war» (2010: 42). La questione delle traduzioni, emerge definitivamente nella vita del regime nel momento in cui l'Italia si ritrova a combattere contro i paesi che maggiormente esportano narrativa (Bonsaver, 2007: 221, Cesari, 1979: 90).

Alla luce di questi dati, ci si chiede, dunque, come fosse possibile, all'epoca, comporre questa discrasia tra due concezioni, o se forse essa non rappresenti l'ennesima manifestazione di certa doppiezza propria dei totalitarismi (Bonsaver, 2013) in un'epoca in cui, come accennato sopra, le traduzioni furono:

> sia il nodo di conflitto ideologico in un Regime [quello fascista] a cui stava molto a cuore l'immagine di una cultura forte e dominante non confortata dai dati sulle traduzioni, sia come prodotto editoriale che ha contribuito alla modernizzazione e all'industrializzazione dell'editoria italiana. (Rundle, 2004: 63)

Negli studi sul panorama politico ed editoriale di quegli anni riguardo a censura e traduzione si conferma l'affinità del franchismo con il fascismo nella creazione di un'idea di un "destino nazionale", basato sul Cattolicesimo, la famiglia e i valori tradizionali.

In accordo con il medesimo atteggiamento autarchico della *Falange* durante il primo Franchismo, e di Mussolini rispetto all'importazione culturale (Vandaele, 2010: 112), si può leggere l'esperienza di *Legioni e Falangi/Legiones y Falanges* come il tentativo di proiettare ciascuna identità nazionale nel modo più speculare possibile rispetto all'altra. L'edizione bilingue della rivista testimonia infatti come la traduzione possa essere vista con favore da due regimi quando essa è «scambio tra culture» purché «intrapreso da una posizione di forza» (Rundle, 2004: 63).

Alla luce dell'osservazione del *corpus* costituito dalle due edizioni pubblicate parallelamente tra il 1940 e il 1943 è stato possibile riscontrare quali funzioni abbiano rivestito la traduzione e *le traduzioni* in *Legioni e Falangi/Legiones y Falanges* rintracciando diversi piani di analisi, ciascuno con maggiore o minore astrazione a partire dal testo.

In rapporto all'oggetto di questo studio, si vuole qui intendere la traduzione innanzitutto in un'ottica meta testuale come fatto culturale che permette alla rivista di esistere attraverso la pubblicazione simultanea nelle due lingue e in accordo con l'apparato ideologico dei due regimi. La catalogazione del *corpus*[1] ha consentito di valutare l'influenza della presenza dei testi tradotti nelle due edizioni siano essi articoli, editoriali, opere di creazione letteraria o di critica. In una prospettiva intertestuale, invece, alcuni contributi *sulla* traduzione in *Legioni e Falangi/Legiones y Falanges* sono da intendersi come una riflessione di alcuni autori su metodi e processi traduttivi attraverso la loro opera o nei secoli. Gli stessi testi sono da considerarsi indicativi di una visione "di regime" della traduzione nell'ambito delle relazioni culturali tra Italia e Spagna.

1. La ricerca della specularità

Il fondamento ideologico su cui poggia la pubblicazione di *Legioni e Falangi/Legiones y Falanges* è chiaramente basato sull'idea di penetrazione nel tessuto sociale italiano e spagnolo di una concezione fascista della realtà, muovendolo all'azione e all'interventismo e fomentata da quella che veniva giudicata dai falangisti come un'ostinata neutralità di Franco nella seconda guerra mondiale. La pubblicazione nelle due lingue era permessa da una casa editrice in quel momento saldamente vincolata al regime come la Garzanti e da un'imponente organizzazione che garantiva di preservare le caratteristiche del testo giornalistico tradotto, fosse esso una *noticia*, un reportage, o un editoriale. Prima tra tutte la velocità di esecuzione, naturalmente legata alle contingenze del canale attraverso cui poi queste traduzioni viaggiavano e alla necessità di revisione redazionale dei testi tradotti, anche in relazione ai meccanismi di censura (Corti/ Pizarroso Quintero, 1993). Alla luce della specifica natura bilingue di *Legioni e Falangi/Legiones y Falanges* si è osservato che per entrambe le edizioni i testi sembrano attagliarsi ad un destinatario "modello", un lettore che viene sempre indicato se non

1 Per i criteri, le modalità e gli esiti della catalogazione del *corpus* si veda la *Presentazione* di questo volume.

addirittura richiamato direttamente all'azione dalle pagine della rivista, come si ricava dalle scelte lessicali, dalla struttura del periodo, dalle immagini e dalle didascalie che compongono i testi. Ciò avviene anche per quanto riguarda quei testi di autori italiani che compaiono tradotti nell'edizione spagnola – e viceversa – e che quindi possono trattarsi come dei metatesti a tutti gli effetti. A completamento di questa riflessione si deve considerare naturalmente l'uniformità ideologica della linea editoriale di *Legioni e Falangi/Legiones y Falanges*, se possibile ancora più patente in quei contributi che diventano veicolo di diffusione e propaganda all'estero.

I primi sei numeri della rivista si caratterizzano per essere quasi interamente in traduzione. La pubblicazione procede in modo speculare, si riscontra qualche variazione nella traduzione dei titoli ma non nei contenuti.[2] Si è notata invece una maggiore asincronia nella presenza di articoli tradotti proprio a partire dalla separazione delle sedi editoriali del maggio 1941, come si evince osservando la classificazione di Llorens (1994: 99) dei contributi apparsi in entrambe le edizioni e a cui si fa qui riferimento:

> Mario Appelius publica en el núm. XIX (julio 41) "América di domani", que aparece en España en el núm. XIV (diciembre 41). El artículo sobre la "Política social de la Falange" de Franceso Magri, se publica en el núm. VIII de la edición italiana (junio del 41), y en la española, en el núm. X (agosto 41). Vittorio G. Rossi, Manlio Lupinacci, Aldo Valori, Giuseppe Vedovato, Elio Zorzi publican en ambas ediciones los mismos artículos en distinta fecha.
>
> Por lo que respecta a los colaboradores españoles, la publicación se realiza en primer lugar en la edición española para aparecer, con posterioridad, en la italiana: Eduardo Aunós publica en el núm. XV de enero del 42 en la edición española: "Roma y sus tres destinos de eternidad", que aparece en Roma en el núm. IV de febrero del 42. [...] Fernández Almagro publica en el mismo mes en ambas

2 Ad esempio, nel terzo numero del gennaio/enero 1941 l'articolo di Eduardo Anuós: «El liberalismo germen de la decadencia española» è presente nell'edizione italiana con il titolo «Crollo di un mito»; il contributo di Eugenio Montes: «Meditaciones en Santa Maria Novella» ha il titolo italiano «Solare e lunare»; Melchor Fernández Almagro scrive «Valle Inclán y Roma» che nell'edizione parallela si ritrova come «Ricordo di Valle Inclán».

> ediciones su artículo "El teatro español de ayer y de hoy". [...] Martínez de Oria publica simultáneamente su "Espacio vital en España" (junio-julio 1941).

Nel caso della ricollocazione di alcune traduzioni si potrebbe parlare di una sorta di *manipolazione* subìta dai testi. Il loro inserimento in altri numeri corredati da didascalie differenti, tra l'altro sempre molto connotate sul piano ideologico, va a sostegno del diverso cammino nella storia intrapreso dai due paesi: *Legioni e Falangi* e *Legiones y Falanges* si fa superficie riflettente anche di questo cambiamento (Peña, 2010: 128–130).

Seguendo ancora Llorens si può notare come questi movimenti riguardino anche testi di commento e non solo quelli dedicati alle lettere e alle arti. Il criterio è sempre l'immanenza del mutuo sodalizio che si è instaurato tra i due paesi, oltre che l'odio verso i nemici comuni:

> Giovanni Ansaldo publica "Gli eterni barbari" en núm. X (agosto 1942), artículo que aparece en la edición española en el núm. XXVI (enero 43) con el mismo título traducido acerca de los horrores de los bolcheviques; "Los eternos bárbaros". Juan Cabanas publica en España "Divagaciones de un pintor: Miguel Ángel y Alonso de Berruguete" en núm. XXIV (noviembre del 42), en Roma aparece en el núm. V (marzo del 43). Joaquín de Entrambasaguas publica "Un poeta español amigo del Tasso y enemigo de Lope de Vega" en el núm. X (agosto 41), que aparece en la edición italiana en el núm. I (noviembre 41). Otros trabajos sufren nuevos ajustes de fechas: Alfredo Marquerie publica en junio y en julio del 41 en Italia y sus artículos se publican en España más tarde, en diciembre y agosto del mismo año. (Llorens 1994: 101)

Lo spostamento dei testi tradotti non assicura la specularità tra le due edizioni, tuttavia contribuisce alla ricchezza e alla varietà di contenuti che caratterizzano la rivista in tutta la sua parabola editoriale. I numeri di *Legioni e Falangi* pubblicati tra il 1942 e il 1943 privilegiano, ad esempio, i temi legati agli esteri e all'arte e s'introduce la presenza fissa di racconti di creazione letteraria già presenti nell'edizione spagnola e tradotti in italiano, mentre nei numeri del 1943 anche *Legiones y Falanges* si gioverà di testi già apparsi in quella italiana e tradotti, ma con minore scarto temporale[3].

3 Un esempio di dislocamento di un testo addirittura da un anno all'altro può essere il racconto di Tomás Borrás «Il segretario moralista» (L/F, 5, III, 1943, 17–19)

2. La traduzione e *le traduzioni*

Fin qui si è registrata la presenza della traduzione nella rivista come canale privilegiato per la diffusione dei contenuti in entrambi i paesi, tuttavia per comprendere la percezione che di essa si ha dall'interno di *Legioni e Falangi/Legiones y Falanges* nella prospettiva dei due regimi affini, è illuminante il contributo di Juan Ramón Masoliver, tra i collaboratori più assidui di questa pubblicazione[4], nell'articolo «De la falta de traducciones» (*Ls/Fs*, 5, I, 1941, 33–35) presente contemporaneamente nell'edizione in italiano con il titolo «Invito a tradurre» (*L/F*, 5, I, 1941, 35–37). Il testo di Masoliver appare in due numeri che sono speculari nei contenuti e che si caratterizzano per un tono particolarmente celebrativo perché dedicati allo storico incontro di Bordighera tra il Duce e Franco e al primo anno dall'entrata in guerra dell'Italia. Se tutti gli autori di questo numero della rivista si giovano quindi della traduzione dei loro contributi per sottolineare la perfetta identità di vedute tra i due paesi, è quantomeno significativo che proprio Juan Ramón Masoliver – da traduttore – affronti il tema operando un adattamento delle proprie riflessioni a seconda della identità nazionale dei lettori a cui si rivolge.

La prima parte dell'articolo è una lunga riflessione sulla mancanza di traduzioni della coeva produzione letteraria di autori spagnoli e italiani. Peña (2010: 134) evidenzia una «mayor libertad de criterio» di Masoliver rispetto ad altre firme, il quale tuttavia in questa disamina di scrittori da tradurre, include secondo lo studioso «otros de tercera o cuarta fila, cuyos méritos principales eran su pertenencia a la Falange». Masoliver insiste sulla necessità di tradurre quegli autori definiti «los mejores» – da intendersi in senso *orteguiano* – e soprattutto quelle opere ritenute "utili" ai due regimi:

già pubblicato con il titolo «Exemplario, exemplo del secretario de moralejas» nell'agosto del 1942 (Ls/Fs, 22, II, 1942, 42–43).

4 Sua la firma per tutto il I anno della rubrica di attualità politica «30 giorni a Madrid/ 30 días en Madrid».

> Con lo que entramos en el meollo del problema: que en Italia como en España faltan todavía traducciones, quiero decir la versión de esas obras que representan el espíritu *de una raza*, de un país, de un momento histórico determinado.[5] (*Ls/Fs*, 5, I, 1941, 33)

> Ed eccoci al punto della questione. Sia in Ispagna che in Italia mancano tuttora traduzioni, intendo dire traduzioni di opere veramente rappresentative dello spirito di un paese, e di un determinato momento storico. (*L/F*, 5, I, 1941, 35)

L'autore rileva, di contro, una presenza cospicua di traduzioni dei testi classici, anche se dimostra di non aver condiviso sempre la finalità di quelle versioni:

> En ambos países se han traducido, por supuesto, los clásicos más representativos del otro; pero no pocas veces, con una finalidad religiosa o filosófica o política o- cuando de poetas se trata- con árida erudición, y no llevados del mero criterio estético y lingüístico*, el único que hubiera aprovechado para el conocimiento real de la otra literatura.*[6] (*Ls/Fs*, 5, I, 1941, 33)

> Di entrambi i paesi si sono tradotti i classici più rappresentativi; spesse volte con intenti religiosi o filosofici o politici o-specie per i poeti- con intenti di arida erudizione piuttosto che con un semplice criterio estetico e linguistico. (*L/F*, 5, I, 1941, 35)

Il richiamo di Masoliver è *ab origine*, alla mancanza grave «de criterio al escoger *lo que convenga* traducir», insistendo ancora sull'utilità che può caratterizzare l'attività traduttiva all'interno di una nazione.

Passando in rassegna le possibili cause dell'assenza di buone traduzioni si pronuncia contro le case editrici:

> Mientras que las editoriales- dadas en cuerpo y alma al provecho industrial- prefieran el cómodo sistema de dar un tanto alzado, relativamente modesto, por los derechos de traducción, en vez de pagar al autor, sea español o italiano, una suma contra entrega del original y la liquidación sobre sus derechos sobre lo que se venda. (33)

5 Il corsivo è mio.

6 Il corsivo è mio.

Da *falangista* Masoliver offre il proprio contributo in favore della politica culturale autarchica che caratterizza i due regimi contro traduzioni spesso scadenti di certa letteratura di evasione, inserendosi nella polemica che caratterizza quest'epoca:

> Por lo que a Italia y España se refiere: aunque por lo que toca a nuestras editoriales no haya sido menuda ventaja en este aspecto la angustiosa escasez de papel: pero dejad que las papeleras exploten en grande todas esas plantas autárquicas ante las montañas de novelas policíacas, de biografías de ilustres adocenados y de novelones del año de las nanitas. (35)

Le riflessioni appena riportate mancano del tutto nel testo dell'articolo pubblicato nell'edizione italiana, insieme a quelle che di fatto offrono una visione "politica" della traduzione collegandola alla difesa della civiltà («el espíritu de una raza»), al desiderio di una conoscenza non superficiale della cultura ricevente («el mero criterio estético y lingüístico, el único que hubiera aprovechado para el conocimiento real de la otra literatura») e alla marginale importanza che la società riserva all'*officium* del traduttore («el cómodo sistema de dar un tanto alzado, relativamente modesto, por los derechos de traducción») e che bene si ascrivono alla visione critica del ruolo della traduzione nei totalitarismi citata più sopra. L'articolo in italiano si apre con un ricordo assai più blando di «lunghi secoli in cui Italia e Spagna ebbero *anche* un impero spirituale» e in cui «le opere dei nostri autori facevano il giro del mondo».

Il testo diverge ancora quando Masoliver con spirito critico indica gli autori che suo avviso andrebbero tradotti a seconda del pubblico ricevente «Limitándose a lo italiano traducido [...]» ; «Tanto per limitarci agli spagnoli [...]».

Se nella prima parte dell'articolo le riflessioni del traduttore si mescolano a quelle del critico letterario in un saggio originale in entrambe le lingue in cui la traduzione è il tema da affrontare sul piano ideologico, nei passaggi successivi la traduzione è intesa come prassi riferita a una teoria che invoca «le buone traduzioni, quelle che meglio serberanno i pregi dell'originale» (*L/F*, 5, I, 1941, 35).

La riflessione riguarda l'analisi dei processi traduttivi con i problemi legati alla traduzione poetica; in questo caso, salvo alcune aggiunte, il testo si presenta identico in entrambe le edizioni:

> Adrede dejé como capítulo a parte las traducciones poéticas. Porque cuando una poesía no se traduce sencillamente en prosa o, lo que es peor, sacrificando la metáfora y el lenguaje del poeta a los imperativos de la métrica del idioma en que se da la versión: es decir cuando se trata de presentar una *traducción, no solo fiel sino adherente*, en lo posible al original, procurando conservar a un tiempo su musicalidad, solo entonces se puede hablar del buen servicio prestado *(y en un grado que difícilmente se alcanza con la prosa)* al poeta y a la lengua que vertieron.[7] (*Ls/Fs*, 5, I, 1941, 34)

> Volutamente ho lasciato per ultimo il capitolo delle traduzioni poetiche. Perché quando la poesia non è semplicemente tradotta in prosa o, ciò che è peggio, sacrificando le metafore e il linguaggio del poeta agli imperativi della metrica della lingua in cui si fa la versione: quando si cerca cioè di fare una traduzione il più aderente possibile all'originale, serbando nel contempo la musicalità, allora si può dire di aver reso un servigio al poeta e allo spirito della lingua tradotta. (*L/F*, 5, I, 1941, 35)

In questo caso nel testo in spagnolo sono presenti alcune considerazioni volte a precisare il proprio pensiero: («traducción, no solo fiel sino adherente; y en un grado que difícilmente se alcanza con la prosa; valga la experiencia de las que, con mejor o peor fortuna he emprendido»).

La traduzione si fa poi speculazione teorica in un'ottica che oggi si potrebbe definire contrastiva sulla natura affine delle due lingue:

> Semejante traducciones – *valga la experiencia de las que, con mejor o pero fortuna he emprendido-* ofrecen cierta dificultad cuando se intenta llevar por cursos paralelos dos lenguas tan semejantes e irreductibles a un tiempo, casi como sucede entre hermanos. Pues, mientras de una es la pompa que exige un acento de entonación tan destacado que casi se come las pausas entre una palabra y otra y los demás acentos de la frase, y la exagerada tendencia a la sinalefa y al solecismo voluntario: de la otra es ese hurtarse de la traducción —si de conservar la música y el número del verso original se trata— sea por el hábito arraigado de contraer partículas y nombres y de la continua apocope y elisión de las vocales, o sea también por la abundancia de relativos y la no tan grande de infinitivos simples para expresar la acción verbal.[8] (*Ls/Fs*, 5, I, 1941, 34)

> Siffatte versioni, poiché mi ci sono ogni tanto applicato, presentano la non lieve difficoltà di voler abbinare due lingue tanto simili eppur così irriducibili, quasi

7 Il corsivo è mio.

8 Il corsivo è mio.

> come avviene tra fratelli. Ché mentre una ha una sua speciale pompa che vuole ci sia un accento di intonazione, per il quale fa sparire quasi le pause fra parola e parola e i restanti accenti della frase, nonché la spiccata tendenza alla sinalefe e al voluto solecismo; l'altra si fa difficile a tradurre-intendo quando si vorrà conservare la musica e il numero del verso originale- sia per la comune contrazione delle particelle e dei nomi, e la continua elisione di vocali, sia anche per l'abbondanza di relativi e le parole volute per esprimere l'azione verbale. (*L/F*, 5, I, 1941, 36)

Nell'articolo, che ha acquisito ormai le caratteristiche del saggio, la traduzione è presente anche in forma di testo tradotto. A sostegno della teoria della traduzione del testo poetico appena esposta, Masoliver offre ai lettori dei due paesi la propria versione di alcuni celebri versi di Dante (*Guido, i'vorrei che tu e Lapo e io*) e di un sonetto di Michelangelo (*I'ho già fatto un gozzo in questo stento*), spiegando per altro le soluzioni adottate di volta in volta e i procedimenti traduttivi a suo avviso più appropriati per rispettare la grandezza dei due autori «pues siempre fue de poetas dar el diapasón de su país y de su tiempo, y ellos son los alfiles de éstos ante el mundo y por los siglos» o come commenta nel testo in italiano più brevemente «perché sempre i poeti hanno rappresentato il più e il meglio di ogni nazione».

Infine, a chiusura, l'appello rivolto agli scrittori delle due nazioni ormai amiche di farsi traduttori delle opere che mancano e che lui ha enumerato. Masoliver non perde di vista il vincolo politico che unisce i due paesi cui si associa indissolubilmente nella retorica quello militare e religioso («dos pueblos vecinos que han combatido por la misma cruzada en el mismo solar»), per cui nell'edizione italiana all'invito si aggiunge il ringraziamento per il «fraterno aiuto che decine di migliaia di italiani hanno portato alla nostra recente crociata»:

> En la coyuntura histórica de *dos pueblos vecinos que han combatido por la misma cruzada en el mismo solar*, haciendo que su lenguaje resuene en el ámbito del otro y que si no entendido a fondo que sea intuido por grandes masas de la población: cuando la analogía de nuestros movimientos ideológicos y políticos ha aumentado la simpatía y el interés de unos por otros, creo llegado el momento de invitar a los escritores de ambos países a aplicarse a tales traducciones. Que no será tarea oscura ni tiempo perdido [...].[9] (*Ls/Fs*, 5, I, 1941, 34)

9 Il corsivo è mio.

> In questa storica congiuntura, *col fraterno aiuto che decine di migliaia di italiani hanno portato alla nostra recente crociata,* è accaduto che sia in Italia che in Ispagna le nostre due lingue, se non perfettamente capite, sono almeno intuite e amate: s'aggiunga che l'analogia dei nostri movimenti ideologici e politici aumenta l'interessamento degli uni verso gli altri. Credo dunque che questo sia il momento di invitare gli scrittori a siffatte traduzioni. Non sarà un lavoro oscuro né tempo perso.[10] (*L/F*, 5, I, 1941, 37)

In una visione globale, l'analisi delle due versioni del testo apre all'ipotesi di un caso di autotraduzione in cui le esplicitazioni e le aggiunte segnalate più sopra riguardano essenzialmente l'aspetto ideologico che pervade la traduzione come attività, oltre che l'esperienza personale del traduttore. Come osserva Desideri lo *status* di autotraduttore riconfigura il traduttore «permettendogli quindi di manipolare, in misura anche notevole, il testo di partenza con omissioni, reticenze, inserimenti, ampliamenti e spostamenti di sequenze testuali» (Desideri, 2012: 16).

L'ipotesi di lavoro che soggiace all'analisi delle due versioni è resa ancora più suggestiva dal riscontro in quegli anni dell'attività di Masoliver come critico, traduttore e collaboratore della stampa italiana e corrispondente di quella spagnola in Italia, per cui sarebbe possibile sostenere una tesi mirata a rintracciare un procedimento autotraduttivo nel quale la lingua acquisita sia la lingua di partenza.

In tal senso, una riflessione più approfondita sul contesto sarebbe volta a chiarire le fasi di questa eventuale autotraduzione che, d'accordo con Parcerisas (2002: 13) «ejercida a conciencia, nos permite calibrar al detalle no ya las "equivalencias lingüísticas" sino la valoración cultural, psicológica e incluso emotiva que el autor da a sus palabras».

Altro aspetto importante da considerare è la simultaneità del processo traduttivo rispetto a quello di creazione, che vedrebbe introdurre necessariamente i concetti di *creación* (Conde, 2002) e di *re-escritura* del testo originale (Riera, 2002), nonché la valutazione dell'influenza mutua tra le due versioni.

Il sincronismo nella pubblicazione dei contenuti che caratterizza le prime uscite delle due edizioni di *Legioni e Falangi/Legiones y*

10 Il corsivo è mio.

Falanges, nonché il bilinguismo su cui poggia la forza di tutto progetto editoriale, invitano a una lettura in questa prospettiva dei due testi di Masoliver.

3. Una traduzione "di regime"

A proposito della funzione della traduzione di alcune opere scelte in seno a una società e della finalità della loro diffusione nel contesto culturale di arrivo, seguendo Venuti (1998) non si deve tralasciare nemmeno il ruolo della traduzione come strumento in grado di fomentare l'odio verso un'etnia.

Il riconoscimento del bolscevismo come foriero di terrore e violenza è uno degli aspetti che rinsalda i rapporti tra i totalitarismi di Italia, Spagna e Germania ed è presente in maniera costante anche in *Legioni e Falangi/Legiones y Falanges* attraverso le notizie di commento, nei *reportages* fotografici oltre che nelle didascalie a chiosa delle immagini. Tuttavia si può assolvere alle stesse funzioni anche attraverso articoli di critica letteraria, con l'esaltazione o il ripudio di opere ed autori meritevoli o no di traduzione.

Ettore de Zuani dalle pagine di *Legiones y Falanges* (*Ls/Fs*, 29, III, 1943, 8–9) recensisce alcune opere italiane appena tradotte in spagnolo, riservando ampio spazio a *L'uomo è forte* (*El hombre es fuerte*) di Corrado Alvaro.

Nel suo contributo il critico non fa menzione né della casa editrice che pubblica il romanzo né tantomeno a cura di chi sia la traduzione,[11] concentrandosi piuttosto sulla figura dell'autore, esaltandola, e sull'intreccio[12].

11 Corrado Alvaro (1942) *El hombre es fuerte*, Barcelona, Tartessos. Traduzione di Antonio de Gibert.

12 Le narrazioni di Corrado Alvaro secondo De Zuani hanno «algo de grandioso casi diríamos que de épico», perché capaci di dipingere «el alma ruda y religiosa

Rispetto al dato che più ci interessa, ovvero le ragioni di tipo ideologico che autorizzarono la scelta di tradurre in spagnolo proprio quest'opera, si evince dal testo grazie alla sottolineatura della genesi de *El hombre fuerte*, concepito «durante la estancia en la Rusia soviética hace seis o siete años» ma soprattutto De Zuani dà voce all'intenzione dell'autore, amplificandola:

> "describir la condición del hombre en un estado de terror, y no de ese terror literario del que existen tantos ejemplos, sino de un terror humano y causado por hombres y codificado en leyes", como el que viera a su alrededor en el infierno bolchevique; no ya los documentos y los testimonios, sino el clima y el secreto de ese tremendo fenómeno social y moral que solo un artista podía recrear y sentir. (*Ls/Fs*, 29, III, 1943, 8)

Nel romanzo – e dunque anche nella sua traduzione – la rappresentazione del nemico è chiara, come altrettanto visibile è il segno dello scontro tra l'uomo e la barbarie:

> [...] porque verdaderamente es de preguntarse de dónde puede sacar la milagrosa resistencia necesaria para su cotidiano heroísmo el pobre y pequeño hombre de carne y hueso, sometido desde hace años en la Rusia comunista a la prueba más dura y a los martirios más inhumanos. (8)

Elementi, questi, che fanno del romanzo di Corrado Alvaro un ottimo investimento per l'editoria in linea con il regime, contribuendo alla diffusione del sentimento antibolscevico.

Lo stesso articolo permette anche di ampliare le riflessioni sin qui condotte sulla traduzione su un altro piano. Nel testo si cita Mosca come traduttore delle *Satire* di Orazio in italiano;[13] De Zuani esalta le qualità del direttore del *Bertoldo* tra cui l'arguzia «discreta y fina

---

de su gente y de su tierra en cuadros ricos en símbolos y profundos significados morales». Oltre che a definirlo come fedele collaboratore di Bontempelli in "900" e di Curzio Malaparte, De Zuani insiste sulla provenienza geografica dell'autore per accostarlo alla grandezza di Verga e Pirandello elogiandone il temperamento "calabrés". (*Ls/Fs*, 29, III, 1943, 8).

13 Giovanni Mosca (1941) *Le satire di Orazio tradotte con coscienza e serietà da Mosca*, Milano, Rizzoli.

propria de *nuestro* temperamento latino»,[14] ma sull'approccio traduttivo di Mosca all'opera oraziana l'autore si limita a scarne considerazioni «[las Sátiras] traducidas con conciencia y seriedad, como advertía el autor en el subtítulo [...] La versión de las Sátiras es perfecta, muestra el humorismo horaciano con todo su color». Rispetto alla diffusione di questa traduzione, De Zuani ne sottolinea invece la straordinaria fortuna «se vendieron en tres meses 16.000 ejemplares» e ne elogia l'intenzione «lo que es más importante no está escrita ni para los estudiantes de Bachillerato ni para los eruditos, sino para el público» (*Ls/Fs*, 29, III, 1943, 9).

Le riflessioni di De Zuani riflettono chiaramente una visione "di regime" della traduzione come veicolo di diffusione dei classici dell'antichità per la riscoperta della grandezza delle radici culturali latine su cui è modulata la grandezza dell'Impero coevo.

La traduzione dei classici come manifestazione tangibile delle relazioni culturali tra Italia e Spagna, e soprattutto delle loro radici profonde e lontane nel tempo, è l'argomento dell'articolo del filologo romanzo Martín de Riquer «Dante in Spagnolo» (*L/F*, 1, III, 1942, 22) apparso nell'edizione spagnola come «Las primeras traducciones españolas de la Commedia» (*Ls/Fs*, 21, II, 1942, 12–13).

Nella prima parte del testo lo studioso cita la corte di Alfonso il Magnanimo a Napoli come luogo ideale della convivenza delle letterature castigliana, catalana e italiana. Si fa riferimento all'umanesimo italiano come «movimento rinnovatore» e alla sua influenza in Spagna:

> In quegli anni, umanesimo e classicismo vollero significare per gli spagnoli, italianismo. [...] Dirò più chiaramente: gli italiani imitano i greci e i latini, gli spagnoli imitano gli italiani in quanto seguaci dei classici e direttamente i greci e i latini. Vale a dire si sovrappongono due influenze, l'italiana e la classica. (*L/F*, 1, III, 1942, 22)

De Riquer mette a confronto la versione di Andreu Febrer al catalano e quella al castigliano di Enrique de Villena, pubblicate entrambe nel 1428, commentandone «procedimenti e risultati» e invitando i lettori a

14 Il corsivo è mio.

giudicare loro stessi la bontà dell'una o dell'altra versione proponendo la lettura dell'*incipit* della *Commedia* con la traduzione interlineare riportata nel testo.

Nonostante la tendenza della coeva *España Revolucionaria* a eliminare le lingue periferiche a favore dell'imposizione del castigliano, come ricorda Peña (2010: 132), lo studioso mostra di apprezzare di più la traduzione di Dante al catalano per il rispetto della metrica «la versione della "Commedia" integra nel verso», ma soprattutto essa «è calcata con stupefacente pazienza e fedeltà sull'originale italiano». Tuttavia sorprende come de Riquer nel suo giudizio entusiastico rivolto essenzialmente all'uso della lingua dei trovatori da parte del poeta, gli "perdoni" qualche mancanza di rigore filologico:

> Febrer realizzò un prodigio di letteratura e di versione, ma il segreto della sua traduzione sta nel fatto che, con abilità straordinaria, usò per i suoi versi termini e rime provenzali che, ereditate dai trovatori, erano diventate correnti nella poesia catalana e, che più di una volta *egli si prese la libertà di inventare delle parole riprendendole dall'originale italiano.* Nonostante tutto, la sua opera è degna, meritevole e intelligente.[15] (*L/F*, 1, III, 1942, 22)

Al contrario, dimostra di non apprezzare minimamente la versione in prosa che Villena fa dell'opera di Dante, sebbene sia stato rispettato il criterio della letteralità:

> Villena tradusse in prosa, più letteralmente che potè, commettendo errori imperdonabili e traducendo spesso un vocabolo italiano con due o tre sinonimi castigliani. Tutto ciò fa supporre che si tratti di una brutta copia, oppure che fosse semplicemente intenzione di Villena aiutare il Marchese di Santillana nella lettura dell'opera dantesca con una versione e un commento che gli consentissero di superare le difficoltà della traduzione e dell'interpretazione. (22)

La pubblicazione delle traduzioni di Dante offerte ai lettori con l'analisi di un autorevole studioso può essere indicativa oltre che della linea editoriale della rivista, volta all'esaltazione del patrimonio letterario rappresentativo dell'identità nazionale- già evidenziata in più parti di

---

15 Il corsivo è mio.

questo lavoro- anche dell'alto profilo culturale del pubblico cui si rivolgeva *Legioni e Falangi/Legiones y Falanges* nella sua esclusiva veste bilingue.

Conclusioni

Attraverso la lettura di alcuni contributi presenti in *Legioni e Falangi/ Legiones y Falanges* è stato possibile prendere in considerazione il ruolo della traduzione in un'epoca in cui la connotazione ideologica che si attribuisce a quest'attività la rende senza dubbio un fatto culturale controverso.

Alla luce dell'apparato retorico dei due regimi, nell'analisi del rapporto tra generi testuali e traduzione, in generale nella rivista i testi informativi sono resi in un'ottica attenta al testo di partenza che ne preserva il messaggio e implicitamente limita la possibilità di incorrere in forme di censura. Nel caso dei testi di critica e di creazione letteraria la stessa strategia traduttiva si deve intendere nel rispetto dell'atteggiamento culturale maggioritario dell'epoca in un approccio al testo di tipo letterale. Se, d'accordo con Van Dijk (2009), la comprensione del messaggio secondo le intenzioni comunicative di chi lo struttura dipende, a livello testuale, dalla coesione data dall'argomento e dalla coerenza che lo rappresenta da un punto di vista linguistico, si ha consapevolezza di come sia possibile rintracciare in *Legioni e Falangi/ Legiones y Falanges* un'intertestualità che attraversa i contributi in traduzione che compaiono nelle due edizioni della rivista. Il dato interessante che ne consegue è che in questi testi l'efficacia del messaggio ha un valore che trascende le singole nazioni perché parte da un'ideologia comune, ma che tuttavia si sente il bisogno di replicare attraverso la traduzione.

Di fatto, con la pubblicazione bilingue la rivista vuole essere lo spazio riflettente di due identità nazionali, ciascuna delle quali, però, sarà segnata da un percorso storico divergente rispetto all'altra, nonostante la conformità di vedute ostentata agli inizi di questa interessante esperienza editoriale.

Se, dunque, tra le pagine della rivista resta salda la concezione di una prassi traduttiva il più possibile aderente al testo di partenza, è invece discontinuo il valore che le varie riflessioni analizzate in questo lavoro attribuiscono *alle traduzioni*: strumento di conoscenza profonda- seppure orientata politicamente- di una realtà letteraria affine, con un metatesto che si apre come spazio di ri-scrittura (Masoliver); insostituibile eco delle radici culturali ed etniche comuni ai due totalitarismi (Masoliver, De Zuani), esse sono anche propagatrici di sentimenti di odio verso il nemico (De Zuani) e, non ultimo, manifestazione identitaria della bellezza eterna delle Lettere (de Riquer).

Riferimenti bibliografici

AA.VV. (1992) *La traduzione: saggi e documenti,* Roma, Ministero per i beni culturali e ambientali, Direzione generale per gli affari generali amministrativi e del personale, Divisione editoria.

ALLOTTI, P. (2012) *Giornalisti di Regime. La stampa italiana tra fascismo e antifascismo (1922–48)*, Roma, Carocci.

BONSAVER, G. (2007) *Censorship and literature in Fascist Italy*, Toronto, Toronto University Press.

BONSAVER, G. (2013) *Mussolini censore. Storia di letteratura, dissenso e ipocrisia*, Bari, Laterza.

CESARI, M. (1979) *La censura nel periodo fascista*, Napoli, Liguori.

CORTI, P. / PIZARROSO QUINTERO, A. (1993) Giornali contro: "Il Legionario" e "Il Garibaldino": la propaganda degli italiani nella guerra di Spagna, Alessandria, Edizioni dell'orso.

DE RIQUER, M. (1942) «Dante in Spagnolo», *Legioni e Falangi*, 1, III, 22–23.

DE RIQUER, M. (1942) «Las primeras traducciones españolas de la Commedia», *Legiones y Falanges*, 21, II, 12–13.

DESIDERI, P. (2012) «L'operazione auto traduttiva, ovvero la seduzione delle lingue allo specchio» in Rubio Arquez, M./ D'Antuono N. (a cura di) (2012), *Autotraduzione. Teoria ed esempi fra Italia e Spagna (e oltre)*, Milano LED, 11–32.

DE ZUANI, E. (1943) «Dos escritores italianos traducidos al español. Corrado Alvaro y Giovanni Mosca», 29, III, 8.

FERRETTI, G.C./GUERRIERO, S. (2010) *Storia dell'informazione letteraria in Italia dalla terza pagina ad Internet. 1925–2009*, Feltrinelli, Milano.

FITCH, B.T. (1988) *Beckett and Babel. An investigation into the State of the Bilingual Work*, Toronto University of Toronto Press.

LLORENS GARCÍA, R. F. (1994) «Legiones y Falanges: una experiencia insólita» *Relaciones culturales entre Italia y España, III Encuentro entre las niversidades de Macerata y Alicante*, Alicante, Universidad de Alicante 91–103. <http://www.cervantesvirtual.com/obra-visor/relaciones-culturales-entre-italia-y-espana-iii-encuentro-entre-las-universidades-de-macerata-y-alicante-marzo-1994--0/html/ff14801a-82b1-11df-acc7-002185ce6064.html> [ultimo accesso 31/07/2014].

MAINER, J. C. (1971) *Falange y literatura. Antología*, Barcelona, Labor.

MASOLIVER, J. R. (1941) «De la falta de traducciones» *Legiones y Falanges,* 5, I, 33–35.

MASOLIVER, J. R. (1941) «Invito a tradurre», *Legioni e Falangi*, 5, I, 35–37.

MUÑIZ MUÑIZ, M.ª N. / GRACIA, J. (eds) (2011) *Italia/Spagna: cultura e ideologia dal 1939 alla transizione. Nuovi studi dedicati a Giuseppe Dessì*, Roma Bulzoni.

PARCERISAS, F. (2002) «Sobre la autotraducción», *Quimera*, 210, 13–15.

RIERA, C. (2002) «La autotraducción como ejercicio de recreación», *Quimera,* 210, 10–12.

RUNDLE, C. (2004) «Importazione avvelenatrice: la traduzione e la censura nell'Italia fascista», *Il traduttore nuovo*, LIV, vol. LX 63–76.

RUNDLE, C./STURGE K. (eds.) (2010) *Translation Under Fascism*, Basingstoke, Palgrave Macmillan.

TRANFAGLIA, N./VITTORIA, A. (2000) *Storia degli editori italiani*, Bari, Laterza.

VAN DIJK, T. A. (2009) *Discurso y poder*, Barcelona, Gedisa editorial.
VANDAELE, J. (2010) «It Was What it Wasn't: Translation and Francoism», RUNDLE, C. /STURGE K. (eds.), *Translation Under Fascism*, Basingstoke Palgrave Macmillan, 84–116.
VENUTI, L. (1998) *The scandals of Translation*, London-New York Routledge.

‘Sostitute d’onore’. Las mujeres en *Legiones y Falanges*[*]

MECHTHILD ALBERT
Universität Bonn

L’articolo si propone di analizzare il ruolo – tanto essenziale quanto ambiguo – che il fascismo riservava alle donne, a partire da una serie di articoli dedicati da Legioni e Falangi alla condizione femminile nelle tre nazioni sorelle: Italia, Spagna e Germania. I saggi e i reportages di questa emblematica rivista italo-spagnola confermano la concezione fascista della donna mostrando in che misura questa oscilli tra tradizione e modernità. Si presta speciale attenzione all’equivoca funzione emancipatrice della guerra che contribuisce a innalzare le donne a “Sostitute d’onore” degli uomini nel momento in cui si favorisce il loro acceso a professioni fino ad allora esclusivamente maschili.

1. Introducción

El proyecto de la revista ítalo-hispánica *Legiones y Falanges/Legioni e Falangi* (1940–1943) consistía en «modellare dei paradigmi culturali a partire da comuni sistemi politici» — así nos lo recuerda la editora del presente volumen, Chiara Sinatra. Los conceptos de género constituyen un paradigma cultural de primer orden al que los regímenes fascistas reservan máxima prioridad, especialmente en lo que se refiere al papel de la mujer. Así lo señala, por ejemplo, Pickering-Iazzi: «the nature and function women’s enterprises should assume in the authoritarian Fascist

* Quisiera expresar mi gratitud a José Manuel Moya y Désirée Berto por su diligente apoyo en la redacción del presente artículo.

state gained monumental importance among the regime's ideologues and policy-makers» (Pickering-Iazzi, 1995: X). *Legiones y Falanges* da cuenta de la relevancia de esta cuestión en una serie de artículos dedicados a las mujeres en las tres naciones totalitarias Italia, España y Alemania[1] que vamos a analizar en el presente artículo.

Las ambigüedades inherentes a las ideologías fascista, falangista y nacionalsocialista se reflejan con particular nitidez en el ámbito del género: «La ambivalencia del discurso falangista en el campo político, al mezclar una retórica revolucionaria con una retórica tradicionalista, se repite en el campo del género» (Labanyi, 2009: 411). El concepto fascista de la mujer oscila entre tradición y modernidad, como destaca Victoria De Grazia desde 1992: «As 'reproducers of the race', women were to embody traditional values, being stoic, silent, and fervid; as patriotic citizens, they were to be modern, that is combative, public and on call» (De Grazia, 1992: 147). Y, lo que es más, los mismos deslindes entre los géneros se difuminan. Robin Pickering-Iazzi constata «an increasing ambiguity of gender roles» (Pickering-Iazzi, 1995: X), ambivalencia comprobada por Barbara Spackman en su aportación sobre "Fascist Women and the Rhetoric of Virility" (Spackman, 1995: 100–120). Y Jo Labanyi, al estudiar la «revalorización militarizada de los valores tradicionales femeninos del servicio y de la entrega», va hasta postular la existencia de una «retórica transgenérica» (Labanyi, 2009: 412–413).

Para entender estas ambigüedades tal y como se plasman en *Legiones y Falanges*, hay que tener en cuenta, más que las diferencias ideológicas entre los sistemas totalitarios en cuestión, tal vez, el momento histórico que corresponde al período de publicación de dicha revista: mientras que para Italia y Alemania, la segunda guerra mundial está en su momento álgido y va empeorando, la España de Franco se encuentra en la miseria de la posguerra, iniciando la consolidación del régimen y la paulatina construcción del Estado Nuevo. Ante este fondo se explica

1 Para más detalles respecto a la relación de mujer, género y fascismo en estos tres países, véanse las aportaciones de Wilson (Italia), Heinsohn (Alemania) y Vincent (España) en Passmore, 2003.

la particular virulencia de las ambivalencias y contradicciones que pueden plantearse en las páginas de *Legiones y Falanges*, entre la actividad laboral de las mujeres en Italia y Alemania, movilizadas para sustituir a los hombres en guerra, y la vuelta al hogar preconizada por Franco. Pero estas no son las únicas líneas de falla respecto a la mujer que pueden detectarse en *Legiones y Falanges*, como más adelante veremos.[2]

2. Facetas femeninas: Teatro y cine, ficción y publicidad

Antes de pasar al discurso explícito y doctrinal sobre la mujer, quisiéramos dar una breve ojeada a las otras modalidades de presencia femenina en *Legiones y Falanges*, como por ejemplo en las secciones fijas dedicadas al cine y al teatro. En la sección *Maschere e scene*, a cargo de Quintilio Maio, que sorprende por su modernidad,[3] se puede ver, por ejemplo, una foto sugerente de danza nórdica (I, 12, 1941, 30) al lado de una puesta en escena del *Misterio de Navidad* por parte de las juventudes femeninas de Falange (I, 9, 1941, 43). Llama la atención un reportaje de José Vicente Puente sobre los estrenos en Madrid (II, 10, 1942, 22–23), ilustrado con nada menos que siete fotos en las que no sale ninguna mujer sino exclusivamente unos señores más o menos graves, charlando y fumando. Por supuesto, un repaso de la sección de cine, por lo demás altamente politizada, *Voci dello schermo*, a cargo de Sandro de Feo, da otros resultados, pues nos muestra las estrellas del cine italiano, alemán y español en todo su *glamour*. Alida Valli, Kristina Söderbaum, Carmen Navascués y un sinfín de guapas colegas

2 Por motivos de accesibilidad el presente artículo se basa en la edición italiana de *Legioni e Falangi/Legiones y Falanges*, disponible en internet: <http://digital.lib.usf.edu/legioniefalangi/all> (4.8.2014).

3 En este sentido hay artículos sobre obras de Stravinsky, Giraudoux, Thornton Wilder y hasta sobre *Bodas de sangre*, de Federico García Lorca.

aparecen en cada entrega de *Legiones y Falanges*, algunas de ellas en poses nada ortodoxas respecto al concepto oficial de la mujer, como por ejemplo las «Tre giovani attrici tedesche nella palestra ginnastica della Ufa» llevando bikini (I, 11, 1941, 40), o Vivi Giol fumando un cigarrillo en Cinecittà (II, 4, 1942, 34). Al lado de las estrellas femeninas, las hay también masculinas, como Juan de Landa; pero a pesar de su título prometedor, el artículo «La diva del nord e il divo del sud», aludiendo a Greta Garbo, exiliada en EEUU, y Rodolfo Valentino, muerto en 1926, no aporta nada relevante respecto a la cuestión de géneros (II, 11, 1942, 26–28). Tampoco se refiere a este tema la reseña de la película *Rojo y negro* (II, 1, 1942, 22–23), un filme en principio muy revelador en cuanto a las ambivalencias de género, como ha demostrado el pertinente análisis de Jo Labanyi (2009: 424 ss.). Por los tiempos que corren y por el público lector, en su mayoría masculino, no pueden faltar en las páginas de *Legiones y Falanges* las películas de guerra como por ejemplo *Raza* (II, 1, 1942; III, 3, 1943), *Stukas* (I, 7, 1941) y *Bengasi* (II, 6, 1943), así como *Girabub*, *D. III 88* y *Un pilota ritorna*, de Roberto Rossellini (II, 8, 1943).

Un aspecto que no se puede profundizar aquí es la representación de la mujer en los cuentos de *Legiones y Falanges*. En el relato de Arrigo Benedetti, «Il custode della città» (I, 11, 1941, 46–48), se trata de una situación típica de la guerra, sin que esta fuera expresamente mencionada: las mujeres[4] y los niños están solos en la ciudad con el enigmático señor Agostino como único guardián y vigilante. Inspirándose en el fondo mitológico y bíblico e ilustrados por prestigiosas obras de arte, los relatos de Orio Vergani se centran en personajes femeninos como Dafne (II, 9, 1942, 17–19), Susana (III, 1, 1942, 15–17) o la sirena (III, 4, 1943, 15–17) para evocar escenas angustiosas de acoso sexual y/o dedicarse a juegos pirandellianos entre realidad y ficción.

4 Cabe llamar la atención sobre dos fotografías que ilustran este cuento, mostrando mujeres movilizadas en sus puestos de trabajo: "Mentre gli operai combattono, le donne italiane li sostituiscono nelle officine", "Anche nelle champagne le donne sostituiscono i contadini che difendono il suolo della Patria nei lontani fronti. Ecco una ragazza che conduce un trattore".

Por último, cabe tener en cuenta el ámbito especialmente revelador de la publicidad.[5] Evidentemente, en una revista del corte de *Legiones y Falanges*, esta se dirige ante todo a un público masculino de militares y miembros del partido, por lo que abundan los anuncios de armas e industria mecánica de precisión, de coches y estilográficas. Sin embargo, los hombres que leen *Legiones y Falanges* son también esposos, padres o amantes; por ello también se ve publicidad dirigida a las mujeres. A la esposa y madre apunta un anuncio a la vez sobrio y suntuoso para el Frigorifero Fiat, que muestra una criada en uniforme manejando la nevera, centro de la atención. Más 'casera' e instructiva resulta la publicidad para Chlorodont, en la que una joven madre con su hijo en brazos, ambos con una gran sonrisa, informa al lector que, desde generaciones, Chlorodont se recomienda como pasta de dientes a utilizar dos veces al día a partir de la edad de tres años. Por otra parte hay anuncios de carácter más mundano. Una foto con dedicatoria de una actriz, «con ammirazione per il 'Roseolact'», hace publicidad para una crema cosmética producida por los laboratorios Oleolact que recomiendan a sus destinatarios masculinos, planteando un curioso parangón entre géneros: «Chiedete al vostro profumiere un ROSEOLACT per la donna che amate, como chiedete al vostro barista un CAMPARI per voi» (I, 9, 1941). En el mismo ambiente de bar y café, se sitúa la mujer de ensueño, retratada como un maniquí de moda que usa el perfume «Tabacco d'Harar» (I, 1, 1940). Aparte de dotar al usuario de individualidad —"dona singolare personalità a chi lo usa"—, evoca las empresas coloniales de Mussolini y constituye, por lo demás, una gloria de la industria nacional. Después de esta breve referencia al ámbito efímero pero altamente revelador de la publicidad, pasamos a los artículos que tematizan la cuestión femenina.

5 Como revista gráfica, las portadas e ilustraciones de *Legiones y Falanges* se prestarían a un análisis pormenorizado de la iconografía política y sus connotaciones para los modelos de virilidad.

3. Discursos e instituciones

De acuerdo con su tarea de formación político-ideológica, *Legioni e Falangi* publica desde su primer número, en octubre de 1940, un artículo programático dedicado a los cambios provocados por la guerra en la concepción y actuación social de la mujer. A estas consideraciones comparadas, firmadas por la periodista Inés de Fornari, sobre las mujeres en las tres naciones fascistas, seguirán, poco después, sendas aportaciones particulares sobre las mujeres de Falange Española (enero de 1941), las jóvenes alemanas del trabajo social obligatorio (marzo de 1941) y los «littorali femmminili del lavoro» (abril de 1941). En el lapso de poco más de seis meses, *Legioni e Falangi* ofrece de esta manera un panorama del papel que los regímenes fascistas en guerra destinan a la mujer. Sin embargo, después de esta exposición masiva, y a excepción de unas reflexiones en torno a las mujeres italianas publicadas en enero de 1942, la cuestión de la condición femenina ya no volverá a plantearse en *Legioni e Falangi* hasta antes del cierre de la revista en el verano de 1943. Cabe destacar que tres de estos cinco ensayos corren a cargo de autoras, a saber Luciana Lalatta, Maria del Corso y la ya mencionada Inés de Fornari. A continuación vamos a analizar la visión ideológica de la mujer que se desprende de estos artículos.

El artículo inicial de Inés de Fornari, «Donne e guerra» (I, 1, 1940, 56–59), parte de la observación de que los imperativos de la guerra —sin distinguir entre la Guerra Civil y la Segunda Guerra Mundial— han suprimido las distinciones sociales y de género, despertando en las mujeres cualidades heroicas para ponerse al servicio de la 'causa':

> Oggi che la guerra impegna tutta la nazione, senza distinzione di sesso e di classi è opportuno porre in rilievo il contributo che le donne dànno per la vittoria.

> Le organizzazioni dell'Asse e la Falange Spagnuola hanno saputo creare anche nelle donne questo speciale stato d'animo, ed esse hanno affrontato la guerra con eroismo, con spirito di adattamento e di abnegazione, rendendosi utili in tutti i settori dell'assistenza e del lavoro.

Las tres partes del artículo, en el que se nota la aplicación del discurso viril a la mujer (Spackman, 1995: 100–120), que enfocan, respectivamente, España, Alemania e Italia, subrayan de manera unánime el proceso de «apprestamento», «addestramento» e «istruzione» que va formando a las mujeres, capacitándolas al final, a «sostituire» a los hombres en sus diferentes tareas y puestos de trabajo. En la ausencia de los hombres reclutados para la guerra y ante las urgencias de un «funzionamento quasi normale della vita nazionale», se nota la desigualdad cultural entre ambos sexos y se trata de compensarla a través de una formación utilitaria, dictada por los imperativos de la guerra, pero que tenga en cuenta, sin embargo, la complejidad del asunto, «sia dal punto di vista psicologico che da quello sociale e professionale»: «La sostituzione degli uomini nei più disparati mestieri fu un problema di competenza, ma fu anche un esempio di adattamento». Al final de varias medidas de iniciación profesional en el marco de un amplio «esperimento di mobilitazione civile», las mujeres «compiono da sole tutto il loro lavoro»; se comprueba que su capacidad de trabajo «non è affato inferiore a quella degli uomini», y hasta «[s]i scoprirono eccellenti capacità techniche in donne che furono addette anche a lavori di alto concetto». Bajo las circunstancias adversas de la guerra, van abriéndose a las mujeres nuevos ámbitos profesionales tradicionalmente reservados a los hombres; ellas trabajan en la industria como «tornitrici, molatrici e fresatrici» y aplican a la construcción sus dones de diseño: «Si è potuto constatare che le donne, le quali in altri tempi si dedicavano alla creazione di modelli per la moda, sono ottime disegnatrici nel ramo delle costruzioni». Evidentemente, al valorar de este modo la «partecipazione», el «contributo» y el «prezioso apporto» de las mujeres a la vida laboral y civil, se aplica un discurso entre emancipador y paternalista a lo que constituye una mera medida de fuerza en tiempos de emergencia.

Al mirar más de cerca esta semblanza de las mujeres fascistas en la guerra, llaman la atención las diferencias específicas entre las tres naciones, que ponen de relieve, asimismo, las ilustraciones fotográficas. Respecto a la Guerra Civil, se recuerda «[l]'entusiastica partecipazione delle donne spagnole alla guerra di liberazione» [*sic*], rindiendo homenaje a las «eroine che s'immolarono». Se evoca a Mercedes Sanz Bachiller, fundadora del Auxilio Social, al mismo tiempo que se reconoce la labor de «tutte le donne della Falange». La enumeración de las actividades propias a Falange Femenina y Auxilio Social pone de relieve el carácter tradicionalmente femenino de tales quehaceres como son lavar, planchar y coser o servir de enfermeras y auxiliares en hospitales, a lo que la autora agrega sin gran convicción: «Le donne si occuparono pure della fabbriccazione dei proiettili, dei lavori di ufficio e della istituzione dei vari laboratori». Las fotos comprueban la imagen tradicionalista de 'la' mujer española, pues muestran a unas campesinas cosechando con la hoz y preparando el pan para los soldados, además de unas chicas del Auxilio Social, coquetamente pulcras con sus delantales y gorritos blancos.

Al lado de la «serena letizia e [...] l'ardente passione che è propria delle donne spagnuole», las mujeres alemanas se distinguen por «quello slancio e quella forza che la gioventù hitleriana sente profondamente, perché animata dall'entusiasmo che le proviene della fede». Como era de esperarse, se subraya que en el *Reich*, «[l]'addestramento del personale femminile fu scrupoloso e metodico», gracias a «un corso speciale della durata di tre mesi dedicati all'istruzione pratica con cinque ore settimanali di teoria», en el caso de la empresa Siemens, por ejemplo. La Italia fascista no resulta menos eficiente a la hora de organizar cursillos de formación para mujeres, pues «[f]urono così predisposti in 65 provincie 358 corsi de insegnamento di 12.061 unità». Frente a la imagen tradicional de las españolas, las fotos muestran a unas alemanas —trabajando en la Krupp y otras fabricas de municiones o controlando los hilos telegráficos— y unas italianas —aprendiendo a conducir tractores y a ser radiotelegrafistas o en el uniforme de la protección antiaérea— que se desenvuelven, competentes, en el mundo moderno; en su mayoría son jóvenes, guapas e individualizadas, al contrario de las españolas que, en las fotos, se ven mayores, en grupos o de espaldas.

El artículo concluye superando la circunstancia histórica concreta —la movilización laboral de las mujeres debido a la guerra— para esbozar una visión 'feminista'. La presencia de la mujer en todos los ámbitos de la vida laboral y pública de Italia es valorada como «aspetti di una disciplina e di un'etica nuova, i chiari segni di una evoluzione che inciderà profundamente sul carattere della donna italiana». Sin embargo, las perspectivas de futuro constituyen, precisamente, una cuestión sumamente controvertida como demuestra el artículo de Maria del Corso sobre las mujeres italianas, que defiende una opinión diametralmente opuesta a la de Inés de Fornari, al considerar como un fenómeno meramente transitorio la igualdad laboral entre hombres y mujeres establecida a consecuencia de la guerra, para volver a la jerarquía tradicional en tiempos de paz. El artículo «Donne italiane» (II, 3, 1942, 23–26) empieza por una profesión de fe reaccionaria, característica de su postura 'machista', al afirmar: «Non abbiamo mai avuto, in Italia, un Femminismo Militante: ciò che ci sembra, per le nostre donne di oggi e di ieri, lode e privilegio ugualmente grandi». Después de este redoble provocador, Maria del Corso avanza su tesis según la cual se deben a «l'influenza della prima guerra mondiale» la emancipación que en otros países fue conquistada por las *Suffragette*[6] y las *jupe-culottes*:

> Eppure le Italiane hanno raggiunto, vorremmo dire gentilmente, vorremmo dire senza farsene accorgere, le posizioni dalle altre reclamate con violenza, o, talvolta, superate con prepotenza: eccesso, questo, alle nostre sconosciuto. Abili e pronte sempre, le nostre: architette, figuriniste, insegnanti, danzatrici, sportive, segretarie, attrici, campione sportive.

Al atribuir a la primera guerra mundial la conquista 'pacífica' de unos logros históricos, la autora da un nuevo matiz al tema «Le donne e la guerra», haciendo de las «donne 1914» las míticas antecesoras de las mujeres de 1942, vueltas a ser movilizadas por la segunda guerra mundial:

> I grossi camion, le ambulanze, affidate a mani delicate, avevano stupito e spaventato, nei primi tempi, [...] Andromeda in atto di cavalcare il dragone domato, ma l'amicizia tra le guidatrici e le macchine era già compiuta, e sarebbe durata, poiché il garbo, la precisione, la fermezza, sono tutte qualità donnesche, che il desiderio affettuoso di soccorrere illuminava e sosteneva. [...] Ci piace osservare oggi il ripetersi, esatto e tranquillo, di quest'ordinata forza, di questa devozione coraggiosa.

6 Respecto a la difamación del movimiento de las "Suffragette" por parte del fascismo italiano véase Re, 1995: 76–99.

Después de mencionar, primero, unas profesiones de sueño, luego, en el contexto de 1914, la imagen de la Amazona, la autora evoca, a propósito del momento actual, unas actividades que corresponden más bien al perfil tradicional de la mujer, como por ejemplo las *crocerossine* o las tareas de la protección antiaérea, dignificando ciertas manías mujeriles: «Chiuder finestre, velare lampade, tappare fessure, predisporre acqua, sabbia, medicinali, occupazioni vecchissime, che i mariti hanno spesso considerato, sorridendone, inoffensive manie». Aquí se confirma la mirada masculina asumida por la autora que recuerda, además, el importante papel de la mujer al respaldar a su marido soldado e infundirle valor, participando con ello a su heroísmo. Con esta idea recurre a un tópico bien conocido propio del discurso de los géneros en tiempos de guerra: «ho imparato a risconoscere nella loro allegria impavida, nel loro umore constantemente e quasi generosamente uguale, il riflesso di un'altra, quella che viene loro, appunto, dalle lettere di donne lontane». De esta manera, se perfila una visión de la mujer como ángel consolador del guerrero (Theweleit, 1977/1978): «Guerra di donne, missione di dolcezza e di soccorso, di comprensione, di candore».

Ante la preponderancia de una concepción tradicional de la relación entre géneros y, en particular, de los deberes de la mujer, no sorprende que las mujeres en el trabajo,[7] consideradas como «sostitute d'onore», tengan que volver al hogar, una vez cumplida «la loro missione de mobilitate civili». La actividad laboral de la mujer durante la guerra se concibe como una «prueba» superada con éxito — «Tutti i servizi affidati di nuovo alle donne funzionano perfettamente, e non c'è ostentazione di fatica o di pena», pero de la cual no resultan consecuencias a largo plazo: «La prova era stata compiuta, i meriti riconosciuti». La guerra constituye un periodo de emergencia durante el cual se establece una especie de reino femenino que resulta transitorio, pues con la paz se restablece el orden jerárquico entre los géneros: «l'amicizia tra le guidatrici e le macchine [...] sarebbe durata», pero no lo puede porque no lo debe. Conforme a la óptica machista de la autora, es precisamente la «saggezza femminile» la que les aconseja volver a los pucheros para

7 Véase al respecto el capítulo "Working" en De Grazia, 1992: 166–200.

eludir la rivalidad de competencias con los hombres, «evita[ndo] il fenomeno della '*corsa alle cabine di commando*'». Según la misma dialéctica misógina, el supremo poder de la mujer consiste en renunciar a este poder para que los hombres vuelvan a ocupar sus antiguos puestos de trabajo restableciendo con ello su antiguo rango jerárquico:

> Sì, le donne ci apparvero subito molto buone e molto potenti: prova superiore di questa potenza fu, subito dopo la pace, la prontezza per cui seppero cedere ai reduci il loro giusto posto, e trovammo i padri inmediatamente reintegrati nel loro ruolo autorevole, così come i tranvieri, i postini, i contadini, riprendevano i loro compiti e la loro dignità.

Evidentemente, la misma restauración del orden patriarcal en el mundo del trabajo se espera al terminar la guerra actual. Se puede suponer que es precisamente para conjurar el latente peligro de emancipación inherente a la actividad laboral femenina, el que después del presente artículo, «Donne Italiane», de enero de 1942, *Legioni e Falangi* deje de publicar ensayos dedicados a este tema.

Respecto al trabajo femenino, resulta particularmente revelador el reportaje de Silvio Negro sobre el concurso de los *Littorali femminili del lavoro* celebrado en Pisa (II, 6, 1941, 18–20), pues ilustra la existencia de dos culturas femeninas del trabajo radicalmente diferentes. Fundados en 1935 como reacción al bloqueo económico contra la Italia de Mussolini, los *littorali del lavoro* se dedican a partes iguales a la formación técnico-profesional y a la instrucción político-ideológica de los jóvenes. En el relato que hace del concurso, el autor observa y acentúa la coexistencia de dos mundos paralelos: el industrial-urbano y el campesino. Por una parte, presenta a las profesiones del mundo moderno, en primer lugar la industria textil —cortadoras, tejedoras, costureras—, pero también dactilógrafas y vendedoras, estas últimas «sicurissime di sé perché abituate a trattare col mondo», y cuya «capacità di presentazione e di persuasione» entusiasma a los examinadores a tal punto que "battevano le mani per il divertimento". Las chicas ejerciendo los trabajos arriba mencionados

> Erano tutte ragazze svelte, piene di confidenza, disinvolte non soltanto a dipanare e a tessere, ma anche a rispondere ai gravi signori della commissione e alle

> ispettrici dei Fasci quando le interrogavano sulle caratteristiche che debe avere una matassina di lana per essere giudicata di prima qualità, o sui compiti che Mussolini ha affidato all'Opera per la Maternità ed Infanzia.

Por otra parte, están las profesiones del mundo rural: la ganadería ovina, la cría de conejos o el sector de las frutas y hortalizas. Se nota el malestar del reportero frente a estas jóvenes, representantes de un mundo desconocido y arcaico, vestidas con sus trajes regionales y logrando apenas expresarse fuera de su dialecto:

> [...] la cosa che colpiva a prima vista di più era il probo e coraggioso sforzo di quelle brave ragazze per adattare il loro linguaggio, il loro modo di pensare e di esporre a quello della gente tanto più preparata con la quale avevano a che fare [...]. Era uno spettacolo commovente, pieno di nobiltà anche quando i risultati rimanevano modesti.

Visiblemente, el autor, oscilando entre la seriedad y la burla —«E la coniglicoltura? Mai avremmo immaginato che fosse un'arte così varia e ricca d'imprevisto»—, hace un esfuerzo por encontrar una actitud políticamente correcta frente a «quella rivelazione di un mondo interessantissimo che veniva a porsi per la prima volta su un piano nuovo». El contraste entre mundo laboral moderno y tradicional se cifra en la oposición entre la tractorista y la pastorcilla: «Ma siamo tanto abituati a veder donne al volante delle automobili, che una giovanotta in camiciotto grigio issata su un trattore, ci faceva meno impressione di una pastora collocata davanti ad un campionario di mangimi, a dichiararne il nome e la qualità». Al final, la «pastorella beneventana», con toda su alteridad —por su extracción humilde y campestre, su hablar y vestir regionales, su apariencia arcaica— es elevada, no sin cierto paternalismo condescendiente y una sonrisa burlona, a la categoría de un modelo político, demostrando el éxito del concepto a la vez profesional e ideológico en el que se basan los *littorali del lavoro*:

> Di quella pastorella beneventana, ad esempio che dimostrava di sapere non soltanto quanto dura la gravidanza degli ovini, che questo è ovvio, e distinguere a prima vista la 'massese' dalla 'bergamasca' e dalla 'sopravissana' che è già più difficile, ma parlava anche con piena cognizione dei meriti della 'merinos' e sapeva indicare tra i doveri di una buona massaia rurale quello di educare i figli all'amore

> della propria terra, e spiegar anche, con pittoresco linguaggio e como può sentirle nel suo infallibile intuito il popolo, le ragioni della nostra impresa d'Etiopia. Non sappiamo, tra tante altre ragazze valenti, che posto abbia avuto in classifica la pastorella beneventana, ma la ragazza ha fatto in ogni modo onore ai littorali, alla sua provincia e alla sua classe.

A pesar de la victoria de la *pastorella*, conviene considerar brevemente a las tractoristas, pues volvemos a encontrar, a propósito de ellas, el mismo discurso de *sustituto* característico de la actividad laboral de la mujer en tiempos de guerra. La mujer demuestra estar a la altura del hombre en el campo laboral, sin que esta igualdad de hecho lleve a consecuencias jurídicas más allá de este período de emergencia:

> Come c'erano, in questi littorali femminili di Pisa, anche donne che conducevano i trattori e potevano provvedere alle necessità della macchina con la competenza di una persona dell'arte. Si trattava qui di un concorso istituito per le particolari necessità del momento, per dar modo alla donna di dimostrare come ella possa sostituirsi senza inconvenienti agli uomini, oggi richiamati alle armi, anche in questi compiti che finora erano sempre stati riservati al sesso forte.

Del mismo modo que los *littorali del lavoro* italianos, el *Arbeitsdienst* es una institución nacional-socialista creada en 1935 para que «tutti i giovani tedeschi d'ambo i sessi servano il popolo germanico nella milizia del lavoro». Esta fórmula oficial es comentada como sigue por Pietro Solari, autor del artículo «Donne tedesche al lavoro» (I, 5, 1941, 17–20): «Nello *Arbeitsdienst* si serve in letizia, con fede, con slancio, con zelo. Perché non si serve un padrone o un contadino, non si lavora in un'impresa agricola o in un'istituzione sociale: si serve il popolo». A pesar de señalar la igualdad de géneros inherente al concepto de este servicio —«Come per il Servizio maschile, gli scopi ideali prevalgono nettamente sugli scopi pratici immediati», «Ilari e serene 'servono' in letizia, con lo stesso animo del soldato che non si sente umiliato se, como si suol dire, lo mettono di sentinella a un bidone di benzina»— el autor destaca el mayor grado de radicalidad propio del servicio femenino:

> Tra le istituzioni e creazioni del Nazionalsocialismo il Servizio del lavoro femminile merita, per novità e ardimento di concezione, un posto d'onore. È qui, assai

> più che nel Servizio del lavoro maschile, che l'idea di rinnovamento sociale e popolare è andata più a fondo, rompendo decisamente con tradizioni e soprattutto con pregiudizi secolari.

A pesar de ciertos reparos frente al término y título, por demasiado viril, de *Führerin*, el autor hace notar en qué medida el *Arbeitsdienst* tiene en cuenta, y hasta favorece, el 'carácter' de la mujer: «L'istituzione mira ad esaltare i caratteri femminili in senso razziale e popolare, a immettere la donna nella grande corrente sociale che ha rinnovato la compagine dello Stato germanico». Debajo de la bandera ondeante, «sacro símbolo della Patria e della Rivoluzione», el servicio de trabajo obligatorio (obligatorio desde septiembre del 1939) está destinado ante todo a abolir las diferencias sociales:

> [...] non vi è al 'campo' nessun servicio che possa essere considerato basso o servile. E nessun rango sociale, nessun privilegio nobiliare, nessun vantaggio patrimoniale valgono a esentare una donna dai lavori donneschi, da *tutti* i lavori donneschi. Quel che fa la contadina o l'operaia dev'essere fatto anche dalla marchesa o dalla dottoressa, nei ranghi la figlia del ricco industriale o la figlia del piccolo impiegato sono uguali in quanti figlie di quella grande familia che è il popolo germanico.

A la hora de la comida, las chicas intiman haciendo desaparecer las últimas barreras de clase, como lo ilustra una foto mostrando una chica rubia elegantemente vestida, charlando durante la comida con una compañera morena de mono azul. Mientras que a nivel social, el *Arbeitsdienst* posee, pues, un verdadero carácter revolucionario, el planteamiento a nivel de género es absolutamente tradicional ya que se trata de dedicarse a las labores femeninas propias del campo,[8] mientras que en «Donne e guerra» se realzaba precisamente el aspecto moderno e industrial del trabajo encomendado a las movilizadas alemanas:

> Sette ore di lavoro portano dunque la ragazza a svolgere tutte le attività della campagna: mungere, zappare, vangare, seminare, potare; lavare la biancheria, preparare il pranzo; governare le bestie nella stalla, o attaccare i cavalli, attingere l'acqua del pozzo o parare le pecore; vagliare il grano, fare il pane, portare il pranzo agli

8 La única excepción es una foto que muestra a una chica soldando.

> uomini nei campi; o, materna premura, accudire ai bambini nella culla, aiutare i più grandicelli nei compiti di scuola, scrivere per il 'principale' una bella lettera o una istanza; o rammendare con la 'padrona' la biancheria di tutta la familia.

El rígido horario que no concede más de cinco o seis horas de reposo nocturno, en relación con siete horas de trabajo, seguidas por una hora de descanso, prevé también una hora de deportes y gimnasia, más una o dos de instrucción general y política: «dopo un'ora di riposo si riuniscono di nuovo in refettorio per il caffè, durante il quale la Fuehrerin o una Assistente o talora anche una delle ragazze, svolgono, in forma conversativa, un tema culturale o sociale o político». Con ello se configura un conjunto de trabajo y formación ideológica comparable, en cierta medida, con los dos componentes de los *littorali del lavoro* —según el autor de *Legioni e Falangi* un concepto pedagógico-social idóneo para formar a la mujer alemana de mañana: «Così la Germania nacionalsocialista prepara le sue nuove generazioni femminili».

El retrato de las mujeres falangistas, a cargo de Luciana Lalatta (I, 3, 1941, 58–60), se basa en el testimonio de una joven falangista española, Teresa, enviada por el consulado de España en Milán a petición de la redacción de *Legioni e Falangi*: «Avevamo chiesto al consolato: mandateci una falangista, una falangista autentica, perché ci parli delle donne di Spagna». Y, de hecho, la presencia de la Falange está muy marcada en este artículo, no solo por el contenido sino también a nivel de las ilustraciones, pues al lado de un retrato de Pilar Primo de Rivera, fundadora y presidenta de la Sección Femenina, con una dedicatoria para *Legiones y Falanges*, se ve en otra foto la visita de Serrano Suñer a la Delegación Nacional del Auxilio Social. Aparte de estas dos fotografías de carácter político-ideológico, hay otras cinco ilustraciones mostrando a españolas en trajes regionales, bailando (tal vez un conjunto de Coros y Danzas), y vestidas de negro con mantilla y peineta. Cierta bipartición se observa también a nivel del texto, pues por una parte se comentan las obligaciones de la vida práctica, y por otra se acentúa la dimensión poética del ensueño y del «eterno femenino». Después de una evocación impresionista de Teresa, la autora pasa a los aspectos doctrinales referidos por la muchacha. Las falangistas entendían la guerra civil como una «lucha del bien contra el mal», y mientras que unas se transformaron en «una specie di dea Kali assetata di sangue», otras se sacrificaron como «purissime martiri». Las mujeres «hanno [...] bisogno di credere nel motivo ideale di un movimento», al contrario de los hombres que asumen la idea del deber por el deber. De acuerdo con la visión histórica de la Falange, la guerra se considera como una «terribile prova» de las que las mujeres han salido «rinnovate». Quiere decir que han abandonado el espíritu frívolo de los años veinte y de la República, para dedicarse a obras sociales, poniéndose al servicio de pobres y enfermos, huérfanos y militares: «Oggi in Spagna, con l'istituzione del Servizio Sociale, ogni donna dà il meglio di sé, della sua forza e della sua intelligenza, alla comune rinascita». «Rinnovate, ma non radicalmente mutate» — este es el lema. «Rinnovate» por su nuevo espíritu de iniciativa y por su actividad en la vida práctica donde cumplen sus tareas en un plano de igualdad con los hombres:

> Nella vita pratica esse sono tenaci e volitive. Tengono con disinvoltura negli studi e nel lavoro il loro posto accanto agli uomini, partecipano alla vita goliardica nel Sindacato universitario spagnolo e all'opera di ricostruzione sociale nelle organizzazioni falangiste.

«[...] ma non radicalmente mutate», porque en su alma conservan un fondo de mito y tradición, amor e ilusión, esencialmente femenino: «È questa la rivincita [dell'] eterno femminino [...]: la poesia del sogno». A juzgar por las aportaciones pertinentes de *Legioni e Falangi*, el «eterno femenino» *more hispanico* parece reducirse a las tradiciones folklóricas[9] y a la maternidad.[10] La actividad laboral de la mujer, primer

9 Véanse los siguientes artículos: Inés de Fornari: "Colore antico", *Legioni e Falangi* I, 2, 1940, 62–64; Felipe Sassone: "Musiche del popolo", *Legioni e Falangi* I, 2, 1940, 49–50; Eduardo Chicharro y Briones: "Il 'cante jondo'", *Legioni e Falangi* I, 7, 1941, 33–35; Maruja Sampelayo: "Moda spagnola ieri e oggi", *Legioni e Falangi* II, 2, 1941, 30–32.

10 Véase, por ejemplo, la foto "Maternità", que ocupa toda la página en *Legioni e Falangi* II, 3, 1942.

paso hacia la emancipación y la igualdad, deja de ser un tema. El motivo de este silencio se hace patente en el artículo que Francesco Magri dedica a la política social de Falange («Politica sociale falangista», I, 8, 1941, 46–48), explicando en particular el *Fuero del trabajo* promulgado el 10 de marzo de 1938, en cuyo II título se proclama "una politica sociale intesa a togliere la donna maritata dai laboratori e dalle officine, per restituirla alla vita familiare".

4. Conclusión

Al analizar el corpus de artículos, se ha podido constatar que toda una serie de organizaciones específicas —*Arbeitsdienst* y *Littorali femminili del lavoro*, Auxilio Social y Falange Femenina— demuestran la importancia acordada a la mujer por parte de los regímenes fascistas y el esfuerzo de estos por formar a la mujeres a través de estas instituciones, así como mediante los respectivos discursos. Se ha podido observar en qué medida estos discursos expresan las ambigüedades inherentes a los conceptos de género, principalmente el contraste entre tradición y modernidad, pastorella y tractorista, militancia en el SEU y eterno femenino. Es, en particular, la experiencia cotidiana de la actividad laboral, a consecuencia de la movilización civil, la que podría significar un primer paso hacia la emancipación. Sin embargo, y a pesar de haber demostrado su competencia profesional, la igualdad con los hombres queda como un fenómeno provisional. Independientemente de su valor, nunca serán más que unas «sostitute d'onore». Al llegar la paz, las mujeres tienen que abdicar de su 'poder' temporal para volver a su habitual puesto subalterno —así lo requieren la idea de la familia y la «dignidad» del hombre. Según el testimonio de *Legiones y Falanges*, el potencial revolucionario del fascismo se realiza al superar la rigidez de clases, mientras que los límites de género, a pesar de un momento de vacilación, vuelven a restablecerse en el sentido tradicional.

Referencias bibliográficas

BENEDETTI, A. (1941) «Il custode della città», *Legioni e Falangi*, I, 11, 46–48.

CHICHARRO Y BRIONES, E. (1941) «Il 'cante jondo'», *Legioni e Falangi*, I, 7, 33–35.

DE FORNARI, I. (1940) «Donne e guerra», *Legioni e Falangi*, I, 1, 56–59.

DE FORNARI, I. (1940) «Colore antico», *Legioni e Falangi*, I, 2, 62–64.

DEL CORSO, M. (1942) «Donne italiane», *Legioni e Falangi*, II, 3, 23–26.

DE GRAZIA, V. (1992) *How Fascism Ruled Women. Italy 1922–1945,* Berkeley / Los Angeles / Oxford: Oxford University Press.

GRAZIOSI, M. «Gender Struggle and the Social Manipulation and Ideological Use of Gender Identity in the Interwar Years», en: Pickering-Iazzi 1995, 26–51.

LABANYI, J. (2009) «La apropiación estratégica de la entrega femenina en la obra de algunas militantes falangistas femeninas», en: *Revista Científica de Información y Comunicación* 6, 409–426.

LALATTA, L. (1941) «Donne falangiste», *Legioni e Falangi*, I, 3, 58–60.

MAGRI, F. (1941) «Politica sociale falangista», *Legioni e Falangi*, I, 8, 46–48.

NEGRO, S. (1942) «Littorali femminili del lavoro», *Legioni e Falangi*, II, 6, 18–20.

PASSMORE, K. (ed.) (2003) *Women, Gender and Fascism in Europe, 1919–45*. Manchester: Manchester University Press.

PICKERING-IAZZI, R. (ed.) (1995) *Mothers of Invention. Women, Italian Fascism, and Culture.* Minneapolis / London: University of Minnesota Press.

RE, L. (1995) «Fascist Theories of 'Woman' and the Construction of Gender», en: Pickering-Iazzi 1995, 76–99.

RICHMOND, K. (2003) *Women and Spanish Fascism. The women's section of the Falange 1934–1959.* London / New York: Routledge.

SAMPELAYO, M. (1941) «Moda spagnola ieri e oggi», *Legioni e Falangi*, II, 2, 30–32.

SASSONE, F. (1940) «Musiche del popolo», *Legioni e Falangi*, I, 2, 49–50.

SOLARI, P. (1941) «Donne tedesche al lavoro», *Legioni e Falangi*, I, 5, 17–20.

SPACKMAN, B. «Fascist Women and the Rhetoric of Virility», en: Pickering-Iazzi 1995, 100–120.

THEWELEIT, K. (1977/1978) *Männerphantasien*, Frankfurt am Main/ Basel, Stroemfeld – Roter Stern.

VERGANI, O. (1942) «Dafne», *Legioni e Falangi*, II, 9, 17–19.

VERGANI, O. (1942) «Susana», *Legioni e Falangi*, III, 1, 15–17.

VERGANI, O. (1943) «La sirena», *Legioni e Falangi*, III, 4, 15–17.

WOOD, S.: «Women and Culture in Fascist Italy», en: Angela Kershaw, Angela Kimyongür (ed.) (2007) *Women in Europe between the Wars. Politics, Culture and Society*. Aldershot/Burlington: Ashgate 2007, 119–129.

Un lessico fascista per un ordine mondiale. Il lemmario politico di *Legioni e Falangi*

Matteo Di Figlia
Università di Palermo

¿Qué función política desarrolaba una revista como «Legioni e Falangi» en las intenciones de sus creadores italianos? ¿Cómo pudo actualizarse, en los años cuarenta, la relación entre la Italia fascista y una España dolida que salía de la guerra civil? ¿Qué significado atribuían los fascistas a una iniciativa editorial que comprendía un país implicado en la segunda guerra mundial y otro que se había quedado al margen de ese conflicto? El ensayo contesta estas preguntas analizando especialmente el contenido de los artículos de unos periodistas italianos cuya participación fue constante en la revista (destacan por ejemplo los editoriales de Giovanni Ansaldo). Se intenta definir un 'lemmario', un conjunto de conceptos clave. Términos y expresiones como rivoluzione, marcia, gioventù, guerra civile contribuyeron en definir el universo semántico ofrecido por los artículos italianos. A partir de ello, de alguna manera, filtraban algunas entre las más profundas tensiones que estaban sacudiendo y remodulando las formas de la autorepresentación fascista.

1. Introduzione

«Noi crediamo che tra Italia e Spagna ci siano in comune degli interessi, degli interessi concreti, che meritano la nostra viva attenzione, soprattutto adesso che si sta costruendo il nuovo ordine europeo e mondiale» (Lombrassa G./de Foxà A., «Italia e Spagna», *L/F*, 1, I, 1940, 3).

Così l'editoriale di Giuseppe Lombrassa e Agustín de Foxá presentava ai lettori il primo numero della rivista *Legioni e Falangi*. Si palesava dunque l'intenzione di avviare un'iniziativa editoriale che riguardasse non tanto l'esperienza italiana nella guerra civile spagnola, quanto una proiezione di essa sul conflitto allora in atto e ancor di più sul futuro assetto europeo e mondiale che ne sarebbe uscito.

Si trattava di un approccio molto chiaro anche nel suo essere sbilenco: la messa a fuoco non riguardava il 1936–39, ma la Seconda guerra mondiale che l'Italia stava già combattendo e dalla quale la Spagna, pur fra tentennamenti diplomatici, sarebbe rimasta fuori. L'insistenza di alcuni autori sulla descrizione delle truppe spagnole che si unirono a quelle italiane e tedesche sul fronte orientale (Ansaldo, G. «Il ritorno delle fanterie spagnole», *L/F*, 11, I, 941, 2–4) non bastò certo a colmare questo dislivello tra il ruolo che i due paesi stavano giocando nella guerra che, secondo parte dei fascisti, avrebbe plasmato una nuova era, dentro e fuori le nazioni. Ciò nonostante, o forse proprio per questo, *Legioni e Falangi* rappresenta un interessante punto di vista da cui osservare il modo in cui l'universo semantico fascista venne ricalibrato negli anni del conflitto. Senza alcuna pretesa di esaustività, cercherò allora di offrire una breve analisi degli articoli della rivista attraverso quattro coppie di lemmi: marcia/legionari, rivoluzione/guerra civile, martirio/mostra, guerra/schermo. Come si intuisce, si tratta di termini che rimandano al lessico con cui i fascisti avevano parlato di se stessi nel corso del regime. L'esperienza italiana della guerra di Spagna, come già accaduto per la campagna d'Etiopia (Ben Ghiat, 2001: 123 e sgg.; Labanca, 2012), rappresentò allora un filtro per la ridefinizione di concetti chiave con cui uomini più o meno coinvolti nel regime avevano pensato, e pensavano, se stessi. Era un'immagine riflessa dell'autopercezione fascista e del suo modo di affrontare, perdendo, la sfida per la modernità che si volle leggere nella guerra in corso.

2. Marcia di legionari

L'edizione italiana di *Legioni e Falangi* produsse trentatré numeri, tutti editi il primo giorno di ogni mese. Fece eccezione soltanto il primo, significativamente pubblicato nel diciottesimo anniversario della marcia su Roma (28 ottobre 1940), che riportava in apertura una foto a tutta pagina delle squadre fasciste che avevano sfilato nella capitale nel 1922 (*L/F*, 1, I, 1940). Si trattava insomma di un biglietto da visita, una presentazione che evidentemente insisteva sulla memoria della conquista del potere. Quella memoria era in realtà stata sottoposta a diversi ripensamenti e, pur mantenendo una rilevanza cruciale nell'autorappresentazione del fascismo, aveva ovviamente subìto molteplici ridefinizioni (Baldassini, 2002; Berezin, 2002; Suzzi Valli, 2000; Suzzi Valli, 2012). La centralità attribuita a quell'evento nella rivista va dunque collocata nel suo tempo e nello specifico contesto.

Notiamo ad esempio che per quanto «marcia» sia stato un termine ricorrente, nelle non rare ricostruzioni del 1919–22 era invece raro l'uso dei termini squadra, squadrista, o squadrismo (nel primo numero ricorrono quattro volte di cui ben tre nelle didascalie e solo una nel testo). Questo silenzio credo debba attribuirsi al peso del decennio 1926–1935, quando la rievocazione non tanto della marcia, quanto proprio dello squadrismo, era elemento distintivo dell'area intransigente allora in contrasto con Mussolini (Lupo, 2000). Così, tornato in auge il periodo aureo del fascismo delle origini, si trovavano anche altre nomenclature e *Legioni e Falangi* poté retrodatare al 1922 un linguaggio che credo più legato all'esperienza della guerra civile spagnola. Guardiamo ad esempio ai numerosi articoli sul primo dopoguerra scritti da Nino Ruggeri, firma costante della rivista, su cui ho trovato ben poche informazioni ma che possiamo collocare nella generazione dello squadrismo («Alzabandiera sul ponte», *L/F*, 8, I, 1941, 14–15 ; «Nuovo capitolo della vita segreta», *L/F*, 9, I, 1941, 34–35). Nel febbraio 1941, disse che a frenare «i piani di Nitti» erano stati «fascisti e legionari». Ribadì anche il passaggio decisivo che a suo dire si era registrato il 28 ottobre del 1922 («chi arriva un minuto dopo la mezzanotte di quel giorno perde senza rimedio la gloria dell'antemarcia»), ma descrisse quel momento come lo scarto tra gli squadristi e i legionari: da allora, disse, «si pensa non più per squadre ma per coorti, per legioni, per gruppi di legioni» («Quattro anni», *L/F*, 4, I, 1941, 12–14). Non a caso, Ruggeri utilizzò lo stesso lessico per riferirsi alla nascita della Milizia volontaria di sicurezza nazionale, in cui, ebbe a dire, erano confluiti alcuni «legionari» («Nascita della Milizia», *L/F*, 5, I, 1941, 11–12). Va detto che questa scelta di termini non caratterizzò affatto una ricostruzione "al ribasso" del passato squadrista, non comportò, cioè, un particolare annacquamento dei toni con cui le azioni squadriste venivano narrate. In tempi di normalizzazione, parte delle gerarchie fasciste aveva visto non proprio di buon occhio le ricostruzioni del 1919–1922 che mettevano in evidenza la violenza fascista. È dunque rilevante che Ruggeri, pur non indugiando certo in descrizioni delle spedizioni punitive, non lesinasse articoli in cui l'azione delle squadre era riportata in modo vivido. La scelta del termine "legionari", insomma, attualizzava l'universo squadrista ma lo liberava altresì da freni ideologici che lo avevano imbrigliato negli anni del regime e tornavano a liberarsi in quelli della guerra. «L'acqua santa e il peccato mortale – scriveva in un articolo sulla stampa fascista nei mesi precedenti la marcia – il giudeo e il battezzato, la notte e il giorno non dovevano costituire antitesi così irriducibili come quella che doveva separare il fascismo dall'antifascismo».

> Il "bigio" (simbolo di una categoria morale creata dai fascisti fiorentini) doveva essere il peggior nemico. Il giornale fascista ideale poteva essere quello totalmente imbiancato dalla censura. Quel candore era un grido di protesta che forava i timpani. I giornali fascisti dovevano essere soltanto i bollettini di un esercito marciante, sui quali, come sui veri bollettini di guerra, gli altri partiti dovevano essere indicati genericamente come il nemico. Le vecchie macchine delle tipografie di provincia dovevano andare idealmente non a inchiostro ma a sugo di bosco. Fu con questo sistema a testuggine che il movimento fascista sotto una impenetrabile volta di scudi, giunse sotto le mura, abbatté la porta con una spallata ed entrò nella città. («Giornalismo della vigilia», *L/F*, 6, I, 1940, 12–13)

Nel suo racconto, abbondano i riferimenti alle armi. Particolare, questo, non del tutto ovvio qualora si pensi che nei testi di importanti capi squadristi la massiccia presenza di armi tra i fascisti non era affatto scontata ed era interpretabile, invece, come un esplicito e dichiarato tentativo di sottolineare l'aspetto militare del primo fascismo (Farinacci, 1933: 108), in contrapposizione a retoriche ufficiali a volte più tendenti a evidenziare l'aspetto difensivo delle squadre e a mitigarne il potenziale offensivo (Chiurco, 1929, vol. II: 56–57; vol. III: *passim*). Nel novembre del 1942, raccontando una giornata trascorsa con altri fascisti più di vent'anni prima, Ruggeri ricordava:

> insieme ai fucili mitragliatori della Disperatissima di Perugia, sfilavano i manganelli lavorati al tornio di una squadra calabrese, veri manganelli d'ordinanza, sul tipo della mitologica clava d'ercole. Il "minuto di fuoco" dell'avanguardista, provvisto di una rivoltella a tamburo con soli sei colpi, si alleava con la santabarbara dell'ardito di guerra così fasciato di cartucciere da assomigliare all'uomo simbolico dei Pneus Michelin. («Vent'anni dalla marcia», *L/F*, 1, III, 1942, 3–4)

Ruggeri pensava ovviamente al fascismo del 1942, allo sforzo bellico, alla capacità della generazione del 1922 di combattere la guerra mondiale dopo averne predicato la necessità come continuazione della guerra civile. Il suo articolo si concludeva con un riferimento all'invecchiamento fisico, tratto molto diffuso in quella generazione di fascisti che, giunti sulla soglia dei cinquant'anni, descrivevano la calvizie o l'incanutimento dei camerati di un tempo (e dunque specularmente la loro) quasi come un segno della crisi militare che stava ormai attanagliando il regime (Bottai, 1977: 187–188). Ma *Legioni e Falangi*, lo ricordiamo, non ebbe edizioni successive al luglio del '43. Nella prosa di Ruggeri, dunque, l'invecchiamento era solo un sottile strato di polvere, spazzato via dalla rievocazione della marcia:

> la generazione della Marcia su Roma è ormai "sotto vetro" nel senso che può già contemplarsi storicamente; ma è nello stesso tempo attiva e presente. Se la vivanda ha un sapore, il sale è ancora quello. Si può aggiungere che è una generazione solida anche fisicamente. È bastato ai battaglioni squadristi svenarsi dai tossici della vita civile, restituendosi alla vita elementare del campo e della zona d'operazioni, perché sotto i capelli grigi sfavillasse una pelle di salute calda e sanguigna. Chi ha retto alla tensione dell'antemarcia senza scoppiare, aveva buona tempra. («Vent'anni dalla Marcia», *L/F*, 1, III, 1942, 3–4)

3. Rivoluzione e guerra civile

Nella memorialistica fascista, lo squadrismo era non di rado raccontato come il momento in cui potevano temprarsi al fuoco delle armi i giovani italiani che non avevano potuto partecipare alla Grande guerra per limiti di età. È dunque interessante notare come questo nesso generazioni/squadrismo sia stato riformulato durante la seconda guerra mondiale anche alla luce dell'incessante rielaborazione delle retoriche giovanilistiche proposte dal regime (Ben Ghiat, 2001: 94 e sgg.; Wanrooij, 1987). Guardiamo allora a un racconto intitolato *Il camerata,* apparso nel numero dell'aprile del 1943. Il testo, firmato da un Gian Gaspare Napolitano che aveva già scritto altri articoli per la rivista, narrava l'arrivo di un fascista, Cingolini, in una non meglio precisata città "rossa", verosimilmente della Bassa. Cingolini è inviato dal fascio milanese per prendere contatti con un tale «camerata Nicoletti», unico fascista della città da quando l'ardito Bellezza era stato arrestato. Al primo incontro tra i due, Cingolini resta basito: scopre infatti che Nicoletti è un ragazzo appena adolescente e che, per di più, è lui a scrivere gli articoli firmati con la sigla E. N. sul giornale milanese del fascio, suscitando così le ira dei rossi locali che non riescono a individuare l'autore di quelle invettive così pungenti. L'incontro, iniziato con un Cingolini prima diffidente e poi accondiscendente, prende repentinamente una piega dialettica, ma con le parti invertite rispetto al canovaccio che ci si aspetterebbe. È infatti il giovane che insegna al più maturo le tecniche, le strategie, le accortezze da adoperare nel conflitto. Si gioca un po' sulla presunta dicotomia fascismo urbano (Cingolini)/fascismo agrario (Nicoletti). Ma, sopratutto, si gioca sull'esperienza della nuova generazione che, lontana dagli agi della città, rischia la vita in provincia e ne trae insegnamenti che ne forgeranno lo spirito guerriero.

> Sì, lui era E. N., lui era il corrispondente segreto del giornale, ricercato dai rossi di tutta la provincia. A questo punto l'umore di Cingolini cambiò di nuovo e altrettanto improvvisamente.
>
> – Ah! Ah! – rideva nervosamente, sforzandosi a una ilarità sgangherata – Ah! Ah! Questa sì che è bella, questa sì che è buona. La migliore beffa che un fascista abbia mai fatto ai pussisti. Voglio raccontarla a tutta Milano! Tutti devono sapere! Qua la mano!
>
> – Mi divertirò specialmente io, quando si verrà a sapere anche qui – lo interruppe freddamente Nicoletti – Se vuoi che mi facciano la pelle non hai che da raccontarla….

Anche in questo caso, il racconto è pieno di riferimenti alle armi fasciste. E anche in questo caso Cingolini, che portava una rivoltella, viene surclassato da Nicoletti, il quale gli consegna cinquantadue bombe Sipe per il comitato, dopo avere evitato i rischi causati dalla scarsa dimestichezza di Cingolini a muoversi nelle zone calde dello scontro. Da notare che il racconto non cita alcuna violenza rossa. Lo squadrismo non è insomma presentato come legittima reazione, ma come motore identitario per una «città di gente che vuol vivere tranquilla», dove l'arresto di Bellezza aveva scoraggiato i componenti di un nascituro fascio.

> Sai che ti dico, camerata Cingolini? Basterebbe un camion di fascisti che arrivasse qui una bella mattina, andasse in municipio, bruciasse quattro bandiere, due ritratti di Marx e di Lenin, si facesse consegnare le chiavi dal sindaco e buona notte. Un camion di fascisti. Lo sogno notte e giorno un camion di fascisti, coi fez, la camicia nera, le teste di morto sui gagliardetti. Perché non vieni tu, con un camion di fascisti?

Il racconto si concludeva con un giovane Nicoletti che sognava a occhi aperti: «le spedizioni punitive! E gli assalti! E le lotte! Come mi piacerebbe essere con voi» (Napolitano, G.G. «Il camerata», *L/F*, 6, III, 1943, 17–20). Le foto di contorno al testo riguardavano ovviamente la seconda guerra mondiale, quasi a indicare un passaggio simbolico: come lo squadrismo aveva garantito la possibilità di combattere ai giovani che non erano andati al fronte nel 1915–18, la politica estera fascista stava ora garantendo il battesimo del fuoco ai vari Nicoletti delle generazioni successive.

La rivista concesse molto spazio a questo ideale passaggio di testimone. Basti pensare che il primo numero, quello del 28 ottobre 1940, riportava, accanto all'enorme foto della marcia che campeggiava in prima pagina, la piccola immagine di una «marcia della giovinezza» dove avevano sfilato i battaglioni della Gioventù italiana del littorio (Gil). Il particolare della foto, diceva la didascalia, mostrava le organizzazioni giovanili della Falange che, accanto ai loro omologhi italiani, cantavano gli «inni della rivoluzione» (Cfr. *L/F*, 1, I, 1940, 1). Il passaggio tra le generazioni fasciste fu più volte ripreso: «un giovane che si avvii verso la vita uscendo da uno dei tanti collegi della Gil – argomentava nel gennaio del '41 Giovanni Calendoli – rappresenta il risultato di un'opera lenta e minuziosa che abbraccia un ciclo completo di almeno tre generazioni: egli ha avuto maestri che a loro volta hanno avuto maestri i quali hanno fondato, edificato e perfezionato queste scuole in uno sforzo che dura da vent'anni con la stessa tensione» (Calendoli, G. «Collegi della Gil», *L/F*, 3, I, 1941, 15–17). La fusione ideale con la guerra civile spagnola era allora funzionale a un rilancio di questo continuo progredire generazionale. Segnalo, però, che l'espressione «guerra civile» non era particolarmente usata dalla rivista, che la adoperò poco, e tra mille arzigogolii retorici, per parlare della Spagna[1] ma non la adoperò per l'Italia del 1919–22 né per definire il percorso comune tra i due paesi. Si insistette invece sul termine «rivoluzione».

Si tratta di un nodo importante. La possibilità di classificare come «guerra civile» gli anni dello squadrismo è ancora oggetto di discussione tra gli storici (Crainz, 2007: 170, 188; Fabbri, 2009: *passim*; Gentile, 1989: *passim*; Legnani, 1990: 45 e sgg.; Ranzato, 1994: XXXVII e *passim*; Salvemini, 1975: 310). Già i fascisti, specie dopo la marcia, avevano affrontato l'argomento, rifiutando questa categoria o imputando lo scoppio della guerra civile ai loro avversari e scrivendo, dunque, che gli squadristi erano intervenuti per fare cessare una guerra civile provocata da altri (Chiurco, 1929, vol. I: 4 e *passim*). In questa sede a noi interessa che negli anni in cui *Legioni e Falangi* veniva pensata e pubblicata l'espressione veniva ripresa da parte di alcuni fascisti intransigenti che avevano vissuto anche la guerra di Spagna. Tra questi, ritroviamo il *ras* cremonese Roberto Farinacci che nel 1937 usò più volte l'espressione «guerra civile» per descrivere lo stato di disordine cui aveva posto fine la «rivoluzione fascista» (Farinacci, 1937, vol. II: 119). L'uso del termine «rivoluzione» da parte di *Legioni e Falangi* è dunque significativo perché risentiva di un cortocircuito ideologico: come potevano i fascisti, specie intransigenti, pretendere disciplina dall'alto di gerarchie che erano state

1 L'unico riferimento nel primo numero, ad esempio, è in «"Amore" inglese per la Spagna», 43; e Ansaldo G., «Perché stiamo insieme», 12–14; sull'accostamento guerra civile/guerra di religione cfr. Guerri C., «Guerra di Spagna e guerra di religione», L/F, 8, I, 1.6.1941, 6–7.

definite in quella che veniva orgogliosamente descritta come una rivoluzione? (Wanrooij, 1987: 407–408) Se i primi fascisti avevano compiuto una rivoluzione abbattendo l'ordine costituito, veniva suggerito, le nuove generazioni avrebbero fatto altrettanto rispettando l'ordine fascista e combattendo la guerra in corso, in modo da far fare alla rivoluzione iniziata nel 1922 un salto di qualità. Lo spiegò nel primo numero l'ancora per poco segretario del Partito nazionale fascista (Pnf) Ettore Muti, che in Spagna aveva combattuto, e che volle fare un accostamento tra la «rivoluzione spagnola» e «le idee motrici della rivoluzione fascista». Nel suo articolo non fu mai utilizzata l'espressione «guerra civile». Egli auspicava, invece, che le tre "rivoluzioni" (fascista, nazista e franchista) avessero una proiezione futura comune: «esse si realizzano in un perenne attivismo, per il migliore divenire, sulla via del benessere e della potenza» («Fascismo e falangismo», *L/F*, 1, I, 28.10.1940, 4). Su questa stessa piattaforma si articolarono molti interventi dei mesi successivi. Il cronista di guerra Mario Appelius asseriva ad esempio che il disordine italiano del 1919–20 era stato provocato dalla Gran Bretagna, come lo era stato quello spagnolo del periodo precedente il *pronunciamento*. Mussolini aveva dunque il merito di aver dettato i ritmi della «rivolta mondiale contro l'egemonia plutocratica»:

> Figlie spirituali del pensiero mussoliniano sono scaturite in seguito la grande Rivoluzione Nazista imperniata sulla formidabile personalità di Adolfo Hitler, la grande Rivoluzione Falangista, imperniata sulla gagliarda figura ispanica di Franco e, ultima in ordine di tempo, la Rivoluzione Legionaria romena. [...] il pensiero mussoliniano è penetrato però in molte altre nazioni e dovunque vi determina il medesimo processo rivoluzionario nazional-socialista, imperniato sulla gioventù, sulla autorità dello Stato, sull'organizzazione gerarchica della nazione e sull'avvento del popolo al potere insieme alle altre classi sociali.

L'insistenza sul termine lasciava ovviamente aperto il problema della competizione con l'Unione sovietica, che pure da una rivoluzione era nata, e che in quei mesi era oggetto di una campagan di demonizzazione da parte della stampa fascista (Stone, 2008). Interveniva a fugare ogni dubbio la penna di Giovanni Ansaldo che in un editoriale del novembre 1941 comparava le biografie di tre generali dell'armata rossa e di tre omologhi tedeschi. La «rivoluzione nazionalsocialista», argomentava, era riuscita a portare ad alti ruoli interi gruppi militari che si erano formati negli anni e nei decenni precedenti. Il suo tratto rivoluzionario stava dunque nell'aver esaltato una plurisecolare tradizione militare. In Russia, invece, si era verificata una cesura netta, che aveva comportato una irrimediabile improvvisazione. Qual era stato il rapporto dei generali sovietici con la loro rivoluzione? Uno dei tre, sosteneva Ansaldo era rimasto lontano dalla «rivoluzione» fino a quando aveva affrontato il caos mettendosi alla testa di uomini risoluti che erano diventati, «nella grande crisi della Russia, piuttosto saccheggiatori che saccheggiati, piuttosto boia che vittime». In poche parole, «la rivoluzione che non lo aveva attratto a sè con i miraggi dei programmi di redenzione sociale, lo attirò a sè con un'altra attrattiva, più diretta e più forte: quella della guerra civile» (Ansaldo, G., «Generali bolscevichi e generali tedeschi», *L/F*, 1, II, 1941, 2–4). Nel discrimine rivoluzione/guerra civile stava dunque il vero scarto tra i due modelli, il solco da seguire per convogliare le giovani generazioni nel nuovo ordine.

4. Martirio in mostra

Lo squadrismo rappresenta a mio modo di vedere un'ombra costante nei contenuti della rivista. Soprattutto, in molti articoli troviamo riproposti alcuni dei moduli narrativi con cui il 1919–1921 era stato rielaborato nel corso del ventennio. È molto diffusa, ad esempio, la narrazione della violenza subìta. Guardiamo il racconto autobiografico *Giornate di Barcellona*, scritto da Orio Vergani, futura firma di punta del giornalismo italiano, che pubblicò sulla rivista diversi racconti brevi.[2] Nelle ultime puntate – il racconto venne suddiviso in diversi numeri –, Vergani descrisse le ore trascorse in mano ai mili-

2 Si vedano, solo per esempio, di Vergani, «Natale Andaluso», *L/F*, 3, II, 1942, 16–18; «Ricordo di Andorra», *L/F*, 5, II, 1942, 16–18; «Dafne», *L/F*, 9, II, 1942, 17–19; «Susanna», *L/F*, 1, III, 1942, 15–17.

ziani che avevano catturato tutti gli ospiti (stranieri) di un albergo da cui erano partiti i colpi che avevano ucciso due di loro. Il racconto si articola come un vero e proprio processo subìto da Vergani e dagli altri prigionieri, e rimanda dunque a stilemi già usati in ambito fascista per descrivere la violenza. Il processo, in realtà, era stato usato come argomento narrativo nelle ricostruzioni dello squadrismo fatte nella seconda metà degli anni venti per addolcire la violenza omicida che aveva visto i fascisti come protagonisti (Chiurco, 1929, vol. III: 197). In questo caso, invece, nel processo sommario emergono gli aspetti peggiori dei carcerieri, a evidenziare uno iato antropologico, umano, quasi genetico che li allontanava da Vergani. Secondo una pratica argomentativa di disumanizzazione del nemico già diffusa durante la Grande guerra e poi ripresa dallo squadrismo (Audoin-Rouzeau/Becker, 2002: 42–43; Gentile, 1989: 501), ad esempio, le donne venivano presentate come prive di lati compassionevoli e anzi più feroci dei loro uomini. «Metteteli contro le finestre», aveva gridato una di loro mentre l'albergo era sotto attacco; «metteteli contro le finestre» continuava a gridare la miliziana, «devono morire prima di noi» (Vergani O., «Giornate di Barcellona», IV, *L/F*, 11, I, 1.9.1940, 16–22). Questa ferocia segnava la differenza razziale:

> quando dico che alle macchine da scrivere c'erano delle donne, questo non deve far pensare a dei tipi di comuni dattilografe o di piccole impiegate. Erano delle volontarie, di un tipo medio fra quelle della studentessa russa e quello della suffragetta. Erano trascurate nel vestire, erano venute a «far la rivoluzione» senza badar troppo a pettinarsi, e questa trascuranza sembrava una specie di civetteria. Nei loro sguardi c'era molto distacco, come se noi fossimo stati d'un'altra razza, indegna d'essere guardata, e della quale esse pensavano che il meglio da fare era liquidarla con giustizia sommaria. (Vergani O., «Giornate di Barcellona», V, *L/F*, 12, I, 1941, 23–26).

Nell'ultima puntata, la disumanizzazione dell'avversario si estendeva anche alle giovani generazioni. Uno dei carcerieri spiccava infatti per la sua giovane età. Mentre raccontava la propria vita a Vergani aveva anche mostrato un lato quasi umano, subito smarrito, però, quando si era passati a discutere del trattamento da riservare ai prigionieri: «appena ci sarà qualcuno disponibile – adesso i nostri sono tutti ai posti di combattimento e non abbiamo tempo di occuparci anche di queste cose – vi fucileranno. [...] Sarebbe stato più semplice dar fuoco all'albergo – e farvi bruciare tutti là dentro. Abbiamo più benzina che proiettili. Io lo avevo detto. Non hanno voluto darmi retta. Sono le debolezze. Gli errori iniziali di tutte le rivoluzioni» (Vergani O., «Giornate di Barcellona», VI, *L/F*, 1, II, 1941, 26–32). A questa ferocia si contrapponeva l'umanità del protagonista. Leggiamo nel racconto che Vergani avrebbe forse potuto scappare, ma per farlo avrebbe dovuto uccidere il suo carceriere, verso il quale lo muoveva invece una pietà paterna verso un giovane «quasi certamente incolpevole», «rovinato dalle cattive compagnie e dalle cattive letture», «un tipo di scolaro discolo, da mettere a posto, in altre circostanze, con quattro paterni scapaccioni» (*Ibidem*).

Se Vergani aveva rischiato il «martirio», altri lo avevano subìto realmente e proprio su questo punto la rivista insistette moltissimo. Così, già nel primo numero, per spiegare quale fosse il legame tra una belligerante Italia e una Spagna rimasta fuori dal conflitto, Ansaldo chiarì che «la risposta è nei cento cimiteri sparsi per la Spagna, dalle "sierre" sopra Malaga alla campagna catalana, e in cui i morti italiani e i morti spagnoli dormono il sonno eterno, coperti dalla stessa erba, onorati dalle stesse preghiere» (Ansaldo G., «Perché siamo insieme», *L/F*, 1, I, 1940, 12–14). Giménez Caballero in persona faceva il controcanto ad Ansaldo e, sempre nel primo numero, dava conto del numero delle vittime straniere e della dislocazione dei cimiteri, concludendo che «in essi i morti italiani stanno uniti ai morti spagnoli in eterna fraternità» (Giménez Caballero G., «C.T.V.», *L/F*, 1, I, 1940, 18–20).

La storiografia ha offerto importanti contributi per la definizione del martirologio fascista (Gentile, 1993: 47 e *passim* Suzzi Valli, 2012), per quanto vada notato che proprio il lutto pubblico sviluppato intorno ai caduti in Spagna sembra abbia attratto meno gli studi più recenti sul tema (Janz/Klinkhammer, 2012). Noi notiamo che la rivista fece ricorso a importanti pezzi di questa simbologia, quali le tombe, i cimiteri, la sovrapposizione delle comunità (commilitoni, famiglie, partito) unite nel lutto. In un articolo del febbraio 1943, Luis González Alonso partiva dalla descrizione della tomba «del primo legionario italiano ufficialmente registrato come caduto in Spagna: Piero Barresi, del I Corpo di Carri d'Assalto gloriosamente immolatosi sul fronte di Toledo il 19 ottobre 1936, ed oggi sepolto nella tomba numero 70 del mausoleo monumentale di Saragozza». Il riferimento alla rintracciabilità dei resti, tema divenuto caldo nel dibattito europeo con la Grande guerra (Mosse, 1998: 90–91 e *passim*), rinviava chiaramente all'universo dei legami più intimi (Janz, 2012). Così, l'articolo continuava asserendo che in molti, tra i familiari di quei caduti («di quegli eroi»), avevano chiesto di essere iscritti nei ranghi della Falange al posto degli scomparsi. Stessa cosa, pare, chiedevano i legionari tornati in Italia. Ovviamente, non so se le notizie riportate dall'articolo fossero vere, ma esse sono importanti proprio perché riconducevano a quella sovrapposizione di comunità cui ho poc'anzi accennato. Si univa alla famiglia e ai commilitoni anche la comunità politica. Il «Partito falangista», continuava l'articolo, aveva infatti deciso di creare una sezione apposita per i simpatizzanti stranieri, suscitando il plauso del Pnf. In questo modo si sarebbe rinvigorita l'alleanza tra i due paesi, già «sigillata col sangue dei migliori», che era tra «le finalità per le quali vive e lotta questa rivista *Legioni e Falangi*» (González Alonso L., «Falangisti in Italia», *L/F*, 4, III, 1943, 6–7).

Nei martirologi sviluppati dalla rivista osserviamo una sovrapposizione di elementi pienamente novecenteschi e di tratti che riconducono al linguaggio del lutto pubblico già elaborato nel secolo precedente. Lo notiamo ad esempio nella cronaca della cerimonia svoltasi a Roma nel maggio del 1943, quando l'ambasciatore di Spagna aveva consegnato le insegne della *Crux Laureada* de San Fernando alla principessa Isabella Borghese, madre di Giuseppe Borghese, morto in Spagna mentre combatteva contro la repubblica («Un principe legionario», *L/F*, 8, III, 1943, 8–9). Nell'articolo, non firmato, troviamo nuovamente elementi quali l'intreccio del lutto di diverse sfere (militare, politica, famigliare), ma anche un centrale ruolo attribuito alla madre del caduto, che calamitava l'attenzione e stimolava un linguaggio che rinviava alla figura della madre/Madonna già presente nei martirologi risorgimentali (Banti, 2006). Mi pare invece pienamente novecentesco, e pienamente fascista, l'approccio utilizzato per la proposizione di una memoria contrattata, che fosse frutto della compenetrazione di più livelli. In questo, pesava moltissimo l'elaborazione proposta per la prima volta in alcune ricostruzioni degli anni dello squadrismo e poi consacrata nella Mostra della rivoluzione fascista del 1932, non di rado ricordata da *Legioni e Falangi* (Ruggeri N., «Dieci anni», *L/F*, 7, I, 1941, 15–16). Allora, il centro (specie la segreteria nazionale del Pnf) aveva stimolato le periferie, in particolare le federazioni provinciali e i singoli fasci, a produrre materiale che potesse servire a descrivere le circostanze in cui erano caduti i «martiri» fascisti del 1919–1921 (Alfieri/Freddi, 1933). Ne era emersa una memoria contrattata tra più soggetti quali gli autori dei libri o gli organizzatori della mostra, le famiglie, che su richiesta produssero foto, diari, lettere che avessero una fruibilità pubblica, le autorità politiche che poi filtrarono questo materiale (Fogu, 2003: 132–164; Schnapp, 2003: 99–101 e *passim* Stone, 1993: 216 e segg). Allo stesso modo, nella rivista troviamo articoli che raccontavano i sacrifici degli italiani che avevano combattuto in Spagna attraverso una collezione di brani di lettere raccolti e selezionati in modo da produrre una simile memoria. Ritroviamo in quei brani storie di soldati che avevano insistito per andare al fronte anche se feriti, che narravano l'esperienza spagnola come una continuazione di quella già vissuta sul Piave nel 1915–18, o in Africa nel 1935–36, che dopo essere miracolosamente sopravvissuti a ferite terribili erano tornati a casa e avevano spinto i propri figli a fare scelte simili («Voci di legionari feriti», *L/F*, 6, I, 1941, 50–52). I linguaggi erano insomma già stati elaborati in epoche precedenti al fascismo, ma venivano ora reinterpretati attraverso continui *input* che spingevano le varie comunità a produrre materiale attraverso cui il martirio potesse essere rielaborato, continuamente rievocato, messo in mostra. Il legame con la Spagna franchista, nonostante la conclusione della guerra civile, era allora ripensato come attuale perché visto come l'anello di una lunga catena, teoricamente inesauribile. Le sofferenze della prima guerra mondiale erano state rievocate dagli squadristi, quelle del 1919–22 lo sarebbero state in seguito dai fascisti; quel clima venne ripreso nel 1935–36 per consolidare il consenso attorno alla guerra d'Etiopia che poi diveniva parte del mito per i combattenti di Spagna. Costoro, come abbiamo visto, riprendevano per quanto possibile tutte quelle esperienze, e a loro volta proponevano la "loro" guerra come sfondo per il secondo conflitto mondiale. La guerra di Spagna era la porta d'accesso all'intera mitologia bellicista del fascismo, utile per tenere alta la vocazione bellica nell'Italia dell'Asse. Lo spiegava chiaramente Orio Vergani, che concludeva il suo racconto sulle infauste giornate di Barcellona narrando di come lo avesse allora salvato un ufficiale della marina militare italiana, ancora impegnato nello "stesso" conflitto: «la fraternità di due rivoluzioni – scriveva nel 1941! – stringeva il suo primo patto di battaglia e di gloria. L'ufficiale della nave da guerra italiana che venne a cercarmi è oggi a combattere in sottomarino. [...] E dopo tanti anni, ci siamo ritrovati a parlare assieme di questa avventura sulle rive dell'atlantico, in sommergibile, là dove si combatte ancora contro lo stesso nemico» (Vergani O., «Giornate di Barcellona», VI, *L/F*, 1, II, 1940, 26–32). Chiarì ancora meglio il concetto Nino Ruggeri. Il ventennale della marcia su Roma non mancò infatti di essere celebrato (Suzzi Valli, 1993), e tra le diverse iniziative si registrò la terza edizione della Mostra della rivoluzione fascista, che pure tanto spazio dedicava ai «martiri» fascisti della seconda guerra mondiale, inglobando a volte in questi elenchi anche i caduti della guerra di Spagna (Berezin, 1997: 196 e segg). Deciso a spiegare per quale motivo quell'edizione non si fosse aperta con il clamore che aveva accompagnato la prima, Ruggeri ipotizzò con fare retorico che secondo qualcuno l'inaugurazione della mostra avrebbe avuto ben altro clamore se l'Italia non fosse stata impegnata nella guerra. Si trattava, però, di un «concetto celebrativo superato», poiché «la vera Mostra del ventennale è questa guerra che si combatte, una Mostra nobile, di cui nessuno può negare la grandiosità e che si sposta dalle terre agli oceani» (Ruggeri N., «Vent'anni dalla marcia», *L/F*, 1, III, 1942, 3–4).

5. Guerra sullo schermo

Nel primo numero della rivista, Orio Vergani firmò una lunga recensione de *L'assedio dell'Alcazar* (1940), il film di Augusto Genina frutto di una co-produzione italo-spagnola e dunque presentato quasi come la versione cinematografica di *Legioni e Falangi*. Il film, appena uscito, ebbe molto successo (Argentieri, 1998: 55–58; Stone 2008) e ovviamente non intendo entrare nel merito del suo significato. Mi pare interessante, però notare su quali aspetti si sia concentrato Vergani per presentarlo ai lettori. Spicca in particolare il nesso tra la tradizione del martirio politico e la modernità con cui il fascismo si appropriava di essa. Gli uomini e le donne dell'Alcazar vengono definiti eroi per la loro vocazione al martirio ed esplicitamente paragonati ai primi martiri cristiani, come fatto per gli squadristi in alcune autorappresentazioni ufficiali del fascismo (Belvederi/Marpicati, 1934). Ma la cinematografia era l'arma di trasposizione di questa tradizione nella modernità. Come aveva retto, si domandava Vergani, questa ricostruzione alla scarsa distanza di tempo dai fatti? Il merito stava nella «castità e nella discrezione con cui ci si è accostati alla verginità del vero». Espressioni che richiamavano esplicitamente all'innovazione tecnica quali «duemila metri di immagini in movimento», o «duemila metri di film spagnolo», erano funzionali alla presentazione di un film «antiretorico, antiborghese, antitradizionale»:

> Chiusi per due ore al buio della sala di proiezione, abbiamo aspettato con ansia, come una pugnalata nella schiena, la macchia di "color spagnolo". Niente arance e gelsomini, sia ringraziato Genina. E ci ha fatto piacere di vedere molti degli eroi dell'Alcazar con grossi occhiali cerchiati di tartaruga: perché per essere eroi non è affatto vero che occorra avere occhi d'aquila. (Vergani O., «L'assedio dell'Alcazar. Film di un popolo», *L/F*, 1, I, 1940, 44–47)

Non so se fosse una parte del progetto editoriale già presente al momento del lancio, o se debba considerarsi una testimonianza del successo dell'articolo di Vergani, fatto sta, però, che dal secondo numero *Legioni e Falangi* avviò la rubrica «Voci dello schermo», destinata ad essere pubblicata su quasi tutte le edizioni (ne saltò solo un paio). Fino al quinto numero della seconda annata la rubrica veniva edita con la firma di Rolandino, verosimilmente uno pseudonimo che non riesco ad attribuire ad alcun critico a me noto. In seguito, invece, fu affidata alla penna di Sandro De Feo, sceneggiatore e giornalista già conosciuto e destinato, come Vergani, a una importante carriera in età repubblicana.

La sua biografia ci permette così di lambire un punto rilevante della storia del gruppo di autori che collaborarono a *Legioni e Falangi*. In non pochi casi, intorno alla produzione o alla critica cinematografica di età tardo fascista si riunirono intellettuali che avrebbero maturato anche un distacco dal fascismo o che comunque, dopo il 1945, sarebbero confluiti in ambienti culturali di ispirazione antifascista. Per quanto nei suoi articoli editi su *Legioni e Falangi* De Feo mostrasse una profonda adesione ad alcune retoriche del regime, egli apparteneva a un ambiente in cui era difficile distinguere la specifica cultura fascista da quella più generalmente italiana o, in alcuni casi da quella che tradiva tracce evidenti di antifascismo (Ben Ghiat, 2001; Brunetta, 1993: 76–77). Va dunque segnalato che in età repubblicana De Feo si sarebbe ritrovato in circuiti laici quali, ad esempio, quello che sarebbe confluito ne *L'Europeo* e poi ne *L'Espresso* (Mondello, 1987), e non è forse secondario che lo stesso Arrigo Benedetti, che di quel gruppo sarebbe stato tra i principali animatori, nel 1940–43 pubblicò alcuni racconti su *Legioni e Falangi*.[3]

Torniamo dunque a quegli anni. La rubrica «Voci dello schermo» offrì uno spaccato del modo in cui le tematiche di cui abbiamo sin qui parlato poterono essere rielaborate anche attraverso una riflessione su un mezzo di comunicazione di massa così importante per la cultura fascista quale il cinema. Affrontava vari aspetti, fornendo dati sulla produzione, sui legami coi set americani, sui tentativi di collaborazione con la cinematografia spagnola. (De Feo S., «Voci dello schermo», *L/F*, 9, II, 1942, 26–28; «Voci dello schermo», *L/F*, 1, III, 1942, 26–28; S. De Feo, «Voci dello Schermo», *L/F*, 6, III, 1942, 26–28). In non pochi articoli, però, De Feo si concentrava sui film di guerra. Anche in questo caso, non è tanto il lato tecnico delle sue recensioni che ci interessa, quanto la trasposizione nel discorso sul cinema di molti dei lemmi che abbiamo pur rapidamente scorso in questo saggio.

3 Si veda, ad esempio, Benedetti A., «Una sera d'autunno», *L/F*, 3, III, 1943, 22–23.

Il suo ragionamento riguardava spesso film che narravano le gesta degli aviatori, protagonisti della mitologia guerriera, e antropologica, proposta dal fascismo (Isnenghi, 1996). Cinema e aviazione, argomentava con evidente giovanilismo, «non sono più tanto giovani: quasi mezzo secolo». Erano però da considerarsi ponti verso il futuro a causa dei legami reciproci che li proiettavano sul vero banco di prova della modernità, cioè la guerra in corso:

> lo abbiamo già rilevato in questa rubrica: cinema e aviazione sono due vecchi amici. I loro rapporti, oltre che essere assai cordiali, sono anche di lunga durata. Non c'è da meravigliarsene: cinema e aviazione sono tra i prodotti più tipici del nostro tempo, figli prediletti e privilegiati del secolo, anche se l'anno di nascita del cinema reca la data 1896. [...] Con la guerra i vincoli si sono fatti ancora più stretti. La propaganda ci si è messa di mezzo e così due armi potenti, in mano di chi sa usarle, cinema e aviazione sono ormai da annoverarsi tra gli strumenti più validi e micidiali del presente conflitto. (De Feo S., «Voci dello schermo», *L/F*, 8, II, 1942, 26–29)

Uno dei riferimenti essenziali di De Feo diveniva così *Un pilota ritorna* (1941) di Roberto Rossellini: «un film pieno della bravura delle nostre magnifiche macchine aeree e degli uomini che le guidano ma indirettamente pieno della bravura delle nostre macchine cinematografiche e degli uomini che le manovrano [...]. Solo una così meticolosa e concomitante armonia tra la stupenda manovra della nave e la manovra della macchina da presa poteva fruttare il miracolo di verità, di rigore, di emozione della battaglia navale che era il pezzo forte di quel film» (*Ibidem*). Anche *Gente dell'aria* (1943), di Esodo Pratelli, faceva da sfondo a una rilettura modernizzatrice di vecchi lemmi politici. Lo stesso De Feo segnalava come il ricordo della ragazza per cui i due fratellastri protagonisti avevano litigato trasmutasse, nell'agonia dei piloti che vanno a alla deriva dopo un ammaraggio, la nostalgia per la patria tutta (De Feo S., «Voci dello schermo», L/F, 7, III, 1942, 26–27). Come per *Un pilota ritorna*, che aveva avuto tra i produttori l'attivissimo cineasta e critico Vittorio Mussolini (Brunetta, 1993: 221–223 e *passim*), De Feo poteva ora alludere al ruolo svolto tra gli sceneggiatori di *Gente dell'aria* da un figlio del duce (De Feo S., «Voci dello schermo», L/F, 8, II, 1942, 26–29). Stavolta si trattava di Bruno, che, dopo eclatanti imprese aviatorie militari compiute già a partire dalla guerra di Spagna, era morto in uno schianto aereo poco prima. De Feo credo alludesse a un intreccio simbolico di primo piano. Si riferiva infatti alle nuove generazioni nel loro nesso col cinema (Ben Ghiat, 2001: 92) e in quello con l'aviazione (Gibelli, 2005: 306 e segg.), strumento della modernità attraverso cui rilanciavano l'agonismo guerriero dei padri anche scagliando verso il futuro simboli politici pre-esistenti. I figli del duce erano la testimonianza diretta di questo passaggio. Lo erano almeno da quando, nel 1934, il regime aveva fatto coincidere le celebrazioni dell'anniversario dell'ingresso dell'Italia nella Grande guerra con il rito della leva fascista. Nelle cronache della commemorazione del 24 maggio 1934, Vittorio Mussolini era stato descritto mentre sfilava sotto gli occhi del padre alla testa del «forte gruppo di giovani fascisti preaviatori e degli allievi piloti» («Simbolico rito in via dell'Impero», *Il Popolo d'Italia*, 25.5.1934, 1). La vocazione al volo fondeva insomma il tema della modernità a quello del passaggio generazionale (e nel caso di Bruno anche a quello del martirio dei figli), in un clima in cui i legami di sangue tra Mussolini e suoi figli rimandava metaforicamente al più ampio legame tra il duce e tutti i giovani e giovanissimi fascisti (Gibelli, 2005: 287).

La compenetrazione tra virtuosismo cinematografico e militare si estendeva dall'aeronautica ad altre armi. Il pur mal recensito (Argentieri, 1998: 65–73) *Girabub* (1942), di Goffredo Alessandrini, veniva esaltato da De Feo per le scene girate in Africa grazie all'ausilio dell'esercito (De Feo S., «Voci dello schermo», *L/F*, 8, II, 1942, 26–29). De Feo si diceva anche entusiasta di *Alfa Tau* (1942), il film di Francesco De Robertis prodotto dal Centro cinematografico della marina (di cui De Robertis, ufficiale, era a capo) già da un po' impegnato in film di fiction (Argentieri, 1998: 13). Ancora una volta, era la fusione tra l'ambito della guerra combattuta e quello della guerra girata ad essere rappresentato come fiore all'occhiello del film:

> anche *Alfa Tau*, che descrive la missione di guerra di una nostra unità sottomarina, si è meritato applausi quasi incondizionati, perché i suoi due mestieri di uomo di mare e di regista di mare, se così si può dire, il comandante De Robertis li conosce a fondo [...] Film genuino nel senso più ampio della parola: gli attori hanno lavorato tutti più o meno in stato di grazia autobiografica: voglio dire che nessuno

> di essi fa parte dell'Olimpo professionale. Ufficiali veri [...] sottufficiali, graduati e marinai veri. (De Feo S., «Voci dello schermo», *L/F*, 12, II, 1942, 26–28)

Ruggeri suggeriva che nessuna mostra avrebbe potuto celebrare il ventennale della marcia meglio della guerra in atto. De Feo descriveva i film di guerra come anticipatori di una rivoluzione tecnologica ma, soprattutto umana, che si sarebbe realizzata in un futuro incombente qui messo in mostra grazie alla compenetrazione tra i combattimenti reali e le loro rappresentazioni su pellicola. Da questo punto di vista, i suoi articoli mi sembrano aprire un interessante squarcio anche sul fallimento allora imminente. *Legioni e Falangi* chiuse i battenti nel luglio del 1943, molto verosimilmente spazzata via dall'arrivo degli Alleati in Italia e dal collasso che ne era seguito. La sua parabola assurge però anche a metafora dello scollamento tra le roboanti visioni futuribili del regime e il tragico andamento nel conflitto. Nel cinema narrato da De Feo, la promessa di modernizzazione del fascismo veniva presentata al pubblico attraverso la lente di una prodigiosa macchina da guerra la cui rinnovata funzionalità avrebbe fatto da specchio dell'intera trasformazione del paese (Ben Ghiat, 2001: 182). Lo stridore con il disastro in corso aveva allora un effetto proporzionale alla dirompente capacità comunicativa attribuita al grande schermo.

Riferimenti Bibliografici

ALFIERI D./FREDDI, L. (a cura di) (1933) *Mostra della rivoluzione fascista*, Roma, Partito Nazionale Fascista.

ARGENTIERI, M. (1998) *Il cinema in guerra. Arte, comunicazione e propaganda in Italia. 1940–1944*, Roma, Editori Riuniti.

AUDOIN-ROUZEAU, S./BECKER, A. (2002 trad. it.) *La violenza, la crociata, il lutto. La Grande Guerra e la storia del Novecento*, Torino, Einaudi.

BALDASSINI, C. (2002) «Facismo e memoria. L'autorappresentazione dello squadrismo», *Contemporanea*, V., 3, 475–505.

BANTI, A. M. (2006) *La nazione del risorgimento. Parentela, santità e onore alle origini dell'Italia unita*, Torino, Einaudi.

BELVEDERI G./MARPICATI, A. (1934) «Martire», *Enciclopedia italiana*, XXII, Roma *ad vocem*.

BEN GHIAT, R. (2001) *Facsist modernity. Italy, 1922–1945*, Berkeley and Los Angeles, University of California Press.

BEREZIN, M. (1997) *Making the Fascist Self. The political Culture of Interwar Italy*, Ithaca and London, Cornell University Press.

BEREZIN, M. (2003) «Commemorazioni», in DE GRAZIA, V./ LUZZATTO, S.) (a cura di) *Dizionario del fascismo*, Torino, Einaudi *ad vocem*.

BOTTAI, G. (1977) *Vent'anni e un giorno. 24 luglio 1943*, Milano, Garzanti.

BRUNETTA, G. P. (1993 [1979]) *Storia del cinema italiano. Il cinema del regime. 1929–1945*, Roma, Editori Riuniti.

CRAINZ, G. (2007 [1994]) *Padania. Il mondo dei braccianti dall'Ottocento alla fuga dalle campagne*, Roma, Donzelli.

CHIURCO, G. A. (1929) *Storia della rivoluzione fascista*, Firenze, Vallecchi.

FABBRI, F. (2009) *Le origini della guerra civile. L'Italia dalla grande guerra al fascismo. 1918–1921*, Torino, Utet.

FARINACCI, R. (1933) *Squadrismo. Dal mio diario della vigilia*, Roma, Edizioni Ardita.

FARINACCI, R. (1937) *Storia della rivoluzione fascista*, Cremona, Cremona Nuova.

FOGU, C. (2003) *The Historic Imaginary. Politics of History in Fascist Italy*, Toronto – Buffalo – London, University of Toronto Press.

GENTILE, E. (1989) *Storia del partito fascista. 1919–1922. Movimento e milizia*, Roma-Bari, Laterza.

GENTILE, E. (1993) *Il culto del littorio*, Roma-Bari, Laterza.

ISNENGHI, M. (1996) «L'ala fascista», *L'Italia del fascio*, Firenze, Giunti, 233–251.

JANZ, O./ KLINKHAMMER, L. (a cura di) (2012) *La morte per la patria. La celebrazione dei caduti dal Risorgimento alla Repubblica*, Roma, Donzelli.

JANZ, O. (2012) «Lutto, famiglia e nazione nel culto dei caduti della prima guerra mondiale in Italia» in JANZ, O./KLINKHAMMER, L. (a cura di) *La morte per la patria. La celebrazione dei caduti dal Risorgimento alla Repubblica*, Roma, Donzelli, 63–79.

LABANCA, N. «Morire per l'Impero. Su cifre e parole per i caduti italiani di una guerra coloniale fascista», in JANZ, O./KLINKHAMMER, L. (a cura di) *La morte per la patria. La celebrazione dei caduti dal Risorgimento alla Repubblica*, Roma, Donzelli, 120–156.

LEGNANI, M. (1990) «Due guerre, due dopoguerra», in LEGNANI, M./VENDRAMINI, F. (a cura di) *Guerra, guerra di Liberazione, guerra civile*, Milano, Franco Angeli, 37–57.

LUPO, S. (2000) *Il fascismo. La politica in un regime totalitario*, Roma, Donzelli.

MONDELLO, E. (1987) «De Feo, Alessandro», *Dizionario biografico degli italiani*, Roma, Istituto dell'Enciclopedia Treccani, 33, *ad vocem*.

MOSSE, G. L. (1998 [1990]) *Le guerre mondiali. Dalla tragedia al mito de caduti*, Roma-Bari, Laterza.

RANZATO, G. (1994) «Un evento antico e un nuovo oggetto di riflessione», in RANZATO, G. (a cura di) *Guerre fratricide. Le guerre civili in età contemporanea*, Torino, Bollati Boringhieri, 1994, IX-LVI.

SALVEMINI, G. (1975 [1966]) *Le origini del fascismo in Italia. Lezioni di Harvard*, Milano, Feltrinelli.

SCHNAPP, J. T. (2003) *Anno X. La mostra della Rivoluzione fascista del 1932*, Pisa-Roma, Istituti editoriali e poligrafici internazionali.

STONE, M. (1993) «Staging Fascism: The Exhibition of the Fascist Revolution», *Journal of Contemporary History*, 28, 2, 215–243.

STONE, M. (2008) «The Changing Face of Enemy in Fascist Italy», *Constellations*, XV, 3, 332–350.

SUZZI VALLI, R. (1993) «Riti del ventennale», *Storia contemporanea*, 6, 1019–55.

SUZZI VALLI, R. (2000) «The Myth of Squadrismo in the Fascist Regime», *Journal of Contemporary History*, 35, 2, 131–150.

SUZZI VALLI, R. (2012) «Il culto dei martiri fascisti», in JANZ, O./ KLINKHAMMER, L. (a cura di) *La morte per la patria. La celebrazione dei caduti dal Risorgimento alla Repubblica*, Roma, Donzelli, 101–117.

WANROOIJ, B. (1987) «The Rise and Fall of Italian Fascism as a Generational Revolt», *Journal of Contemporary History*, 22, 3, 401–418.

Eduardo Aunós, de una dictadura a otra. Autoritarismo, corporativismo y fascistización en España (1918-1945)

Josep Gelonch Solé
Universidad de Lleida

Il saggio analizza la traiettoria politica a ideologica del giurista, scrittore e politico leridano, autore di diversi contributi in Legiones y Falanges. Nonostante Aunós sia considerato il principale fautore del corporativismo sociale e politico della Spagna degli anni Venti e Trenta, la sua biografia politica ha ricevuto un'attenzione non adeguata da parte della storiografia. Ministro nelle due dittature spagnole dell'epoca, quella di Primo de Rivera e quella di Franco, la sua traiettoria politica e ideologica è molto rappresentativa dei processi di radicalizzazione antiliberale e antidemocratica e di fascistizzazione sperimentati dall'insieme della destra autoritaria spagnola nel periodo 1914-1945, parallelamente a ciò che accadeva in Europa. L'influenza dei pensatori, dei movimenti politici e degli avvenimenti europei è la chiave che permette di comprendere le diverse risposte politiche autoritarie che furono avanzate di fronte alla crisi del liberalismo parlamentare e democratico, i profondi conflitti sociali e le richieste di un forte movimento operaio.

> Al Genio romano, que adquirió primero un Imperio terreno y luego el solio espiritual sobre todos los países civilizados, debía seguir, en nuestros días, la conquista de una política creadora, que ha de dar la pauta al siglo XX […] Imperio de los Césares. Fascismo de los tiempos nuevos. La Historia no se repite. La Historia se recrea, y en ella el gran Genio romano puede elaborar la trascendente tarea que le asigna su destino.[1]

1 Eduardo Aunós (1942): «Roma y sus tres destinos de eternidad», *Legiones y Falanges*, 15, II, 14–16. Los otros dos artículos que publicó en la revista fueron: «El liberalismo, germen de la decadencia española», *Legiones y Falange*, 3, I, 4–5, y «Panorama de Buenos Aires», *Legiones y Falanges*, 27, III, 6–7.

Como Augusto en la Antigüedad y los Papas en el Renacimiento, el Duce al frente del fascismo había devuelto la ciudad de Roma al cauce de su destino universal, providencial, que no era otro que el del Imperio. Así sintetizaba Eduardo Aunós el hilo de la providencia que enlazaba las tres grandes épocas romanas, en un artículo en la revista *Legiones y Falanges*, ejemplo de la colaboración cultural fascista entre Italia y España, publicada del noviembre de 1940 hasta junio de 1943, años en que la identificación del régimen franquista con los regímenes del Eje fue más evidente y descarada. Sus palabras eran testimonio de una indisimulada admiración por la obra de Mussolini y el fascismo, que se remontaba a sus primeros pasos y que había sido común en el conjunto de la derecha reaccionaria española a lo largo de los años 20 y 30. En un contexto de profunda crisis del modelo político y económico liberal, de descrédito del parlamentarismo liberaldemocrático, la experiencia fascista había abierto un nuevo horizonte teórico y práctico para las derechas europeas. También para la española.

En este artículo queremos trazar la trayectoria del político leridano que alcanzó las cotas políticas más altas en las dos dictaduras españolas del siglo XX, la de Primo de Rivera y la de Franco. Aunós fue el principal adalid de la introducción del corporativismo en España, con una fuerte influencia del catolicismo social francés del s. XIX, a la vez que una creciente inspiración de la experiencia fascista italiana. Su evolución ideológica y política es muy representativa del proceso de radicalización antiliberal y antidemocrática, y de la fascistización que experimentó la derecha autoritaria española a lo largo de las tres décadas del crucial período 1918–1945, en sintonía con lo que sucedía en el continente europeo. De ahí que creamos que su biografía política, que ha merecido una atención menor por parte de la historiografía española, tiene un gran interés.

1. Los primeros pasos políticos de Eduardo Aunós

La entrada en política de Eduardo Aunós Pérez (Lleida, 1894 – Lausana, Suiza, 1967) se produjo en la última fase del desgastado sistema político de la Restauración, de la mano de su padre, Eduardo Aunós Cau, diputado provincial por el distrito de Sort-la Seu d'Urgell entre 1911 y 1915. El joven Eduardo Aunós colaboró en el diario *La Prensa*, propiedad de su padre y portavoz de la Juventud Conservadora maurista de Lleida, y participó en sus campañas electorales a diputados a Cortes, como la de 1914, cuando su padre ganó el acta pero fue anulada por el Tribunal Supremo debido a las coacciones practicadas.[2]

En 1913 empezó estudios de Derecho como interno en el Real Colegio de Estudios Superiores María Cristina en El Escorial. Ahí conoció a dos buenos amigos y compañeros políticos en el futuro, Rafael Sánchez Mazas y José María Yanguas Messía. En el Escorial entró en contacto con el organicismo social y el krausismo dominante entre los profesores de derecho y con la obra de pensadores del catolicismo social, como los franceses Frédéric Le Play, el conde de Mun o el marqués de La Tour du Pin y los germánicos Wilhelm von Ketteler y Karl von Vogelsang, así como los escritores Paul Bourget y Charles Péguy (Aunós, 1951: 139–142; Fernández Riquelme, 2008: 71). Algunas de estas lecturas e influencias acompañarán Aunós a lo largo de toda su vida, adaptándose a su evolución ideológica, complementándose con lecturas e influencias posteriores, pero permaneciendo como una sólida base para su pensamiento social y político. En el Ateneo de Madrid tuvo ocasión de familiarizarse con el regeneracionismo costista y con los intelectuales de la Generación de 1914.

En 1918, Eduardo Aunós empezó su carrera política al presentar-se a las elecciones a Cortes por el distrito de Sort-Viella, en representación de la Lliga Regionalista. Ganó y tomó posesión del acta en marzo de 1918, pero ésta fue anulada por el Tribunal Supremo por compra de

2 Sobre los inicios políticos de Eduardo Aunós, véase Aunós, 1951; Mir, 1985; Varela, 2010.

votos (Aunós, 1951: 240, 248; Mir, 1985; Varela, 2010). Sin embargo, Francesc Cambó, nuevo ministro de Fomento en el gobierno de concentración nacional presidido por Antonio Maura, le nombró secretario particular. Dos años antes, en marzo de 1916, Francesc Cambó y la Lliga habían acudido a las urnas españolas con el manifiesto «Por Cataluña y por una España grande», donde se presentaba el catalanismo como la fuerza moderna capaz de regenerar una España en crisis, programa del catalanismo intervencionista, de conquista moral de España (Ucelay-Da Cal, 2003). Fue una experiencia corta, puesto que en noviembre Cambó salía del gobierno, pero que al joven Aunós le sirvió para experimentar directamente la crónica crisis política del régimen liberal.

A principios de 1919, Eduardo Aunós abrió despacho de abogado en Barcelona. Fueron aquéllos, hasta 1923, años de gran conflictividad social y política en la ciudad, de violencia obrera y represión patronal, de huelgas y lockouts, también de los primeros experimentos de los comités paritarios, lo que le ofreció «un ancho y caudaloso manantial de enseñanzas y observaciones» que se revelarían de gran utilidad para el proyecto corporativo desarrollado años a venir (Aunós, 1951: 303, 324–325; Bengoechea, 1994).

En diciembre de 1920, y gracias a un pacto con los contrincantes, Eduardo Aunós obtuvo por el artículo 29 de la Ley Electoral el acta de diputado a Cortes por el distrito de Solsona. Tomó posesión del acta en febrero de 1921, pocos días antes del asesinato del jefe de gobierno Eduardo Dato, el 8 de marzo, suceso que le provocó una gran conmoción. Aunós intervino en debates sobre la organización del Ejército, la política internacional española, el problema marroquí o las deficiencias en el sistema de carreteras y transportes y de la enseñanza técnica en España. En los discursos recogidos en el libro *Problemas de España*, criticaba la excesiva burocratización del Ejército, el exceso de leyes, la apatía estatal, y aparecía una creciente preocupación por la regeneración tecnocrática y eficiente del país (Aunós, 1922).

Aunque en marzo de 1923 se separara de la Lliga Regionalista por cuestiones electoralistas y no consiguiera revalidar su escaño (otra vez anulado por compra de votos), Eduardo Aunós conservaría importantes experiencias de estos años en las Cortes: el descrédito de los partidos políticos (al que había contribuido con sus prácticas electorales) y del parlamentarismo que se convertiría en un antiliberalismo feroz, la necesidad de un gobierno autoritario o el intervencionismo estatal en la cuestión social, de donde partiría luego su proyecto corporativo.[3] La admiración por Antonio Maura (a quien había conocido ya en 1913, con su padre) se mantendría intacta a lo largo de su vida. Maura era el talento natural, el mejor dotado de los políticos, el parlamentario más completo, visionario, el conservador revolucionario ("revolución desde arriba") cuyo reformismo era incomprendido incluso por sus colegas (González Hernández, 1997; Romero Salvadó, 2010). Por su parte, Cambó era el político complementario de Maura, el gran realizador, que no tuvo el favor necesario «porque su tiempo era inferior a él, y la generación de Cataluña, con la cual le tocó convivir, no supo comprenderle», cuya tesis regionalista «no era un fin sino un medio para salvar a España de la incompetencia encarnada en una burocracia centralista de tono menor» y fue desechada por los viejos políticos conservadores. El gobierno de concentración de 1918 había sido una oportunidad perdida (la última) para enderezar el rumbo de un sistema político que estaba abocado al fracaso (Aunós, 1951: 306; Aunós, 1940: 282–284, 340–347).

---

3 Para Aunós, el liberalismo importado en España a principios de siglo XIX y su contradicción con la esencia española eran el origen de la decadencia contemporánea española. En su obra *Itinerario histórico de la España contemporánea (1808–1936)*, publicada en Barcelona, 1940, lo sintetizaba: «Este forcejeo constante entre los importadores del sistema liberal, democrático y revolucionario, y la íntima y profunda realidad española, ha traído consigo una serie dolorosa de infortunios y pugnas interiores, y ha marcado al propio tiempo un proceso crónico de desintegración y descomposición» (p. 9). [Sobre la discutida autoría de Aunós de este libro, véase nota 25]. Este mismo argumento era presentado en el artículo «El liberalismo, germen de la decadencia española», *Legiones y Falanges*, 3, I, 4–5.

2. El proyecto corporativo de Aunós y la Dictadura de Primo de Rivera

Cuando la madrugada del 13 de septiembre de 1923, el general Miguel Primo de Rivera declaró el estado de guerra en Barcelona y publicó el "Manifiesto al País y al Ejército", la mayoría de las derechas españolas apoyaron el golpe. Empezando por la patronal catalana, representante de la burguesía industrial y financiera, que más allá de sus diferencias entre regionalistas y españolistas, estaban convencidos, desde que Primo de Rivera fuera nombrado capitán general de Cataluña en marzo de 1922 y gracias a su política de mano dura frente a los anarquistas del Sindicato Único, que aquél era su hombre, el garante del orden público, el "cirujano de hierro" necesario para poner fin a un estado políticosocial que consideraban prerevolucionario (Bengoechea, 1994: 251–283; González Calleja, 1999; Romero Salvadó, 2008b).

Después de una prolongada crisis política, la quiebra del régimen liberal en España, acechado desde múltiples frentes, puede ser analizada como la versión regional de la crisis que vivió casi toda Europa después de la Primera Guerra Mundial, en que buena parte de las clases socioeconómicas dominantes empezaron a dudar sobre la validez de los regímenes constitucionales para hacer frente a los desafíos de una creciente protesta popular y una movilización social sin precedentes (producto de la nueva política de masas), que ponía en cuestión la hegemonía de las clases gobernantes. Por ello, éstas prestaron su apoyo a las alternativas de tipo autoritario (Romero Salvadó, 2008a). El ejemplo de Mussolini en Italia no era ajeno a las derechas españolas, puesto que desde su toma del poder en octubre de 1922 la prensa derechista lo había presentado como el salvador de Italia ante la subversión roja.

Sobre la naturaleza de la Dictadura de Primo de Rivera se han erigido distintas interpretaciones en las últimas décadas, que aquí no vamos a analizar (Quiroga, 2010).[4] Lo cierto es que, como ha sostenido Miguel

4 Obras de referencia sobre la Dictadura de Primo de Rivera son Ben-Ami, 1984; González Calbet, 1987; Gómez-Navarro, 1991; González Calleja, 2005, Quiroga, 2008.

Á. Perfecto, la Dictadura no fue un mero interregno entre la Restauración y la Segunda República, sino un periodo en que se debatieron, elaboraron y experimentaron todo un conjunto de proyectos sociales y políticos, tanto de raíz autóctona, como europea, que influirán decisivamente en los años posteriores, tanto en la época republicana como en la franquista. En los siete años de Dictadura tan importante fue lo que se destruyó (el sistema liberal) como lo que emergió por primera vez (Perfecto, 1996: 179).[5] El régimen tuvo un marcado carácter autoritario: suspendió la Constitución de 1876, disolvió el parlamento y mantuvo dos años el estado de guerra; impulsó transformaciones en la estructura del Estado con carácter centralizador; implementó un sistema de adoctrinamiento político de los ciudadanos con una notable orientación nacionalista y autoritaria; prohibió las actividades y censuró toda crítica de la oposición política; desató una amplia y profunda represión política, interfirió en los asuntos judiciales; llevó a cabo una purga de funcionarios públicos sin precedentes, etc. (Quiroga, 2010).

En la vida económica y social, el régimen primorriverista asumió un protagonismo deliberadamente intervencionista que contrastaba con los gobiernos "abstencionistas" liberales, asumió los modelos de Estado corporativo y de nacionalismo económico (proteccionismo), algo prácticamente común al conjunto de la nueva derecha europea (Gil Pecharromán, 1994: 51). Se trataba de actuar sobre "la cuestión social" que tanta violencia y sangre había provocado en los años anteriores para eliminar los conflictos sociales y desactivar el movimiento obrero. A nivel sociolaboral, la Dictadura implementó el proyecto corporativo, para lo que contó con Eduardo Aunós como principal arquitecto teórico y político. Para Aunós, el poder excepcional de Primo de Rivera era el marco político autoritario de "orden y jerarquía" necesario e idóneo para desarrollar plenamente la siempre postergada "revolución desde arriba" (Fernández Riquelme, 2008: 276).

5 En ello también coincide el análisis de Gil Pecharromán, 1994, 49–52, que señala como primordial este período para la gestación del pensamiento radical en la derecha alfonsina.

En febrero de 1924, Eduardo Aunós fue nombrado subsecretario del Ministerio de Trabajo, Comercio e Industria. El leridano, que en 1923 se había acercado a la burguesía españolista de la Unión Monárquica Nacional, aparecía como uno de esos "hombres nuevos" de carácter eminentemente técnico, pragmático, reformista, que la Dictadura, desde una retórica regeneracionista, quería elevar a las posiciones de decisión para barrer los políticos profesionales de viejo cuño, incapaces de hacer frente a los retos de una sociedad moderna.

El dictador le encargó la elaboración de un Código de Trabajo que agrupara la legislación social promulgada por los gobiernos anteriores, la creación de una organización social capaz de llegar al pueblo sus beneficiosos efectos e integrar los sectores obreros reformistas y de una apropiada enseñanza profesional (Aunós, 1944a: 35–36). Desde el primer momento, Aunós se aplicó en la elaboración de un amplio repertorio de medidas y leyes sociales: la regulación del descanso dominical, la ley de descanso nocturno de la mujer obrera, la reforma de la ley de casas baratas y económicas, la aplicación del convenio internacional sobre la jornada de ocho horas, etc.

Sin embargo, la obra más importante de Eduardo Aunós fue la creación de un sistema corporativo, una vez nombrado Ministro de Trabajo con la Dictadura civil, en diciembre de 1925, cargo que ostentaría hasta la caída del régimen en enero de 1930. Junto con otras medidas como los nuevos Estatutos municipal (1924) y provincial (1925), la Asamblea Nacional (1926–1927) o el anteproyecto de una nueva Constitución (1929), la organización de un sistema corporativo fue una de las columnas principales donde reposaba la voluntad de institucionalización del régimen (González Calleja, 2005: 129–211) El sistema corporativo primorriverista, cuyo objetivo primordial era crear grandes asociaciones patronales y obreras dentro de una concepción armónica de las relaciones laborales y la colaboración interclasista, descansaba sobre dos decretos-ley: el de organización corporativa nacional (26 de noviembre de 1926) y el de organización corporativa de la agricultura (12 de mayo de 1928).

La estructura corporativa, jerárquica y piramidal, se articulaba a partir del comité paritario, una agrupación mixta de cinco patronos y cinco obreros (elegidos entre las asociaciones legales), con un presidente y un secretario designados por el Ministerio de Trabajo. Los comités paritarios eran definidos como una institución de derecho público con funciones delegadas del Estado, cuyo fin primordial era el de regular la vida de la profesión dentro de la legislación vigente: determinar las condiciones de reglamentación del trabajo, resolver las diferencias entre patronos y obreros y prevenir y/o resolver los conflictos industriales. Los pactos acordados en los comités eran de obligado cumplimiento por todos los patronos y obreros del mismo sector profesional, puesto que derivaban de la delegación de soberanía del Estado, parte integrante de los comités.

Por encima del comité paritario había las comisiones mixtas de trabajo —agrupaciones voluntarias de comités paritarios, con estructura también paritaria—, los consejos de corporación —órganos superiores de cada oficio a escala nacional, formados por ocho obreros y ocho patronos elegidos por los comités paritarios del oficio, con un presidente y un vicepresidente nombrados por el Ministerio de Trabajo—. En un nivel superior figuraba la Comisión Delegada de los Consejos, que actuaba como enlace entre los consejos de corporación y el Consejo Superior de Trabajo, el órgano consultivo inmediato del Ministerio de Trabajo.

En el sistema corporativo, pues, los comités paritarios se concebían a partir de los oficios, y no derivados de las asociaciones empresariales y sindicales. El trabajo, el oficio, era exaltado como lazo de unión de todos los componentes de un sector de la producción (técnicos, patronos u obreros), elemento central para conseguir la armonía y la solidaridad entre las clases, y base de la organización social sobre la que se articulaba una nueva sociedad "orgánica" y un proyecto político autoritario (Perfecto, 1996: 191–193).

Los sindicatos, aunque respetados y reconocidos por ley (cabe decir que después de haber sufrido una severa represión), pervivían como estructura formal en el modelo corporativo primorriverista, pero con un papel marginal, de mero apoyo, que se reducía prácticamente a la designación de los miembros de los comités paritarios, conservando algunas funciones educativas, disciplinarias y asistenciales de sus asociados. Ello respondía a la concepción de los sindicatos del propio ministro

Aunós, que los entendía como fruto del individualismo que se había extendido en Europa después de la revolución francesa, como medio de defensa obrera ante la desprotección del Estado individualista y abstencionista liberal, instrumento de preparación del conflicto social y, con las huelgas, de lucha de clases. Los sindicatos eran «algo que puede ser superado, que existe en la realidad actual [...] que no se ha pensado jamás en suprimir, pero que es residuo y consecuencia de aquellos principios individualistas que reinaron desde comienzos del siglo pasado». Con la superación del Estado individualista por el Estado corporativo, que debía instaurar un sistema laboral basado en la equidad y la justicia, desaparecería la necesidad original de los sindicatos (Aunós, 1928, 33-ss, 122–131).

«Sindicación libre y corporación obligatoria», expresión doctrinal del catolicismo social español... pero no sindicación independiente de la égida del Estado, sino sindicato constituido y organizado según las leyes y sometido a la vigilancia del Estado. En el proyecto corporativo del ministro Aunós, al Estado le era atribuido un papel preeminente. El Estado era fuente de la soberanía que delegaba a las corporaciones (organismos de derecho público), en las que intervenía a través de los presidentes nombrados por el Ministerio del Trabajo; control e intervención que se extendía sobre los sindicatos. El Estado aparecía, pues, como árbitro y superador de las continuas contiendas entre obreros y patronos, supeditadas no ya a los intereses individuales sino colectivos. Era ésta la «función ética» que debía distinguir el Estado corporativo de su predecesor, el Estado liberal.

Se ha señalado que el proyecto corporativo de Eduardo Aunós bebía de tres fuentes fundamentales: la corriente corporativa más conservadora de la escuela católico-social, representada por el marqués de La Tour du Pin; las experiencias de conciliación industrial ensayadas por los comités paritarios catalanes en los años 1919–1923; y el pensamiento nacionalista-estatalista europeo de los años veinte (Perfecto, 1996: 184).[6] Como hemos visto, Aunós se había formado en la tradición

---

6 En palabras del propio Aunós: «El decreto-ley de organización corporativa promulgado el 26 de noviembre de 1926 está basado en las orientaciones de la

del organicismo social de corte krausista dominante entre el regeneracionismo español de los años diez, así como en las lecturas de los reformistas católico-sociales franceses y germánicos, considerados los padres del corporativismo contemporáneo. Entre ellos destacaba, por encima de todos, el Marqués de la Tour du Pin, a quien consideraba el "anti-Marx" (Aunós, 1935: 83).[7] Igualmente, la experiencia de los primeros comités paritarios y comisiones mixtas ensayadas en Barcelona durante los años precedentes de conflictividad social le ofrecían un instrumento que incorporaba como estructura básica de la organización corporativa.

Aún así, no es menos cierto que Aunós tomó ejemplo de las experiencias intervencionistas, nacionalistas y corporativas que implementaron distintos países europeos aquellos años veinte. En sus escritos y conferencias, demostraba un conocimiento más o menos profundo de aquellas experiencias a través de la bibliografía, distinguiendo entre las de organización social (Alemania de Weimar, Rusia soviética, Bélgica y Francia) y las de organización social y política (Italia) (Aunós, 1928: 156-ss). Entre ellos, el caso italiano influyó notablemente en su proyecto, sin que ello supusiera una completa mímesis o importación de un modelo que, no sobra decirlo, estaba todavía en ciernes.[8]

En abril de 1926, Eduardo Aunós viajó a Italia para estudiar *in situ* los últimos avances de la legislación social italiana. Allí se reunió con Mussolini y con Giuseppe Bottai, director de la publicación *Critica fascista* y principal ideólogo de las corrientes corporativas del fascismo italiano, que, además de la sintonía generacional, se convertiría en una

escuela de La Tour du Pin, en las corrientes que informan la legislación corporativa italiana y en los antecedentes inmediatos del Derecho social español». (Aunós, 1935: 129–130).

7 En 1936, Eduardo Aunós tradujo y prologó el libro más destacado del Marqués de la Tour du Pin: *Hacia un orden social cristiano*, editado por Cultura Española, vinculada a Acción Española.

8 El proceso de implantación del corporativismo en Italia inició con la creación del Ministerio delle Corporazioni (julio de 1926) y no concluyó hasta 1939, con la sustitución de la Camera dei Deputati por la Camera dei Fasci e Corporazioni.

referencia constante para Aunós.[9] De este viaje se trajo «un caudal de observaciones y estudios que habían de servirme para el retoque del que ya era por aquellos meses adelantado proyecto de mi ideal corporativo» (Aunós 1944a: 58–59).[10] A su regreso, comunicaba a la prensa su valoración tan positiva del viaje:

> [...] si la situación política de Italia no es todavía la realización total del nuevo régimen a que ha de acomodarse el futuro de los pueblos, tiene todo el significado de un ensayo en pleno éxito, al que debemos saludar como una promesa llena de gratas esperanzas, y debemos estudiarlo también con interés y con especial cariño, porque en esta experiencia se ha de inspirar la futura evolución política de los pueblos europeos.[11]

En noviembre de 1927, el subsecretario de Corporaciones Giuseppe Bottai devolvía la visita previa de Aunós. Durante diez días fue agasajado en Madrid, Sevilla y Barcelona. Mientras Primo de Rivera y Aunós señalaban la "multitud de coincidencias" entre los regímenes de ambos países, especialmente en los aspectos de reforma social, Bottai se limitaba a señalar que España e Italia habían seguido "aproximadamente" la misma evolución. Bottai insistió, quizás señalando las diferencias con el caso español, que:

> los Sindicatos y las Corporaciones no representan en Italia tan sólo una organización del trabajo, sino una organización política. No hay que olvidar nunca que Italia se ha transformado de un Estado demo-liberal y parlamentario, en un Estado corporativo. Las Corporaciones son la base de nuestro Estado, y sin ellas ya no sería posible la Italia fascista.[12]

La ausencia de una Magistratura del Trabajo, el inexistente papel del partido único o el rechazo de un Estado total eran algunas de las diferencias

9 Significativamente, la Sección de Publicidad del Ministerio del Trabajo y Previsión, en 1929, publicó el libro de Giuseppe Bottai: *Experiencia corporativa*, con prólogo de uno de los colaboradores de Aunós, Francisco Rivera y Pastor.

10 Sobre el viaje y las relaciones políticas e ideológicas de Primo de Rivera y el fascismo italiano, véase Tusell / Saz, 1986.

11 *La Nación*, 10-5-1926.

12 *ABC*, 27-11-1927.

entre el corporativismo primorriverista y el fascista italiano (González Cuevas, 1998: 102–105). El mismo Aunós, años después, reconocía diferencias sustanciales entre la jurisdicción corporativa española y la italiana, que partían de diferentes fórmulas políticas y de distintas orientaciones sociales. En Italia, la arquitectura de la nueva organización social reposaba en los sindicatos, mientras que en España eran los comités paritarios la base del sistema. La falta de un partido disciplinado y fuerte, inspirado en una doctrina ágil y comprensiva había sido la causa de que, a diferencia del fascismo, el régimen de Primo de Rivera había desechado la confianza de la clase obrera, según Aunós. En la España de 1926, seguía Aunós, una estructura corporativa totalitaria como la italiana hubiera chocado con los prejuicios liberaloides tanto de la burguesía como de la clase obrera. A pesar de los consejos de Mussolini y de algunos ministros, Primo de Rivera no había pretendido llegar a la formación de un nuevo Estado sino en los últimos momentos y con gran indecisión, debido a que, a juicio de Aunós, el Dictador era «en el fondo un gran liberal, un hombre amamantado y crecido en los principios de la democracia parlamentaria» (Aunós, 1941: 109; Aunós, 1944b). Por tanto, el régimen corporativo español, según su análisis, no pudo recoger todos sus beneficiosos frutos debido a su base política y social, puesto que el triunfo requería tres condicionantes esenciales: disciplina, impuesta por un gobierno fuerte; jerarquía, ello es, la preeminencia de los mejores sobre los peores y el sometimiento de los intereses particulares a las necesidades vitales de la patria (Aunós, 1935: 122–152).

Por ello, el régimen se limitó a las corporaciones de trabajo. La implantación de la Organización Corporativa Nacional fue desigual, pero indudablemente el nivel de conflictividad laboral se redujo drásticamente, ante las críticas de los sectores católicos, que veían contra-natura la llamada a la colaboración de los socialistas, con quienes se buscaron pactos con el fin de convertir la UGT en un órgano de gestión y de conciliación de clases.

En los años 1928–1930, en paralelo a la indecisa institucionalización del régimen, Aunós profundizó en la construcción teórica de un nuevo Estado corporativo, alternativo a los fracasados Estados liberal y socialista, que culminaría en los años 30. Su proyecto ideal de construir un Estado corporativo pleno, donde las corporaciones del trabajo acabasen transformándose en el máximo órgano legislativo del país, no fue asumido por el régimen. No obstante, los comités paritarios siguieron su actividad, hasta convertirse en los jurados mixtos en la República.

3. Autoritarismo y fascistización durante la Segunda República

La dimisión del general Primo de Rivera el 30 de enero de 1930, precipitó la derecha española a una profunda remodelación, paso definitivo en la transición del conservadurismo de raíces liberales a la derecha autoritaria iniciada en el seno de Unión Patriótica, muy en consonancia con lo que sucedía en Europa aquellos mismos años, en contacto básicamente con el fascismo italiano, *Action Française* y el integralismo lusitano. El revisionismo del gobierno del general Berenguer hizo surgir la necesidad entre los partidarios de Primo de Rivera de organizarse en defensa de la obra de la Dictadura. José Calvo Sotelo, José Yanguas y Eduardo Aunós, los tres exministros civiles más jóvenes y destacados del régimen, fueron delegados por el propio exdictador (exiliado en París) en la tarea de redactar las bases de un programa de actuación política.[13] Como resultado, en abril de 1930, justo unas pocas semanas después del deceso del exdictador, se presentó en sociedad la Unión Monárquica Nacional. El manifiesto declaraba su inquebrantable adhesión al Dictador y su obra, así como su fe en la Monarquía y su carácter legalista y constitucional. Entre los firmantes del documento estaban el conde de Guadalhorce, el conde de los Andes, Calvo Sotelo, Ramiro de Maeztu, Vicente Gay, José Ibáñez Martín o el hijo del Dictador, José Antonio Primo de Rivera.

Eduardo Aunós, sin embargo, divergía de la persistencia de principios demoliberales y de la escasa atención dedicada al contenido social

13 *ABC*, 7-2-1930.

por parte de la UMN. Por ello, se apartó del grueso del primorriverismo y formó el Partido Laborista Nacional, que recogía la obra social de la Dictadura e insistía en la necesidad de construir, bajo los principios de autoridad, libertad y orden nacional, un régimen corporativo fundado en la libertad sindical, como una vía alternativa a los fracasos del capitalismo y de las promesas socialistas y anarquistas, sustituyendo el espíritu individualista por otro social y corporativo.[14] El apoyo que obtuvo el partido, radicado en Barcelona y Madrid, fue muy escaso y básicamente contó con el de algunos fieles funcionarios del Ministerio de Trabajo, miembros de los Sindicatos Libres y algunas personas de su proximidad, como su hermano Antonio, director de la Escuela Social de Barcelona, el escritor y periodista Rafael Sánchez Mazas y el catedrático Luis del Valle.[15] El Partido Laborista Nacional duró unos meses, suficientes para fraguar las primeras diferencias entre Aunós y sus antiguos compañeros.

La proclamación de la República el 14 de abril de 1931 obligó a muchos de ellos a buscar el camino del exilio. Aunós lo emprendió el día antes, el 13 de abril; estuvo una semana en Lisboa (dónde coincidió con Guadalhorce, Yanguas y Calvo Sotelo) y se embarcó hacia Nápoles para trasladarse y establecerse finalmente en París dónde instaló un bufete de abogados y su residencia oficial hasta el final de la guerra, en 1939 (Aunós, 1941: 115, 120).

En Francia, mantuvo contacto con otros monárquicos alfonsinos exiliados que, desde el primer momento, se habían instalado en París, Biarritz o San Juan de Luz. Mantenían relación con sus correligionarios del interior y, desde el exilio, participaron activamente en las tareas conspirativas contra la República, primero preparando la Sanjurjada de agosto de 1932, luego intentando conseguir ayuda económica y armamento del régimen fascista (Gil Pecharromán, 1994: 92, 109).[16] Aunós

---

14 *ABC*, 11-4-1930.

15 Julio Gil Pecharromán señala el Partido Laborista Nacional como «uno de los grupos más originales de la naciente derecha radical» (Gil Pecharromán, 1994: 76). Sobre el PLN, véase también González Cuevas, 1998.

16 Según el aviador Juan A. Ansaldo, Aunós fue propuesto para viajar a Roma con el objetivo de concretar las ayudas a la conspiración monárquica. Aunque aceptó

se relacionó con José Calvo Sotelo, que se instaló también en París en febrero de 1932. Juntos contactaron con el grupo monárquico de *L'Action Française*.[17] Con Calvo Sotelo, en enero de 1933 iniciaron la publicación del boletín *Espagne. Bureau International de Documentation Latine*, en que denunciaban los ultrajes de la República contra la Iglesia católica, la propiedad privada o la libertad de prensa, con el objetivo de impresionar a la opinión pública francesa. El boletín duró sólo nueve números y desapareció por falta de financiación (González Cuevas, 1998: 176–177).

Eduardo Aunós mantuvo también relación con el grupo más destacado de la derecha radical alfonsina, que a partir de diciembre de 1931 se organizó alrededor de la revista *Acción Española*, revista de carácter doctrinal que, inspirada por *L'Action Française* de Maurras, pretendía actuar en el frente cultural para acelerar el proceso de radicalización ideológica de la derecha española. Aunós había conocido su secretario de redacción, Eugenio Vegas Latapie, en octubre de 1932 en París. La revista se convirtió en una "laboratorio doctrinal" en que se citaron y sintetizaron pósitos ideológicos de distinta procedencia (del tradicionalismo al fascismo), que tuvieron en el Estado Nuevo, católico y corporativo, y en la Monarquía sus pilares teóricos, y en el Bloque Nacional su máxima expresión de praxis política (Morodo, 1985; Gil Pecharromán, 1994; González Cuevas, 1998).

La aportación de Aunós a esta radicalización ideológica de la derecha se concretó en la profundización en el proyecto de Estado corporativo. Entre marzo y agosto de 1933, publicó en la revista *Acción Española* diez artículos bajo el epígrafe «Hacia una España corporativa», en que repetía y ampliaba con el estudio de otras experiencias (Portugal, Austria y la Alemania nazi) algunos de los postulados ya expuestos en sus obras sobre el corporativismo de los años 1928–1930.

---

en principio la misión, Aunós se vio preso de un "miedo insuperable" y desistió. Fue Calvo Sotelo quien en febrero de 1933 viajó con Ansaldo y se entrevistó con Mussolini (Ansaldo, 1951: 57). Para las relaciones conspirativas entre el grupo de monárquicos alfonsinos y el régimen fascista, véase Saz, 1986.

17 Aunós explica la cena que con Calvo Sotelo compartieron, en noviembre de 1932, con Maurras, Daudet y Pujo (Aunós, 1941: 152–153).

Para Aunós, el corporativismo era una total reforma de la sociedad y el Estado, única alternativa al comunismo ante el fracaso del Estado liberal. El nuevo Estado-imperio corporativo, basado en la servidumbre hacia la colectividad, la disciplina en el esfuerzo y la jerarquía en las esferas humanas, sustituía el concepto de "ciudadano" por el de "productor", puesto que la base fundamental del nuevo Estado era la función. Apelaba a la necesidad de un caudillo apoyado en amplias masas sociales, asistido por una milicia juvenil, ardiente y desinteresada. La admirada experiencia fascista italiana aparecía como la fase intervencionista necesaria para el paso del Estado liberal al Estado corporativo, bajo un régimen de Monarquía social y corporativa nueva.[18]

Algunos de estos aspectos, como señaló Javier Jiménez, aparecerían en la obra de José Antonio Primo de Rivera, con quien Aunós mantuvo contacto desde la época de la Dictadura y compartían ese común interés por los temas corporativos y la admiración por el régimen fascista italiano (Jiménez Campo, 1979: 109–110).[19]

Eduardo Aunós se mantuvo en una segunda línea de la actividad política. Se limitó a aparecer al lado de sus compañeros primorriveristas, más o menos cerca de José Calvo Sotelo. En enero de 1933, firmó con los exministros Calvo Sotelo, Guadalhorce, Callejo y Yanguas la carta enviada a Antonio Goicoechea reconociéndole jefe político del nuevo partido Renovación Española, al que se sumaban (Gil Pecharromán, 1994: 125).

A diferencia de Calvo Sotelo y Yanguas, que retornaron a España en mayo 1934 gracias a la ley de amnistía, Aunós siguió viviendo en París, aunque a partir de este momento sus viajes a España fueron más frecuentes. En diciembre de aquel año, aparecía entre los firmantes del manifiesto del Bloque Nacional, la coalición derechista liderada por

18 «Hacia una España corporativa», *Acción Española*, núm. 24–34, marzo-agosto 1933. Estos artículos, revisados y ligeramente ampliados, fueron recogidos en el volumen *La reforma corporativa del Estado* (1935), obra considerada la culminación teórica de su proyecto de Estado corporativo.

19 En la reunión de la Junta Política de Falange en el parador de Gredos, en junio de 1935, José Antonio Primo de Rivera propuso Eduardo Aunós como ministro de Educación en un supuesto gobierno (Gil Robles, 1968: 717).

Calvo Sotelo y Pedro Sáinz Rodríguez que se proponía la afirmación de una España unida y en orden mediante la conquista del Estado por la derecha contrarevolucionaria, de un Estado integrador en el que no existiría la lucha de clases, superada por el papel arbitral de las instituciones, y en el que la representación política tendría un carácter orgánico (Gil Pecharromán, 1994: 200).

La fascistización de la derecha española fue un fenómeno paralelo a la del conjunto de las derechas radicales europeas de los años veinte y treinta y que no pasó inadvertido a los propios coetáneos.[20] A lo largo de los años republicanos, y ante los desafíos de la democracia, la derecha reaccionaria y radical española buscó inspiración en el fascismo, en su retórica, en su eficacia contrarrevolucionaria, en las formas de organización y de control social, en las formas simbólicas externas, etc. Aunque no hablasen de revolución ni tampoco de la necesidad de movilización permanente propugnada por los fascismos.[21] En junio de 1934, Eduardo Aunós se refería al carácter foráneo del fascismo, pero sus palabras reflejaban dicha fascistización:

> No se puede importar lo que hay en otras partes. Lo que se haga aquí ha de ser netamente nacional. Ahora bien, el fascismo tiene pautas y orientaciones que son universales. Por ejemplo: la antidemocracia. Ya no cree nadie en los sistemas democráticos. Otro postulado universal es el antiparlamentarismo [...] Yo creo [...] que a lo que hay que ir es a ese "Bloque Nacional" que propugna el señor Calvo Sotelo.[22]

Renovación Española, Comunión Tradicionalista, Partido Nacionalista Español o el Bloque Nacional formaban una derecha radical monárquica, confesional, antiliberal y antidemocrática, antiizquierdista, que aspiraba a acabar violentamente con la República.

---

20 Ramiro Ledesma, líder de las JONS, reconocía el fracaso del fascismo en España y encomendaba a los sectores fascistizados (Bloque Nacional, CEDA, Primo de Rivera y sectores del Ejército) la tarea principal para la revolución nacional, con la necesaria participación de los militares (Ledesma Ramos, 1968).

21 Sobre el concepto y el proceso de fascistización, véase Jiménez Campo, 1979; Saz, 2004; González Calleja, 2008.

22 *La Nación*, 18-6-1934, citado en Jiménez Campo, 1979: 64.

4. Guerra civil y régimen franquista. Eduardo Aunós y la construcción del Nuevo Estado

Cuando se produjo el golpe militar de julio de 1936, Eduardo Aunós se encontraba en París, lo que da a entender que o bien no estaba al corriente de los planes conspirativos o bien su carácter más bien dubitativo le hizo preferir no estar en España. En fecha tan avanzada como el 15 de octubre de 1936 enviaba una carta a Eugenio Vegas Latapie, secretario de la revista *Acción Española*, dónde le confesaba su desorientación, sus dudas sobre si presentarse, sin finalidad que cumplir, a Burgos (a riesgo de parecer un oportunista) o si esperar la caída de Madrid para hacerlo (Vegas Latapie, 1987: 125). Por el testimonio de una persona muy cercana a Aunós en aquel momento, parece ser que éste se había ofrecido varias veces al mando militar, la Junta Nacional, pero que todavía no había sido requerido.[23]

A finales de año, Aunós solicitó el ingreso a FE de las JONS a la Junta de Mando Provisional presidida por Manuel Hedilla, solicitud que fue aprobada por la dirección en la reunión celebrada en Salamanca el 8 de enero de 1937, a la vez que lo nombraba «Representante de Falange Española en París, Suiza y Bélgica y Jefe de la Oficina que se instale en París». En el IV Congreso Nacional falangista celebrado los día 18 y 19 de abril de 1937, fue confirmado por el jefe nacional Hedilla como jefe del movimiento en Francia y designado consejero nacional. Según Joan Mª Thomas, la aproximación a la Falange resultaba coherente con su trayectoria en defensa de la regulación corporativa de las relaciones de trabajo por parte del Estado ya que Falange era la fuerza política que con mayor radicalidad pedía el establecimiento de un sistema corporativo en España. Además, como se ha dicho, Aunós había mantenido una muy buena relación con José Antonio Primo de Rivera. En paralelo, Falange tenía necesidad de contar con personalidades políticas relevantes y conocidas en el momento que se planteaban el acceso al gobierno

23 Carta de Pedro Abadal a Luis Ventalló Vergés, 27-10-1936. Archivo Familia Ventalló, caja «Correspondencia, 1936–1939».

del Estado, lo que explicaría su rápido ascenso en la Falange (Thomàs, 1992: 66–67).

La unificación de la Falange y la Comunión Tradicionalista, decretada el 19 de abril de 1937, no restó protagonismo a su posición dentro del nuevo partido único, puesto que en octubre de 1937 fue nombrado consejero en el I Consejo Nacional de FET y de las JONS, que tuvo lugar en Burgos. Aunós aparecía como uno de los abanderados del corporativismo y su trayectoria política, vinculada con la Dictadura, era un activo que el nuevo régimen no podía despreciar. Aunque no estuvo en el primer gobierno de Franco formado en enero de 1938, sí que fue designado por Franco para formar parte de la Junta Política de FET y de las JONS.

Por lo tanto, la opción de aproximarse a la Falange, después de unos primeros meses de desconcierto, fue válida para Aunós y le permitió relanzar su carrera política al amparo del nuevo partido único, en unos momentos que el régimen de Franco estaba diseñando su primera arquitectura política. Los años 1937 y 1938 mantuvo una intensa actividad, actuando como representante de Falange en Francia, Bélgica y Suiza, donde llevó a cabo una tarea de información, apoyo y de prensa en colaboración con el Servicio Exterior de FET y de las JONS. Aunós se movía entre París, Burgos y San Sebastián, lo que le permitió tejer una red de contactos y relaciones con catalanes que huían de la zona republicana para pasarse a la zona nacional y que buscaban su protección. En San Sebastián, donde disponía de un delegado, se formó un nutrido grupo de leridanos que después, finalizada la guerra, fueron promocionados al poder local directamente por el mismo Aunós (Gelonch Solé, 2012).

Como consejero nacional de FET y de las JONS, Eduardo Aunós participó muy activamente en el proceso de elaboración del Fuero del Trabajo, en marzo de 1938, un paso más en la fascistización del régimen de Franco. Inicialmente se había denominado la Carta del Trabajo, una traducción milimétrica de la Carta del Lavoro italiana (1927), que fue el modelo seguido en su elaboración. En la primera reunión del 6 de marzo surgieron diferencias acerca de la orientación más o menos fascista del texto. Se acordó el nombramiento de una comisión de trabajo para reformular el texto y el 9 de marzo se presentó el texto definitivo. Eduardo Aunós, junto con José Yanguas y Esteban Bilbao, monárquicos de extrema derecha, fueron los tres consejeros más implicados en la redacción final del texto y que se oponían a los falangistas más revolucionarios encabezados por Dionisio Ridruejo. En la última fase de la elaboración, el texto había recibido un tinte de tradicionalismo y catolicidad, cambió el nombre por el de Fuero del Trabajo, de evidente sabor arcaico y medievalizante que buscaba el equilibrio con el falangismo como reflejo de la heterogeneidad de la coalición franquista.[24]

Aunós tuvo un papel más o menos destacado en la doble diplomacia, oficial y oficiosa, con la que jugó Franco a lo largo de la guerra civil. Como documentó Javier Tusell, le fueron encargadas algunas misiones diplomáticas de cierta importancia en Francia, dónde era el delegado de FET y de las JONS, y en Italia. A finales de diciembre de 1938 y enero de 1939 encabezó la delegación española que partió hacia Italia para negociar la deuda española con Mussolini, firmar un tratado comercial y entregar una carta de Franco. Aunós había conocido el Duce en su visita de 1926 y seguía siendo gran admirador del fascismo. En aquella ocasión manifestó que «la España del futuro debería guiarse por Mussolini, cabeza de la latinidad» (Tusell, 1992: 207, 218, 222; Tusell / García Queipo de Llano, 1985: 19–20).

Esta faceta diplomática de Aunós se confirmó en mayo de 1939, ya terminada la guerra, cuando fue nombrado embajador español en Bélgica. Ostentó el cargo durante un año, hasta mayo de 1940, ya que el país fue ocupado por los nazis y Aunós, haciendo caso a las órdenes del ministro de Asuntos Exteriores, Juan Beigbeder, siguió al gobierno belga en su huída hacia Francia y su paso, no sin dificultades, a España para luego seguir hacia Portugal. Fue allí, en Bélgica, donde Aunós se retrobó con su primer valedor político, Francesc Cambó, el líder de la

---

24 Ejemplo de este equilibrio, el preámbulo: «Renovando la tradición católica, de justicia social y alto sentido humano que informó nuestra legislación del Imperio, el Estado, nacional en cuanto es instrumento totalitario al servicio de la integridad Patria, y sindicalista en cuanto representa una reacción contra el capitalismo liberal y el materialismo marxista (...)» (Tusell, 1992: 256–257; Thomàs, 2001: 69–78; Vegas Latapie, 1987: 446).

Lliga Regionalista. Allí trabajó con algunos de sus colaboradores, como el periodista Agustí Calvet *Gaziel*, exdirector del periódico *La Vanguardia*, que a propuesta de Cambó ocupó el cargo de "agregado cultural" en la embajada española.[25]

De nuevo en España, y sin ningún cargo oficial, Aunós tuvo tiempo de planear con Calvet y con Eugenio D'Ors la elaboración de una Enciclopedia Hispánica que, como tantos otros proyectos, quedaron en nada. Aquel año, en junio de 1941, era elegido como miembro de la Real Academia de Ciencias Morales y Políticas, aunque no ingresó formalmente hasta el mes de mayo de 1944, con un discurso sobre la política social de la Dictadura, en que expuso y defendió su obra realizada al frente del Ministerio de Trabajo en la Dictadura. En agosto de 1941 fue nombrado miembro del Tribunal Nacional de Responsabilidades Políticas. (Varela, 2010: 213–219).

Aunós acumulaba cargos menores, pero seguía gozando de la confianza de Franco, y eso era garantía de éxito. En abril de 1942 le fue encargada otra misión como embajador extraordinario en Argentina, donde debía concretar las negociaciones establecidas en Madrid sobre el envío de productos alimenticios (cereales, leche y carne) a cambio de hierro y productos manufacturados. El tratado comercial fue firmado finalmente el 5 de septiembre de 1942, pero según Aunós, el viaje tenía también una misión propagandística, «la de llevar a nuestros compatriotas del país de la Plata el mensaje fúlgido, trenzado de heroísmo e ideales insobornables, de nuestra revolución nacional, de la España que rescató el Caudillo del oprobio y el desenfreno rojo» (Aunós, 1943: 200, 205). La estancia en Argentina se prolongó hasta finales de año, y Aunós pronunció numerosos discursos y conferencias en centros de españoles emigrados. Aprovechó también para promocionar su libro *España en crisis (1874–1936)*, publicado durante aquellos meses en

25 Básicamente, el trabajo de Gaziel consistía en redactar los informes sobre la situación europea que Aunós enviaba a Madrid. Según Manuel Llanas, se intuye la pluma de Calvet en muchas páginas de los libros firmados por Aunós aquellos años, especialmente en el *Itinerario histórico de la España contemporánea (1808–1936)*, publicado en 1940. Véase Llanas, 1998: 287–301; Vilanova, 1996: 318, nota 81.

el país suramericano y que no era otro que la síntesis de su anterior *Itinerario histórico de la España contemporánea (1808–1936)*. Habló de los lazos de solidaridad histórica y la compenetración entre España y Argentina, del hispanismo como una doctrina de libertad. Parece ser que no fueron muy bien recibidas sus lecciones, especialmente la que pronunció con el título «Los nuevos conceptos políticos» que causó indignación en los medios de prensa. Francesc Cambó, instalado en Argentina y con quien había contactado al llegar, se hacía eco en sus diarios de esa mala impresión política.[26] En el tenso contexto suramericano de aquellos años de la Segunda Guerra Mundial, con presiones de ambos bandos para que los países definieran su posición, una misión comercial de este tipo por parte de un país identificado con el Eje como era España en aquel momento fue seguida con lupa por los servicios diplomáticos y secretos. Estados Unidos tomó nota.

Pero el momento de mayor gloria todavía le aguardaba. En marzo de 1943, Eduardo Aunós era nombrado ministro de Justicia. Era el mayor cargo al que podía aspirar y culminación a la hoja de servicios prestados y un premio a la fidelidad a Franco. Otra vez ministro. El nombramiento de un monárquico alfonsino neofalangista como Aunós rompía la costumbre de que fueran los tradicionalistas (conde de Rodezno y Esteban Bilbao) los titulares de la cartera de Justicia.

Según Mónica Lanero, Aunós llegó al ministerio con un ambicioso plan de reformas y se rodeó del grupo de juristas renovadores que formaron el nuevo órgano consultivo, el Consejo Asesor de Justicia, creado por decreto el 2 de abril de 1943 (Lanero, 1996: 158). A diferencia de sus precedentes en el cargo, con un concepto mucho más tradicional de la justicia, su programa de actuación se basaba en una concepción instrumental de la justicia, que era considerada una función más del Estado, caracterizado por la unidad de poder y la diversidad de funciones (concepto, éste, contrario a la separación e independencia de poderes).

26 Entrada en el dietario correspondiente al día 2 de agosto de 1942: «L'Aunós s'ha desfermat. (…) en un centre anomenat catòlic i en realitat nazi-feixista, donà una conferencia (…) exposà la coneguda doctrina de la posta fatal i definitiva de l'individualisme i de la democràcia, fent apoteosi dels règims autoritaris» (Cambó, 1982: 1161). El texto de la conferencia en Aunós, 1944c: 103–108.

Ello revela la gran influencia de los presupuestos estatalistas del fascismo italiano, que se tradujo en dos grandes líneas de actuación: la acentuación del control del Ministerio de Justicia sobre la organización judicial y la extensión de la acción del Estado en nuevos ámbitos judiciales, como la justicia municipal y la formación de los jueces (Lanero, 1996: 409). Además de la elaboración de un nuevo Código Penal (texto refundido de 1944), las principales reformas y actuaciones emprendidas por el equipo de Aunós se sitúan en este esquema programático e ideológico.

La Ley de 17 de Julio de 1945 de reorganización del Tribunal Supremo y la Inspección de Tribunales supuso la creación de una Inspección Central de Tribunales paralela a las facultades inspectoras de las instancias judiciales, a la vez que se reforzaba la discrecionalidad del ministerio en el nombramiento de altos cargos, en detrimento de los magistrados del Tribunal Supremo (Lanero, 1996: 186–191). Por su parte, la Ley de Bases para la Reforma de la Justicia Municipal, de 19 de julio de 1944, se regía por la voluntad de profesionalización y control estatal de las funciones judiciales, la división tripartita de los juzgados (municipales, comarcales y de paz) y la elevación de la competencia de los mismos. Se pretendía atender una obligación del Estado, como eran las funciones judiciales en el nivel municipal y dotarlas de un personal técnico, alejado de los antiguos vicios caciquiles (Lanero, 1996: 191–196).

La actuación más novedosa del ministro Aunós fue la creación de la Escuela Judicial. La Ley de 26 de mayo de 1944 establecía que, además de aprobar la oposición, era necesaria la estancia en la Escuela Judicial por un período de año y medio y la realización de prácticas en un juzgado durante un año para acceder a los cargos fiscales y judiciales. Su creación respondía a la idea de que el nuevo régimen debía contribuir a la formación de los jueces y fiscales en unos nuevos criterios técnicos y valores profesionales y morales, asegurando la coincidencia ideológica con el régimen político. Por tanto, la Escuela Judicial era una instancia complementaria de socialización de jueces y fiscales en los valores políticos y profesionales que el régimen franquista pretendía de su personal judicial. El mismo Aunós sintetizaba su esencia: «a lo que se aspira, en definitiva, es a forjar una milicia de la Justicia ágil, tensa, unida a los ideales firmes del Estado nacional que han de ser suprema norma de conducta para todos» (Aunós, 1944c: 165–167). La creación de la Escuela Judicial contó con resistencias y oposición de las Universidades, por lo que, junto a la necesidad urgente de nuevas promociones, hizo que la Escuela Judicial no empezara a funcionar hasta 1950 (Lanero, 1996: 269–273).

Eduardo Aunós fue cesado en julio de 1945, en el contexto de la profunda remodelación del gobierno emprendida por Franco ante la victoria aliada en la guerra mundial. La adaptación del régimen al nuevo escenario mundial pasaba por la aprobación de leyes institucionales que reforzaran el supuesto carácter representativo y no totalitario del régimen, la intensificación de su imagen católica y anticomunista y el maquillaje del elemento fascista del régimen, la Falange.[27] Antes del cese, el ministro Aunós había hecho llegar a Franco un proyecto de Constitución para España. Compuesta por 122 artículos, definía el Estado nacional como una Monarquía social y corporativa, regida por el Caudillo, Jefe supremo de la nación, quien designaría libremente su sucesor. Los principios políticos se basaban en la unidad de poder en manos del Jefe de Estado y la diversidad de funciones ejecutivas, legislativas y judiciales "convenientemente armonizadas". Era la concreción de su propuesta de nueva monarquía ya desarrollada en los años 30, basada en la máxima de La Tour du Pin: «El Rey en sus Consejos y el Pueblo en sus Estados». Una monarquía limitada por las tradiciones y leyes del reino y representativa porque, junto al Rey y sus consejos, existiría la representación del pueblo en los Estados o Parlamentos, por medio de procuradores elegidos en las corporaciones, familias y demás cuerpos sociales. La nueva monarquía debía ser edificada sobre un nuevo orden social, capaz de contener los conceptos de jerarquía, de servidumbre para con la colectividad y de unidad de mando (Aunós,

27 Fuero de los Españoles (julio 1945), Ley de Bases de Régimen Local (julio 1945), Ley de Referéndum (octubre 1945); ascenso de Alberto Martín Artajo al Ministerio de Asuntos Exteriores; pérdida de competencias de FET y de las JONS.

1942: 153–181).[28] El proyecto fue rechazado por Franco, pero dos años después, en junio de 1947, se aprobó en las Cortes la Ley de Sucesión a la Jefatura del Estado que tomaba del proyecto nonato de Aunós buena parte de los conceptos de la llamada *democracia orgánica* (Fernández Riquelme, 2010).

***

Después Aunós fue nombrado embajador al Brasil en enero de 1946, cargo del que nunca tomó posesión debido a las presiones brasileñas y norteamericanas en su contra, puesto que se le acusaba de haber trabajado al servicio del Eje durante su misión comercial en Argentina (Varela, 2010: 253–269); y fue nombrado presidente del Tribunal de Cuentas en noviembre de 1946, cargo que junto con el de Procurador en Cortes (por designación directa de Franco desde 1945), ejercería de forma vitalicia hasta su muerte, en septiembre de 1967. Desde este segundo plano político, se dedicaría a su faceta de escritor prolífico, interesado en muchos y diversos temas, históricos, literarios, musicales, etc., imagen de una persona sincrética en si misma.

Políticamente, Aunós encarnaba a la perfección la síntesis ideológica del franquismo: tradición, catolicismo, inspiración autoritaria y corporativa. Su trayectoria ideológica ilustra muy bien la evolución del conjunto de la derecha española desde el final de la Primera Guerra Mundial al final de la Segunda. Formado en el regeneracionismo de Maura y de la Lliga Regionalista, había transitado de una a otra dictadura a través del antiliberalismo, el corporativismo, el autoritarismo y la fascistización, los hilos que unían ambas dictaduras. En una y otra dictadura ocupó cargos de poder y se entregó activamente a la construcción de un nuevo Estado, gozó de la confianza de Primo de Rivera y de Franco, que correspondió con un hondo sentido de la fidelidad y de la subordinación a la jerarquía.

28 Estas páginas reproducían en buena medida el artículo «El concepto de Monarquía y su evolución histórica», *Acción Española*, 88, XVII, 1936, 417–450.

Referencias bibliográficas

ANSALDO, J. A. (1951) *¿Para qué...? (de Alfonso XIII a Juan III)*, Buenos Aires, Ekin.

AUNÓS, E. (1922) *Problemas de España*, Barcelona, Ediciones Helios.

AUNÓS, E. (1928) *Las corporaciones del Trabajo en el Estado Moderno*, Madrid, Juan Ortiz.

AUNÓS, E. (1935) *La reforma corporativa del Estado*, Madrid, M. Aguilar.

AUNÓS, E. (1936) «El concepto de Monarquía y su evolución histórica», *Acción Española*, 88, XVII, 417–450.

AUNÓS, E. (1940) *Itinerario histórico de la España contemporánea (1808–1936)*, Barcelona, Bosch Editor.

AUNÓS, E. (1942) «Roma y sus tres destinos de eternidad», *Legiones y Falanges*, 15, II, 14–16.

AUNÓS, E. (1941) *Calvo Sotelo y la política de su tiempo*, Madrid, Ediciones Españolas.

AUNÓS, E. (1942) *Cartas al Príncipe*, Madrid, Espasa Calpe.

AUNÓS, E. (1941) «El liberalismo, germen de la decadencia española», *Legiones y Falanges*, 3, I, 4–5.

AUNÓS, E. (1943) «Panorama de Buenos Aires», *Legiones y Falanges*, 27, III, 6–7.

AUNÓS, E. (1943) *Viaje a la Argentina*, Madrid, Editora Nacional.

AUNÓS, E. (1944a) *La política social de la dictadura*, Madrid, Real Academia de Ciencias Morales y Políticas.

AUNÓS, E. (1944b) *Primo de Rivera, soldado y gobernante*, Madrid, Alhambra.

AUNÓS, E. (1944c) *Reflexiones en voz alta*, Madrid, Librería y Casa Editorial Hernando.

AUNÓS, E. (1951) *Discurso de la vida. Autobiografía*, Madrid, Sociedad Española General de Librería.

BEN-AMI, S. (1984) *La Dictadura de Primo de Rivera (1923–1930)*, Barcelona, Planeta.

BENGOECHEA, S. (1994) *Organització patronal i conflictivitat social a Catalunya. Tradició i corporativisme entre finals de segle i la Dictadura de Primo de Rivera*, Barcelona, Publicacions de l'Abadia de Montserrat.

BOTTAI, G. (1929) *Experiencia corporativa*, Madrid, Sección de Publicidad del Ministerio del Trabajo y Previsión.

CAMBÓ, F. (1982) *Meditacions. Dietari (1941–1946)*, Barcelona, Alpha.

FERNÁNDEZ RIQUELME, S. (2008) *Sociología, corporativismo y política social en España. Las décadas del pensamiento corporativo en España: de Ramiro de Maeztu a Gonzalo Fernández de la Mora (1877–1977)*, Tesis doctoral, Universidad de Murcia.

FERNÁNDEZ RIQUELME, S. (2010) «Política, Autoridad y Trabajo. Eduardo Aunós y Estado Corporativo en España», *La Razón Histórica*, 10, 17–31.

GELONCH SOLÉ, J. (2012) *El poder franquista a Lleida, 1938–1951*, Lleida, Universidad de Lleida.

GIL PECHARROMÁN, J. (1994) *Conservadores subversivos. La derecha autoritaria alfonsina (1913–1936)*, Madrid, Eudema.

GIL ROBLES, J. Mª (1968) *No fue posible la paz*, Barcelona, Ariel.

GÓMEZ-NAVARRO, J. L. (1991) *El régimen de Primo de Rivera. Reyes, dictadura y dictadores*, Madrid, Cátedra.

GONZÁLEZ CALBET, Mª T. (1987) *La Dictadura de Primo de Rivera. El Directorio Militar*, Madrid, El Arquero.

GONZÁLEZ CALLEJA, E. (1999) *El Máuser y el sufragio. Orden público, subversión y violencia política en la crisis de la Restauración (1917–1931)*, Madrid, CSIC.

GONZÁLEZ CALLEJA, E. (2005) *La España de Primo de Rivera. La modernización autoritaria*, Madrid, Alianza.

GONZÁLEZ CALLEJA, E. (2008) «La violencia y sus discursos: los límites de la "fascistización" de la derecha española durante el régimen de la Segunda República», *Ayer*, 71, 85–116.

GONZÁLEZ CUEVAS, P. C. (1998) *Acción Española. Teología política y nacionalismo autoritario en España (1913–1936)*, Madrid, Tecnos.

GONZÁLEZ HERNÁNDEZ, M. J. (1997) *El universo conservador de Antonio Maura: biografía y proyecto de Estado*, Madrid, Biblioteca Nueva.

JIMÉNEZ CAMPO, J. (1979) *El fascismo en la crisis de la Segunda República española*, Madrid, Centro de Investigaciones Sociológicas.

LANERO, M. (1996) *Una milicia de la justicia. La política judicial del franquismo (1936–1945)*, Madrid, Centro de Estudios Constitucionales.

LEDESMA, R. (1968) *¿Fascismo en España?*, Barcelona, Ariel. (edición original de 1935, con el seudónimo de Roberto Lanzas).

LLANAS, M. (1998) *Gaziel: vida, periodisme, literatura*, Barcelona, Publicacions de l'Abadia de Montserrat.

MARQUÉS DE LA TOUR DU PIN (1936) *Hacia un orden social cristiano*, Madrid, Cultura Española. (edición original en francés, 1907).

MIR CURCÓ, C. (1985) *Lleida (1890–1936): Caciquisme polític i lluita electoral, Barcelona*, Publicacions de l'Abadia de Montserrat.

MORODO, R. (1985) *Los orígenes ideológicos del franquismo. Acción Española*, Madrid, Alianza.

PERFECTO, M. Á. (1996) «Regeneracionismo y corporativismo en la Dictadura de Primo de Rivera», en TUSELL, J. / MONTERO, F. / MARÍN, J. M. (eds.), *Las derechas en la España contemporánea*, 177–196.

QUIROGA, A. (2008) *Haciendo españoles: la nacionalización de las masas en la Dictadura de Primo de Rivera (1923–1930)*, Madrid, CEPC.

QUIROGA, A. (2010) «Miguel Primo de Rivera. La espada y la palabra», en QUIROGA, A. / DEL ARCO, M. Á. (eds.), *Soldados de Dios y Apóstoles de la Patria. Las derechas españolas en la Europa de entreguerras*, Granada, Comares, 29–61.

ROMERO SALVADÓ, F. (2008a) «Crisi, agonia i fi de la monarquia liberal (1914–1923)», *Segle XX. Revista catalana d'història*, 1, 57–82.

ROMERO SALVADÓ, F. (2008b) *The foundations of Civil War. Revolution, Social Conflict and Reaction in Liberal Spain, 1916–1923*, Londres, Routledge.

ROMERO SALVADÓ, F. (2010) «Antonio Maura: el gran incomprendido», en QUIROGA, A. / DEL ARCO, M. A. (eds.), *Soldados de Dios y Apóstoles de la Patria. Las derechas españolas en la Europa de entreguerras*, Granada, Comares, 1–28.

SAZ, I. (1986) *Mussolini contra la II República: hostilidad, conspiraciones, intervención (1931–1936)*, Valencia, Alfons el Magnànim.

SAZ, I. (2004) *Fascismo y franquismo*, Valencia, Publicacions de la Universitat de Valencia.

THOMÀS, J. Mª (1992) *Falange, Guerra Civil, Franquisme. FET y de las JONS de Barcelona en els primers anys de règim franquista*, Barcelona, Publicacions de l'Abadia de Montserrat.

THOMÀS, J. Mª (2001) *La Falange de Franco. El proyecto fascista del régimen (1937–1945)*, Barcelona, Plaza y Janés.

TUSELL, J. (1992) *Franco en la guerra civil. Una biografía política*, Barcelona, Tusquets.

TUSELL, J. / GARCÍA QUEIPO DE LLANO, G. (1985) *Franco y Mussolini. La política española durante la Segunda Guerra Mundial*, Barcelona, Planeta.

TUSELL, J. / SAZ, I. (1986) «Mussolini y Primo de Rivera: las relaciones políticas y diplomáticas de dos dictaduras mediterráneas», en AA.VV., *Italia y la Guerra Civil española*, Madrid, CSIC, 171–235.

UCELAY-DA CAL, E. (2003) *El imperialismo catalán. Prat de la Riba, Cambó, D'Ors y la conquista moral de España*, Barcelona, Edhasa.

VARELA SERRA, J. (2010) *Les vides d'Eduard Aunós. Una apassionant trajectòria política entre la Monarquia i la Dictadura (1894–1967)*, Lleida, Pagès Editors.

VEGAS LATAPIE, E. (1987) *Los caminos del desengaño. Memorias políticas (II) 1936–1938*, Madrid, Tebas.

VILANOVA, F. (1996) *Ramon d'Abadal: entre la historia i la política (1888–1970)*, Lleida, Pagès Editors.

Imágenes de Marruecos en la prensa del régimen franquista

MOSTAFA AMMADI
Université Hassan II-Casablanca

Il saggio presenta una riflessione sulle testimonianze offerte dalla stampa degli anni Quaranta sul Marocco e sulle immagini contraddittorie che di esso si rimandano. Da un lato, infatti, si mostra il valore che, agli occhi delle potenze internazionali, per motivi militari ed economici, aveva acquisito un territorio situato in una zona strategica; dall'altro il Marocco appare come un paese immerso in antiche tradizioni e sussidiario dell'assistenza coloniale. Nel caso della Spagna si trattava di un fedele alleato del Regime franchista. Nel saggio si dimostra come questi tre nodi cruciali si sviluppino anche negli articoli della rivista italo-spagnola «Legioni e Falangi. Rivista d'Italia e di Spagna/ Legiones y Falanges».

Una mirada atenta a los testimonios gráficos y periodísticos sobre Marruecos realizados en la época comprendida entre los años 1912–1956, durante el Protectorado francés y español, nos muestra imágenes de las que emergen realidades cruzadas y divergentes. La primera constatación, en el caso de la prensa española del inicio del Protectorado, es que se muestran testimonios enaltecedores de la ocupación colonial española junto a estampas costumbristas marroquíes (Martín Corrales, 2007: 83–108). El Marruecos español que se representaba en publicaciones como *África. Revista de tropas coloniales* o el *Diario de África* —principal órgano de Prensa del Protectorado y portavoz del régimen— era el dibujo sesgado de un país pacificado por las tropas españolas y beneficiado de una supuesta labor civilizadora que legitimaba la presencia colonial (Gil Grimau, 1999: 337–348). La visión paternalista de artistas como Mariano Bertuchi contribuyeron a la creación de imágenes de este *topos* colonial difundido a través de la prensa del régimen que acabamos de citar.

En un segundo término, al tiempo del retrato de un pueblo considerado tribal e inferior y necesitado de intervención, en estas publicaciones se pretendía resaltar el estatuto peculiar de Marruecos con respecto a España, sobre todo en comparación con otras potencias coloniales internacionales. Bajo el tamiz de un espíritu africanista salido de las guerras marroquíes de los años 20 y la guerra civil en la que participaron voluntarios marroquíes junto a los militares sublevados (Morales Lezcano, 1986), la prensa del régimen franquista destacaba un pasado con largo recorrido en el cual los vestigios de la España musulmana y el esplendor andalusí constituían un eje sobre el cual articular discursos propagandísticos e imperialistas.

En el contexto de la segunda guerra mundial, la seguridad del Estrecho y del Mediterráneo sur occidental eran esenciales para España. Este fue el tercer polo sobre el cual aparecieron publicadas en la prensa del régimen autárquico de Franco las crónicas relacionadas con los aliados de España, entre ellos Italia. Desde el final de la Guerra Civil hasta el final de la dictadura la presencia de Italia en la prensa gubernamental española fue una constante (Camps, 2014). Las noticias y artículos publicados en la prensa de ambos países nos permiten extraer algunas ideas sobre las relaciones ítalo-españolas, sus vínculos culturales y políticos, así como sus centros de interés. El objeto de estas páginas es analizar la imagen de Marruecos en la revista ítalo-española *Legioni e Falangi, rivista d'Italia e di Spagna / Legiones y Falanges, revista de Italia y de España*, dirigida por Giuseppe Lombrassa y Agustín de Foxá. Antes de analizar esta cuestión puntual, señalemos que esta publicación fue el fruto de la colaboración entre los regímenes fascistas establecidos en ambos países y duró tres años, comenzó a publicarse en noviembre de 1940 y concluyó en junio de 1943, después de 31 números. Editada por el Partido Nacional Fascista italiano y Falange Española, se trataba de una revista mensual de gran formato, con numerosas fotografías e ilustraciones de alta calidad, con reportajes y secciones culturales diversas, por lo cual fue considerada una publicación de lujo (Llorens, 1995: 91–104). El título de esta revista mostraba de forma clara la relación que existía entre ambos países desde el punto de vista militar e ideológico (Mainer, 1971), de ahí que la Guerra Civil española y la contienda mundial fueran los temas más recurrentes y centrales de esta revista. De hecho, la actualidad no fue un gran foco de interés en *Legioni e Falangi/Legiones y Falanges*, ya que esta se limitaba a una sección titulada «30 días en Roma» y su correspondiente «30 días en Madrid» que, situada en las últimas páginas de la revista, daba cuenta de los acontecimientos políticos en ambos países cada mes de forma bastante resumida. El hecho de que esta revista estuviera dirigida al aparato de ambos partidos, miembros del gobierno y autoridades pero no al gran público fue la razón por la cual la versión española pronto dejó de ser mimética de la italiana y fue posteriormente sustituida por la revista *Tempo*, a cargo de la editorial Mondadori, con mayor alcance de lectores y también con una réplica italiana y otra alemana (Schifano, 2007).

Como veremos a continuación, la presencia de Marruecos en la revista *Legiones y Falanges* se realiza a través de los tres ejes temáticos que hemos destacado, por una parte, la representación del Marruecos colonial mediante imágenes estereotipadas (fotografías de la población marroquí ataviada con vestimentas tradicionales y rincones típicos de ciudades del Protectorado español, en especial en las ciudades de Tetuán y Tánger); por otra parte, el pasado andalusí como preludio de la presencia de España en el norte de África y, principalmente, Marruecos como zona estratégica y punto focal en el escenario militar de la Segunda Guerra Mundial. En filigrana a estos ejes que tratan el tema de Marruecos, la propaganda fascista actúa en *Legiones y Falanges* como telón de fondo de todos los artículos al hilo del desarrollo de los acontecimientos bélicos, lo cual caracterizó la mayoría de revistas del régimen (Pellegrini, 2009). Es por este motivo que en los primeros números de *Legiones y Falanges* se concentran muchas páginas que otorgan respaldo ideológico al franquismo a través del tema marroquí y, a partir del año 1941, las menciones son más puntuales y se vinculan especialmente a hechos bélicos y políticos determinados como la ocupación de Tánger y su incorporación al Protectorado español (Aragón Reyes, 2013).

1. El Marruecos militar y la seguridad del Estrecho

El interés de Marruecos como país estratégico en la Segunda Guerra mundial es primordial en *Legiones y Falanges* principalmente en los primeros números. Es el caso del artículo «Gibraltar» (*Ls/Fs*, 1, I, 1940, 5–7) que se abre con una gran fotografía del Peñón delante del cual un grupo de soldados marroquíes custodian La Línea, una foto elocuente del papel de Marruecos como amigo de la España aliada con Italia en las confrontaciones bélicas en el Mediterráneo. De hecho, en este artículo su autor Luis Fuertes Rodríguez afirma que en caso de una guerra el asedio del Peñón sería respaldado por la aviación procedente de Marruecos y Argelia. En esta misma línea de alianzas bélicas, en el primer número de *Legiones y Falanges* el artículo «La guerra del Mediterráneo» expone la concentración de fuerzas navales en esta zona, acompañado de fotografías aéreas de bombardeos italianos de naves inglesas para hacer una clara demostración de superioridad militar de Italia y Alemania, las potencias fascistas; en este artículo destacamos un mapa, titulado «Donde combate Italia», en el cual aparece Marruecos junto al dibujo de una cadena de hierro dibujada en el Estrecho de Gibraltar, como símbolo del freno del avance de Inglaterra hacia África.

En el primer número de *Legiones y Falanges* también destacamos otro artículo titulado «Italianos y españoles en África» del arabista Luis Antonio de Vega Rubio (Rodríguez Puértolas, 1986: 738), que residió en Marruecos como director de las Escuelas Árabes de Larache y después de las de Tetuán (*Ls/Fs*, 1, I, 1940, 25–26). En este artículo de un buen conocedor de la cultura marroquí, se habla de Marruecos como una zona de influencia española, de la "Berbería" (término habitual en la época, que incluía Argelia y Túnez), haciendo alusión a la Guerra del Rif ya que en el año 1930 se eliminó la autoridad del sultán en las cabilas del norte de Marruecos con fuerzas franco-españolas; no obstante, el periodista aprovecha estas líneas para criticar a los franceses, ya que afirma que los colonos seguidores del Frente popular francés se caracterizaron en esta época por cometer robos y actos delictivos. Esta reprobación de los franceses es utilizada por Luis Antonio de Vega Rubio para exaltar la alianza de italianos y españoles que «son como hermanos», según este escritor tanto en Europa como en África los italianos y españoles tienen «un odio común contra los enemigos», lo que quiere decir, los franceses y los ingleses. Este artículo va acompañado de una fotografía de un centinela marroquí en el fuerte de Ifni, en el llamado Marruecos español, detrás de quien ondea una ajada bandera española; otra fotografía acompaña este artículo, la de un quiosco de Melilla en el que vemos un cartel que dice: «Viva el ejército español» / «Viva España».

Sin duda uno de los artículos más interesantes de *Legiones y Falanges* para comprender cómo se utilizó el tema de Marruecos por el fascismo es el titulado «Tánger» (*Ls/Fs*, 2, I, 1940, 7–9), también del periodista Luis Fuertes Rodríguez. Este artículo se inicia con un prólogo en el que se presenta la ciudad con un recorrido histórico que va desde el año 710 —cuando comenzó la ocupación árabe de la Península Ibérica— en el que se explica con especial énfasis la caída de Granada en 1492. Luis Fuertes Rodríguez argumenta su exposición con citas como la de la conocida periodista alemana Margret Boveri a quien atribuye la conocida frase de que «África comienza en el sur de los Pirineos», trayéndola a colación en sentido positivo, para constatar una especificidad cultural de la cual se siente orgulloso y en la que la Giralda de Sevilla y la Qutubia de Marraquech son estandartes de una cultura común. Sin embargo, el artículo no tiene como objetivo ni el enardecimiento ni el elogio de Tánger, sino tratar el fin de su régimen internacional con la invasión de tropas españolas el 14 de junio de 1940 y su anexión al Protectorado español de Marruecos (Hernando de Larramendi, 1988: 571–582). Según el artículo, después de la anexión de 1940: «Tánger participa del principio de unidad geográfica del Marruecos español y es un espacio vital de la nación española», afirmaciones a las que se acompaña con unas fotografías del desembarco de la primera fuerza española entrando en la ciudad y de Tánger una vez realizada la ocupación. En *Legiones y Falanges* se hace patente desde los primeros números que a causa de su gran valor como enclave estratégico, político-militar y económico, la ciudad de Tánger interesaba a las potencias internacionales y a España especialmente, cuyo gobierno incluso consideraba su régimen internacional una afrenta contra sus aspiraciones imperialistas (Sueiro Seoane, 1989: 69–87).

En esta misma línea, comentemos a continuación otro artículo aparecido en el mismo número 2 titulado «Vida del caudillo», del periodista José Sampelayo (*Ls/Fs*, 2, I, 1940, 11–13). En este artículo se recorre la vida de Francisco Franco desde sus primeros pasos en la carrera militar, en *Legiones y Falanges* se destaca su inicio vinculado estrechamente a Marruecos dado que fue uno de los generales de la Guerra del Rif al mando de la legión española combatiente en la zona del Protectorado español. El artículo es un elogio de Franco y una exaltación de su figura, los episodios de su vida militar se narran de forma gloriosa destacando el desembarco de Alhucemas, ilustrado con una fotografía del 8 de septiembre de 1925 en la que se ve a Franco, Miguel Primo de Rivera y José Sanjurjo a la cabeza de las brigadas españolas en las playas de la bahía marroquí. Es importante señalar que en este panegírico de Franco se presenta Marruecos como el lugar donde las hazañas militares hicieron del caudillo un héroe épico, desde que en 1912 se inició su trayectoria en África como oficial voluntario del regimiento de infantería y los Regulares fueron: «un cuerpo de marroquíes comandados por un español», hasta que como coronel de campo lideró la retirada de Chauen a Tetuán. En definitiva, en este apologético artículo de José Sampelayo se presenta a Franco como el responsable de la pacificación de la zona española en Marruecos, dejando de lado cualquier otra alusión a la crudeza del Desastre de Annual (Leguineche, 1996) o la intervención francesa en el desembarco.

Este artículo encomiástico de Francisco Franco y el dedicado a la anexión de Tánger al Protectorado español en Marruecos se complementan en el segundo número de *Legiones y Falanges* con otro del periodista y político italiano Manlio Lupinacci titulado «Destino de Marruecos» (*Ls/Fs*, 2, I, 1940, 37–39). Este artículo presenta Marruecos como una prolongación de España: «separado y diferenciado del continente africano por la arquitectura de sus montañas, por su historia y civilización, Marruecos es sobre todo un limbo o una reproducción de España, una Iberia africana». Una fotografía de jinetes militares marroquíes en Madrid ilustra este artículo, en el que el periodista italiano recuerda la primera crisis marroquí que dio lugar a los acuerdos del 8 de abril de 1904, con motivo del acuerdo establecido entre Francia y

España para definir su estatus colonial en el país magrebí, con un beneplácito del Reino Unido no exento de tensiones. Lupinacci presenta Marruecos como un territorio codiciado por Inglaterra y Francia, también por comerciantes alemanes. Asimismo expone, bajo el punto de vista de los intereses ítalo-españoles, el asunto de la Conferencia Internacional de Algeciras, entre el 16 de enero y el 7 de abril de 1906, para debatir el futuro de Marruecos y la demarcación de las zonas sobre las que cada potencia colonial iba a establecer su protectorado. El artículo está ilustrado con una fotografía de la gran mezquita de Ceuta, ofrecida a la comunidad musulmana por el Alto Comisariado Español en Marruecos. Para reforzar esta imagen de la presencia de dirigentes españoles en Marruecos, la sección «30 días en Madrid» de este número dedica una mención especial a la inspección del General Varela (Martínez Roda, 2012) de la zona española de Marruecos, incluyendo en esta visita a Tánger.

A partir del año 1941 los artículos de *Legiones y Falanges* van trasladando el papel de Marruecos como protagonista de primera línea de los titulares a uno más secundario, ofreciendo temáticas que daban a conocer aspectos puntuales de la historia marroquí vinculados siempre a intereses bélicos y a sus contribuciones al éxito de las políticas del fascismo. Es el caso del artículo «El túnel bajo el estrecho» de Antonio Asensio (*Ls/Fs*, 3, I, 1941, 33–35), en el que se habla del proyecto de creación de un túnel que uniría las dos orillas del Mediterráneo, un enlace de comunicaciones de Europa con África. El periodista recuerda que este proyecto estaba basado en una idea ya antigua del conde Laurent de Velledeuil, que en el año 1869 había presentado un plan ante el Ministerio de Obras Públicas español, y también que ya en 1933 una comisión presidida por Casares Quiroga había examinado *in situ* la ubicación de un túnel que se vería factible para el año 1940. Según Antonio Asensio, la España de Franco: «renace proclamándose parecida al imperio de Carlos V, recogiendo como un mandato la herencia africana de Fernando el Católico», una España:«capaz de grandes empresas» y de «reconquistar su plena soberanía de la roca de Gibraltar». Sin duda, hablar de la construcción de esta infraestructura en el Estrecho de Gibraltar suponía en *Legiones y Falanges* un buen pretexto para tratar la seguridad de la zona, ya que el túnel (que partiría de Torre de la Peña en Andalucía hasta Punta Ferdigua —inmediaciones de Alcázar Seguir— en Marruecos, con una galería de 35 kilómetros y un hipotético tren, 80 metros bajo el mar) se convertiría en el centro de la relación mercantil entre ambos continentes. Este artículo de Antonio Asensio va acompañado de unas fotografías costumbristas de marroquíes, en la primera de ellas se ve en una calle de Ceuta a un anciano artesano sentado en el suelo vestido con chilaba junto a un joven y un niño descalzo; en otras dos fotos se muestran calles típicas de la Medina de Tetuán, en una de ellas se ve a unos comerciantes con sus burros de carga y en otra, titulada «Arriba y abajo, aspecto del Marruecos español», una calle estrecha de la ciudad antigua de Tetuán con personas ataviadas con ropas tradicionales. En este mismo número, en la sección «30 días en Madrid», se anunciaba que ya se había publicado la disposición que incluía a la zona internacional de Tánger en la administración del Protectorado Español en Marruecos (*Ls/Fs*, 3, I, 1941, 57).

Como estamos viendo, la historia de Marruecos en *Legiones y Falanges* se utiliza para exponer la posición del régimen franquista sobre acontecimientos coetáneos a la publicación de la revista, como fueron el estatuto internacional y la titularidad de la ciudad de Tánger y del Peñón de Gibraltar, sobre las cuales proyectaba sus ambiciones imperiales el fascismo. Es por ello que en el número 4 el artículo «Política nueva de la Falange» del periodista afiliado a la falange Juan Ramón Masoliver Martínez de Oría (*Ls/Fs*, 4, I, 1941, 15–16) se aborda, de nuevo, el tema de la ocupación española de la zona de Tánger a través de un discurso de Ramón Serrano Suñer. Martínez de Oría —que trabajaba en la Delegación de Prensa y Propaganda— glosa este discurso del que fue el Ministro de Asuntos Exteriores del gobierno franquista, exponiendo la posición oficial que hacía suya: «la voluntad de la nueva España en reprobar la ocupación de la zona de Tánger en junio de 1940» ya que había que: «poner fin a aquella rapacidad internacional que con la artificiosa internacionalización de Tánger había querido justificar una causa injustificable y que, en definitiva, era un oprobio para España». Está claro que el periodista Martínez de Oría compartía las opiniones de Serrano Suñer, dado el tono jactancioso del artículo y los argumentos que resalta del discurso, como el que con la ocupación de Tánger se dio curso legal a la peseta en esta ciudad, también que fue nombrado gobernador de la zona el Comandante de la Tropa de ocupación —refiriéndose al General Ponte—, con la escolta de la policía internacional y que el puesto de administración quedó bajo la zona española del Protectorado de Marruecos (Sueiro Seoane, 1994: 135–163). Martínez de Oría reproducía en este artículo la vanagloria del franquismo ante el desmantelamiento del régimen internacional de Tánger con las declaraciones de Serrano Suñer: «Tánger entra en el ámbito de nuestra geografía, de nuestra historia y de nuestro natural derecho, porque nuestra acción en Tánger reviste todo un carácter de una expansión natural». Resulta evidente la propaganda en este artículo y la formulación explícita de las ambiciones del imperialismo falangista, recurriendo para ello a la elaboración de una semblanza amable de los marroquíes mediante el elemento fotográfico y comentarios como que: «incorporamos a su zona, el Protectorado marroquí, a la jurisdicción del Jalifa, reduciendo el absurdo atomismo de un pueblo que posee una personalidad histórica, religiosa y cultural perfectamente individualizada». En este mismo número 4 encontramos otra publicación sobre la cuestión de Tánger titulado «La España antiversaglista» del periodista y político italiano Giuseppe Vedovato (*Ls/Fs*, 4, I, 1941, 17–18). El periodista Vedovato comenta la importancia del artículo 141 del Tratado de Versalles relativo a la renuncia alemana a cualquier injerencia en Marruecos, y se posiciona con el gobierno franquista al afirmar que: «con la victoria, la guerra ha potenciado a la España falangista con la reivindicación de Tánger, poniendo fin al estatuto internacional de la ciudad y devolviendo este lugar a quien le pertenece y la posición en la historia y geografía que le corresponde».

En *Legiones y Falanges* hemos podido también constatar la voluntad de los articulistas de vincular a España e Italia utilizando el tema de Marruecos, en especial el de la ciudad de Tánger. En el artículo «Identidad de vistas» del diplomático y escritor José Antonio Jiménez Arnau (*Ls/Fs*, 5, I, 1941, 6–7) se habla de los temas de conversación durante la visita del Caudillo a Italia: la guerra, el Mediterráneo, África y la paz; no obstante, Jiménez Arnau puntualiza que lo que más interesaba a los españoles eran los temas de África y el Mediterráneo, en especial la cuestión de Tánger y el apoyo de Italia a su incorporación al Protectorado español.

En este sentido, en el mismo número el artículo «El África del mañana» del periodista radiofónico Mario Appelius —corresponsal en África, y convencido fascista que apoyó el *Manifesto della razza* de 1938 y refirió por radio la invasión alemana de Polonia— se habla de la influencia francesa e inglesa en el continente negro y establece la comparación con la capacidad colonizadora de Italia y Francia (*Ls/Fs*, 5, I, 1941, 8–10). Según Appelius, la "Euráfrica" era un espacio natural histórico-geográfico de expansión de los países europeos. No obstante, los ingleses habían apoyado los guerreros de Abd-el-Krim en el Rif contra las tropas españolas, además Appelius señala en su artículo que su interés en África estaba basado en la provisión de materias primas alimenticias para Europa, en la búsqueda de residencia y empleo para europeos que no lo encontraban en sus países, también asegurar a la industria europea un mercado para sus productos, y alcanzar la estabilidad con el Islam y favorecer la evolución histórica de zonas musulmanas como Egipto y otros núcleos árabes. En este número 5 el artículo «Vida de las Columnas de Hércules» del escritor y periodista Orio Vergani trata también la cuestión de Tánger de forma colateral y literaria, a propósito de un viaje por Marruecos (tras visitar varias ciudades del Marruecos francés: Rabat, Fez, Marraquech y Casablanca) (*Ls/Fs*, 5, I, 1941, 31–34). Este artículo va ilustrado con una gran fotografía subtitulada «Tropas marroquíes en la ocupación de Tánger» en la que se ve a un grupo de soldados vestidos con chilabas y armados, sentados en un bosque. Orio Vergani habla de Tánger como una ciudad exótica utilizando expresiones como «puerta de Marruecos» y «una ciudad que reveló el oriente a los pintores franceses del ochocientos» pero, también, «un lugar de presión política para Europa». Así que Vergani se pregunta: «¿dónde termina el Marruecos español y dónde comienza la zona de Tánger?» El periodista nos cuenta su llegada a Tánger, el encuentro con la policía internacional, la panorámica con banderas de todos los colores. Vergani señala que el zoco de Tánger es una Babel políglota, ilustrando el artículo con una fotografía del zoco chico de Tánger con marroquíes y una pareja de soldados europeos. En su viaje por el "Marruecos francés", Vergani había visto a los soldados marroquíes formados en la estación del tren de Rabat, que seguramente esperaban ser llevados para embarcar por los franceses. Cuando Vergani narra su paso del Estrecho, camino hacia Málaga, dedica un pensamiento a los dos continentes, a la inmensidad del Océano, y a las razas, así como a reflexiones del viaje: la tierra de África tiene, región tras región, un cambio lentísimo. En ese momento, echa la vista atrás para recordar la semana pasada en Marruecos, con cierta nostalgia piensa en las fachadas de color azul de Tetuán. En ese momento, ante la vista de la gran roca de Gibraltar, se acerca a La Línea «donde finaliza España, un pequeño espacio neutro, un istmo de tierra que une el monte de Gibraltar a la Península Ibérica». Al entrar en Gibraltar el día de navidad del año 1939, el escritor Orio Vergani nos describe cómo vio la ciudad, que estaba casi desierta, con los comercios cerrados y donde había gente que hablaba en voz baja.

Además de la cuestión de Tánger y del Peñón de Gibraltar, en *Legiones y Falanges* también se trató con insistencia el tema del desembarco de las tropas estadounidenses de Eisenhower en Casablanca en la llamada Operación Torch. Así, en el artículo «Guerra en tres océanos» del periodista italiano Giuseppe Caputi (*Ls/Fs*, 15, II, 1942, 10–12) se habla de la guerra en el Mediterráneo, de los «planes de agresión, hegemonía y repartición del mundo» de Churchill y Roosevelt. En este sentido, Caputi expone cuáles eran en ese momento de la guerra las amenazas británicas más apremiantes: las islas Azores amenazadas, también las Canarias, Groenlandia ocupada, lo mismo que Islandia, y el proyecto de desembarco en Dakar, en Portugal, y en Marruecos (desembarco que, efectivamente, ocurrió el 8 de noviembre de 1942 por parte de las fuerzas de Eisenhower cuando 600 buques desembarcaron a 70.000 soldados anglo-estadounidenses en Safí, Casablanca, Orán y Argel).

2. Apropiación del pasado andalusí por el fascismo

Además de la cuestión de la reivindicación y ocupación de Tánger y el papel de Marruecos como zona estratégica en la segunda guerra mundial, en *Legiones y Falanges* el régimen utiliza el tema de Marruecos para instrumentalizar el patrimonio andalusí como pasado grandioso del imperialismo fascista. En el artículo «El África del mañana» del periodista Mario Appelius (*Ls/Fs*, 5, I, 1941, 8–10) se apela a la sangre árabe que recorre las venas de algunas gentes de la España meridional y de los lugares artísticos e históricos del Islam existentes en España. Según Appelius, esta riqueza cultural y este componente racial constituían una plataforma en la cual el concepto de "Euráfrica" podía desarrollarse a una gran velocidad.

A lo largo de todos los números de *Legiones y Falanges* hay muchas alusiones a los marroquíes bajo el término "moros", no obstante hemos de señalar que en la revista la visión de los marroquíes es más paternalista que racista, dado que Marruecos se presenta siempre como fiel aliado de Franco. Marruecos y los marroquíes habían colaborado directamente en el éxito de los objetivos del dictador, de hecho las tropas árabes estuvieron presentes en la Guerra Civil española (Madariaga, 1988: 575–600 y Madariaga: 2006). Es el caso del artículo «La España del 600» de Antonio Conti (*Ls/Fs*, 7, I, 1941, 46–48), en el que subraya, de acuerdo con el ideario fascista, que la expulsión de los árabes de la Península no fue solo por motivos religiosos sino raciales, para evitar la decadencia de España: «fueron expulsados cerca de un millón de moriscos (dedicados en su mayoría a la agricultura), como la de 165 mil hebreos, no solo por motivos religiosos sino para liberar la nación de la infiltración étnica del elemento de otra raza, sobre todo de los turcos y los musulmanes, fue una política con objetivos raciales». Acompaña este artículo una fotografía titulada «Colección de recuerdos de la Alhambra».

Esta idea del componente racial se retoma en algunos artículos de *Legiones y Falanges*, como el titulado «Guerra de España y guerra de religiones» de Cesare Guerri (*Ls/Fs*, 8, I, 1941, 6–7), en el que se habla de la herencia árabe-bereber del pueblo español. En este artículo se afirma que España ha heredado de los marroquíes su «capacidad y dedicación ardiente a una causa ideal, su heroísmo y resistencia desesperada». Así también, en este artículo se describe de forma laudatoria a los marroquíes que constituían la guardia del cuerpo de Franco, según Cesare Guerri eran: «gigantescos y misteriosos», y además: «formaban en torno a él una barrera», reforzando así la imagen de lealtad de los marroquíes a Franco.

Esta afirmación de la raza española y sus relaciones con otras razas como la árabe está conectada con la consideración de España como un organismo fisiológico. Esta idea se desarrolla de forma explícita en el artículo «Espacio vital en la historia de España» de Juan Ramón Masoliver Martínez de Oría (*Ls/Fs*, 8, I, 1941, 11–12). Según Martínez de Oría, este argumento repercute en las tentativas de ampliar los límites del propio territorio. A propósito de esta cuestión, Martínez de Oría reseña en este artículo el libro de Vicens Vives *España. Geopolítica del Estado y del Imperio* (Barcelona, 1940). Esta obra propone la tesis de que España es una nación que tiene que satisfacer sus "necesidades vitales", ideas y formulaciones de las que en aquella época también se adueñaba el nacionalismo de tipo ideológico propio del fascismo (Regueiro, 1991). Según expone Martínez de Oría en el artículo: «apenas se concluyó con la conquista de Granada se estableció entre la zona del Estrecho y África una muralla en defensa de la Península, lo que en geopolítica se llama "tendencia frontal" hacia la costa opuesta». Como se puede comprobar, Masoliver en este artículo —mediante el comentario de la obra de Vicens Vives— justifica y desarrolla argumentos peculiares del fascismo español, caso de la preservación política y territorial de España y la reivindicación imperialista de territorios adyacentes como Marruecos. Masoliver Martínez de Oría repite también esta misma visión nacionalista con diferentes formulaciones en otros artículos y secciones, como el de actualidad «30 días en Madrid» (*Ls/Fs*, 3, I, 1941, 57), en el que a propósito de reseñar una serie de conferencias de tema africano impartidas por Antonio Tovar —entonces subsecretario de propaganda— en el Ateneo de Madrid a cargo de la Sociedad de Estudios Coloniales, señalaba que un estado existe «en la medida en que se arriesga a proyectar al mundo su propia impronta, espiritualmente o materialmente, en el espacio vital», de ahí que España reivindicase por imperativo histórico y geográfico Marruecos, Argelia y Orán, el sur del Sáhara y otros territorios africanos con presencia francesa desde 1900.

Este pasado glorioso de la conquista de Granada se repite en algunos artículos de *Legiones y Falanges*, es el caso del titulado «El regreso de la infantería española» de Giovanni Ansaldo (*Ls/Fs*, 11, I, 1941, 2–4). En este artículo se pone de relieve la grandeza épica de la gente española que «ha realizado la gran revolución política y social de la Reconquista, ha cazado al moro en el extremo de la Península, ha plantado sus cruces en Granada».

Sin duda, uno de los artículos que mejor refleja la apropiación fascista del pasado es el titulado «Leyendas españolas. Menéndez Pidal y la poesía popular», de Farfarello (*Ls/Fs*, 16, II, 1942, 21–24). En este artículo se comenta la obra de Menéndez Pidal *Floresta de leyendas heroicas españolas* en la cual se cuenta la *Leyenda de Don Rodrigo y de Tariq*. Esta leyenda es la relativa a la conquista de Hispania y la que trata el origen del nombre de Gibraltar, en ella se cuenta que Tariq-ben-Zeyad con 7000 hombres, en su mayor parte bereberes, pasaron el Estrecho, desembarcaron y se fortificaron en el monte que ahora se llama Monte de Tariq (Gebel Tariq o Gibraltar), en Julio de 710. En este artículo se recuerdan también las fuentes de esta leyenda como, en primer lugar, la *Crónica mozárabe* del año 754, de Abderrahman-ben-Abdelhakem escritor del siglo IX; en el artículo se resume la leyenda de don Rodrigo que, en un palacio cerrado en Toledo, abrió una puerta que estaba cerrada con llave y, cuando la abrió, descubrió el anuncio de la inminente invasión de España. En segundo lugar, se cita la *Crónica sarracina* de Pedro Corral del año 1430. El artículo termina con la pregunta: «¿quién fue el primer autor de la leyenda, los musulmanes o los cristianos?» y recuerda que Menéndez Pidal afirmó que fueron los cristianos, aunque los documentos demostrasen que fueron los musulmanes.

Este pasado legendario y épico, se presenta en *Legiones y Falanges* a través del elogio de las ciudades y los monumentos más significativos de la historia andalusí. En el artículo «Profecía y política» de Juan José Pradera (*Ls/Fs*, 7, II, 1942, 8–10) se trata la conocida profecía de Savonarola como pretexto para afirmar que, en el lado opuesto de la Roma conquistadora y de la España del siglo XVI, se puede considerar que la Italia del siglo XX y la España del XIX han visto destruidos sus imperios y linaje a causa de la infiltración racial. En este artículo dos potentes imperios como el romano y el español, este último con exponentes del imperio marroquí como la Giralda de Sevilla, están amenazados de sufrir un declive que, en el caso de España, ya había profetizado siglos antes la reina Isabel la Católica.

El artículo «Córdoba» de Eugenio Montes, de la Real Academia de España (*Ls/Fs*, 12, II, 1942, 6) habla de la cultura "mahometana", de Granada y las fuentes del Generalife, al tiempo que habla de «la medialuna sobre la que versaron su sangre los cristianos contra los moros». Este artículo está acompañado de una gran foto de la Mezquita de Córdoba.

3. Representaciones del Marruecos colonial

En la revista *Legiones y Falanges* se ofrece una imagen idealizada de Marruecos y de los marroquíes, a través de fotografías y artículos en los que se muestra a la población autóctona en escenas costumbristas tradicionales. A lo largo de la revista se afirma repetidamente que España ve en Marruecos una prolongación de su propio país en el otro lado del Estrecho, que el español siente que el futuro de su pueblo está en África, argumentando que existe una similitud de su base racial. Asimismo, en la revista se ofrecen bastantes fotografías en las que se muestra una visión cordial de los soldados marroquíes que sirven para destacar las buenas relaciones entre Marruecos y España. Por ejemplo, en el número 13 de *Legiones y Falanges* podemos ver dos grandes fotos de la Guarda Mora de Franco, una de estas fotos se trata de un grupo de soldados sentados bebiendo té y fumando nargile. Otra imagen es una gran foto de Franco y su familia saludando desde un balcón del Palacio del Pardo durante una fiesta local con autoridades y bajo ellos, sobre la barandilla del balcón, la bandera con el águila (*Ls/Fs*, 1, II, 1941, 18–19). De la misma forma, la foto que ilustra el artículo «Política exterior y partidos políticos en Argentina» de A.G. es una gran imagen de soldados desfilando, ataviados con capa y turbante árabe, con fusil al hombro, cuyo pie de foto dice «La fidelísima guardia marroquí de Franco» (*Ls/Fs*, 2, III, 1942, 8).

Esta concordia entre países se expone a través de hechos como la visita del Jalifa marroquí Mulay el Hassan Ben el Mehdi a Madrid que se recoge en la sección «30 días en Madrid» (*Ls/Fs*, 9, II, 1942, 25). *Legiones y Falanges* informa de las visitas realizadas por el Jalifa durante su estancia en España (El Escorial, Toledo y el Alcázar, «símbolo del heroísmo de los combatientes por la causa nacional»), y los encuentros con las máximas autoridades como la «Solemne acogida del Jalifa marroquí, recibido por el Ministro de Exteriores Serrano Suñer» y «el Jalifa en Madrid ha sido también recibido por el Caudillo, que le ha invitado a un ágape en el Palacio de Oriente, le ha concedido el grado de Invitado de honor y el Collar de Carlos III». En esta breve reseña de la significativa visita, se alude al Jalifa marroquí como «sabio señor del Marruecos» y se subrayan «las virtudes de los fidelísimos marroquíes, que sin duda han contribuido a la guerra nacional llevada por el general Franco». Se trata de una noticia en la que se quieren resaltar las buenas relaciones entre España y Marruecos y el respaldo al Protectorado español en Marruecos. Una fotografía de esta visita del Jalifa de Marruecos siendo recibido por el Caudillo ilustra la sección «30 días en Madrid» del siguiente número de *Legiones y Falanges* (*Ls/Fs*, 10, II, 1942, 25).

Con todo, el episodio histórico que más se destaca entre los que se citan es el de la conquista de Granada, que se presenta en *Legiones y Falanges* como el que mejor simboliza el poder y supremacía de España. En el artículo «La España irredenta» del escritor y periodista Bartolomé Mostaza (que fue director de la revista falangista *Fotos* y subdirector del diario *Arriba*) se destaca que: «en el 1942, con la victoria de Granada, conquistamos la unidad» (*Ls/Fs*, 3, III, 1943, 6). Para Bartolomé Mostaza "África representa el destino español del siglo XX, como lo fue América en el siglo XVI", una aspiración imperial que resume lo que para los falangistas es «nuestro derecho histórico de la conquista, una parte esencial de nuestra raza».

Quizás el artículo en *Legiones y Falanges* que sintetiza mejor la visión del espíritu falangista que pretende instrumentalizar la historia para hablar del presente es el titulado «Del Cid Campeador a Eisenhower», del periodista y escritor italiano Giovanni Ansaldo (*Ls/Fs*, 4, III, 1943, 2–5). En este artículo se recuerda la victoria del Cid «en la tierra de los Moros», para destacar la extensión de la potencia e influencia de España sobre la costa africana. Bajo la excusa de dar a conocer la figura del Cid Campedador, Ansaldo habla de que tras siglos de historia las cabilas musulmanas se unieron a la Península, se trataba de la zona árida e ingrata de Marruecos, que se reservaba a España. También en este artículo se recuerda el Desastre de Annual, sin embargo, el texto da un giro temático y el periodista se coloca en la actualidad afirmando que la conclusión provisional de todo este gran sueño, del gran esfuerzo secular de los españoles, es que se corre un gran riesgo, ya que se ha verificado un hecho nuevo con la aparición de los barcos norteamericanos en Marruecos. Es decir, que se ha hablado de la historia del Cid para insistir en uno de los acontecimientos militares más importantes de aquel tiempo: el desembarco de los norteamericanos de Eisenhower en Casablanca el 8 de noviembre de 1942, tropas que «llegaron a los ojos del General Yague en Melilla y del general Mezian en Larache». El artículo concluye que «África es la patria del Cid, con una especie de raza de *cow-boy*», ilustrándose con una gran foto de patrullas del nuevo frente africano.

4. Conclusiones: Marruecos en la prensa fascista

La lectura de la revista ítalo-española *Legioni e Falangi, rivista d'Italia e di Spagna / Legiones y Falanges, revista de Italia y de España* nos permite señalar que la prensa fascista se apropió del tema de Marruecos como argumento favorable a la política española y, por ende, la de sus aliados italianos. Marruecos se presenta a lo largo de los números publicados entre los años 1940 y 1943 como una zona estratégica en el escenario de la segunda guerra mundial, una referencia fundamental en la zona mediterránea por su valor político-militar y económico. Los acontecimientos bélicos y políticos durante la contienda internacional se relacionaron con Marruecos a través de acontecimientos puntuales, entre los que se destacó el fin del régimen internacional de Tánger con la invasión española en 1940 y su incorporación a la zona del Protectorado español, así como el desembarco de tropas anglo-estadounidenses en Casablanca en 1942. Podemos concluir que las imágenes que sobre Marruecos se presentaron al imaginario de los lectores de la revista *Legioni e Falangi/Legiones y Falanges* fueron contradictorias y disonantes, ya que se presentó a los marroquíes tanto como un pueblo que contribuyó al triunfo del régimen fascista en la Guerra Civil española como un país colonizado y sometido a las potencias europeas.

Referencias bibliográficas

ARAGÓN REYES, M. (dir.) (2013) *El Protectorado español en Marruecos: la historia trascendida*, Madrid, Iberdrola, 3 vols.

CAMPS, A. (2014) *Italia en la prensa periódica durante el franquismo*, Barcelona, Universidad de Barcelona.

GIL GRIMAU, R. (1999) «Análisis del *Diario de África*, de Tetuán (órgano de expresión de la presencia intervencionista española durante más de veinte años)», *Revista de Filología de la Universidad de La Laguna*, 17, 337–348.

HERNANDO DE LARRAMENDI, M. (1988) «Tánger durante la ocupación española, 1940–1945», *Actas del Congreso Internacional 'El Estrecho de Gibraltar'*, Madrid, Universidad Nacional de Educación a Distancia, 571–582.

LEGUINECHE, M. (1996) *Annual 1921, el desastre de España en el Rif*, Barcelona, Alfaguara.

LLORENS, Ramón F. (1995) «Legiones y falanges: una experiencia insólita», *Relaciones culturales entre Italia y España. III Encuentro entre las Universidades de Macerata y Alicante (marzo, 1994)*, Enrique Giménez López, Juan Antonio Ríos Carratalá, Enrique Rubio Cremades (coords.), 91–104.

MADARIAGA, M. R. de (1988) «La imagen del moro en la memoria colectiva del pueblo español y el retorno del moro en la Guerra Civil de 1936», *Revista Internacional de Sociología*, 4, 575–600.

MADARIAGA, M. R. de (2006) *Los moros que trajo Franco*, Barcelona, RBA.

MAINER, J. C. (1971) *Falange y Literatura*, Madrid, Labor.

MARTÍN CORRALES, E. (2007) «Marruecos y los marroquíes en la propaganda oficial del Protectorado (1912–1956)», *Mélanges de la Casa de Velázquez*, 37, 1, 83–108.

MARTÍNEZ RODA, F. (2012) *Varela: el general antifascista de Franco*, Madrid, La Esfera de los Libros.

MORALES LEZCANO, V. (1986) *España y el norte de África: el Protectorado de Marruecos (1912–1936)*, Madrid, Universidad Nacional de Educación a Distancia (2ª ed.).

PELLEGRINI, A. (2009) *La Italia fascista en la prensa española: 1940–1945*, Barcelona, Universitat de Barcelona, Departament d'Història Contemporània.

REGUEIRO, A.T. (1991) *Fascismo y geopolítica en España*, Barcelona, Universidad de Barcelona, *Cuadernos críticos de geografía humana*, 94.

RODRÍGUEZ PUÉRTOLAS, J. (2008, 1ª ed. 1986) *Historia de la literatura fascista española*, vol II, Madrid, Akal, 738.

SCHIFANO, P. (2007) «Los problemas financieros, administrativos y políticos de *Tempo* edición española», sección *Prensa* del *Archivo digital Fernández-Xesta*.

SUEIRO SEOANE, S. (1989) «La incorporación de Tánger, una batalla perdida de la diplomacia primorriverista», *Espacio, Tiempo y Forma*, Serie V, Historia Contemporánea, 2, 69–87.

SUEIRO SEOANE, S. (1994) «España en Tánger durante la Segunda Guerra Mundial: la consumación de un viejo anhelo», *Espacio, Tiempo y Forma*, Serie V, Historia Contemporánea, 7, 135–163.

L'egemonia anglosassone nella rivista *Legioni e Falangi*. Costruzioni ideologiche e identitarie

CINZIA SPINZI
Università di Palermo

El análisis lingüístico funcional de unos cuantos artículos de la edición italiana de la revista permite emprender un estudio sobre la ideología que los ha tejido con respecto a la construcción de una identidad inglesa hegemónica; un estudio más aproximado y crítico con respecto, por ejemplo, a un enfoque de tipo político-sociológico. Desde la catalogación realizada por el grupo de investigación, para este trabajo se han tomado en consideración unos artículos que abordan desde muy cerca la cuestión inglesa en relación con el eje italo-español. Unos cuantos "discursos" se cruzan en la revista, del histórico al geográfico, del espiritual al sentimental con el fin de justificar ideológicamente una actitud y un perfil ávido, oportunista, pérfido y poco sensible propios de la identidad inglesa según la perspectiva identitaria fascista.

1. Un singolare caso di collaborazione editoriale

Raramente un evento storico, se non un conflitto mondiale, ha conosciuto una copertura mediatica straordinaria sia per qualità che per diffusione come la guerra civile in Spagna. È proprio in seguito a questo evento bellico – come sottolinea Cicognetti (2008) – che si assiste a una vera esplosione del mercato dei media, espansione alimentata dall'illusione del racconto di un fatto immediato, con un corredo fotografico notevole e non più limitato a un ruolo di mera documentazione. A tale fenomeno contribuisce un altro fattore importante, ovvero la diffusione della stampa periodica. Agli inizi del 1900, i periodici più popolari erano nelle mani degli inglesi, che gestivano l'*Illustrated London News*, dei francesi padroni dell'*Illustration* e degli italiani gestori *dell'Illustrazione italiana*. A questi periodici si unisce nell'ottobre del 1940, per mano di intellettuali italiani e spagnoli, un'iniziativa politico-culturale nota con il nome di *Legioni e falangi. Rivista d'Italia e di Spagna* (1940–1943)[1], pubblicata contemporaneamente in Italia e in Spagna (per dettagli sulla rivista si veda Peña, 2010).

Il mensile, focalizzato sugli eventi politici e culturali del tempo, sulla guerra civile spagnola così come sull'elogio dell'esercito italiano impegnato su vari fronti di guerra, si pone come una celebrazione ideologica dell'unione storica fra i due paesi neo-latini, accomunati da un desiderio di riscatto dalla secolare egemonia della "perfida Albione".

Partendo dalla consapevolezza di fenomeni consolidati come la spettacolarizzazione e la manipolazione ideologica di eventi bellici, tramite *mass media* e propaganda, l'intento che questo lavoro persegue è quello di ricostruire l'identità britannica attraverso la rappresentazione ideologica fatta dagli intellettuali fascisti nella versione italiana della rivista in esame, guidata da Giuseppe Lombrassa. In particolare, l'attenzione sarà posta sui seguenti quesiti di ricerca:

– quali identità con le loro concomitanti credenze, sentimenti e valori (ideologie) appaiono rilevanti, o comunque dati per scontato o in costruzione;
– in che modo tali identità si trasformano o sono stabili;
– quali 'discorsi' sono rilevanti e resi tali nei dati in questione.

Per rispondere a questi obiettivi ci baseremo sull'analisi del discorso di matrice sistemico-funzionale (Halliday, 1985), da cui parte la *Critical Discourse Analysis* (Fairclough, 1995; Fowler, 1991; Van Dijk, 1993; 2000) che si avvale della categoria analitica del "discorso" per l'analisi delle ideologie sottese e della rappresentazione identitaria che dal

1 La versione italiana della rivista è accessibile al sito <http://digital.lib.usf.edu/SFS0024298/00025>.

discorso stesso viene plasmata (Burke, 2008). Il termine *discourse* in questo lavoro viene inteso come l'insieme di tutte quelle formulazioni sistematicamente organizzate attraverso le quali trovano espressione i significati e i valori di una istituzione (Fowler, 1991: 42).

2. Ideologia e identità

Collocato nella tradizione bakhtiniana (1981; 1986) del dialogismo, il presente studio considera un testo sia come ideologico che assiologico (complementarietà di significato ideativo e interpersonale secondo la prospettiva hallidayana) in cui il legame fra *sense* e *emotion* forgia il discorso. In altri termini: «ideologically speaking text unfolds as rationality – a quest for 'truth'; axiologically it unfolds rhetorically – an invitation to community» (Martin, 2004: 327). Secondo questa prospettiva, ogni "voce" costruisce una posizione valutativa rispetto ad altre voci. I significati possono essere negoziati a vari livelli del testo attraverso formulazioni argomentative, di valutazione, attraverso scelte multimodali e espedienti pragmatici. Fra questi, i significati valutativi sono intrinseci nel tessuto di un testo e la loro analisi è rilevante nell'esame di quei valori e norme sociali che stanno alla base del testo stesso e quindi nello studio di ideologie e identità (Hunston e Thompson, 2000; Martin, 2000).

Nella letteratura prevalgono essenzialmente due tendenze in riferimento agli studi sull'ideologia: la prima, di tradizione marxista, considera l'ideologia una falsa rappresentazione della realtà, un fenomeno materiale o come *practices* (Blommaert, 2005: 161); mentre nella seconda, le ideologie sono parte del pensiero e dell'agire umano. In questo contributo ci baseremo sulla nozione di ideologia come cognizione sociale (Van Dijk, 2000), cioè come un sistema di credenze socialmente condivise che vengono associate alle proprietà caratteristiche dei gruppi (identità, posizione, obiettivi, interessi, etc.). Le ideologie, quindi, intese come *deep structures* del comportamento sociale, come *system of beliefs*, equivalgono «a una serie di confini concettuali che svolgono un ruolo identificante» (Donadio, 2005: 23).

Da quanto sin qui detto, si evince il legame fra ideologia e identità: se alla Teoria del costruzionismo sociale va il merito di aver sottolineato il legame intrinseco fra identità e discorso (Berger e Luckman, 1967; Kroskrity, 2000), laddove l'identità non è né un dato né un prodotto, ma un processo in continua trasformazione, alla scuola di Fairclough (1989) si deve il riconoscimento dell'identità come inserita nelle pratiche sociali. Alla sociolinguistica va riconosciuto, invece, il valore di aver messo in evidenza come le convenzioni usate nel rivolgersi a uno o più partecipanti siano illuminanti in riferimento ai concetti di *power* e *solidarity* (Fowler, 1991: 35).

Le pratiche discorsive determinano i modi in cui gli individui si presentano agli altri e negoziano i propri ruoli. Le identità quindi non vengono semplicemente rappresentate nel discorso, ma messe in atto da una serie di espedienti che vanno oltre i confini di tipo linguistico (De Fina *et al.*, 2006: 3). Nonostante in letteratura emergano vari approcci allo studio dell'identità (*Narrative Analysis*; *Conversation Analysis*; *Interactional Sociolinguistics* e *Critical Discourse Analysis*), l'elemento che comunque li accomuna (De Fina *et al.*, 2006) è un orientamento anti-essenzialista, ovvero un approccio basato sul discorso e la pratica e un focus «on the interactional and local management of social categories and language along with consideration of the effects of global processes on the management of local identities» (De Fina *et al.*, 2006: 6). In questo contributo, l'analisi del discorso su base funzionale diventa analisi critica, in quanto si presume che le identità vengano in qualche modo imposte sugli individui e i gruppi attraverso le pratiche discorsive e le ideologie dominanti.

Relativamente al discorso giornalistico, l'assunto di questo studio è quello battezzato da Fowler (1991) secondo il quale la struttura di un articolo di giornale risente fortemente delle pratiche sociali comunicative, riportandone valori e credenze. Ne consegue che il concetto di "rappresentazione" degli eventi è sempre la rappresentazione di un punto di vista, di un'ideologia, di determinati valori che si ritrovano in determinate forme di espressioni, scelte lessicali e grammaticali.

3. Il corpus e la metodologia

La rivista politica italo-spagnola *Legioni e Falangi*, diretta da Giuseppe Lombrassa e Agustín de Foxá, comprende 33 numeri pubblicati in un arco temporale che va dall'ottobre del 1940 fino a luglio del 1943. Nel presente lavoro sono stati presi in considerazione il primo numero della rivista (Ottobre 1940), in quanto determinante per il destino del periodico e per la conoscenza della strutturazione della rivista medesima e alcuni articoli successivi, tratti da vari numeri, in modo da considerare un arco temporale più vasto possibile per la registrazione di eventuali variazioni in relazione all'argomento trattato (i dettagli del *corpus* di articoli sono riportati in Appendice). Durante l'esame della catalogazione della rivista nelle due versioni linguistiche[2], i titoli degli articoli, la descrizione e i nomi dei giornalisti hanno costituito il criterio di selezione. Si è notato per esempio che il giornalista Giovanni Ansaldo è quello che più si è occupato di descrivere le opinioni della rivista in merito alla posizione e agli atteggiamenti storici dell'Inghilterra.

Fondamentalmente incentrata sulla guerra civile spagnola e sul rinnovamento ideologico, la rivista raccoglie fatti e valutazioni di paesi attori che si affacceranno poi nello storico scontro politico volto ad affermare, i valori del proprio credo politico.

Ai fini dello studio della costruzione identitaria del mondo anglosassone, ci baseremo, come già dichiarato, sul modello della grammatica sistemico-funzionale di Halliday (1985) che ben si presta a rendere evidente il legame stretto fra la struttura linguistica e i valori sociali e politici. L'analisi, prevalentemente di tipo qualitativo, ricorre all'approccio quantitativo nel momento in cui la frequenza assume rilevanza a livello discorsivo. Al centro dell'analisi vi è l'organizzazione del linguaggio in metafunzioni rappresentanti le finalità degli usi della lingua: parlare della nostra esperienza del mondo, compresa quella mentale (funzione ideativa o esperienziale); interagire con gli altri individui,

2 Per i criteri, le modalità e gli esiti della catalogazione del *corpus* si veda la *Presentazione* di questo volume.

esprimere opinioni, costruire delle relazioni (funzione interpersonale) e, infine, organizzare i nostri messaggi in un certo modo e situarli nel contesto al quale si riferiscono, ponendoli in relazione con altri messaggi (funzione testuale). La grammatica della lingua riflette questo triplice approccio fornendo un sistema di scelte e ogni atto linguistico comporta sempre una scelta fra una rete di opzioni. In tale prospettiva funzionalista, il discorso è dunque visto come un modo organizzato di interagire con gli altri, attivando sempre funzioni diverse. La componente di cui ci serviremo in questo contributo è quella ideativa che in grammatica si basa sulla "transitività", un mezzo rilevante e potente per l'analisi della rappresentazione del reale o meglio dello stesso evento in modi diversi e quindi di grande valore per l'analisi mediatica (Fowler, 1991: 71). I pronomi personali e il *system of naming* sono chiari indicatori della transitività che identifica i ruoli dei partecipanti nella rappresentazione della realtà esterna e interiore, ma sono anche fondamentali nella prospettiva interpersonale, in quanto rivelano l'espressione anche implicita della presa di "posizione" del testo (*stance*), cioè il punto di vista espresso dall'emittente del messaggio, l'allineamento o meno dell'interlocutore o, in altri termini, la prospettiva valutativa che sottende le informazioni riportate.

La prima fase dell'analisi terrà conto della frequenza di alcuni lemmi (per esempio "Inghilterra"; "inglese/i", "Gran Bretagna", "anglosassone"), mentre successivamente l'attenzione si sposterà dall'asse paradigmatico a quello sintagmatico, cioè dalla frequenza delle parole alla loro combinazione fino alla creazione di significati che vanno oltre i confini delle singole espressioni.

4. Le ideologie fasciste nella costruzione identitaria britannica: noi contro loro

Ciò che in un testo è significativo dal punto di vista ideologico è il suo vocabolario, non solo i singoli *lexical items* (Fairclough, 1989: 113), ma anche i collocati e il modo in cui il lessico viene organizzato in *discourse types*. In altri termini, l'accezione di una parola non è un dato isolato e indipendente perché ogni significato entra in relazione sinonimica, antonimica, di contrasto con altri significati costituendo in questo modo raggruppamenti di parole che si associano con sistemi di significato.

La storia ci insegna che nella formazione delle identità, soprattutto quelle nazionali, c'é sempre stata una forte connotazione positiva nei confronti di se stessi e una negativa riguardante l'Altro, un paese confinante, una diversa comunità etnica o religiosa. I sentimenti d'inclusione o esclusione, *solidarity and detachment* (Duszak, 2002: 9) forgiano la nostra esperienza di vita, le nostre aspettative sulla base dei valori, delle credenze e dello stile di vita che hanno una funzione cognitiva: agiscono come espedienti di identificazione di gruppo.

In questa fase dell'analisi ci muoveremo sull'asse paradigmatico della lingua, ovvero saranno elettronicamente ricercati tutti gli elementi linguistici che hanno come referente il mondo anglosassone, in quanto ogni scelta di nome, pronome o etichetta sottende sempre un sistema ideologico (Fowler, 1991: 35). Il lemma "Inghilterra" presenta nel primo numero della rivista 52 occorrenze a fronte delle 68 occorrenze dell'aggettivo "inglese/i", delle 4 presenze del termine "Gran Bretagna" e di solo due dell'aggettivo "anglosassone". Queste quattro varianti rientrano tutte in un contesto di valutazione negativa. Il termine di riferimento al paese come entità politica si trova spesso in collocazione con termini negativamente connotati (per esempio: "estranea", "nemica", "intrusa", "ricca", "plutocratica", etc.) o come parte di un costrutto nominale o preposizionale di pari valutazione sfavorevole (per esempio: "egoismo patriottico dell'Inghilterra"). Il *classifier* "inglese/i", invece, si presta a una duplice compagnia: quella di lessemi apparentemente neutrali (per esempio come "popolo", "popolazione", "gente", "diritto", "impero", "storia", "governo", "cervelli", "letteratura") che sono sempre bersaglio di valutazione negativa e quelli appartenenti alla categoria degli *inscribed tokens of judgement* (Martin e White, 2005) (per esempio: "egemonia", "ostinata illusione", "schiavismo"), cioè termini che esplicitamente veicolano una valutazione negativa contribuendo a una costruzione identitaria inglese non in linea con i valori sottesi della scrittura fascista.

L'esempio che di seguito analizzeremo mette in rilievo gli strumenti linguistici di cui la scrittura fascista si serve per costruire il suo discorso ideologico anti-inglese:

(1) Per i cervelli inglesi, [Circostanza, punto di vista] non v'ha dubbio, [Processo Esistenziale] quella lotta immane, [Vettore] in cui la Spagna [Attore] sanguinò [Processo Materiale] per quattro anni, e in cui l'Italia [Attore] partecipò [Processo Comportamentale] col fiore della sua gioventù [Circostanza, accompagnamento], non ebbe [Processo Relazionale, attributivo] mai altro valore che quello di una enorme rissa mediterranea, [Attributo] sotto il sole, tra gli aranci [Circostanza, spazio]. Principi? Ideali? Il popolo inglese [Esperiente] crede [Processo Mentale] di avere [Processo Relazionale, possessivo] il monopolio dei principì e degli ideali [Attributo]; e per esso [Circostanza, punto di vista], italiani e spagnoli [Vettore] sono accomunati [Processo Relazionale, identificativo] ancora da questo fatto [Valore]: di non possederne nessuno [Processo Relazionale, possessivo]...

Ora è chiaro [Processo Relazionale, attributivo] che la gente d' Inghilterra, [Esperiente/Vettore] dispregiando [Processo Mentale, emotivo] così, da secoli, italiani e spagnoli [Fenomeno], fu [Processo Relazionale, identificativo] vittima di uno dei più tragici errori di valutazione collettiva [Valore], che si ricordino [Processo Mentale] nella storia moderna [Circostanza, spazio].

Ma è chiaro [Processo Relazionale, attributivo] altresì che essa, [Esperiente] accomunandoci [Processo Mentale] nella sua valutazione errata [Circostanza, locazione] mettendoci insieme, [Processo Mentale] sempre, nel suo modo di vedere le cose [Circostanza, locazione], percepiva [Processo Mentale] una verità [Fenomeno]: che cioè Spagna ed Italia [Vettore] costituivano [Processo Relazionale, identificativo] per l'Inghilterra [Circostanza, punta di vista] uno stesso avversario [Valore]; testimoniava [Processo Mentale] a suo modo [Circostanza] il grande fatto storico della nostra solidarietà [Fenomeno]. (*L/F*, 1, I, 1940, 14)

La maggior parte dei processi riscontrati in questo esempio sono di tipo Relazionale e Mentale: l'Inghilterra è identificata sempre in relazione alla Spagna e all'Italia e la rappresentazione di questi due paesi è a sua volta frutto di un Processo Mentale di cui l'Inghilterra è l'Esperiente. I valori attribuiti all'Inghilterra, che gettano luce su quelli che sono i valori culturali di chi scrive (Thompson, 2004: 98), denotano un atteggiamento inglese di totale mancanza di stima verso i due paesi mediterranei, considerati quindi privi di dignità morale o intellettuale. Anche gli elementi periferici, ovvero le Circostanze, contribuiscono a questa rappresentazione in modo cerebrale; si tratta di due forme incongrue che sostituiscono processi mentali veri e propri: "gli inglesi pensano/credono" o "gli inglesi hanno valutato in modo erroneo". Inoltre, nel delicato *interplay* di questi significati ideativi e quelli interpersonali (giudizi impliciti e espliciti, ma anche elementi di *stance*: «ora è chiaro»; «fatto storico») si riscontra una narrazione logica e apparentemente oggettiva ma che di fatto è soggettiva: il giornalista fa parlare gli eventi da sé ma allo stesso tempo li colora di un significato ideologico.

Come ha osservato Van Dijk (1988), nel guidare i lettori nell'interpretazione della verità spesso ci si serve dell'autorappresentazione in termini di polarizzazione fra un gruppo interno coeso e l'Altro da sé, generalmente visto come nemico. Questa dicotomia *us/them*, tipica della retorica tradizionale della guerra, si ritrova ovviamente anche nella scrittura fascista della rivista in esame che crea una divisione manichea fra il mondo anglosassone (e anche americano) da un lato, emblema del male assoluto e quello di Italia e Spagna, simbolo del bene assoluto, dall'altro. Lo scenario è determinato sin dall'articolo d'apertura della prima uscita del periodico, laddove l'Inghilterra è identificata come nemica della Spagna e dell'Italia, come «arbitraria padrona del mare» che diventerà poi nei numeri successivi «nemica del genere umano» (*L/F*, 10, I, 1.8.1941, 9).

L'uso dell'iperbato, cioè l'inversione fra sostantivo e aggettivo, come in «comune nemico», attribuisce all'aggettivo una certa preminenza spaziale e semantica che, in questo caso, pone l'accento sul valore dell'unione fra Spagna e Italia, due paesi che la storia ha visto intraprendere un destino condiviso e che ora le pone di fronte allo stesso antagonista: «la perfida Albione». Questo appellativo spregiativo, coniato dai francesi ai tempi di Napoleone, fu poi ripreso da Mussolini e compare nella rivista ben dieci volte, consolidando l'immagine dell'Inghilterra tiranna e affarista, come per esempio in: «I pozzi di petrolio dell'Iraq sono troppo cari alla perfida Albione» (*L/F*, 8, I, 1.6.1941, 44).

Anche in questo caso l'opportunismo e la prepotenza inglese vengono rappresentate attraverso un Processo Mentale ("sono troppo cari") che mette in evidenza gli interessi economici degli inglesi.

Un altro collocato interessante è "intrusa" che attraverso la ripetitività e le sue varianti sinonimiche, allarga la distanza fra l'isola e i due paesi latini:

(2) **Intrusa** nel Mediterraneo, di cui la sua razza non è indigena [Processo Relazionale, attributivo] la Gran Bretagna [Esperiente/Vettore] è nella duplice necessità [Processo Mentale] di essere sempre [Processo Relazionale] padrona del mare [Attributo]

(3) L'Inghilterra [Vettore] è "**intrusa**" [Processo Relazionale, attributivo] nel Mediterraneo come era **intrusa** trent'anni fa [Processo Relazionale, attributivo]

(4) Prima [Circostanza, tempo] che l'Inghilterra [Esistente] si insediasse sullo Stretto, [Processo Esistenziale] non c'era [Processo Esistenziale] alcun "corpo **estraneo**" che bloccasse [Processo Materiale] l'immaginazione Spagnola sulla via del Sud. (*L/F*, 1, I, 1940, 5; *L/F*, 4, I, 1941, 34)

E' interessante notare che quando si vuole porre l'accento sulla presenza dell'Inghilterra in luoghi che geograficamente non le appartengono, si ricorre al Processo Esistenziale che rappresenta un dato certo e inconfutabile. I Processi Relazionali, che in questi esempi sono di tipo attributivo, si servono della semantica dell''estraneità' variando con aggettivi come "estranea", "extraeuropea", "lontana", "arbitra", "intrusa", etc. Questa pretesa inglese di impossessarsi di terre che rientrano in altri confini, come nel caso di Gibilterra che geograficamente appartiene al territorio spagnolo, risale alla ostinata e "atavica illusione" inglese di poter arrivare ovunque: «Essi credono non solo di poter impadronirsi di terre altrui, ma anche di aver diritto alla gratitudine dei popoli che depredano» (*L/F*, 1, I, 1940, 7). In questo esempio si ritrova un espediente linguistico tipico di questa scrittura, la struttura correlativa "non solo … ma anche" che crea una sorta di paradosso tra dato e nuovo, per cui l'elemento informativo nuovo e sorprendente, è sempre l'esagerazione dell'atteggiamento inglese. A ciò che la storia può provare si aggiunge un dato nuovo la cui assurdità viene naturalizzata nell'immaginario del lettore.

Il verbo "credere", che dà luogo a un Processo Mentale di tipo cognitivo, è usato molto frequentemente negli articoli della rivista, come si evince dagli esempi che qui di seguito vengono riportati, dove "gli inglesi" costituiscono sempre il Participante (Esperiente), mentre la seconda entità (Fenomeno) viene ad essere rappresentata dall'oggetto di questa credenza, che coincide con un valore o fatto inaccettabile da parte di scrive:

(5) Il popolo inglese **crede** [Processo Mentale, cognitivo] di avere il monopolio dei principì e degli ideali [Proiezione: Processo Relazionale, possessivo];

(6) No, questo articolo di fede, [Fenomeno] in cui pure **credono**, [Processo Mentale] più o meno nettamente [Circostanza, maniera], tutti gli inglesi [Esperiente], per noialtri italiani e spagnoli [Circostanza, punto di vista] è [Processo Relazionale, attributivo] una cosa atroce [Attributo]

(7) E poi essi [Esperiente] non **credono** [Processo Mentale, cognitivo] nella cavalleria dei rapporti internazionali [Fenomeno]

Ciò che è assurdo per italiani e spagnoli è naturale per gli inglesi e viceversa. L'ideologia della solidarietà rientra in questa dicotomia linguistica del noi/loro e si rivela sia tramite deittico (esempio (6) "noialtri") sia tramite una polarizzazione a livello lessicale: alla solidarietà basata su affinità o meglio "amicizia" fra Spagna e Italia, si contrappone la solidarietà ambigua o "contingente" che ha unito Francia e Inghilterra e anche Francia e Italia. L'eccessiva insistenza sul valore della solidarietà (con 7 occorrenze solo nella prima uscita) e sul concetto di "amicizia" (*overwording*) fra i due paesi meridionali, che coinvolge anche il piano interpersonale della lingua, è simbolica di una intensa preoccupazione ideologica che mette in evidenza come questo significato sia particolarmente problematico e rilevante (Fairclough, 2000: 163). Questo processo di *overwording*, a cui contribuiscono varianti fraseologiche del tipo "reciproca innegabile simpatia", "solidarietà di sangue italo-spagnola", "rinnovata intesa spirituale", "necessità nazionali concomitanti" (*L/F*, 11, I, 1941), risponde a un duplice scopo: da un lato, creare un abisso fra l'unione italo-spagnola e l'isolamento britannico ("Ora che la Francia è caduta, l'Inghilterra è sola nel Mediterraneo"), derivato dall'incapacità inglese a creare rapporti solidali assoluti; dall'altro, diffondere il senso di rinnovamento e ridefinizione tale da consentire il riconoscimento dell'innovazione fascista e franchista.

Anche a livello grammaticale il paradigma relazionale, basato sui deittici noi/essi, è fortemente rappresentato, nonostante l'Italiano come lingua flessiva, possa evitare l'uso esplicito dei pronomi. Quel "noi-inclusivo" ha chiaramente una funzione ideologica e identitaria, di "noi" come partecipanti di una ridefinizione dell'Europa in chiave anti-anglosassone:

(8) Per secoli, gli inglesi ci accomunarono – **noi** italiani e spagnoli – in una specie di disistima complessiva e unica [Processo Relazionale]

(9) Ma **noi** non siamo inglesi [Processo Relazionale, identificativo] e l'Europa non si compone soltanto di inglesi [Processo Relazionale, identificativo] anzi gli inglesi non sono parte integrale dell'Europa [Processo Relazionale, identificativo]

(10) l'Europa giovane è con **noi**, dalla parte dell'Asse, contro la vecchia, vecchissima, decrepita Inghilterra [Processo Relazionale]. (*L/F*, 1, I, 1940, 60)

Anche la scelta dell'epiteto "vecchia", proposto in tutte le sfumature grammaticali dal grado positivo a quello superlativo all'esasperazione del medesimo, ha una funzione relazionale del vecchio a cui si sostituisce il "nuovo" o meglio «l'Europa giovane».

4.1 Il discorso morale e religioso

Il paradigma relazionale emerge in modo abbastanza chiaro dall'analisi lessicale dei campi semantici dei vari *discourse types*, utilizzati dalla comunicazione politica fascista della rivista in questione al fine di stabilire un legame con la sua *readership*, sicuramente rivisitata nella sua composizione, secondo un modello culturalmente elevato, intellettualmente impegnato ed economicamente interessato. Entra pertanto nel messaggio fascista il discorso morale e religioso sempre in versione relazionale, cioè in rapporto e opposizione all'Inghilterra, e il suo uso reiterato è in linea con le scelte pronominali e lessicali di cui abbiamo parlato fin qui. Al cattolicesimo dei due paesi latini si contrappone il puritanesimo anglosassone, che viene a costruirsi come l'anti-discorso (Fairclough, 1989: 91), da cui ne consegue "l'anti-Inghilterra":

(11) La solidarietà [Attore/Vettore] che stringe [Processo Materiale] Italia e Germania [Oggetto] dinanzi allo impero inglese, [Circostanza, locazione] anzi dinanzi al mondo anglosassone, [Circostanza, locazione] anzi dinanzi a tutta quella speciale forma di civiltà [Circostanza, locazione] che trae [Processo Materiale] la sua origine ideologica [Oggetto] dal Puritanesimo, è indicata [Processo Relazionale] nel modo più netto e preciso dalla linea politica seguita da Cromwell a metà del Seicento [Valore]. (*L/F*, I, 1, 28.10.1940, 13)

Ancora una volta è un processo relazionale a esprimere l'unione fra fascismo e nazismo da una parte e la religione puritana dall'altra. Una relazione che spesso è data come fatto accettato e consolidato attraverso la nominalizzazione (solidarietà: i due paesi sono solidali). In questo esempio il verbo "stringere" esprime un processo verbale di tipo materiale, ma il contesto più ampio di tutta la frase lo configura come Relazionale e quindi incongruo. Rientra in questo tipo di discorso il lessema "credere", visto in precedenza, come fonte di Processi Mentali, ma con la sua ambivalenza semantica di verbo d'opinione e nel senso di "avere fede religiosa".

A livello interdiscorsivo, il termine *covenant* che compare nell'esempio successivo ha una chiara valenza religiosa e letteraria: oltre la sua accezione di "Testamento" nella Bibbia, il termine si riferisce a Dio che detta le parole del *covenan*t a Mosé. Nell'esempio (12) il termine è parte di una Circostanza di mezzo in collocazione con un termine astratto "meccanismo". Tale *clash* collocativo contribuisce a mettere in rilievo l'uso strumentale che l'Ighilterra fa di un significato religioso:

(12) Finita la guerra mondiale, [Circostanza, tempo] l'Inghilterra [Esperiente] credette [Processo Mentale] di poter disporre del concorso di tutti gli stati mediterranei e soprattutto della Francia [Proiezione, Fenomeno] attraverso il meccanismo del Covenant. [Circostanza, mezzo]

L'esempio che segue, invece, è uno dei tanti da cui si evince come l'uso di un Processo Mentale costituisca l'espediente principale per rappresentare l'identità di un popolo che premedita, pianifica solo ed esclusivamente per interessi personali. Nel momento in cui si decide di esprimere la rappresentazione di una realtà, in questo caso quella della ragione dietro le azioni inglesi, la grammatica dispone di processi e partecipanti e la selezione che viene effettuata dal giornalista ha delle implicazioni ideologiche:

> (13) Il Lord-Protettore [Esperiente] – che [Vettore] è uno degli uomini-chiave della storia inglese [Processo Relazionale, identificativo] [...] ha bisogno [Processo Mentale] di incanalare verso l'avventura navale e coloniale il fervore dei settarii [Fenomeno], che l'hanno portato al potere [Processo Causativo]; ha bisogno [Processo Mentale] di lanciare l'Inghilterra all'arrembaggio del mondo [Proiezione, Fenomeno].

> (14) In realtà, nella testa di Cromwell, tutta fermentante di pregiudizi isolani e di furori religiosi, di orgogli di razza e di rancori di "parvenu", [Circostanza, locazione] questa duplice spedizione navale contro i possedimenti spagnoli delle Antille e contro le coste italiane, [Processo Relazionale, identificativo] non è che una spedizione sola, contro un unico nemico [Valore]. Egli [Esperiente] accomuna [Processo Mentale] Spagna e Italia nella stessa ostilità [Fenomeno]; le avversa e le odia [Processo mentale] nel profondo perché sono due paesi meridionali, perché sono due paesi "papisti", perché sono due paesi irriducibilmente legati alla tradizione di Roma [Processi Relazionali, identificativi]. (*L/F*, 1, I, 1940, 13)

Negli esempi qui sopra riportati si evince l'uso metonimico delle parti del corpo per riferirsi al pensiero, come per esempio «nella testa di Cromwell»; «il cervello dirigente della plutocrazia mondiale Britannica» che sono forme incongrue di Processi mentali. Tali costrutti nominali rappresentano un sistema di significati relativo ai pensieri, alle pianificazioni, agli ideali che sono radicati a livello mentale, in questo caso degli inglesi. L'origine dell'atteggiamento imperialista inglese va ritrovata quindi nella "mentalità" degli inglesi, primo fra tutti Cromwell, presentato come il Participante di un Processo Mentale («ha bisogno»), che sente la necessità (in senso ironico) di dar seguito alle voci dei puritani, chiamati in senso dispregiativo 'settarii'. La frequenza meno elevata di Processi Materiali rispetto a quelli Mentali, pone la mente davanti al corpo, l'elucubrazione mentale prima di ogni azione. Oseremmo dire che l'uso dei Processi Mentali è proprio strumentale al fine di sfruttare quanto la grammatica offre per esternare significati ben precisi e cioè che la corruzione ha la sua radice proprio nella "testa" degli inglesi.

Il discorso si presenta tutto dicotomico non solo attraverso la deissi pronominale, ma anche tramite lo schieramento di due file nette a livello lessicale in un intreccio simultaneo di fattori storici, geografici, religiosi: "noi italiani e spagnoli" contro le "generazioni" intere di inglesi; i "loro uomini di Stato sedenti a Westminster" contro i "popoli coloniali"; i "loro vescovi anglicani" e i "loro settarii puritani" contro "un unico popolo di disgraziati idolatri", "adoratori del Pope" (in inglese nel testo); loro "viaggiatori" e noi "popoli di accattoni e zingari, di briganti e di frati questuanti"; i "loro uomini d'affari" contro noi "clienti dell'industria britannica e del capitale britannico: creati da Dio – dal Dio di Robinson..." Tutte queste dicotomie si presentano come un crescendo di risentimento verso gli Inglesi, sentimento che non può che riscontrare il consenso dei lettori in una sorta di consapevolezza condivisa della scorrettezza storica e morale del popolo inglese. Questa velata inciviltà inglese è resa manifesta ed esplicita al culmine di questo discorso binario:

(15) Parliamoci chiaro, [Processo Verbale] ché i tempi lo vogliono [Processo Mentale incongruo]: per tutti gli inglesi, [Circostanza, punto di vista] da secoli, gli spagnoli e gli italiani [Vettore] non furono altro, [Processo Relazionale] in fondo, che una unica, misteriosa popolazione mediterranea, [Valore] poco più civile delle popolazioni barbaresche della costa dell'Africa. [Circostanza di Maniera] (*L/F*, 11, I, 1940, 13)

Il costrutto imperativo 'parliamoci chiaro' rileva, pur nella consapevolezza della natura monologica del testo, l'adozione di stilemi tipici del parlato che portano lo scrittore a mostrare la sua *authoritative stance* rispetto all'opinione pubblica, un concetto quasi inesistente. Oltre il lessico, i numerosissimi Processi Relazionali evidenziano questo sistema di relazioni binarie: se Spagna e Italia costituiscono un "avversario" per gli inglesi, se "sono il contrapposto più assoluto all'impero inglese", se "sono la negazione di questo impero", Italia e Spagna sono anche le "eterne protestatarie, le due irriducibili negatrici" degli ideali e del concetto di vita inglese (*L/F*, I, 1, 28 agosto 1940, p. 14). La storia che sempre "insegna i fatti", ha visto camminare per mano i due paesi latini e ora li vede ancora uniti grazie alla loro tradizione religiosa e visione eroica della vita. Il discorso, intriso di lessemi connessi al cattolicesimo, simula un cammino di rinnovamento per italiani e spagnoli e uno di espiazione dei propri peccati per il popolo inglese, fino all'apoteosi finale, quando con il crollo del nemico l'Italia, «impegnata in una guerra dura e terribile, rivolge alla Spagna: "Credi tu in me?". E la Spagna [...] "Credo in te, perché credo in me"» (*L/F*, 11, I, 1940, 14).

(16) Ma il popolo dei due paesi mediterranei, nutrito di *tradizione cattolica* e romana, [Vettore] fu [Processo Relazionale] sempre irriducibile [attributo] ad accettare [Processo mentale] il grande principio della civiltà puritana [Fenomeno], il principio [Esistente] che è [Processo Esistenziale] alla base di tutta la conquista imperiale inglese del mondo, e cioè che un buon conto corrente in banca [Vettore] è [Processo Relazionale] la testimonianza più sicura della *salvazione eterna*. [Valore] [...] Le due nazioni, già offese e umiliate dall'*ascesa* Britannica [Vettore] [...] sono [Processo Relazionale] legate dalla comune concezione eroica della vita [...] da tutte le *visioni* dei loro *santi*, e da tutte le *preghiere* delle loro donne *devote* [Valore] [...] (il corsivo è mio) (*L/F*, 11, I, 1940, 14).

L'atteggiamento morale discutibile degli inglesi, scaturito dalla loro empietà, che il fascismo vede come motore della loro egemonia è avallato da una citazione di Napoleone che, chiamato in causa, sottolinea che la serenità si potrà raggiungere quando «l'Inghilterra si sarà decisa alla pace e consentirà a riconoscere agli altri i diritti ed i vantaggi che il cielo non ha creato per lei sola» (*L/F*, 10, I, 1941, 9). I nemici anglosassoni dell'Italia fascista sono nemici «dell'umanità intera» e quindi della fede, e questo concorre ad un *positioning* dei lettori come gruppo compatto e solidale nell'accettare la giustificazione di una eventuale azione aggressiva e di attacco nei confronti del popolo inglese, attacco che assumerebbe i connotati di una "crociata" (Lodi, 2006: 97).

La denigrazione morale dell'avversario non si limita alla critica quindi di un atteggiamento d'invasione, ma si estende al peccato di corruzione e odio, al carattere di diabolica calcolatrice e artefice del destino altrui in quanto «è riuscita a metter insieme una delle più mastodontiche architetture politiche che si conoscano al mondo» (*L/F*, 1, I, 1940, 36).

4.2 Il discorso sentimentale

Una caratteristica grafica della scrittura di *Legioni e Falangi* sembra essere l'uso delle virgolette per veicolare un significato ironico. Nell'articolo *"Amore" per la Spagna*, incluso nel primo numero, lo stesso titolo offre la chiave di lettura di una scrittura che impiega termini caratterizzanti il discorso di tipo sentimentale come: "vero sentimento", "flirtare" e "amoreggiare" (fra virgolette nel testo), "odiati", "sentirsi più vicina" etc. Il discorso sentimentale è anch'esso uno strumento per schernire i veri sentimenti inglesi, rappresentati ancora una volta attraverso l'uso di Processi Relazionali:

> (17) Il vero *sentimento* degli inglesi per la Spagna di Franco è quello dei rifornimenti di armi e viveri ai rossi durante la guerra civile, è quello dell'appoggio diplomatico al governo repubblicano nel comitato del non-intervento, è quello del diffondere le più infami calunnie sul conto di Franco [...]. (*L/F*, 1, I, 1940, 43)

La mancanza di Processi Materiali e il continuo basarsi su un susseguirsi di Processi Relazionali (circa l'80% in questo articolo) per identificare la vera natura dell'interesse inglese, che è di tipo militare, crea un discorso atemporale e statico. La scelta di non ricorrere a processi di *on-goings*, ma a relazioni stabili e nominalizzazioni (sentimento, rifornimenti, appoggio, del diffondere) esclude quindi un argomentare logico e razionale che chiarirebbe invece le esagerazioni delle strategie di legittimazione usate dai fascisti.

5. L'ideologia geografica dell'insularità

Nel tentativo di comprendere il carattere e il destino dei popoli isolani, nell'uscita di agosto dell'anno 1941, il giornalista Ansaldo, convinto che la «storia ci insegna i fatti», cita un pensiero di Gavinet, storico di fama internazionale, che sottolinea il senso più marcato che gli isolani hanno della loro indole viva e del loro essere distaccati dal continente.

Il tentativo è quello di mostrare che la sete di dominio e conquista ascrivibile al popolo inglese è da ricercare proprio nella fisionomia geografica di isola. Questa posizione di insularità ha indotto il popolo inglese a sviluppare la sensazione di essere sempre destinazione/*target* di aggressioni e invasioni e quindi, di conseguenza, lo ha indotto a mettere in atto una politica estera di difesa, che si esplica in atti di aggressione e tendenza alla conquista (Terraciano, 2012). La costruzione dell'identità inglese continua a basarsi su una natura dialogica del discorso che implica sempre il rapportare l'azione o il pensiero dei partecipanti ai diversi livelli di relazione e di potere. Anche in questi esempi non mancano numerosi i Processi Relazionali:

(18) Ogni isola è il nucleo di un impero [Processo Relazionale, identificativo]

(19) Ogni popolo isolano è il protagonista-tipo di un imperialismo [Processo Relazionale, identificativo]

(20) In Inghilterra, l'inizio della politica aggressiva e "mania di persecuzione" isolana è stata portata al parossismo dalla minaccia di attacco e di invasione spagnola, nel Cinquecento. [Processo causativo]

La tendenza inglese all'imperialismo viene spiegata, attraverso un Processo Causativo di tipo passivo, come conseguenza o meglio reazione perenne alla minaccia esterna soprattutto spagnola, configurata a livello anti-discorsivo, come «la bestia dell'Apocalisse che essi vedono accennare alle rive della loro isola; è Grendel, il mostro che già i primi sassoni appena stabiliti nell'isola sognarono in agguato contro di loro». In linea con il dialogismo bakhtiniano, il discorso alterna profezie religiose ai miti epici di origine anglosassone in una dimensione onirica facendo emergere i caratteri malvagi e inumani dell'antagonista.

Come reazione l'Inghilterra: «minaccia e castiga e sevizia coloro che l'hanno fatta tremare». Questo è uno dei pochi esempi in cui compaiono processi diversi da quello mentali o relazionali; ci troviamo di fronte a verbi performativi e le azioni descritte sono accomunate da un alone di peccato che l'Inghilterra prima o poi dovrà espiare. La ripetizione continua del *classifier* "insulare/isolano", del nome/partecipante "isola", evidenziano il fenomeno dell'*overwording*, indice della costante preoccupazione dello scrittore di sottolineare questa coscienza dell'insularità che favorisce l'insorgere di una sorta di mania di persecuzione: la potenza egemone anglosassone avverte il senso di un'incombente minaccia, che proverrebbe dalla Spagna. Si tratta di una specie di paranoia, che l'America erediterà dall'Inghilterra:

(21) Tutte le prime manifestazioni del pensiero americano sono una testimonianza di questa insularità [Processo Relazionale, attributivo]

(22) L'Inghilterra, l'isola insaziabile, ha trovato chi la mette a posto

Per una questione di spazio, in questo contesto, non sono stati analizzati gli articoli che guardano invece all'ovest anglosassone che, risentendo dell'influenza negativa inglese, "pensa e crede" in modo uguale. Tramite la metafora alimentare, viene messa in evidenza la voracità degli inglesi che però dovranno sottoporsi a un cammino di espiazione, in quanto vittime di un'altra isola: l'America che, varcando i confini della sua "tranquillità spirituale", inizia a chiedersi se l'isola felice può cadere vittima di Hitler. Allo scattare della risposta affermativa inizia quell'incessante mania di persecuzione che richiede una necessità di difesa negli isolani con conseguente inizio della politica imperialistica. E' la legge del contrappasso che porta l'Inghilterra a essere vittima delle sue stesse strategie e velleità egoistiche. La potenza talassocratica dei secoli espierà i propri peccati mediante una punizione simile alla sua colpa:

(23) L'Inghilterra viene posta in una situazione di bisogno di certezze, garanzie, difesa, è una vittima di quella stessa filosofia imperialista che ha impartito alle isole minori e che con la supremazia americana imbevuta della stessa spiritualità insulare le si ritorce contro. (*L/F*, 4, I, 1941, 34)

L'uso del passivo e la nominalizzazione del processo mentale dell' "avere bisogno" evitano una esplicitazione dell'*agency*: non si sa chi ne dirige l'azione, ma ciò che è importante è il destino inglese governato dalla legge del contrappasso da cui nessuno si può salvare. La collocazione marcata «spiritualità insulare» ci ricorda che il fattore religioso è sempre presente anche laddove apparentemente ciò che conta è un destino dettato dalla morfologia geografica.

Moltissimi sono i lessemi che presentano una valutazione negativa intrinseca che caratterizza l'isola britannica in modo sfavorevole: la politica inglese è «sfasata e sempre ritardataria»; la classe dirigente britannica è la «camarilla britannica»; la letteratura inglese moderna è alimentata dall'«ostilità antica e dal disprezzo antico», la «mentalità inglese è ricattatrice», così come: «Nella testa di tutti gli inglesi, Italia e Spagna furono, per secoli, avvolte da un unico alone di legenda, di frasi fatte e di luoghi comuni». Questi e molti altri esempi (e.g. le preoccupazioni, i terrori, le allucinazioni degli inglesi anglicani e settarii del tempo di Elisabetta) mostrano l'elevato uso della nominalizzazione e denotano ancora una volta che il male è nella testa; se i numerosi Processi Mentali denotano un'Inghilterra che "crede, pianifica, trama", tuttavia il modo di ragionare inglese non è che «puro sofismo» (*L/F*, 2, II, 1941, 2).

La scrittura ha attuato un processo di disumanizzazione della perfida Albione, essere privo di valori, ideali, avido e calcolatore al limite di una connotazione satanica e quindi destinato a essere arginato. Il suo destino non può essere che quello di 'morire', di essere fuori dalla nuova Europa e l'unica responsabile di questo nuovo disegno è paradossalmente la stessa Inghilterra la quale può spostare i suoi interessi solo verso la via dell'ovest: «attraverso la quale si realizzerà quell'unione anglo-sassone che le farà pagare il prezzo della sua superbia» (*L/F*, 2, II, 1941, 3).

Emerge dai dati l'ideologia del consenso (Fowler, 1991: 49) che unisce il gruppo politico della rivista che mette in evidenza come il costrutto per il quale tutte le isole sono caratterizzate dalla "mania di persecuzione" è largamente condiviso: «noi confessiamo di esserne rimasti colpiti fin dalla prima volta che avemmo la ventura di leggere l'*Idearium*». Anche in questa semplice ammissione di condivisione tramite il ricorso ad una fonte esterna autorevole, non manca l'intreccio fra il riferimento ad un'idea smaniosa che rasenta la patologia (mania) e il discorso religioso (confessiamo, ventura).

6. Discussione e conclusione

La scrittura di *Legioni e Falangi* fa del nemico inglese un elemento obbligatorio dei propri discorsi in quanto determinante per la propria formulazione identitaria e quella altrui. L'analisi lessicale e le collocazioni dei vari lessemi riferiti agli inglesi hanno messo in rilievo un profilo identitario di nemico e aggressore, privo di tutti quei valori, primo fra tutti la fede, che invece identificano l'Asse italo-spagnolo. Tale costruzione identitaria è di tipo relazionale. L'ideologia del discorso fascista e franchista si crea attraverso un anti-discorso dicotomico: alla denunciata menzogna inglese equivale la verità tutta italiana e spagnola, supportata dai fatti storici; al crimine inglese corrisponde l'onore dei paesi latini; all'empietà britannica si oppone la religiosità del gruppo di chi scrive. L'Inghilterra da sempre regina incontrastata dei mari ha commesso una serie di 'peccati' che la storia può provare: superbia, prepotenza, egoismo. Ora, momento di rinascita con la creazione della nuova Europa, viene negato al nemico persino il diritto alla vita perché vittima delle mostruosità di cui è stata pianificatrice.

Le descrizioni dell'Anti-Inghilterra richiamano un'immagine di dissoluzione totale, di depravazione. Le connotazioni dell'antagonista oscillano fra il ripugnante e il selvaggio. Il male e l'aggressività inglesi sono visti come fattori endemici che la lingua rappresenta attraverso processi prettamente mentali. Ai peccati inglesi si contrappone il sacrificio tutto spagnolo e italiano che si presenta come una caratteristica costitutiva del regime totalitario visto come manifestazione della volontà divina. I continui richiami alla storia fanno della medesima la memoria da cui attingere per sostenere quanto asserito in un quadro statico fatto non di azioni ma di relazioni. Le ideologie del noi/loro, dell'insularità intesa quasi come peccato originale, sono elementi stabili che concorrono in un processo di costruzione identitaria inglese che passa da nemica dei singoli a nemica dell'umanità, da un'egemonia ingiustificata a una decadenza ineluttabile. Il processo di *interdiscoursivity* (Fairclough, 1995: 133), che negli articoli analizzati ha visto il ricorso a più tipi di discorso, primo fra tutti quello religioso, poi storico, poi geografico, mette in evidenza il progressivo ridimensionamento dell'identità linguistica politica e la sua parallela assimilazione a linguaggi e pratiche discorsive eterogenee.

Infine, una strategia di *Authorial endorsement* fa in modo che il valore a cui si fa riferimento viene espresso attraverso formulazioni che allineano la *voice* autorevole con quel determinato valore che per implicazione risulta quindi vero.

Riferimenti bibliografici

BAKTHIN, M. ([1935] 1981) "Discourse in the Novel", in M. Holquist (ed.) The Dialogical Imagination: Four Essays by M. Bakhtin, C. Emerson and M. Holquist (trans.) University of Texas Press, Austin, 259–422.

BAKTHIN, M. (1986) "The Problem of Speech Genres", in V.W. McGee (trans.), Speech Genres and Other Late Essays, University of Texas Press, Austin, 60–101.

BERGER, P./LUCKMAN, T. (1966) *The Social Construction of Reality*, New York, Anchor Books.

BLOMMAERT, J. (2005) *Discourse. Key topics in sociolinguistics*, Cambridge, Cambridge University Press.

BURKE, S. (2008) *The Ethics of writing*, Edinburgh, Edinburgh University Press.

CICOGNETTI, L. (2008) "Guerra civile spagnola e mercato dei media", *Storicamente*, rivista online dell'Università di Bologna: <http://storicamente.org/cicognetti> [data di accesso: 4.4.2014].

DE FINA, A. (2003) *Identity in Narrative, a Study of Immigrant Discourse*, Amsterdam, John Benjamins.

DE FINA, A./ SCHIFFRIN, D./BAMBERG, M. (a cura di) (2006) *Discourse and Identity*, Cambridge, Cambridge University Press.

DONADIO, P. (2005) *Il Partito Globale. La nuova lingua del neolaburismo britannico*, Milano, Francoangeli.

DUSZAK, A. (2002) "Preface", *Us and Others*, Amsterdam, John Benjamins, 1–27.

FAIRCLOUGH, N. (1989) *Language and Power*, London, Longman.

FAIRCLOUGH, N. (1995) *Critical Discourse Analysis: the critical study of language*, London, Longman.

FAIRCLOUGH, N. (2000) *Representations of Change in Neo-liberal Discourse*, <www.cdcc.vt.edu/host/Inc/papers/fair_neoliberal.htm>.

HALLIDAY, M.A.K. (1985) *Introduction to Functional Grammar*, London, Edward Arnold.

HUNSTON, S./ THOMPSON, G. (2000) *Evaluation in Text*, Oxford, Oxford University Press.

KROSKRITY, P. (2000) *Regimes of Language: Ideologies, Polities and Identities*, School of American Research.

LODI, E. (2006) "La retorica del potere nei discorsi del primo franchismo", *Paragrafo*, Brescia, Università di Brescia, 83–104.

MARTIN, J.R. (2000) "Beyond Exchange: APPRAISAL Systems in English", in *Evaluation in Text: Authorial Stance and the Construction of Discourse*, Oxford, Oxford University Press, 142–175.

MARTIN, J.R. (2004) "Mourning: how we get aligned", *Discourse and Society*, London, Sage Publications, 15 (2–3), 321–334.

MARTIN, J.R. e WHITE, P.R.R. (2005) *The Language of Evaluation: Appraisal in English*, London, Palgrave.

PEÑA, V. (2010) «España y la segunda guerra mundial: doctrina politica y cultura militante en Legioni e Falangi. Rivista d'Italia e di Spagna (1940–43)», *Revista de la Sociedad Española de italianista*, 6, 119–143.

THOMPSON, G. (2004) *Introducing Functional Grammar*, London, Edward Arnold.

TERRACIANO, C. (2012) *L'Isola del Mondo alla conquista del pianeta*, Reggio Emilia, Anteo Edizioni.

VAN DIJK, T. (1993) "Principles of Critical Discourse analysis", *Discourse & Society*, 4(2), 249–283.

VAN DIJK, T. (1998) *Ideology: A Multidisciplinary Approach*, London, Sage Publications.

VAN DIJK, T. (2000) "Discourse, Ideology and Context", in *Folia Linguistica*, XXX/1–2, 11–40.

VAN DIJK, T. (2002) "Political discourse and political cognition", *Politics as Text and Talk. Analytical approaches to political discourse*, Amsterdam, Benjamins, 204–236.

La construcción de la identidad grupal en el discurso ideológico

Catalina Fuentes Rodríguez
Universidad de Sevilla

Il saggio analizza la costruzione discorsiva dell'immagine di gruppo del falangista e dell'uso che si fa di essa come strumento ideologico per rafforzare l'immagine dell'endogruppo e convincere il destinatario della bontà della propria posizione in contrasto alla tesi della parte avversa. Riunendo la metodologia propria della linguistica pragmatica e dell'Análisis Crítico del Discurso, nel testo si affrontano le strategie argomentative utilizzate e le espressioni linguistiche scelte, concentrandosi fondamentalmente sul lessico.

1. Introducción

El objetivo de este trabajo es analizar la construcción discursiva de la identidad grupal del falangista en esta revista y su uso como instrumento ideológico. Los periodistas buscan conseguir la identificación del receptor con esa imagen grupal para reforzar la identidad del endogrupo frente a las tesis del contrario. Nuestra metodología aúna la Lingüística pragmática expuesta en Fuentes Rodríguez (2000) y el Análisis Crítico del Discurso (Fairclough, 1989; 1995; Van Dijk, 1993, 2001; Wodak, 1995). Nos centraremos en mostrar las estrategias argumentativas utilizadas (Anscombre-Ducrot, 1983; Fuentes/Alcaide, 2002) y las expresiones lingüísticas elegidas, concretamente en el campo del léxico. El corpus elegido son cuatro artículos publicados en el número 1 de *Legiones y Falanges*, concretamente la presentación de la revista, «Italia y España» (1941), y los artículos «Flechas Navales»,

«El retorno de los héroes» y «La 'opinión pública' suprimida» de 1942 (número 2).

Esta revista tiene una inscripción ideológica muy concreta y surge en un momento de la historia con el fin de

> difundir en Italia los grandes esfuerzos que el gobierno franquista, con la ayuda de Falange, estaba llevando a cabo en un país diezmado por la reciente guerra fratricida (avances en los campos económico, político y social), ganada ésta al frente comunista con la ayuda de los legionarios italianos, e incidir en la hermandad ancestral entre España e Italia con la consiguiente exaltación de las tradiciones culturales de las mismas (Peña, 2010: 124)

Como dice Peña (2010: 119), esta revista tiene un carácter "probelicista", hace «una incansable campaña propagandística, con la anuencia de los falangistas, en pro de la intervención española del lado de las potencias del Eje, valiéndose para ello además de argumentos y protagonistas de la cultura militante». Este punto es el que más nos interesa aquí: cómo se defienden las tesis que comparte esta "cultura militante", un endogrupo definido por unos conocimientos compartidos. Esta comunidad ideológica establecida entre emisor y receptores hace que lo expuesto en las páginas de *Legiones y Falanges* sea una divulgación de la propia ideología y el refuerzo de esa identidad grupal.

2. Ideología, imagen social e identidad.

2.1 Imagen social e identidad

El concepto de imagen es definido por Goffman (1967: 5) como «the positive social value a person effectively claims for himself by the line others assume he has taken during a particular contact. Face is an image of self delineated in terms of approved social attributes». En trabajos posteriores iguala rol e identidad social definida como «some special capacity as a member of a group, office, category, relationship, association, or whatever, some socially based source of social identification» (Goffman, 1981: 145, citado en Garcés-Conejos, 2013: 12).

Este concepto originario de imagen en Goffman se vio luego oscurecido por la propuesta de Brown and Levinson (1978) como «a cognitive and individualist construct [...] possessed by a rational, rather than emotional, model person» (citado en Hall-Bucholtz. 2013: 127). Sin embargo, la noción de Goffman de "role", "line", sugiere siempre esa conexión con la evaluación, incluso la propuesta en *Stigma* (Goffman, 1963) de una "virtual social identity". La dimensión social de *face* es intensamente intersubjetiva: «I act like this to keep you from thinking I am something other than what you think I am» (Hall-Bucholtz, 2013, 127).

Los estudios actuales sobre cortesía aúnan *face* e *identity* (Bucholtz and Hall 2004a, b, 2005, 2008, Spencer-Oatey, 2007; Garcés-Conejos, 2009; Haugh, 2010), teniendo en cuenta la diversidad de imágenes sociales que toma el individuo según sus diferentes roles (Locher-Watts, 2005) en las diferentes prácticas sociales en las que está inmerso. Para Garcés-Conejos (2013: 17) «it is the agent/ identity, not the individual, who is central to social practices and orders of discourse.[...] Thus, along the lines of Ting-Toomey/ Kurogi (1998), I see face as an identity based resource, a cluster of identity and relational based issues».

Generalmente se ha considerado la identidad como individual y ligada a aspectos como raza, religión, sexo, etc. rasgos permanentes. Los relacionados con la imagen social (*face*) surgen del rol y se construyen discursivamente, en la interacción (imagen como colaborador, tertuliano, político agresivo etc.)

> [...] even if one conceptualizes identity as socially constructed in the strong sense of interactional achievement [...], within FCT [Face Constituting Theory] face is still not a matter of identity because a relationship is a phenomenon conceptualized in terms of a social system, whereas identity is a phenomenon conceptualized in terms of an individual system, that framing privileging the individual pole of the individual/social dialectic. Identity remains a personcentered attribute regardless of whether the aspect of identity involved is one's identity as singular self, one's identity as member of a collective, or one's identity as a participant in a relationship. (Arundale, 2010: 2091)

Ahora bien, la identidad también surge de la interacción. Mostrémoslo con un ejemplo: Eduardo Madina y Pedro Sánchez son políticos del PSOE que, a principios de julio de 2014, buscaban ser votados como secretario general del partido. Comparten la imagen y el rol como candidatos, políticos, de izquierdas. Pero hay rasgos individuales de cada uno que constituyen su identidad: el tono de voz, el estilo de habla, el carácter, la historia personal etc. En nuestro caso, lo que cada político quiere construir para ser diferente de su bancada, o lo que hace que un periodista sea distinto de otro.

Desde el constructivismo, del que parte Garcés-Conejos, sin embargo, se relacionan ambos conceptos y se considera la identidad como un proceso (de Fina *et al.*, 2006), socialmente construido y en constante transformación (Burke/ Stets, 2009; Barker /Galasinski, 2001: 31):

> As socially constructed, identity is seen as a) a process, rather than a given or product; b) located in concrete, specific interactional occasions; c) yielding constellations of identities, rather than individual, monolithic constructs; d) resulting from processes of negotiation and contextualization, rather than from the individual, and e) entailing discursive work (de Fina et al., 2006: 2; Garcés-Conejos 2013: 5).

Spencer-Oatey (2007) añade la emoción a la ecuación. La principal diferencia entre imagen e identidad para ella radica en que «the former is invested with affectivity and is linked to certain positive attributes the claimant wishes» (Garcés, 2013: 7).

Face es, pues, un concepto interactivo: surge en la interacción discursiva, pero no va ligada al concepto de permanencia, a los rasgos que tiene el *self*, el individuo fuera de la interacción, que conserva aún cuando no se esté comunicando (identidad). En esta distinción, *face / identity,* se toma la imagen como individual y grupal (Bravo, 1999; 2001; Fuentes Rodríguez, 2010) y la identidad como individual. Sin embargo, esta puede construirse (virtualmente) y puede extenderse a los grupos: en ocasiones un grupo pretende proyectar los rasgos que considera fundamentales e identitarios frente a otros. Así, un partido político, o una opción política como el caso que no ocupa. El esquema siguiente muestra los rasgos diferenciales de imagen e identidad. En él proponemos la existencia de una imagen de grupo, en virtud del rol interactivo, y de una identidad grupal:

Face o imagen social	*Identidad*
Se adquiere y se ejerce en la interacción.	Funciona también discursivamente. Puede crearse discursivamente.
Ligada al rol interactivo. Construcción social.	Incluye rasgos no elegidos por el individuo, ni que puedan crearse como tal.
Variable, según el tipo de relación.	Es permanente, con rasgos como raza, religión, sexo, etc. más otros que pueden ir añadiéndosele. Es un proceso.
Es modificable y múltiple.	No modificable. Pueden construirse identidades virtuales en las redes sociales, cuando no hay copresencia.
Individual y grupal.	Individual y grupal.

2.2 Identidad grupal e ideología

La construcción de la identidad grupal[1] está intrínsecamente unida al discurso ideológico. Ya Simon (2004) incluía los rasgos ideológicos entre los que constituían la identidad.[2] Y así lo reconoce Fuentes (2013: 20), trabajo al que reenviamos para completar este panorama:

> La identidad nos permite diferenciarnos del otro, tanto en el sentido personal como colectivo. Por ello podemos hablar de identidades comunitarias o "Ideologías". En discursos públicos como el mediático se crean "personajes", foros, estereotipos en suma, caracterizados por una determinada "personalidad" o figura discursiva, que se llena de unos rasgos con los que se pretende se identifique el usuario. Son identidades creadas para la afiliación grupal, para la defensa de una posición ideológica, que caracterice el medio del que se trata. En Internet la

1 Crocker / Luhtanen (1990), por su parte, distinguen entre *generalized collective self* y *personal self*.

2 "Personality traits (e.g. shy), Abilities (e.g. poor dancer), Physical features (e.g. curly hair, slim), Behavioural characteristics (e.g. usually gets up early), Ideologies (Christian, democrat), Social roles (e.g. project manager), Language affiliation(s) (e.g. English, Chinese), Group memberships (e.g. female, academic, Christian) (Spencer-Oatey, 2007: 640), características que pertenecen al grupo al que el usuario quiere adherirse" (Yus, 2001, cap. 2).

> identidad es virtual, con multitud de posibilidades y con el control absoluto por parte del hablante, que puede diseñar, cambiar y gestionarla.

La ideología consiste en un conjunto de "creencias fundamentales que subyacen en las representaciones sociales compartidas por tipos específicos de grupos sociales" (Van Dijk, 2005: 15).[3] Necesita, pues, a) ser reforzada por sus miembros, b) ser defendida frente al exogrupo. Y aquí interviene el discurso. Todo grupo necesita un discurso propio que le sirva de signo identitario pero también de instrumento de propaganda.

ideología------- identidad grupal

discurso

La ideología se expresa en un discurso que actúa como elemento cohesivo. Van Dijk (1996: 11) hablaba de otra tríada directamente relacionada con lo anterior, tres pilares que sustentan la ideología: 1) funciones sociales, 2) estructuras cognitivas, construcciones mentales, "socialmente compartidas" (p. 10) que se manifiestan en el discurso y que cumplen una función social, y 3) expresión y reproducción discursiva. Sostiene Van Dijk a continuación (1996: 14):

> Más en general, proponemos que las ideologías reflejan los criterios básicos que constituyen la identidad social y que definen los intereses de un grupo. Es decir, las ideologías pueden representarse como autoesquemas de grupos, caracterizados por categorías tales como *Pertenencia* […], Actividades […], *Objetivos* […], *Valores* […], *Posición* […] y *Recursos* […]. Puesto que estos esquemas son ideológicos, la forma en que los grupos y sus miembros se representan a sí mismos y representan a los demás por supuesto puede estar 'sesgada', considerada desde el punto de vista de otros (incluido también el nuestro, como analistas).

En esta construcción la prensa actúa como vía de transmisión.

3 Estas creencias se proponen de manera axiomática para ser asumidas y reproducidas discursivamente. Véase, asimismo, Van Dijk (2001, 2003).

2.3 Legiones y Falanges: *la construcción de la identidad grupal*

En este sentido, la revista que analizamos es un constructo discursivo utilizado como instrumento de refuerzo y propaganda de la comunidad ideológica, que sirve de punto de unión entre España e Italia. Se trata de una identidad co-construida entre todos, un rasgo que cada individuo posee, pero que comparte con otros y que se concreta en un sistema de ideas y creencias, que quiere darse a conocer y reivindicar entre sus adeptos.

El discurso actúa como un medio de cohesión y como una plataforma de proyección de este sistema de creencias; en suma, como instrumento ideológico. Esta revista se crea para un público que se presupone receptor y que comparte esta posición ideológica. Se busca con ello reforzar la imagen grupal de la Falange (y del Movimiento) en España e Italia, extender sus ideas para llegar a más receptores, y defenderse del otro, del exogrupo, que serían los que consideran comunistas[4]. Así generan una identidad, con una serie de características que se van a ir elaborando en estas páginas.

Nuestro trabajo tiene como objetivo el análisis de este discurso ideológico situado en unas coordenadas espacio-temporales y cognitivas diferentes al actual (desde la España y la Italia democrática). Mostraremos los recursos y estrategias discursivas que emplea el escritor para conseguir su objetivo: defender sus ideas y rechazar las del contrario. Una de las estrategias para convencer de los supuestos propios es reforzar las imágenes que van a dejar impresas en la memoria colectiva. Y para ello recurren con frecuencia a la emoción (Martin, 2000; Martin/White, 2005; Bednarek, 2006; Fuentes, 2012). No se trata de convencer, ya que el receptor no tiene unas ideas opuestas, sino de reforzar lo que ya se sostiene, de insistir vehementemente en ello, para obtener una "adhesión de los espíritus" (Toulmin, 1958), una segunda naturaleza,

4 Nos dice Van Dijk (1996, 11): «muchas ideologías de grupos incluyen la representación de Sí mismos y de los Otros, de Nosotros y Ellos. Por lo tanto, muchas ideologías parecen estar *polarizadas:* Nosotros somos Buenos y Ellos son Malos».

y un apostolado fiel. De esa manera, el endogrupo sale cohesionado e identificado a través de estas ideas.

Hemos elegido cuatro artículos que nos servirán para ilustrar cómo consiguen sus objetivos:

- reforzar el endogrupo, y el sentido de pertenencia al mismo
- legitimarlo
- persuadir a otros
- oponerse al exogrupo.

La construcción de la identidad grupal es una estrategia para conseguir estos fines y se logra a través de una serie de procedimientos discursivos que veremos en las siguientes calas:

a) El texto inicial, que como editorial expone los objetivos de la revista: configura la imagen que quiere proyectar como entidad colectiva y nos sirve de marco cognitivo e ideológico.
b) El artículo *Flechas navales* y *Héroes*, como exposición de la identidad del falangista: el soldado y el prototipo del héroe. El primero va dirigido a los posibles aspirantes a ampliar el cuerpo de la Armada. El segundo, al pueblo, para reforzar la visión positiva del ciudadano y legitimar la lucha en el frente del Este, uno de los objetivos de la revista.
c) El artículo *La 'opinión pública' suprimida*, como rechazo al exogrupo, algo connatural al discurso ideológico.

El periodista parte del supuesto, real en aquel tiempo, de que todo el grupo receptor formaba parte del endogrupo, en un sistema de pensamiento único. Por ello no pretende tanto convencer frente a un auditorio hostil, sino *construir un nosotros*, argumentar para insistir en la bondad de los rasgos que definen al grupo y crear esa identidad grupal, así como mover emocionalmente al "apostolado". Para ello necesita proyectar una imagen positiva, colectiva, y persuadir para provocar el deseo del otro de estar incluido en ella, y sentirse orgulloso. Esto se logra a través del enaltecimiento y la ponderación de las cualidades positivas del propio grupo y negativas de los otros, reforzado emocionalmente. Veámoslo en los textos seleccionados.

3. Análisis de los textos[5]

3.1 La legitimación discursiva. Editorial: «Italia y España» (Agustín de Foxá, Giuseppe Lombrassa, Ls/Fs, 1, I, 1940)

Comenzamos el análisis por el editorial con que se abre el primer número, firmado por los dos editores, el italiano G. Lombrassa y el español A. de Foxá. (t.1). Constituye la manifestación clara de cómo la construcción discursiva es uno de los componentes de la ideología, que necesita ser comunicada y extendida. Este discurso identifica al grupo frente a otros y actúa como elemento cohesivo y signo de unión y reconocimiento mutuo. En ese discurso se comunican las bases del ideario y se adopta un estilo, una estrategia común: como vamos a ver en las páginas que siguen, las claves discursivas que encontramos son la intensificación en el léxico y el recurso a la emoción. La fuerza ideológica se muestra en elegir términos cuyo contenido semántico se mueve en el campo de los sentimientos, o en conceptos elevados, siempre intensificados. Veamos detenidamente el léxico.

Los editores definen su identidad centrándola en ese "espíritu" con el que inician esta labor de edición de la revista. Y resaltan como argumentos:

"intereses" (entendido en sentido positivo)
"arraigada convicción"
"innegable simpatía"
"solidaridad de sangre italoespañola", que les llevó a luchar juntos en "esa tremenda y gloriosa prueba que ha sido la guerra de España"
"renovada inteligencia espiritual"
"motivo para querernos y demostración de intereses concomitantes"

5 Los textos analizados están publicados en la página web <www.memita-net.com>. Reenviamos a ellos para la completa comprensión del trabajo.

Los sustantivos pertenecen a un campo de emociones positivas (*intereses* se explica y se justifica en este sentido), legitimadas porque reflejan lo que cualquier comunidad humana considera socialmente aceptable y deseable: "inteligencia espiritual,[6] solidaridad, convicción". Configuran lo bueno, lo universalmente aceptado. Y se refuerza con adjetivos del tipo: "*renovada* (inteligencia), *innegable* (simpatía), *arraigada* (convicción), *tremenda y gloriosa* (prueba)". Estos adjetivos actúan como modificadores realizantes (MR)[7] (Ducrot, 1995), es decir, como intensificadores del valor del sustantivo, positivo en este caso. Frente a ello, rechaza del exogrupo el sentimentalismo de creer en las amistades que tienen su origen en «vagas e inestables presuposiciones sentimentales», y «la melindrosa delicadeza de nuestros pasados regímenes democráticos» (considerado como un antivalor). *Melindrosa* actúa como un modificador desrealizante (MD), invirtiendo el valor del sustantivo *delicadeza*: de lo positivo a lo negativo. Su orientación argumentativa es claramente negativa (cf. Ducrot, 1995, y Fuentes/Alcaide, 2002).

En este último sintagma («la melindrosa delicadeza de nuestros pasados regímenes democráticos») la preposición *de*, al establecer la relación, adjudica una cualidad negativa (en este texto) a los regímenes democráticos, con lo cual provocan una inferencia negativa de estos. El contexto en el que se inscribe el texto lo explica, pero leído hoy, en otra España, la visión de la norma, de lo considerado correcto, y por tanto apropiado o positivo, es totalmente distinta. La construcción cognitiva socialmente prominente hace inaceptable esta visión del mundo. Entendemos, pues, como un rechazo, una evaluación sesgada, lo que en su momento para estos receptores era el común sentir. En el enaltecimiento de la ideología del falangista iba el rechazo a la democracia como un mal sistema. Hoy, desde un régimen democrático, esta postura se ve algo propio de un grupo marginal, y como una opción no aceptable, muy alejada de lo considerado el bien supremo. Pero para entender el

6 En este el adjetivo relacional lo lleva al campo de los sentimientos, ya que el sustantivo podría no ser entendido en este mismo ámbito.

7 Los modificadores realizantes (MR) intensifican la fuerza argumentativa del elemento con el que se combinan, y los desrealizantes (MD) la atenúan o invierten la orientación de un elemento.

objetivo de estos editores hay que insistir en quiénes son los receptores de esta revista (los participantes del régimen), cuál es su objetivo, y en qué circunstancias sociohistóricas se crea.

La identidad construida en el discurso es que los falangistas se mueven por un ideario elevado, como personas firmes en sus posturas, con elevados sentimientos: inteligencia, espíritu, solidaridad, etc.

3.2 La construcción discursiva del endogrupo

Para definir la identidad grupal se presenta, ante todo, lo positivo al endogrupo. Analizamos esta construcción desde dos perspectivas: cómo se presenta al soldado para animar a otros a militar en sus filas, y cómo se muestra su labor gloriosa, heroica, a los ojos del pueblo. De esta manera se pretende provocar la adhesión y mover las voluntades para engrosar las filas del Movimiento Nacional. Se busca la reacción emocional, más que racional.

3.2.1 El soldado: «Flechas navales» (Tomás Gistau, Ls/Fs, 25, II, 1942, 25)

Las flechas forman parte del símbolo de la Falange (tomado a su vez de los Reyes Católicos, Pedraza, 2010). A su vez, identifican a un grupo joven en la organización (el Frente de Juventudes) al que se dedica este artículo[8]. Su objetivo es reforzar la ideología, enaltecer la labor de estos jóvenes y actuar como propaganda. El comienzo ya nos da la clave: «Todos los sectores del Frente de Juventudes son de capital importancia

8 "Los flechas navales formaban parte de la "Legión Nacional de Flechas" que era la rama juvenil de la Falange Española de las JONS, organización creada a imitación de los "Balillas" italianos, las "Juventudes Hitlerianas" alemanas o el "Konsomol" soviético y que a su vez tomaron ejemplo de la organización de los "boy-scout"." (LOS FLECHAS NAVALES DEL CRUCERO "BALEARES" (1936–1938). <http://www.crucerobaleares.es/capitulos/Cap.%2017%20-%20Los%20flechas%20navales.pdf>.

para el engrandecimiento del Régimen y de la Patria». En esta oración final está expuesto el objetivo final y la legitimación de todas las acciones. La coordinada *y* actúa de nexo cohesivo igualador. El régimen y la Patria van juntos, porque defender y construir la patria es el objetivo del régimen, y porque se pretende establecerlo como una doble identidad inseparable: no hay patria sin régimen. Esta es la única opinión. Es lo que cada grupo ideológico define siempre.

Para enaltecer la labor de estos soldados se utilizan expresiones como: «nadie responde a esto como la Sección Naval. Una Institución [...] depositaria de la más pura tradición imperial». El cuantificador universal *nadie*, y la intensificación en «la más pura tradición» sitúan siempre la valoración en el nivel más elevado. Junto a ello se alude a la «historia de nuestras grandezas, de nuestros descubrimientos y conquistas, en una palabra, de nuestro Imperio». Todos los sustantivos expresan realidades positivas, sobrepotenciadas, y se resumen, en conclusión parafrástica reformuladora, como "el Imperio". Esto contribuye a la creación de la emoción, adjudicada a un nosotros: "nuestras ... nuestras". La evaluación superelevada y el uso de los niveles máximos crea un sentimiento de "encender la adhesión" del auditorio. A ello se añade otro hecho emotivo: «el 'Cara al Sol' entonado brazo en alto, por los hombres de la dotación del crucero *Baleares* hundiéndose en el mar». Se trae a presencia una imagen, se escenifica un hecho heroico, donde la pasión por la patria está por encima del miedo a la muerte.

Con estas afirmaciones construye la identidad de la Sección Naval. Presenta su labor ligada a los mayores éxitos (*grandezas, descubrimientos y conquistas*). La idea colectiva que quiere fijar en los nuevos participantes de esta sección es el imperio.

En esta construcción, las Flechas Navales, los jóvenes, tienen "un puesto de honor". Para ello se establecen varias líneas argumentales:

- el enaltecimiento de su labor
- la importancia de la Marina
- la labor de la Escuela de las bases de Flechas
- el ofrecimiento de una carrera gloriosa
- el apoyo a los que tienen una modesta situación económica.

Todos ellos son argumentos positivos. Y la meta, con la que termina el texto:

> He aquí la obra, la inestimable obra patriótica que en una labor silenciosa y tenaz viene realizando la Sección Naval el Frente de Juventudes. Así, a la vuelta breve de unos cuantos años, la Falange ofrecerá a la Patria una legión de hombres instruídos (*sic*) religiosa, moral, política y técnicamente, que aseguren a España la vuelta a sus más hermosas maneras navales.

De esta manera consigue convencerlos a través de una estrategia de inmersión. Los argumentos anteriores indican la bondad del Frente de Juventudes y llevan a la conclusión: "alístate". Se apela a la emoción: el deseo de verse como héroe, miembro de esa legión que va a realizar una tarea gloriosa.

En este fragmento final encontramos las claves de este discurso enaltecedor:

– La intensificación y evaluación constante de la labor del endogrupo: "*inestimable* (obra patriótica), (labor) *silenciosa y tenaz*, (hombres) *instruidos, sus más hermosas* (maneras navales)".
– Los símbolos: la Patria, España. Y la unión entre religión, política, moral y técnica. Un mundo sustentado en todos estos supuestos. La religión será una de las claves de sustento de la ideología falangista, así como la moral (Laín Entralgo, 1941).

Los adjetivos actúan como modificadores realizantes, intensificadores, pero también como marcadores de un campo de referencia positivo ligado a la construcción ideológica del endogrupo. Todo aparece sobreintensificado, sobredimensionado. Con ello se pretende crear una emoción positiva y una adhesión. Es la función ideológica de los MR. Encontramos a lo largo del texto los siguientes:

A-S	*S-A*
gloriosa memoria	serie inacabable de hechos sangrientos
decisiva importancia	felizmente frustrado
majestuosa realidad	piedra angular
heroica tarea	misión total y superior
el más decidido apoyo	orden político y social justo
decidida intervención	camina apremiante, tenaz e incansable
cuantiosos medios económicos	pulcritud rítmica
inestimable valor	legión innumerable
inmenso valor	labor silenciosa y tenaz
la primera interesada	hombres instruidos
perfecta formación	
inmenso valor	
trágica tradición revolucionaria	
últimos estertores	
gran tragedia rusa	
terrible tradición	
férreo mantenimiento	
la más estricta disciplina castrense	
la más ciega obediencia	
cordial comunidad	
hondo sentido del deber	
perfecta educación política,	
ortodoxamente política	
perfecta hermandad	
blancos desfiles	
vieja ciudad, viejos muros	
milenaria experiencia	
nuestro dilatado litoral	
modesta posición económica	
amplio horizonte	
los más altos puestos de mando	
inestimable obra patriótica	
sus más hermosas maneras navales	

En posición antepuesta aparecen cualidades positivas, a veces intensificadas con superlativos. Pospuestos se colocan los adjetivos propiamente descriptivos. Subrayamos los que se refieren al pasado, a una descripción de algo con lo que quieren terminar, de ahí lo negativo. En cursiva aparecen algunos adjetivos que pueden considerarse hoy negativos, pero que en la ideología de la Falange son positivos: la obediencia, el férreo mantenimiento. Las cualidades están intensificadas en un grado alto, a veces también a través de adverbios cuantificadores absolutos: «el más decidido apoyo, la más estricta disciplina [...]».

3.2.2 El prototipo del héroe: convencer al pueblo. «El retorno de los héroes», (Gaspar Gómez de la Serna, Ls/Fs, 28, II, 1942, 46–47*)*

Un ejemplo claro del ensalzamiento ideológico del endogrupo puede ser este artículo de Gómez de la Serna sobre los españoles que vuelven del frente del Este. Estos héroes se presentan como la encarnación del ideal de España, como los mejores representantes de los valores nacionales en el exterior. Para ello se acude a:

a) Una primera legitimación desde los valores universales: la Historia, Dios: «Yo no sé si la Historia se repite- porque esto, en último término, sólo lo sabe Dios; pero la voluntad de hacer la Historia, sí. La voluntad, que es cosa de hombres, suceso de la Historia y materia del Imperio». Se resalta como cualidad de los héroes la voluntad, un valor en el espíritu de la Falange (Laín Entralgo, 1941).
b) Una presentación de los héroes con características positivas (orgullo, sueño de España, amor a la Patria) frente a la realidad negativa (su aspecto, los hechos que han vivido en la guerra).

> Así, estos españoles que vuelven desde el remoto frente del Este, han repetido esa voluntad, durante muchos meses de guerra crudísima, con la imagen exacta de su *sueño* de España alegrándoles la vigilia y esperanza de cada jornada; con las banderas intactas, resueltas al filo de la pólvora. Han repetido esa voluntad en ascética penitencia nacional, en contacto con cosas fundamentales y eternas, desnudos de todo artificio, de toda vana mezquindad; limpios, como os quiere la Historia y los acoge la Eternidad. Y sólo la Historia que se hace con vocación de Eternidad es la que vale.

La Patria es un *sueño*, término emotivo, y se añaden otras emociones: «alegrándoles la vigilia y la esperanza», se resalta la valentía y se crea una imagen bucólica. El segundo párrafo contrapone la guerra a los sentimientos elevados de ellos ("botas claveteadas", "barro", frente al "sosegado silencio del asfalto ciudadano", el "bronco rumor de la batalla", frente a una "riada de entusiasmo").

c) Una apelación a los lectores, para que los admiren y para que se impliquen en esta valoración. Se apela no solo a su razón, sino sobre todo a sus sentimientos:

> *Miradles* bien a la cara, porque, sobre los ojos cargados de paisajes, traen algo más interesante que todo eso. *Miradles* bien, porque traen escrito un gesto que vale por la mejor página del mejor libro de Historia española. *El gesto, insolente y antiguo*, de una España *altiva y segura*, que ellos han hecho recordar a todo un haz de meridianos, olvidadizos siempre y hostiles tantas veces.

Presenta Gómez de la Serna como un valor la altivez y seguridad de España. Se trata de volver a la idea del imperio como explícitamente expone el Movimiento y la Falange en su ideario. Al mismo tiempo, el orgullo se considera algo positivo:

> *Aprended* bien el orgullo con que estos hombres de la Falange han vuelto por Europa, camino de la Patria; y *regocijaos* una vez más, porque hay quien de nuevo arriesga su vida por tenerlo.. Y *aprended*, también, cuál es para ellos la exacta alegría de su retorno. Mirad: [...] Lo que importa es tener la Patria.

Se mueve a las masas a alegrarse por este hecho y se recurre a expresar la emoción con exclamativas: «¡oh, Dios, y cuánto tiempo hacía que no volvían, de lejos, banderas españolas con este aire!». Continúa con expresiones directas de sus deseos: «Yo quisiera que toda España pudiera presenciar la entrada de los voluntarios. (...) Yo quisiera registrar, una a una, las miradas, calientes de fervor, con que estos hombres entran por las vías de España como en un santuario».

Todo el texto está atravesado por metáforas y léxico religioso. El sentimiento patriótico es una religión. La patria aparece como sitio sagrado (*santuario*), que provoca *fervor*, que exige una disciplina, una *ascética penitencia*, y un conjunto de sentimientos y valores cristianos: huir de la vana mezquindad, ser sencillos (desnudo de todo artificio y limpios). El himno se compara con un *tedeum* afirmativo y glorioso.

La imagen de la Patria es el centro que destaca sobre todo, como una «Torre fiel, ordenadora del Destino», en mayúscula. El sentido de trascendencia une los grandes temas, pasando de la legitimación al ensalzamiento. Y en cierto modo se une a Dios con la Patria, como ordenadora del Destino.

Gramaticalmente encontramos oraciones exclamativas, comentarios y un léxico claramente valorativo. El objetivo perlocutivo es clarísimo: animar los espíritus, elevarlos, sentir el mismo orgullo compartido, arengar a las masas, enfervorizarlas para alabar a los héroes que encarnan el ideario del grupo. Y conseguir, así, reforzar la identidad grupal, la ideología compartida con esta alabanza a sus representantes.

3.3. El exogrupo: «La 'opinión pública' suprimida» (Francisco Casares, Ls/Fs, 20, II, 1942, 18–19*)*

El discurso ideológico no solo ensalza lo propio, sino que destruye al exogrupo, en enfrentamiento dialéctico. Recordemos las palabras de Van Dijk citadas más arriba. En el caso de *Legiones y falanges* encontramos unos enemigos, comunes a los que comparten la misma ideología: los comunistas. Pero en este caso Francisco Casares defiende el Movimiento minusvalorando el concepto básico de la democracia: la opinión del pueblo. Esto también implica un choque con la situación actual, con el sistema de creencias compartidas por los participantes de la sociedad, lo comúnmente admitido, lo considerado correcto.

En este artículo Casares presenta la "opinión pública" como un mal. Alude a ella como un tópico de la "vieja política". Al principio del artículo (cuyo título, «la 'opinión pública' suprimida» aparece como un éxito) se describe claramente la visión negativa que se tiene de ella: «El discurso del tribuno esclarecido, la balbuciente palabrería del cacique rural, los editoriales de la prensa subsidiada, manejaban, frívola y copiosamente, la frase». Los términos aquí son negativos: los adjetivos dan más fuerza a esa orientación negativa (MR), en "*balbuciente* palabrería", o bien orientan a lo negativo términos genéricos (MD): "tribuno *esclarecido*, prensa *subsidiada*". También encontramos adverbios que actúan como MD: "manejar *frívola y copiosamente*". El argumento principal de rechazo de esta opinión pública es su falta de homogeneidad, al ser un constructo artificial y débil:

> ¡Gran ficción la de ese incoercible conjunto de voluntades, que nunca presentaba una exacta homogeneidad! Porque, en rigor, no había una opinión, sino una gregaria confusión y concurrencia de opiniones. Así fomentábase el sistema de las capillas y los equipos [...] todo fue, en las largas etapas liberales, una farsa.

A esa opinión pública se le niega su propia existencia y su legitimidad:

> No había tal 'opinión pública'. Estaba donde se quisiera. La opinión variaba con los vientos, con las perspectivas y con los cansancios. La gente de buena fe seguía su ruta, en el pensar de romántica generación, con poco prejuicio de las denominaciones y acaso dosis desproporcionada de credulidad para los tipos humanos que encarnaron el mismo itinerario de criterios y de interpretaciones. Más que doctrinas, eran modos de ser. Más que partidos, creencias. Por ello, en ciertas ocasiones, que llegaron a parecer concluyentes, se iniciaron movimientos.

Así se llega a la conclusión principal: no existe opinión pública. Es una mentira. Frente a esto, ellos se postulan como los que van a construir el Movimiento sobre una suma de voluntades, encarnando un sentimiento y ansia común: «No es una opinión pública, que no existió, que no podía tampoco llegar de buenas a primera, sino una conjunción de pensamientos y, más concretamente, de actitud, lo que necesitaba España». Y se presenta como un éxito abolir la opinión pública: «Una de las virtudes y de las victorias de nuestro glorioso Movimiento está, cabalmente, en haber abolido este concepto vacío, inarticulado, pero hondamente perturbador, en el uso de las viejas maneras, que se denominaba 'la opinión'».

Claro está que se legitima porque se presenta dicha opinión pública como algo negativo, como la encarnación de un mal. Ha pasado Casares de negar su existencia a considerarlo la encarnación de la maldad.

> Sombra fantasmal que no podía tener una concreción ni precisar una silueta, pero que se empleaba como arma, arrebatada de unas manos a otras, en el juego de la hipócrita detentación. Los países que no tienen 'opinión pública', síntoma febril de esa tremenda enfermedad de agotamientos vitales, de consunciones terminantes, que es la democracia, viven felices.

La visión negativa de la democracia se construye con sustantivos de campos semánticos considerados valorativamente negativos y reforzados con adjetivos (MR), y adverbios:

– concepto *vacío, inarticulado, hondamente perturbador*, (al que se añade el adverbio)
– sombra *fantasmal*
– un *arma,* en la *hipócrita* detentación
– síntoma *febril* de esa *tremenda* enfermedad de agotamientos vitales, de consunciones terminantes.

Sombra y *arma* son elementos negativos. Los adjetivos definen este campo ("inarticulado, perturbador") o lo refuerzan ("sombra fantasmal"). Y continúa llamándolo «espejismo que desorienta a las muchedumbres [...], argucia para el peloteo». La opinión pública aparece como un falso concepto, «lamentable y pernicioso tópico, en cuyo nombre tantos desastres se han justificado y tantas atrocidades se han llevado a cabo».

La guerra aparece como la regeneración, una revolución que rompe con el pasado: "Movimiento generador de un nuevo vivir", descrita en términos positivos. Vuelve a utilizar la dialéctica confrontacional entre aquí y otro tiempo. En aquel tiempo sitúa las asechanzas, escepticismos, disparidades etc. que "tuvo que corregir" Franco "con frenos de acero". La legitimación de la actuación franquista culmina con el recurso a la trascendencia: esto lo ha hecho «en la hora por Dios determinada. Pero no para volver hacia atrás. La revolución está en marcha. Es un movimiento nacional. Es un seguir de todos por un solo camino, porque los demás caminos ya no existen. Han sido obturados».

Y anuncia: «No hay, gracias a Dios, 'opinión pública' [...] hay ahora más opinión que nunca». Se considera un éxito la destrucción de la opinión pública y su sustitución por una opinión única. Un contrasentido ya que del mismo semantismo de *opinión* se infiere que hay diversidad. La opinión existente ahora es la que viene de su propaganda, del Movimiento: «una sola, uniforme, compacta. Porque es nada menos que un Movimiento Nacional».

Los argumentos que ofrece es que la opinión pública «anulaba la patriótica aventura, agostaba la vocación y el impulso de los hombres y revertía en las casillas de los pícaros, sabedores de que el retorno llegaría». Considera que el éxito está en unir la voluntad de todos en una sola opinión: "juntos seremos más fuertes" sería el topos[9] por el que abogan, frente a "todos tenemos derecho a opinar", "el enfrentamiento dialéctico es siempre fructífero". Y todo legitimado por Dios: «en la hora por Dios determinada», «No hay, gracias a Dios, opinión pública».

A esto se añade el argumento visual. En la página aparecen las imágenes de los diputados en el "viejo Congreso", dormidos: «El viejo Congreso duerme y atiende al fotógrafo». En el del Consejo de la F.E.T. y la J.O.N.S., que no es elegido por los ciudadanos, todos "escucha (n) un discurso del Caudillo". Subliminalmente, se hace llegar a la conclusión de que la democracia es de vagos y pícaros, un mal, y lo que funciona es el Movimiento. Siempre se busca la adhesión de los lectores apelando a sus valores, a la emoción y utilizando todos los recursos lingüísticos y discursivos al alcance del periodista.

4. Discusión

En la persuasión que supone el discurso ideológico hay dos componentes fundamentales, que la retórica conocía muy bien y que hoy los estudios cognitivistas refuerzan:

A) Los contenidos: deben ser argumentos sólidos, que reposen sobre topoi o creencias establecidas y legitimadas en la mente de los receptores. Estas van a definir la dirección y la inscripción de cada grupo y diferencian cada ideología. En *Legiones y falanges* los valores son Dios (la fe, la moral católica, el espíritu), la Patria (el patriota, el soldado, el que obedece a los mandos, el que muere por defender la patria, por encima del propio yo). Frente a eso, lo negativo es la democracia y la opinión pública.

9 Creencia admitida por la comunidad y garante de la relación argumento-conclusión (Anscombre/Durot 1983, Fuentes/Alcaide 2002).

El individuo no tiene entidad, constituye parte de una sola identidad grupal, con una sola opinión: "un Movimiento nacional", frente a la situación actual donde los derechos humanos, el respeto a la libertad y al individuo son los valores legitimados.

B) La forma de transmitirlo, de hacer llegar el argumento al cerebro de sus receptores. Aquí es donde actúa la retórica y la argumentación.

En el discurso analizado vemos que la identidad como falangista (y franquista) se crea con un enaltecimiento de las cualidades propias (positivas) y una crítica atroz a lo negativo de los otros. La polarización es total, no admite grados ni salvedades, y se refuerza con estrategias falaces como la emoción, o el recurso a la moral y la religión. Se usa la trascendencia como un marco indiscutible, legitimador y fuera de toda controversia.

Y todo se sitúa en los extremos de la escala: lo malo es muy malo y lo bueno es lo mejor. Se muestra en las estrategias discursivas empleadas: fundamentalmente la intensificación a través de adjetivos que actúan como MR. Su acumulación intensifica y contribuye a esa legitimación y construcción de la imagen.

España, el pueblo español, la patria, que vive del Movimiento, se presenta con características positivas, como la encarnación de lo bueno, en grado supremo. En el otro polo, el marxismo y la democracia representan el engaño, el mal, la destrucción, lo amoral etc. También en su grado máximo. No hay escala, y esto se puede comprobar en los adjetivos usados.

Aquí el periodista o escritor parte de que tiene la razón y se siente legitimado. Utiliza como argumento la verdad. Se considera en posesión de ella y además, la Verdad con mayúsculas. El grupo se presenta como un bien supremo, la verdad legitimada desde la trascendencia. Así no se admite ninguna posibilidad de opción contraria. Es la clave del discurso totalitario.

Cabría preguntarse qué identidad se está configurando: ¿la de la Falange o la del Movimiento? La respuesta es claramente acorde con la realidad del momento. El Movimiento había encontrado su base ideológica en el falangismo (imagen de España, antimaterialismo, valores universales, antidemocracia etc.) pero en el caso que analizamos muchas veces lo que predomina es la legitimación de la intervención militar y del Régimen surgido de ella.

5. Conclusión

Nuestra aportación en este trabajo ha estado centrada en cómo se construye discursivamente la identidad de un grupo ideológico, y qué mecanismos y estrategias contribuyen a ello. Nos hemos fijado para ello en tres calas: a) la declaración de intenciones y la propia presentación de los editores de la revista, que crea la imagen grupal y la orientación ideológica que va a llevar; b) la construcción de la identidad del grupo, utilizando a algunos representantes del Movimiento. Concretamente a jóvenes, intentando mover el ánimo de los posibles aspirantes a militar en las filas del Movimiento, y a los héroes cuando se presentan ante los ciudadanos. El objetivo es, pues, propagar la ideología para reforzarla y legitimarla. En este caso, la emoción llena estas intervenciones. Toda la información se presenta de forma valorativa, y con apelaciones al receptor para que se "anime" a alabar a este grupo y de paso, legitimar y aplaudir el movimiento como ideología positiva, aunque se haya impuesto por la fuerza. c) En tercer lugar, hemos atendido a cómo construye *Legiones e falanges* al contrario, al exogrupo, en este caso la democracia, a la que se intenta "suprimir". De nuevo no es una declaración de objetivos, ni una información de hechos, sino una valoración emocional de la realidad.

Este trabajo, aparte de ser un análisis de un discurso ideológico aunando perspectivas pragmalingüísticas y Análisis crítico del discurso, algo poco frecuente, aporta al Análisis del discurso algunos aspectos: propone la necesidad de utilizar el concepto de identidad grupal, no de *face* o imagen grupal, ya que esta implica determinados comportamientos discursivos, y empieza y termina en ellos. La identidad está por encima del discurso, aunque pueda construirse con él. Este es el objetivo de esta revista: construir y/o reforzar la identidad del endogrupo, para conseguir más adeptos, para legitimar las acciones realizadas y para extenderse. Esta identidad puede ser creada discusivamente, labor de esta revista, utilizada como vehículo de propaganda.

Hemos encontrado en el discurso varias constantes argumentativas: para la polarización Nosotros (positivo)/Ellos (negativo), utiliza el semantismo de los sustantivos valorativos y los adjetivos, empleados como MR (intensificadores) o MD (orientados a lo negativo) así como la emoción (valoraciones, exclamaciones, apelaciones). Las alusiones a la religión y a Dios actúan como mecanismo legitimador.

Integrar el Análisis crítico del discurso con el enfoque desde la Lingüística pragmática se nos ha revelado enriquecedor ya que nos ha servido para concretar el objetivo primero del discurso ideológico: la construcción discursiva de la identidad del grupo. Necesitaríamos más estudios sobre el discurso ideológico de determinadas épocas y orientaciones para poder establecer las claves lingüísticas del mismo. Con ello conseguiremos un perfecto estudio pragmático: lengua y contexto en simbiosis productiva.

Referencias bibliográficas

ANSCOMBRE, J. C. / DUCROT, O. (1983) *L'argumentation dans la langue*, Liège, Pierre Mardaga.

ARUNDALE, R. B. (2010) «Constituting face in conversation: face, facework, and interactional achievement», *Journal of Pragmatics* 42(8), 2078–2105.

BARKER, C./GALASINSKI, D. (2001) *Cultural studies and discourse analysis. A dialogue on language and identity*, London, Sage.

BEDNAREK, M. (2006) «Evaluation and cognition: inscribing, evoking and provoking opinion», *Language and Memory. Aspects of Knowledge Representation*, H. Pishwa (ed.). Berlin, New York: Mouton de Gruyter.

BRAVO, D. (1999) «Imagen 'positiva' vs. imagen 'negativa'? Pragmática sociocultural y componentes de *face*», *Oralia* 2, 155–184.

BRAVO, D. (2001) «Sobre la cortesía lingüística, estratégica y conversacional en español», *Oralia* 4, 299–314.

BROWN, P. / LEVINSON, S. C. (1978 [1987]) *Politeness. Some Universals in Language Usage*, Cambridge, Cambridge University Press.

BUCHOLTZ, M./ HALL, K. (2004a) «Language and identity», *A companion to linguistic anthropology*, A. Duranti (ed.), Oxford, Basil Blackwell, 268–294.

BUCHOLTZ, M./ HALL, K. (2004b) «Theorizing identity in language and sexuality research», *Language in Society* 33(4), 501–547.

BUCHOLTZ, M./ HALL, K. (2005) «Identity and interaction: A sociocultural linguistic approach», *Discourse Studies* 7(4/5), 585–614.

BUCHOLTZ, M./ HALL, K. (2008) «All of the above: New coalitions in sociocultural linguistics», *Journal of Sociolinguistics* 12(4), 1–31.

BURKE, P.J. /STETS, J. A. (2009) *Identity theory*, Oxford, Oxford University Press.

CASARES, F. (1942) «La 'opinión pública' suprimida», *Legiones y Falanges*, 20, II, 18–19.

CROCKER, J. /LUHTANEN, R. (1990) «Collective self-esteem and ingroup bias», *Journal of Personality and Social Psychology* 58, 60–67.

DE FINNA, A./ SCHIFFRIN, D. /BAMBERG, M. (eds.) (2006) *Discourse and identity*, Cambridge, Cambridge University Press.

DE FOXÁ, LOMBRASSA, G. (1940) «Italia y España», *Legiones y Falanges*, I, 1.

DUCROT, O. (1995) «Les Modificateurs Déréalisants», *Journal of Pragmatics*, 24, 145–165.

FAIRCLOUGH, N. (1989) *Language and Power*, London, Longman

FAIRCLOUGH, N. (1995) *Critical Discourse Analysis: The Critical Study of Language*, London, Longman.

FUENTES RODRÍGUEZ, C. (2000) *Lingüística pragmática y análisis del discurso*, Madrid, Arco/Libros.

FUENTES RODRÍGUEZ, C. (2010) «Ideología e imagen: la ocultación en la prensa de la violencia social o lo políticamente correcto», *Discurso y Sociedad* 4(4), 853–892.

FUENTES RODRÍGUEZ, C. (2012) «Subjetividad, argumentación y (des)cortesía», *Círculo de Lingüística Aplicada a la Comunicación*, 49, 49–92.

FUENTES RODRÍGUEZ, C. (2013) «Identidad e imagen social», *Imagen social y medios de comunicación*, C. Fuentes Rodríguez (coord.), Madrid, Arco/Libros, 13–21.

FUENTES RODRÍGUEZ, C. / ALCAIDE LARA, E. (2002) *Mecanismos lingüísticos de la persuasión*, Madrid, Arco/Libros.

GARCÉS-CONEJOS BLITVICH, P. (2009) «Impoliteness and identity in the American news media: The 'Culture Wars'», *Journal of Politeness Research* 5(2), 273–304.

GARCÉS-CONEJOS BLITVICH, P. (2013) «Introduction: Face, identity and im/politeness. Looking backward, moving forward: From Goffman to practice theory», *Journal of Politeness Research* 9(1), 1–33.

GISTAU, T. (1942) «Flechas navales», *Legiones y Falanges*, 25, II, 24–25.

GOFFMAN, E. (1963) *Stigma: Notes on the management of spoiled identity,* New York, Simon and Schuster.

GOFFMANN, E. (1967) *Interaction ritual. Essays on face-to-face behaviour*, New York, Doubleday.

GOFFMAN, E. (1981) *Form of talk*, Oxford, Basil Blackwell.

GÓMEZ DE LA SERNA, G. (1942) «El retorno de los héroes», *Legiones y Falanges*, 28, II, 46–47.

HALL, K./ BUCHOLTZ, M. (2013) «Epilogue: Facing identity», *Journal of Politeness Research* 9(1), 123–132.

HAUGH, M. (2010) «When is an email really offensive?: Argumentativity and variability in evaluations of impoliteness», *Journal of Politeness Research* 6(1), 7–31.

LAÍN ENTRALGO, P. (1941) *Los valores morales del Nacional-sindicalismo*, Madrid. <http://es.scribd.com/doc/12626022/Los-valores-morales-del-nacionalsindicalismo>. Ultimo acceso 25/7/2014.

LOCHER, M. / WATTS, R. J. (2005) «Politeness theory and relational work», *Journal of Politeness Research* 1(1), 9–33.

MARTIN, J. R. (2000) «Beyond Exchange: APPRAISAL Systems in English», *Evaluation in Text*, S. Hunston /G. Thompson (eds.), Oxford, Oxford University Press.

MARTIN, J. R. /WHITE, P. (2005) *The Language of Evaluation: Appraisal in English*, London, Palgrave/Macmillan.

PEDRAZA, D. (2010) *El Nacionalsindicalismo*, Bubok Publishing. <https://dl.dropboxusercontent.com/u/88631147/elnacionalsindicalismo_libro-e.pdf>. Ultimo acceso 25/7/2014.

PEÑA, V. (2010) «España y la Segunda Guerra Mundial: doctrina política y cultura militante en *Legioni e falange. Rivista d'Italia e di Spagna* (1940–43)», *Revista Sociedad Española Italinista*, 6, 119–143.

SIMON, B. (2004) *Identity in Modern Society. A Social Psychological Perspective*, Oxford, Blackwell.

SPENCER-OATEY, H. (2007) «Theories of identity and the analysis of face», *Journal of Pragmatics* 39, 639–656.

TING-TOOMEY, S. / KUROGI, A. (1998) «Facework competence in intercultural conflict: An updated face-negotiation theory», *International Journal of Intercultural Relations* 22(2), 187–225.

TOULMIN, E. (1958) *The uses of argument*, Cambridge, Cambridge U. P.

VAN DIJK, T. A. (1993) «Principles of critical discourse analysis», *Discourse & Society*, 4(2), 249–283.

VAN DIJK, T. (1996) «Opiniones e ideologías en la prensa», *Voces y culturas*, 10, 9–50.

VAN DIJK, T. A. (2001) "Critical Discourse Analysis", *Handbook of Discourse Analysis*, D. Tannen/ D. Schiffrin / H. Hamilton (Eds.), Oxford, Blackwell, 352–371.

VAN DIJK, T. A. (2003) *Ideología y discurso*, Barcelona, Ariel.

VAN DIJK, T. A. (2005) "Ideología y análisis del discurso", *Utopía y praxis latinoamericana* 29, 9–36.

WODAK, R. (1995) "Critical Linguistics and Critical Discourse Analysis", *Handbook of Pragmatics-Manual*, J. Verschuren/ J. O. Ostman/ J. Blommaert (eds.), Amsterdam/Philadelphia, John Benjamins, 204–210.

YUS, F. (2001) *Ciberpragmática*, Barcelona, Ariel.

Legiones y Falanges: Estrategias argumentativas para «una España Nueva, Libre y Grande»

Carla Prestigiacomo
Università di Palermo

L'attualità sociale e politica, ma anche la scelta dei contenuti culturali, sotto l'autorevolezza della firma del soggetto argomentante, assumono i toni del discorso ideologico e performativo, plasmando coscienze e muovendo all'azione. In questo contesto, la persuasione può assumere i toni della manipolazione, della messa in atto di una forma di influenza illegittima. Così, temi come la guerra, la rivoluzione, l'impero, il declino e la resurrezione della Spagna, la cristiandad *e la* cruzada, *la* sangre hispana *o il pericolo "rosso", definiscono un discorso ideologico, dai toni populisti e fascisti (ma anche religiosi), che mira a costruire una 'España Nueva, Libre y Grande' per la quale il regime totalitario e la partecipazione alla seconda guerra mondiale diventano strumenti imprescindibili per il successo. Dopo una breve introduzione, il saggio procede con l'analisi di alcune delle strategie linguistico-discorsive utilizzate dai locutori: macrostruttura ed elementi retorico-argomentativi di coesione, argomenti e fallacie e la modalità dell'enunciazione.*

1. Introducción

Si bien se puede afirmar que en la actualidad la prensa responde al llamado «postulado de la democracia» (Charaudeau, 2003: 38) y que, por consiguiente, toda publicación periódica no se identifica con «una instancia del poder» (Charaudeau, 2003: 13), también es necesario considerar que, en determinados contextos y momentos históricos, máxime tras los trágicos sucesos de una guerra civil y el advenimiento de un régimen totalitario, el discurso de los medios puede perfilarse como un instrumento de orientación y coacción, como una instancia de un grupo dominante que convierte la palabra en un arma extraordinaria al servicio de la manipulación ideológica del blanco receptor (Charaudeau, 2003: 42). Es este el caso de la revista objeto de este trabajo.

Como su homóloga edición italiana, *Legiones y Falanges* es una emanación directa de un joven gobierno totalitario que necesita justificar y fortalecer su razón de ser y que, para encontrar el más amplio consenso posible, emplea toda clase de recursos. Por esta razón, el enunciador institucional[1] de la revista, además de ofrecer una visión "armónica" del ambiente socio-político y cultural de los primeros años del franquismo y de la segunda guerra mundial, impone una realidad,[2] proponiendo una lectura muy parcial, incluso tendenciosa, de las causas del sacrificio de tantos españoles y de los remedios necesarios para la solución de una crisis de raíces antiguas.[3] En este sentido, *Legiones y*

1 Al representar la revista la voz del régimen, es posible afirmar la existencia de un solo enunciador o, por lo menos, de un enunciador grupal. En otras palabras, reinterpretando la clásica tripartición de Ducrot (1984), podemos suponer la existencia de un N número de sujetos empíricos (firmas recurrentes en ambas ediciones de la revista) que se manifiestan discursivamente como locutores (solo en apariencia también enunciadores) "espejo", es decir, reflejo no solo de un contenido ideológico definido, sino también de un sujeto empírico/enunciador que constituye la fuente primaria de los fundamentos de la ideología y, por ende, del discurso falangista (es evidente, por ejemplo, el eco del discurso del teatro de la Comedia de José Antonio Primo de Rivera, pronunciado el 29 de octubre de 1933). Si así fuera, el corpus que hemos elegido constituiría una parte de un "macrotexto" argumentativo del cual, cada artículo, se podría considerar un argumento coorientado a una tesis única: la ineluctabilidad del franquismo.

2 Una vez más, es conveniente citar a Charaudeau (2003: 15): «*Los medios no transmiten lo que ocurre en la realidad social, sino que imponen lo que construyen del espacio público.* La información es esencialmente una cuestión de lenguaje, y el lenguaje no es transparente; presenta su propia opacidad mediante la cual se construye una visión y un sentido particular del mundo».

3 Presentar la "revolución" como una reacción a una crisis es una de las peculiaridades del discurso populista. Excepto «el improperio», los artículos consultados contienes todos los elementos indicados por Charaudeau: «El discurso populista

Falanges constituye tanto una clave interpretativa de las bases ideológicas de las dictaduras europeas, como un testimonio imprescindible de la manera de verbalizarlas, es decir, convertirlas en discursos finalizados a la adhesión del interlocutor a una tesis, como se irá viendo a lo largo de este trabajo, no siempre apoyada en argumentos lícitos.

En concreto, en las páginas de la revista, el recuerdo demasiado reciente de una guerra fratricida y la urgencia por construir —o reconstruir— una "nueva"[4] identidad nacional, «en las nieblas de los primeros años»,[5] convierte todo texto, tanto informativo como interpretativo, en

---

nace en una situación de crisis social. Consiste, por lo tanto, en describir esta situación cuya víctima es el pueblo, en denunciar la fuente del mal, y en alabar los méritos de un líder particularmente carismático. El líder populista describe *la situación de decadencia* de la cual el pueblo es víctima, sirviéndose de la tópica de la "angustia" [...] El líder populista denuncia la *fuente del mal* designando, no a los responsables como en todo discurso político, sino a los *culpables*. Pero esos culpables, y ahí se localiza un factor de gran emocionalidad, son designados de manera global, incluso vaga, como si se tratara de seres maléficos que estuvieran escondidos en las sombras, creando complots [...] En fin, el líder populista debe instaurarse como salvador construyendo una imagen de "poder" mediante un comportamiento oratorio elaborado por medio de "improperios", de fórmulas de choque». (Charaudeau, 2011). Sobre el concepto de populismo y de sus manifestaciones discursivas remito a García Jurado (2012) y a Charaudeau (2009b), respectivamente.

4 Construcción, reconstrucción, restauración, nuevo, viejo, antiguo, pasado, futuro... todas lexías que simbolizan la voluntad del régimen: construir un nuevo estado recuperando los antiguos esplendores imperiales, siempre en nombre y en defensa del catolicismo. Dicho de otra manera, en una óptica persuasiva, constituyen los argumentos de base del discurso del poder, que hace de la nostalgia del pasado y el deseo de un futuro restaurador, libre de enemigos, sus fundamentos ideológicos.

5 Es el título de un artículo de Martínez de Oria en el que, mediante una secuencia narrativa, se describe el ambiente intelectual de los años 20–30 y, como en otros textos, se explica el nacimiento del movimiento como reacción natural a un clima de profunda crisis: «Hay que remover a los últimos años de la Monarquía y más concretamente a la segunda mitad de la Dictadura – cuando menguaba el entusiasmo que había saludado la subida al poder del general Primo de Rivera y las críticas crecían de tono-; hay que volver a los medios universitarias de entonces, para apercibir los primeros síntomas de inquietud, de desasosiego espiritual de

argumentos de apoyo al indiscutible diseño programático contenido en las palabras de uno de los primeros discursos del Generalísimo:

> Por la paz y el bienestar del campo; por la mejora, racional y justa, de las clases obrera y media; por la libertad de conciencia y el respeto a la religión y a las tradiciones; por la tranquilidad y el bienestar de los hogares; por nuestra civilización amenazada, y por el prestigio de nuestra Bandera; por la independencia de nuestra Patria, por una España Nueva, por una España Libre y por una España Grande, luchan hoy nuestros soldados [...] (Franco Bahamonde, F., 1936).[6]

Por el bien de la Patria y del pueblo, pues, los artículos de actualidad social y política, pero también la selección[7] de los contenidos culturales y literarios, bajo el prestigio de la firma y, por ende, de la autoridad del sujeto argumentante, asumen los tonos de un discurso perlocutivo, destinado a forjar conciencias y empujar a la acción.

Por esta razón, los locutores del corpus objeto de este estudio, a través de un lenguaje fuertemente emotivo y a menudo basado en la irracionalidad, convierten la argumentación en una práctica discursiva ilegítima y, por consiguiente, en un intento de manipulación.

En concreto, el recurso constante a argumentos basados en falsas creencias (en alguna ocasión, disfrazadas de estudios científicos),[8] así como a la constante polarización "Nosotros-Ellos" y a otras estrategias argumentativas ilícitas (falacias)[9], revela un abuso de poder y la

---

una generación que intuía cómo no era posible aplazar una revolución nacional insoslayable, tantas veces intentada y siempre fallida desde las guerras carlistas». (Martínez de Oria, J., «En las nieblas de los primeros años», *LS/FS*, 1, I, 1940, 10).

6 Se trata del discurso pronunciado a los componentes de la Junta de Defensa, el día 1 de octubre de 1936 (<http://www.retoricas.com/2009/07/recopilacion-discursos-general-franco.html>).

7 Así como se manipula el discurso a través del lenguaje (manipulación interna), en la argumentación es posible manipular la realidad efectuando una selección capciosa de los hechos "relevantes" (manipulación externa). Véase Lo Cascio (1991 y 2009).

8 Entre todos los que se han consultado, el más interesante es sin duda «Características raciales del comunismo», un estudio médico publicado por Vallejo Nájera (*Ls/Fs* 14, I, 1941, 24–25).

9 Las palabras no son de por sí manipulativas, ni parece tampoco que existan formas lingüísticas especializadas en el discurso manipulativo. Lo que determina un

voluntad de ejercer un control mental en el lector (Van Dijk, 2008, 2009 y 2010), con evidentes consecuencias sociales y cognitivas. Así, en una óptica persuasiva, temas como la guerra, la revolución, el imperio, el ocaso y la resurrección de España, la cristiandad y la cruzada, la sangre hispana o el comunismo, definen un discurso ideológico al servicio de una España Nueva, Libre y Grande en la que la instauración del régimen y la participación en la guerra mundial se consideran instrumentos ineludibles para el éxito.

2. El corpus

Dicho esto, es fácil intuir que *Legioni e Falangi/Legiones y falanges* se conforma como un macrotexto heterogéneo y, sin embargo, muy coherente, en el que cada firma contribuye a la realización de un solo objetivo.[10] De ahí que, para este trabajo, en la selección de los textos no se haya podido proceder ateniéndose a un criterio único. En primer lugar, a causa de la amplitud del corpus, se ha considerado solo la edición española y, en su interior, exclusivamente los originales en castellano. En segundo lugar, se ha optado por descartar los artículos de las secciones fijas culturales, los elementos paratextuales —como los pies de foto— y las páginas publicitarias. Después de una lectura tal vez superficial, para esta primera fase del estudio, se ha decidido analizar un número muy reducido de artículos, con una atención especial a las páginas

efecto u otro está directamente vinculado al contexto y a la situación comunicativa y a cómo las palabras son interpretadas por los participantes en sus modelos contextuales; «Esto quiere decir que las mismas estructuras discursivas se usan en la persuasión, la información, la educación y otras formas legítimas de comunicación. Sin embargo, dada una situación social específica, puede haber estrategias concretas preferentes en la manipulación, esto es, prototipos manipulativos. » (Van Dijk, 2009: 372). Sobre una clasificación de las falacias, véase sobre todo Lo Cascio (1991 y 2009).

10 Véase nota 1 de este trabajo.

de Giménez Caballero,[11] padre de las vanguardias y voz autoritaria de Falange.

Finalmente, el estudio ha sido llevado a cabo de forma transversal, recurriendo a la teoría de la argumentación (Anscombre y Ducrot, 1994) y a su gramática (Lo Cascio 1991 y 2009; Fuentes Rodríguez y Alcaide Lara, 2002 y 2007), a los instrumentos del análisis crítico del discurso, así como a los estudios sobre ideología, discurso y manipulación de Van Dijk (sobre todo 2003, 2006, 2008, 2009 y 2010).

En síntesis, se ha intentado individualizar los principales elementos lingüísticos-discursivos, lícitos o no, que vehiculan el objetivo primario de la revista, esto es, reafirmar, justificar, difundir una ideología y su "providencial" personificación en la figura del Generalísimo. En una palabra, convencer al receptor de la absoluta necesidad del régimen totalitario.

3. Análisis del los textos

Como es sabido, un estudio de los componentes propios de la argumentación, además de la figura del locutor/enunciador y la modalidalización de su enunciado, implica el análisis de cada uno de los mecanismos textuales, desde los titulares, imprescindibles por su función catáforica y de persuasión implícita (Sánchez García, 2010), hasta la microestructura, en la que todo elemento léxico adquiere una función pragmática concreta. Asimismo, es necesario considerar el papel de la macroestructura y de los mecanismos de coherencia y cohesión que pueden añadir o, por el contrario, restar fuerza a los argumentos que apoyan la tesis.[12]

11 Giménez Caballero firma cuatro artículos: «C.T.V.» (*Ls/Fs* 1, I, 1940, 18–20), «Un día en los Pirineos» (*Ls/Fs*, 2, I, 1940, 28–30), «La resurrección de España» (*Ls/Fs*, 10, I, 1941, 6–7), «Presagios. Defensa de la Cristiandad» (*Ls/Fs*, 16, II, 1942, 4–5).

12 Aunque en ocasiones no de forma estricta, se ha intentado respetar los niveles de análisis propuestos por Fuentes Rodríguez (2013). Por lo que a los componentes

Como este estudio pretende ser solo una invitación a una lectura apropiada de la "misión evangelizadora" que alienta las páginas de *Legiones y Falanges*, me limitaré, en esta ocasión, a tratar solo algunos de estos elementos. Por otra parte, cabe subrayar que me referiré inevitablemente a diferentes aspectos al mismo tiempo, puesto que en ningún momento hay que olvidar que la eficacia argumentativa es el resultado de la interdependencia de todos los elementos mencionados. Por último, sobra señalar que los ejemplos que traeré a colación son solo una mínima muestra de los que se han detectado en el corpus.

3.1 La macroestructura

En primer lugar, es oportuno detenerse un momento en la macroestructura, si bien hay que reconocer que, a causa de la heterogeneidad de autores y textos del corpus seleccionado, se hace arduo realizar una clasificación exhaustiva. La variedad afecta tanto a la extensión, como al entramado interno del discurso. De textos breves, normalmente conmemorativos (como, por ejemplo, Ximénez de Sandoval, F., «José Antonio Primo de Rivera. Figura clásica», *Ls/Fs* 13, I, 1941, 17), se puede pasar a artículos que, aun desempeñando una función celebrativa (Echarri, X., «Franco, caudillo europeo», *Ls/Fs*, 23, II, 1941, 6–7), cubren un espacio más amplio. En cuanto a la estructura más propiamente argumentativa, la tesis normalmente es adelantada en el título y reafirmada en las conclusiones, tras la exposición de los argumentos. Aparentemente simples, los textos reflejan casi siempre una organización compleja o «a grappolo» (Lo Cascio, 2009: 78–79), puesto que suelen presentar una concatenación en la que cada argumento puede ser el resultado de otros procedimientos argumentativos e incluir, por lo tanto, varias subtesis (o tesis secundarias) que, a su vez, pueden funcionar de apoyo argumentativo. La naturaleza de las secuencias, normalmente declarativas

microestructurales se refiere, no se ha podido dedicar un apartado específico, sino que se ha aludido a los diferentes elementos implicados en los ejemplos propuestos.

(pero nunca neutras) o narrativas, se puede enriquecer con elementos polifónicos o enunciados modalizados.[13]

En el artículo que vamos a proponer, el autor —Giménez Caballero— enlaza los distintos párrafos mediante la repetición anafórica del segmento de enunciado «Cuando el 14 de marzo de 1931...» (a lo largo de gran parte del artículo), de la copulativa *Y*, con función enfática (en las últimas secuencias), y de otros elementos léxicos repartidos a lo largo del texto. Finalmente, la reiteración del sintagma nominal «nuestra unidad», aludiendo a la amenaza roja, adquiere un significado grupal, en contraposición al enemigo. De hecho, aunque «nuestra unidad» pudiera interpretarse como referido al País entero, en realidad, constituye una focalización del "ellos" que, en este caso, se identifica con la fe republicana y aquellos españoles "engañados"[14] por la quimera del comunismo o, más en general, de la democracia. Es evidente que no se trata de meros recursos de cohesión, sino de expedientes destinados a focalizar aquellos elementos que el locutor considera argumentativamente determinantes (aquí evidenciados con la cursiva). Veamos solo el primer párrafo y algunos fragmentos de los sucesivos:

> *Cuando el 14 de marzo de 1931 fundamos "La conquista del Estado"*[15] —[...]— *España agonizaba*. Alfonso XIII, como "Rey", iba a morir al mes justo: el 14 de abril. *Porque*, [...] el propio Rey había firmado su *sentencia de muerte* como Monarca. Y la *muerte* de todo lo que venía detrás: de *nuestra unidad* territorial, de *nuestra unidad* religiosa, de *nuestra unidad* lingüística, de *nuestra unidad* social. *Cuando el 14 de marzo de 1931 fundamos "La conquista del Estado"*, el general Berenguer daba las últimas disposiciones para que la *muerte* de España no fuese demasiado violenta, contorsionada y atroz. Para que en el 14 de abril [...] pudiese desfilar el *féretro* de España con una aparente serenidad [...]

---

13 Como se verá, además de la tendencia a la modalidad apreciativa, es frecuente el recurso a la modalidad interrogativa y exclamativa.

14 La idea del engaño, o de los "ilusos" se percibe en otros textos, como, p. ej. en Casares, F., «La "opinión pública" suprimida», *Ls/Fs*, 20, II, 1942, 18–19, y Mendizábal, I., «Sangre hispana. En el foco del torbellino», *Ls/Fs*, 15, II, 1942, 30–31.

15 Semanario de corte fascista inspirado en la homónima revista italiana, fundado el 14 de marzo de 1931 por Ramiro Ledesma Ramos. Muchos de los números publicados se encuentran disponibles en <http://www.filosofia.org/hem/193/lce/>.

> *Cuando el 14 de marzo de 1931 fundamos "La conquista del Estado"*, a Ramiro Ledesma y al mínimo grupo de suicidas que le rodeábamos se nos quiso utilizar por las viejas fuerzas reaccionarias como *inyecciones* de aceite alcanforado. Se nos quiso utilizar —a última hora— como *jeringuillas* de cafeína [...]
> *Cuando el 14 de marzo de 1931 fundamos "La conquista del Estado"*, ya era tarde. El pulso de España – [...] – dejaba en verdad de latir. Fue inútil que [...] se intentase tramar un modesto Grupo Legionario, al mando del pobre y gran Albiñana. La juventud estaba perdida. Las masas obreras también. [...]
> *Cuando el 14 de marzo de 1931 fundamos "La conquista del Estado"* tuvimos la clara consciencia de que sólo fundábamos una quimera, una ilusión, una simiente ideal para ser regada con sangres y martirios.
> *Sobre un cadáver —el de España— no cabía más que una actitud profunda y cristiana: rezar. Y creer —místicamente— en una resurrección. Eso hicimos.*
> (Giménez Caballero, E., «La resurrección de España», *Ls/Fs*, 10, I, 1941, 6)

Se trata de un artículo ejemplar en muchos sentidos. Como se evidencia ya en el título, «Resurrección de España», la metáfora religiosa[16] anuncia catafóricamente la tesis, esto es, el sentido providencial e imprescindible de la revolución fascista. De hecho, la estructura argumental se construye en dos niveles. En primer lugar, mediante una isotopía metafórica, en la que la España de principios del siglo XX se identifica con un ser agonizante, a cuya enfermedad (una crisis socio-política que

16 Como subraya Martínez Garrido, hay una estrecha conexión entre el discurso de José Antonio y, más en general, del fascismo español e italiano, con la oratoria sagrada: «Estas alocuciones, tanto en su disposición argumentativa como en la creación de las redes léxico-semánticas sobre las que los enunciados se apoyan, retoman, claramente, las estrategias persuasivas de la oratoria sagrada» (Martínez Garrido, 1997: 333); la oratoria fascista contiene «en germen, léxica, semántica, retórica y pragmáticamente los elementos más característicos de la mejor oratoria sagrada. Las alocuciones de la inaugural oratoria fascista presentan, por lo tanto, una estructuración discursiva mítica, antagónica y maniquea, [...] a caballo entre la arenga y el sermón religioso» (Martínez Garrido, 1997: 338). Evidencia, además de numerosas coincidencias textuales, la presencia de una «retórica psicagógica» y una «angulación martirológica, emotiva y pasional sobre la que el movimiento político fundamentó su estrategia persuasiva, de la que se sirvió, posteriormente, para movilizar a un auditorio particular, como el español, [...]» (Martínez Garrido, 1997: 334). En el texto analizado, además de la metáfora de base, sobresale la presencia de numerosos elementos léxicos religiosos: «martirios», «actitud profunda y cristiana», «rezar», por ejemplo.

culmina con la fuga de Alfonso XIII) sigue una muerte (la proclamación de la II República) que sanciona el fin de la unidad del Estado. En segundo lugar, desde el punto de vista macroestructural, más propiamente argumentativo, toda la primera parte del artículo constituye una premisa y una justificación al alzamiento del 18 de julio y, como en un clímax, las diferentes secuencias narrativas de eventos históricos, considerados nefastos, configuran una acumulación de argumentos coorientados a la tesis sostenida por el locutor: la necesidad de seguir luchando contra el enemigo, en una nueva cruzada en «defensa de la cristiandad». Y justo el peligro rojo constituye uno de los argumentos constantes en los textos examinados.

3.2 Argumentos, ¿o falacias?

Como acabamos de ver, la adhesión del antagonista se persigue proponiendo argumentos históricos que, sin embargo, se tiñen de elementos emotivos e irracionales. Aunque perfectamente coherente, pues, la argumentación se podría considerar ilegítima. De hecho, en la organización discursiva de la persuasión, para que un acto argumentativo sea feliz (Lo Cascio, 1991: 113), el locutor debe respetar determinadas condiciones, como, por ejemplo, ser sincero y basarse en un saber compartido o topos. Una de las infracciones más frecuentes afecta justo a la naturaleza de los argumentos aportados en defensa de la tesis. Estos deberían ser objetivos y demostrables, nunca basados en una percepción subjetiva o en falsas creencias. Si en la comunicación cotidiana se trata casi de la norma, en un discurso unidireccional e ideológico, como el que hoy nos ocupa, el recurso a falsas argumentaciones o falacias es sin duda alguna un intento de manipulación (Lo Cascio 1991 y 2009; Van Dijk, 2009). En concreto, justificar el alzamiento, el régimen franquista y la guerra mundial mediante el recurso continuo a la amenaza constituida por el marxismo, constituye un *argumentum ad baculum* o *ad consecuentiam* (Lo Cascio, 1991: 353–358), puesto que se tiende a argumentar, o contraargumentar, no recurriendo a argumentos reales, sino a hipotéticas consecuencias, enfocando el discurso en el componente emotivo (Charaudeau, 2011). En este sentido, para los locutores de *Legiones y falanges*, no reaccionar contra la avanzada del marxismo, además de la «unidad» reclamada por Giménez Caballero, habría significado también el fin de la cristiandad y, posiblemente, de la raza aria. El ejemplo que vamos a analizar, tal vez el más significativo, enlaza directamente con «La resurrección de España», constituyendo, en su totalidad, un argumento coorientado a la única tesis del "macrotexto" que, como hemos dicho, constituye *Legiones y Falanges*. En concreto, el título, «Presagios. Defensa de la cristiandad» (*Ls/Fs*, 16, II, 1942, 4–5) explicita la tesis, es decir, la identificación del régimen con el promotor de una nueva cruzada[17] y, paralelamente, anticipa el tono profético del artículo. El paralelismo con la guerra santa afecta sensiblemente a la forma discursiva que, sobre todo en la parte final del artículo, asume el tono de un sermón homilético. Además de las analogías con la oratoria sagrada (Martínez Garrido, 1997) y alguna referencia a la raza aria («sagrada técnica aria de dominación»; «clara sangre romanogoda»), sobresale ahora el neto maniqueísmo entre el nosotros grupal del poder y el ellos del enemigo[18]; en otras palabras, la lucha del bien, de la cristiandad (España, Italia, Alemania y Japón) contra el mal, del comunismo y el islam (Rusia, China, India, Inglaterra, EEUU y África). Para enfervorecer al auditorio, el locutor recurre a todos los

17 Es otra constante de los textos consultados. En el fragmento siguiente se aprecia también la idea del martirio como reacción a una crisis: «En el caso de España, está claro el fenómeno. La Cruzada nace de una reacción, de un estado de conciencia. Es la sacudida de los cerebros, los nervios y los músculos. El grito de presencia de una generación que llega a cumplir su destino. La fe de los escogidos, la convocatoria de los que habían de dar, alegremente, su sacrificio, el hito histórico. Pero al mismo tiempo que nace la Cruzada, se inicia la revolución roja». (Casares, F., «Reflexiones. Lo colectivo y lo minoritario. Selecciones y masas», *Ls/Fs*, 28, III, 1943, 18).

18 Es el caso más clásico de estructura manipulativa: «La estrategia general de autopresentación positiva y una presentación negativa de los otros es muy típica en esta descripción sesgada de los hechos a favor de los intereses propios, mientras que se culpa de los hechos y situaciones negativas a los oponentes o los Otros (inmigrantes, terroristas, juventud, etc.)» (Van Dick, 2009: 370). En breve se volverá sobre este tema.

medios lingüístico-discursivos de la persuasión-manipulación[19] (aquí evidenciados mediante la cursiva):

> Para los que venteamos el aire del futuro, ese aire nos trae un estremecimiento *cálido, moreno y amenazador*, de allá por Siria.
> *¿qué pasa por Alepo, Bagdad, Beirut, Tiro, Jaifa? No lo sabemos bien. Sólo percibimos — confusamente*, por la distancia: que Inglaterra, desesperada, busca el defender su hegemonía oriental [...] entregándoles los secretos bélicos de la *sagrada* técnica aria de dominación.
> *Sólo percibimos*: que en Africa egipcia, líbica y etiópica, las tribus negras poseen hoy carros de combate y conocen la técnica italiana de guerra [...] y en el Asia china, los soldados [...] tratan de derrocar —con armas yanquis e inglesas— la misión civilizadora y noble del Japón. Y en la India, el Gange *tiembla de venganza* secular contra Europa. [...]
> *Percibimos*: la *honda y tremenda agitación del Oriente* que, como un *terremoto histórico*, sacude las entrañas del Islam en estos instantes. [...]
> *Y todo esto lo percibimos* contemplando de reojo la *sonrisa silenciosa, inmóvil e incitadora de Rusia*. Esa Rusia que mientras nos ataca y radia diariamente proclamas en lengua árabe, procura *impávida* el desgaste de las reservas occidentales; [...].
> *Para los que venteamos el aire del futuro, ese aire cálido, moreno y amenazador* del Oriente, nos trae, también, el recuerdo del pasado.
> *Nosotros percibimos* desde nuestro rincón romanogermánico de España, desde esta occidental y cristiana España: ¡toda el ansia de "revancha semítica" que vibra en el *aire del mundo*!
> *Percibimos: el ansia de sangre y venganza* que hay acumulado contra aquellos que arruinaron judíos, aplastaron bolcheviques, domeñaron Balcanes, desdeñaron demócratas. [...]
> *Nosotros percibimos* todo esto y nos preguntamos con *terror: Pero ¿puede alguien que no sea* un insensato o un traidor, desear la derrota del Eje? *¿Puede alguien, que no sea* un loco o un Judas, soñar con el desastre del espíritu romano germánico que hoy está salvando a Europa, al mundo, a eso que con palabra eterna y de cruzada se llama: la Cristiandad? Porque hay *estúpidos o infames* que afirman ser Hitler un Anticristo y que el Catolicismo peligra ante sus avances y liberaciones.
> *Si el Eje sale derrotado*, el Catolicismo saldrá derrotado. Una *tenebrosa* Edad Media, de *barbarie*, de *saqueos* sin invenciones ni progresos, cubriría Europa. Y *sólo* sería posible un 'Renacimiento' de Europa en un mañana lejano, sobre

19 Tanto este artículo, como el anterior, y los otros dos que firma Giménez Caballero, por su "densidad" y calidad literaria, merecen sin duda un estudio aparte. Aquí nos limitaremos a señalar solo algunos de los elementos individualizados.

> aquellos pueblos y lugares hasta donde llegue hoy, en sus avances fecundantes, la *clara sangre romanogoda* del Eje, de los sistemas totalitarios.
> *¡Esto no son fantasías ni delirios! ¡Hablamos seriamente! Frente a peligros reales, cercanos tangibles*. (Giménez Caballero, E., «Presagios. Defensa de la Cristiandad», *Ls/Fs*, 16, II, 1942, 4–5)

En el nivel macroestructural, hay que señalar nuevamente la presencia de la anáfora. La repetición del sintagma verbal «percibimos», en algunos casos reforzada por el operador «sólo» o el sujeto («nosotros») y seguida del signo gráfico de los dos puntos, además de focalizar el argumento de cada secuencia (el peligro que se avecina), constituye un expediente para reformular, matizándola, la incertidumbre planteada en la interrogativa («¿qué pasa por Alepo, Bagdad, Beirut, Tiro, Jaifa?») y la negatividad de su respuesta («No lo sabemos bien»). Al mismo tiempo, confiere al enunciado un ritmo *in crescendo* que, semánticamente, se expresa con la metáfora del "aire" y de las nefastas consecuencias que acarrea («estremecimiento», «venganza», «terremoto histórico», «revancha semítica», «ansia de sangre y venganza…») hasta culminar en una «Tenebrosa Edad Media, de barbarie, de saqueos…». El efecto pragmático deseado es el de intensificar, justificándola, la sensación de incertidumbre (reforzada también por el modal «confusamente») y, por consiguiente, el clima de terror que se pretende instaurar con la imagen sinestésica («estremecimiento cálido, moreno y amenazador») del primer enunciado.

En resumen, la presencia de la modalidad apreciativa, expresada mediante el léxico emotivo —adjetivos y sustantivos disfóricos, sobre todo— hace hincapié en la irracionalidad del antagonista. El tono se hace abierta y conscientemente amenazador (sobre todo mediante la intensificación del acto ilocutivo con la modalidad exclamativa que cierra el enunciado) cuando el peligro se identifica con el islam, un islam aún más temible porque impregnado de bolchevismo y apoyado por una cínica e «impávida» Rusia y la coalición «angloyanqui». La visión catastrofista de una nueva Edad Media en caso de victoria del enemigo, puede ser evitada solo por la acción bélica del Eje, por los tres dictadores "cruzados" que, en las palabras de Giménez Caballero, llegan a formar una nueva trinidad:

> La *palabra sacra* del Duce de Roma, incorporada a Hitler y vigilada por Franco es, hoy, la *palabra que salvaguarda la Cruz de Cristo* en el mundo: esa cruz que tiembla en Palestina, ante la eventualidad de que desaparezca este *Catolicismo de signo ario, blanco, universal y hermoso*, que va a defenderla. (Giménez Caballero, E., «Presagios. Defensa de la cristiandad», *Ls/Fs*, 16, II, 1942, 5)

Sin embargo, no es el bolchevismo el único enemigo de España y del Occidente católico. La alusión a una Inglaterra desesperada y a las armas yanquis e inglesas del artículo anterior nos introduce a otro de los argumentos que justifican la política bélica del régimen. La Gran Bretaña imperial —aunque a menudo los textos de refieran simplemente a Inglaterra— se concibe como la culpable de muchas guerras y desórdenes sociopolíticos y, en la segunda guerra mundial, de ser cómplice de poner a riesgo los valores sagrados de la religión, la sangre y la raza aria. Proponemos solo algunos ejemplos. En el primero, una falacia *ad consecuentiam* («Imagine, si puede, todo el horror de la hipótesis…») alerta al auditorio —mediante la modalidad interrogativa, la repetición de un acto directivo y un léxico emotivo— sobre las terribles consecuencias de una derrota de los sublevados. Del enemigo histórico se subrayan, sobre todo, su cobardía y violencia:

> ¿Qué repercusiones alcanzó en el mundo la Victoria de España? Piénselo cada uno. Imagine, […] cuál hubiera sido el rumbo de Europa con un triunfo demócratacomunista en Madrid. Imagine, si puede, todo el horror de la hipótesis. […] Y, al final, la ocupación de una España exhausta por los Ejércitos del Reich, que no se hubiesen detenido en los Pirineos. La desdichada España retorcida otra vez por enormes choques extraños a ella, chamuscada por los "expertos de la retirada", por los maestros de la fuga, por los creadores de la aniquiladora táctica de "the scorched earth". (Montemayor, I., «Victoria de España en el mundo», *Ls/Fs*, 18, II, 1942, 11)

En el segundo fragmento vuelve la misma idea. Ahora se acusan a los «sajones ingleses» de desencadenar el conflicto mundial. Esta vez, el efecto persuasivo se busca mediante la acumulación de preguntas retóricas:

> Los sajones ingleses, siempre arteros para hacer combatir al prójimo en provecho propio, arrojaron al Japón contra la Rusia zarista, que molestaba a Inglaterra.

¿Puede sorprenderles que el vencedor de PortArthur intente hoy reivindicaciones sobre Vladivostock o la Mongolia soviética? [...] ¿Puede asombrarles que los marinos nipones, hostigados por ellos a apoderarse de las Marshall y Carolinas alemanas, hoy se vean bastante fuertes para desembarcar magistralmente en Mindanao y Guam, Borneo y Malasia? ¿Qué hace el Japón sino ampliar lecciones sajonas recibidas? La Gran Bretaña siempre ha sabido ganar guerras con ajenas espadas. ¿Puede quejarse si el acero es de dos filos y vuelve un día contra su instigadora el corte que ella le incitó a emplear contra sus enemigos? ¿Podrá quejarse mañana, cuando la Rusia soviética, ayudada y alentada por ella con repugnancia, pero con eficacia, se revuelva a su vez contra el Imperio británico? (Mendizábal, I., «Sangre Hispana. En el foco del torbellino», *Ls/Fs*, 15, II, 1942, 31)

Los fragmentos citados son una claro ejemplo de manipulación a través de la polarización "Nosotros/Ellos" (Van Dijk, 2009: 373). Si, con respecto al enemigo se tiende a enfatizar los tópicos negativos, simétricamente del "Nosotros" se magnifican los aspectos positivos, mediante un léxico eufórico y, sobre todo, figuras retóricas de intensificación. En el siguiente texto esta contraposición se hace patente. El enemigo, esta vez, es la "otra" España. Sobresale la función realizante de la adjetivación:

De nuestro lado, o sea del lado del Ejército Nacional, todos los que amaban la España inmortal y grande; del otro lado, o sea del "rojo", los que ansiaban con antipatriotismo manifiesto, su entrega a las devastadoras doctrinas moscovitas. [...] Los altavoces fueron colocados en las avanzadillas, y, desde ellos, nosotros jóvenes cultivados, inteligentes y ardorosos en el sentimiento indestructible de la inmortal España, daban a conocer la doctrina que defendía el verdadero Ejército español. [...] Aunque los marxistas intentaron copiar nuestro sistema, no tuvieron éxito. También en esto fueron rotundamente derrotados. Es que el Ejército Nacional utilizaba un arma poderosísima; con la razón esgrimía la verdad. Ellos, en cambio, con la sinrazón utilizaban el falso proyecto de la mentira. [...] Y así, el soldado nacional, abierta su alma a la fe y a la grandeza de su misión, era instruido, en las horas de descanso, sobre la doctrina de los grandes ideales españoles. (Cacho Zabalza, A., «Una gran arma de guerra. La propaganda en los frentes», *Ls/Fs*, 11, I, 1941, 36)

A la cobardía de los ingleses, se contrapone el heroísmo de los mártires españoles. La grandeza de su misión histórica y universal es exaltada mediante la representación hiperbólica del enemigo:

España, con la dramática y heroica luz que su sangre proyectó sobre el Universo, alumbraba la oscuridad y la confusión, desvelando la clausura en que la enemiga potencia crecía. Desveló la maraña de Europa dando abiertamente el pecho desnudo al misterio de ese dragón de mil cabezas que era el frentepopulismo liberal, soviético y masónico.

La significación de la batalla y del triunfo del pueblo español no puede ser tema de interpretaciones. La sangre española reclama de una manera definitiva para la Historia el reconocimiento de su glorioso destino y de su universal servicio. (Echarri, X., «La revolución y la victoria», *Ls/Fs*, 18, II, 1942, 4)

La autocelebración no puede culminar sino en la exaltación de las virtudes del líder. En efecto, uno de los argumentos aportados para justificar el franquismo es la exaltación de su caudillo, un hombre «providencialmente elegido» sin el cual la revolución no habría sido posible. Del artífice de la resurrección de España, obviamente, se alaban las virtudes militares, el sentido del deber, la inteligencia e, incluso, la dimensión europea de su misión. Sobra decir que, en los tres fragmentos que proponemos, desempeñan una importante función argumentativa la adjetivación, la enumeración y otras figuras de dicción destinadas a intensificar la fuerza de la aserción:

Nuestro Caudillo Franco, […] no podía dejar de sentir, en lo hondo de su espíritu de conductor de un pueblo que renace, esa inmensa llamada de los mares de España a los hombres y empresas de la reedificación de un tiempo nuevo. […] Algún día, no lejano, sabrán los españoles totalmente el alcance singular de la obra del Caudillo y sus hombres de gobierno en la política naval. (Escohotado Giménez, R., «Esperanza del mar español», *Ls/Fs*, 28, III, 1943, 4)

Por obra de un Caudillo providencialmente elegido, España ha levantado alegre estandarte en la Revolución de los Pueblos Jóvenes contra los mitos viejos, encabezada por Italia hace veinte años… (Montemayor, I. «Victoria de España en el mundo», *Ls/Fs*, 18, II, 1942, 11)

Franco significaba ya desde aquel día la unidad en el camino de la guerra y de la Revolución, la unidad en el camino de un triunfo perdurable que tenía que ganarse con las armas tanto como realizarse después políticamente con el Estado. La guerra tenía desde aquel momento el genio militar de un Caudillo; España, una doctrina encarnada en la fe y en la voluntad de un Jefe. (…) Por todo esto, el 18 de julio de 1936 es la fecha europea de España. Por eso el Día del Caudillo, el

> día de Franco, es la fecha en que esta significación se hace segura y permanente. Franco condujo al triunfo a los soldados de España durante nuestra guerra, y ya entonces fueron de nuevo con nuestras banderas, por los caminos que su estrategia militar señalaba, las mejores banderas de Europa. (Echarri, X. «Franco caudillo europeo», *Ls/Fs*, 23, II, 1942, 7)

3.3 La modalidad

En el tejido argumentativo de un texto, juega un papel fundamental la modalidad, es decir, la actitud que asume el locutor ante su discurso y la manera de enunciarlo (Fuentes Rodríguez, 2012). Como se ha visto a lo largo de este trabajo, la mayoría de los enunciados raramente son asertivos; por el contrario, resultan marcados por la actitud del sujeto argumentante, estrictamente supeditada a su propósito persuasivo y perlocutivo. Dicho de otra manera, lejos de presentar argumentos objetivos, los locutores producen enunciados modalizados, por medio de los cuales expresan siempre una valoración subjetiva con respecto al contenido referencial del tema tratado. Si la expresión de la emoción resulta frecuente en el discurso político, en un discurso ideológico y de tono populista, como el que presentan los artículos que hemos seleccionado, adquiere una función fundamental como estrategia de fuerza argumentativa o manipulativa. En efecto, en el "macrotexto" de *Legiones y Falanges*, no solo se pretende obtener la total adhesión a la tesis propuesta, sino también transmitir el entusiasmo y la fe necesarios para aceptar y apoyar ciegamente la revolución y el movimiento falangista. En síntesis, se intenta manipular la cognición social —y política— modificando los modelos mentales del receptor.[20] Por esto, la ausencia de argumentos legítimos es compensada por una expresión altamente apreciativa y afectiva. En concreto, sobresale la tendencia al empleo de adjetivos relacionados con sentimientos eufóricos y disfóricos (en la

20 «[…] la forma más influyente de manipulación no se centra en la creación de modelos mentales preferidos específicos, sino en conocimientos abstractos más generales, como saberes, actitudes, ideologías» (Van Dijk, 2009: 363).

contraposición "Nosotros/Ellos", por ejemplo) o, incluso, la presencia de cierta vehemencia verbal y de formas de insulto (Fuentes Rodríguez/ Alcaide Lara, 2008), sobre todo dirigidos al enemigo. La modalidad expresiva, verbalizada mediante la intensificación, la repetición léxica o anafórica, así como la metáfora, desempeñan la misma función.

Finalmente, puesto que se trata de una forma discursiva unidireccional, es decir, dirigida a un antagonista ausente, a un interlocutor ideal, cobra especial importancia la relación que se entabla con el receptor. De ahí que el emisor se vea obligado a valerse de estrategias que involucren directamente al blanco receptor, esto es, recursos fático-apelativos, enunciados interrogativos, directivos y, obviamente, exclamativos.

Como se ha visto en los ejemplos propuestos, la frecuencia de estos recursos es tan alta que resulta difícil analizarlos de manera individual, puesto que el locutor tiende a combinarlos muy a menudo, intensificando la fuerza ilocutiva y, por lo tanto, el efecto perlocutivo.[21]

La marca lingüística más evidente de este último son, sin duda, los enunciados directivos. En el ejemplo que proponemos, la forma imperativa es acentuada por el tono exclamativo. El locutor "invita" a encomendar a Dios, y a la fe católica, la salvación del mundo occidental. Aunque apoyada en hechos históricos, la argumentación encierra una falacia *ad consecuentiam*:

> Piensen los españoles en 1917: Primera aparición del oriente marxista [...] Hasta 1923 no pudo darse la reacción cristiana, con don Miguel Primo de Rivera. Piensen los españoles en el segundo ensayo invasor: 1931, derrotado el Dictador por masones y demócratas, el marxismo semita preparó el puente debilitatorio de España: Berenguer, el 14 de abril, el 11 de mayo. Total: la "Revolucion de Asturias y Cataluña de 1934" [...] ¡Roguemos a Dios el triunfo de la Cristiandad armada que hoy combate! ¡Antes de que, huidos por breñas pirenaicas, tengamos que soñar en nuevas Covadongas, en nuevos 18 de julio! ¡Seamos más católicos e imperiales que

21 Del contacto con la oratoria sagrada ya se ha dicho. No nos parece atrevido proponer ahora cierta afinidad con la oratoria militar o el mitin político, aunque, claro, con las lógicas diferencias causadas por el contexto y la "autoridad" de la firma. En este sentido es muy significativo el último ejemplo que presentamos.

> nunca! Frente a los presagios de un Oriente en revancha bestial e incalculable. Españoles y gentes arias del mundo: ¡a defender la Cristiandad! (Giménez Caballero, E., «Defensa de la cristiandad», *Ls/Fs*, 16, II, 1942, 5)

A pesar de que ya hayamos citado algunos ejemplos, el índice de frecuencia de las estructuras interrogativas es tan alto que merece la pena detenerse un momento sobre su función. Estas, aunque no impliquen una respuesta, además de constituir un recurso fático, representando una manera para involucrar directamente al interlocutor dentro del entramado argumental, contribuyen a la realización del objetivo persuasivo, sobre todo si lo que se persigue es una reacción "activa".

El ejemplo que presentamos a continuación pertenece nuevamente a «Defensa de la cristiandad». Con respecto al fragmento que acabamos de ver, presenta una continuidad semántica y revela un tono ascendente, amenazador, obtenido no solo por la acumulación de interrogativas, sino también por la entonación exclamativa y la fuerza ilocutiva manifestada por la explicitación del sujeto y el empleo del verbo performativo «asegurar»:

> A aquella revolución se la llamó "ensayo general" de la que venía en marcha. Y así fue. 1936–1939. ¡Españoles! ¿Olvidasteis ya los tres años de espanto? ¿Olvidasteis ya el martillo y la hoz, aquella hoz simbólica en forma de media luna oriental? ¿Olvidasteis ya aquella España donde ya hubo Omeyas moscovitas que encuadraron hordas ibéricas para quemar iglesias, asesinar sangre cristiana y pulverizar la tradición romanogermánica, católica de nuestra Patria? ¡Pues yo os aseguro que la revolución de 1936–1939 fue un "juego inocente" ante lo que vendría en España si desaparecieran el Águila de San Juan, de la Falange; el Águila de Roma y el Cóndor germánico. (Giménez Caballero, E., «Defensa de la cristiandad», *Ls/Fs*, 16, II, 1942, 5)

Diferente es la función que desempeña la modalidad interrogativa en el próximo ejemplo. Pasamos del tono irracional de Giménez Caballero, al "discurso demostrativo" de una figura eminente de la psiquiatría del franquismo. La imagen del enemigo, razón de ser de la dictadura, no se puede construir apoyándose exclusivamente en elementos irracionales y falsas creencias. Para captar todo tipo de adeptos, hay que presentar argumentos objetivos, legítimos. Y no existe forma discursiva más objetiva que la científica, basada en experimentos y casos de estudio.

Es este el significado del texto firmado por Vallejo Nájera, responder científicamente a la aversión por el comunismo:

> ¿Constituye el comunismo una característica racial? ¿Representa la lucha de la raza mogólica contra la aria por el predominio en el mundo? ¿Existe un pueblo genotípicamente comunista? Responderemos brevísimamente al trascendente problema enunciado en los precedentes interrogantes. (Vallejo Nájera, A., «Características raciales del comunismo», *Ls/Fs*, 14, I, 1941, 24)

Cerramos este breve estudio proponiendo el segmento final de *La resurrección de España*, fragmento que, con su función recapitulativa, encierra todos los temas, argumentos y expedientes persuasivos-manipulativos vistos hasta ahora. Además del tono declamatorio, sobresalen las figuras de repetición (sobre todo en posición anafórica de la copulativa, con función enfática) y el valor metafórico del "toque de diana":

> Lo demás todo lo sabéis. El 1934, o Revolución de Asturias. Y el 1936, o Revolución del Frente Popular. Y el 1939, o Año de la Victoria. Y el desfile triunfal por el Madrid del 19 de mayo, "conquistado el Estado", latiendo de sangre imperialmente en las venas, y la Falange hecha hombre, madurez, Caudillo: ¡FRANCO! ¡España reconquistada! ¡España resucitada! [...] ¡Pero no hay que temer! [...] ¡Pero no hay que temer! [...] ¡Pero no hay que temer! [...] El toque de diana se aproxima... Ya suena... Y ese toque sólo es uno: ¡Arriba España! (Giménez Caballero, E., «La resurrección de España», *Ls/Fs*, 10, I, 1941, 7)

4. Conclusión

A la luz de lo que se ha visto hasta ahora, podemos confirmar la hipótesis de que *Legiones y Falanges* constituye un "macrotexto" cuyo objetivo primario es implantar una ideología y justificar un régimen autoritario. El lema («una *España Nueva, Libre y Grande*») del discurso del generalísimo (que en realidad retoma las palabras de José Antonio), que hemos elegido para el título de este trabajo, condensa el valor argumentativo de los artículos analizados. A través de la contraposición constante entre el bien y el mal, los patriotas y antipatriotas, los católicos y los comunistas, se construye un discurso en el que sobresale la exaltación de las virtudes del endogrupo y la intensificación de las connotaciones negativas del exogrupo. El tono populista, el recurso a argumentos poco objetivos y falacias, los enunciados fuertemente modalizados infieren un empleo ilícito y manipulador de la palabra. Sin embargo, nunca tenemos que olvidar un factor fundamental en el estudio del discurso argumentativo, es decir, la relación entre los actores, entre sujeto argumentante e interlocutor. Por lo tanto, cabe preguntarnos: ¿Hasta qué punto el receptor de *Legiones y falanges*, lógica y estrechamente integrado con la ideología de la falange y de la revista, es víctima manipulada por el oscuro diseño del poder?

Referencias bibliográficas

ALONSO CORTÉS, A. (1999) «Las construcciones exclamativas. La interjección y las expresiones vocativas», *Gramática Descriptiva de la Lengua Española*, I. Bosque/V. Demonte (coords.), Madrid, Espasa, 3993–4050.

ANSCOMBRE J.-C./ DUCROT O. (1994) *La argumentación en la lengua*, Madrid, Gredos.

CASADO VELARDE, M. (1995) *Introducción a la gramática del texto del español*, Madrid, Arco Libros.

CHARAUDEAU, P. (2003) *El discurso de la información. La construcción del espejo social*, Barcelona, Gedisa Editorial.

CHARAUDEAU, P. (2008) «Pathos et discours politique», *Émotions et discours. L'usage des passions dans la langue*, M. Rinn (coord.), Rennes, Presses universitaires de Rennes. En: *Patrick Charaudeau – Livres, articles, publications*, <http://www.patrick-charaudeau.com/Pathos-et-discours-politique.html> [Fecha acceso: 20.6.2014].

CHARAUDEAU, P. (2009) «La argumentación persuasiva. El ejemplo del discurso politico», *Haciendo discurso. Homenaje a*

Adriana Bolívar, M. Shiro *et al.*, Caracas, Facultad de Humanidades y Educación, Universidad Central de Venezuela. En: *Patrick Charaudeau – Livres, articles, publications*, <http://www.patrick-charaudeau.com/La-argumentacion-persuasiva-El.html> [Fecha acceso: 20.6.2014].

CHARAUDEAU, P. (2009b) «Reflexiones para el análisis del discurso populista», *Discurso & Sociedad*, Vol. 3/2, 253–279. En: <http://www.dissoc.org/ediciones/v03n02/DS3(2)Charaudeau.html> [4.7.2014].

CHARAUDEAU, P. (2011) «Las emociones como efectos del discurso», *Versión, La experiencia emocional y sus razones*, 26, México, UAM, 97–118. En: *Patrick Charaudeau – Livres, articles, publications*, <http://www.patrick-charaudeau.com/Las-emociones-como-efectos-de.html> [Fecha acceso: 1.7.2014].

DUCROT, O. (1984) *El decir y lo dicho*, Buenos Aires, Hachette.

ESCANDELL VIDALL, M. V. (1999) «Los enunciados interrogativos. Aspectos semánticos y pragmáticos», *Gramática Descriptiva de la Lengua Española*, I. Bosque/V. Demonte (coords.), Madrid, Espasa, Madrid, Espasa, 3929–3991.

ESCRIBANO A. (2008) *Comentario de textos interpretativos y de opinión*, Madrid, Arco Libros.

ESCRIBANO, A. (2009) *Las voces del texto como recurso persuasivo*, Madrid, Arco Libros.

FUENTES RODRÍGUEZ, C. (2000) *Lingüística pragmática y Análisis del discurso*, Madrid, Arco Libros.

FUENTES RODRÍGUEZ C. (2003) «Factores argumentativos y correlatos sintácticos», *ELUA*, 17, 289–304.

FUENTES RODRÍGUEZ, C. (2004) «Enunciación, aserción y modalidad, tres clásicos», *Anuario de Estudios Filológicos*, XXVII, 121–145.

FUENTES RODRÍGUEZ, C. (2009) *Diccionario de conectores y operadores del español*, Madrid, Arco Libros.

FUENTES RODRÍGUEZ, C. (2013) «La gramática discursiva: niveles, unidades y planos de análisis», *Nuevas tendencias en el análisis del discurso*, *Cuadernos AISPI*, 2, M. V. Calvi/A. Briz (eds.), 15–36. En:

<http://www.aispi.it/magazine/issues/2-slash-2013-nuevas-tendencias-en-la-linguistica-del-discurso> [Fecha acceso: 10.4.1014].

FUENTES RODRÍGUEZ, C./ALCAIDE LARA, E. R. (2002) *Mecanismos lingüísticos de la persuasión*, Madrid, Arco Libros.

FUENTES RODRÍGUEZ C./ALCAIDE LARA E. R. (2007) *La argumentación lingüística y sus medios de expresión*, Madrid, Arco Libros.

FUENTES RODRÍGUEZ, C./ALCAIDE LARA, E. R. (2008) *(Des)cortesía. Agresividad y violencia verbal en la sociedad actual*, Sevilla, Universidad Internacional de Andalucía.

GARCÍA JURADO R. (2012) «Sobre el concepto de populismo», *Estudios* 103/X, 7–31. En: <http://biblioteca.itam.mx/estudios/100-110/103/RobertoGarciaJuradoSobreelconceptodepopulismo.pdf> [Fecha acceso: 15.6.2014].

LLAMAS SAIZ, C. (2010) «Interpretación del discurso ajeno: la anáfora conceptual metafórica periodística», *Revista de investigación lingüística*, 13, 107–126. En: <http://revistas.um.es/ril/article/view/114151/108101> [Fecha acceso: 10.5.2014].

LO CASCIO, V. (1991) *Grammatica dell'argomentare. Strategie e strutture*, Firenze, La Nuova Italia.

LO CASCIO, V. (2009) *Persuadere e convincere oggi. Nuovo manuale dell'argomentazione*, Città di Castello (PG), Academia Universa Press.

MARTÍNEZ GARRIDO, E. (1997) «Elementos de oratoria sagrada en el discurso fascista italo-español», *Revista de Filología Románica*, 14/1, 1997, 333–343, Madrid, Servicio de Publicaciones Universidad Complutense. En: <http://revistas.ucm.es/index.php/RFRM/article/view/RFRM9797120333A> [Fecha acceso: 20.7.2014].

MUCCHIELLI, A. (2002) *El arte de influir. Análisis de las técnicas de manipulación*, Madrid, Cátedra.

RAE/AALE (2009) «La modalidad. Los actos de habla. Construcciones imperativas, interrogativas y exclamativas», *Nueva Gramática de la lengua española*, Madrid, Espasa Libros, 3113–3221.

SÁNCHEZ GARCÍA, F. J. (2010) *Pragmática de los titulares políticos. Las estrategias implícitas de persuasión ideológica*, Madrid, Visor Libros.

SANTIAGO GUERVÓS, J. (2008) *Comentario de textos persuasivos*, Madrid, Arco Libros.

VAN DIJK T. A. (1999) «El análisis crítico del discurso», *Anthropos*, 186, 23–36.

VAN DIJK, T. A. (2003) *Ideología y discurso*, Barcelona, Ariel.

VAN DIJK, T. A. (2006) «Discurso y manipulación: discusión teórica y algunas aplicaciones», *Revista Signos: estudios de lingüística*, 60, 49–74.

VAN DIJK T. A. (2008) «Semántica del discurso e ideología», *Discurso & Sociedad*, 2/1, 201–261. En: <http://www.dissoc.org/ediciones/v02n01/DS2%281%29Van%20Dijk.pdf> [Fecha acceso: 10.2.2014].

VAN DIJK T. A. (2009) *Discurso y poder*, Gedisa editorial, Barcelona.

VAN DIJK T. A. (2010) «Discurso, conocimiento, poder y política. Hacia un análisis crítico epistémico del discurso», *Revista de Investigación Lingüística*, 13, 167–215. En: <http://revistas.um.es/ril/article/view/114181/108121> [Fecha acceso: 15.3.2011].

Sitografía

<http://www.filosofia.org>

<http://www.retoricas.com/2009/07/recopilacion-discursos-general-franco.html>

<http://www.rumbos.net/ocja/jaoc0011.html>

Scrittura autoreferenziale negli articoli letterari di *Legioni e Falangi / Legiones y Falanges*

ASSUNTA POLIZZI
Università di Palermo

Recuperando los paradigmas literarios que la revista recogió y de los cuales se hizo expresión, el ensayo destaca una escritura que a menudo se basa en la dimensión del yo y por ella está determinada. El macrotexto periodístico y el discurso actualizante en el cual se funda, a pesar de que acoja la pluralidad de voces y de visiones, necesita la inmediatez y la responsabilidad autorial por parte de un sujeto que en el presente relata a partir de su propia experiencia. Estos textos reciben la presión actualizante del macrotexto en el cual se colocan, la revista, y enseñan una 'sobrecarga' de referencias socioculturales e ideológicas. Este estudio ofrece algunos ejemplos escogidos dentro de un corpus, en ambas ediciones, en los cuales se modula la práctica de la 'autoreferencialidad', es decir textos, adscribibles a diferentes tipologías textuales, vinculados con un Yo, que se propone como testimonio, reportaje, reflexión, forma narrativa incluso de ficción.

Uno spazio rilevante della rivista, in entrambe le edizioni, veniva dedicato alla letteratura, sui versanti essenziali della riflessione critica, del racconto odeporico e di quello di creazione. A saggi di approfondimento su tematiche legate alla cultura spagnola e a quella italiana, firmati, ad esempio, da Joaquín Entrambasaguas («La novela romántica en España», *Ls/Fs*, 13, I, 1941, 8–9), da Concha Espina («Emilia Pardo Bazán», *Ls/Fs*, 11, I, 1941, 13; «Rosalía de Castro», *Ls/Fs*, 25, II, 1942, 8–9) o da Manuel Machado («Madrid, 1900. D. Francisco Villaespesa y el Modernismo», *Ls/Fs*, 14, I, 1941, 6–7), si alternavano traduzioni di scritti di studiosi italiani sulle Lettere spagnole, come Salvatore Battaglia («Il vero e il magico nel poema», *L/F*, 10, I, 1941, 35–36, intorno al *Poema de mío Cid*), o Ettore De Zuani

(«Nuova letteratura in Spagna», *L/F*, 4, I, 1941, 37–38); o ancora studi comparativi o, comunque, che tendevano a enfatizzare i profondi vincoli culturali tra i due paesi. E' il caso di articoli come quello di Alfredo Marquerie («Pirandello y Unamuno», *Ls/Fs*, 14, I, 1941, 16), di Antonio Ballesteros Beretta («Boccaccio y los españoles», *Ls/Fs*, 6, I, 1941, 37–39). Nell'ambito della creazione letteraria, la rivista si arricchiva di racconti di finzione e di testi odeporici di scrittori e poeti coevi, poi divulgati attraverso le traduzioni, recensioni, commenti, scambi e rimandi referenziali tra i due paesi. Così, ad esempio, Azorín pubblica due articoli dedicati all'Italia («El viaje a Italia», *Ls/Fs*, 8–9, I, 1941, 7–8, e «Serenidad en Bolonia», *Ls/Fs*, 13, I, 1941, 24–25), Álvaro Cunqueiro, «Las aguas de Roma», (*Ls/Fs*, 4, I, 1941, 31–33); mentre Orio Vergani «Amica Giralda» (*L/F*, 6, I, 1941, 34–36), e «La strada di Sagunto» (*L/F*, 4, I, 1941, 31–33).

Il rapporto di osmosi tra la letteratura e il giornalismo si fa patente sin dagli inizi delle pubblicazioni periodiche e nei diversi paesi, sia come presenza della firma di letterati tra le pagine dei periodici in spazi dedicati o come loro apprendistato, spesso parallelo all'impegno creativo, nell'esercizio della scrittura. Ne consegue, nelle zone interstiziali tra entrambi gli ambiti, un mutuo e proficuo arricchimento di procedimenti testuali, di modalità di costruzione del discorso e di prospettive narrative. Tuttavia, sono proprio le dissonanze tra i due spazi verbali, la letteratura e il giornalismo, a pretendere distinzioni che definiscono poi i meccanismi comunicativi soggiacenti ai testi, così come ne rivelano le potenzialità che il loro incontro riversa in generi ibridi, altamente fertili per la sperimentazione, tanto che spesso le frontiere tra i due versanti della narrazione della realtà si fanno soglie. Lo spiega dettagliatamente Clotilde Bertoni (2013: 6):

> Un insieme di fattori [...] destina (se si vuole condanna) la letteratura e il giornalismo a una costante intimità: intimità agitata e faticosa, complicata da una quantità di divergenze, anzi di antinomie. La letteratura ambisce alla durata, il giornalismo è intrinsecamente effimero [...]; la prima ha il suo statuto costitutivo nella menzogna – intesa come rielaborazione della realtà, fabbricazione di mondi alternativi – il secondo ha nella veridicità la sua giustificazione principale; la prima passa per processi creativi autonomi, il secondo per un vasto gioco di squadra; la prima dà voce a oscillazioni, contraddizioni, istanze represse, il secondo (neutrale o fazioso

> che sia) è tenuto a seguire una linea definita; la prima – malgrado varie conversioni, ibridazioni e mercificazioni – appartiene al dominio dell'arte, il secondo resta compreso in quello della comunicazione mediatica. Infine, se entrambi sono canali d'espressione decisivi (infatti entrambi colpiti dalla censura e imbavagliati dai regimi totalitari) la prima ha un'autorevolezza profonda ma imponderabile; mentre il secondo è un vero e proprio potere, quarto potere in continua frizione con gli altri, a volte loro complice e succube, a volte capace di fronteggiarli e controbilanciarli. Quello costituito da letteratura e giornalismo è dunque un binomio serrato e vitale quanto frastagliato e spigoloso [...].

Nel recuperare i paradigmi letterari che la rivista raccolse e di cui si fece espressione, ci si accorge di una scrittura spesso articolata sulla dimensione dell'Io e da essa determinata. Il macrotesto giornalistico e il discorso attualizzante su cui poggia, pur accogliendo la pluralità di voci e di visioni, necessita della immediatezza e della responsabilità autoriale di un soggetto che nel presente racconta a partire dalla propria esperienza. I ricordi, le riflessioni e i giudizi personali acquistano uno statuto attraverso il quale docilmente il lettore li riceve come autentici e condivisibili, come guardando attraverso lo sguardo del testimone-reporter-narratore, oltre ad interpretarli come frammenti di Storia. I testi autoreferenziali che ne derivano evidenzino un'implicita funzione a dirigersi a un Tu, a un Altro, secondo quanto ritiene, ad esempio Loureiro (2001: 138), e si rende patente una «relacionalidad comunicativa» che «se manifiesta a través de la figura retórica del apóstrofe». Difatti, spiega lo studioso, «[...] la insoslayable relación de deuda entre el yo y el otro se manifiesta en la autobiografía no sólo en los modos de la construcción de la identidad, sino también en los términos que los(as) autobiógrafos(as) usan para dirigirse a un(a) destinatario(a) privilegiado(a) que encarnaría así la responsabilidad hacia el otro, fundamental para todo sujeto». In ogni caso, si tratta di cercare una relazione esteriore all'Io, insieme alla quale evocare il passato a partire dal presente e convertendo la memoria in un possibile strumento di comunicazione e di contatto tra generazioni, gruppi differenti, oltre a discorso configurato da un tempo e uno spazio che le offrono la possibilità di costruire percorsi significativi e, pertanto, di interpretare i dati dei ricordi (Fiordaliso, 2008: 61). Tutto ciò avvicinerebbe il testo autoreferenziale alla 'prima aporia' di Ricoeur (1998) intorno alla possibilità di conciliare la memoria personale e quella collettiva. Il filosofo, malgrado indichi un tratto radicalmente individuale della memoria, individua, tuttavia, una componente collettiva dell'evocazione del passato, giacché ricordiamo anche a partire dai ricordi degli altri, di coloro i quali ci stanno attorno, dai quali prendiamo in prestito racconti, immagini, le stesse prospettive sugli avvenimenti, che confluiscono nella nostra memoria producendo i nostri ricordi personali.

La tipologia testuale del discorso giornalistico coincide con la trasposizione informativa della realtà sotto l'urgenza della cronaca. Kramer (1995), infatti, riunisce sotto l'etichetta di giornalismo letterario quei testi che, nelle arti stilistiche e della costruzione narrativa, risultano associati da sempre con la letteratura di finzione, giacché collaborano ad intrappolare la fugacità degli accadimenti, essenza questa del giornalismo. Ma è determinante anche l'autorevolezza della firma, che si autoalimenta della serialità del processo di pubblicazione e che il lettore non questiona a priori, grazie a un vincolo che non necessita di un momento di ratificazione contrattuale in ogni atto di lettura, come, invece, accade nel romanzo. Il pubblico ideale di lettori può essere il più diversificato sul piano del livello culturale, ma per lui la parola di uno scrittore letta nel periodico acquista senso se si propone come testimonianza, inchiesta, reportage, forma narrativa anche di finzione, ma vincolata a un Io narrativo.

In questo studio si sono scelti, tra il *corpus* di entrambe le edizioni, alcuni esempi in cui si modula tale pratica sui versanti delle riflessione vicina al saggio, del racconto odeporico, del diario, delle memorie, della scrittura di creazione e di qualche altra tipologia generica di più complessa ascrizione. Iniziamo proprio da quest'ultimo caso.

Nel N. 11 del settembre del 1942 (15–17) di *Legioni e Falangi*, nella sezione della rivista solitamente dedicata alla cronaca politica, Indro Montanelli firma il lungo articolo «Oggi a Farsalo con Cesare»[1]. Si tratta di una collaborazione sporadica con la rivista di un Montanelli, che, dallo stesso settembre e fino al successivo del 1943, collaborava con il

1 In traduzione in *Legiones y Falanges*: «Hoy en Farsalia con César» (25, II, 1942, 10–11).

settimanale *Tempo*, sotto lo pseudonimo di 'Calandrino' per la rubrica "Tempo perduto". L'interesse per la storia romana dell'intellettuale si rivela qui in embrione, sviluppandosi poi, negli anni '50, tra le pagine de *La Domenica del Corriere*, dove Dino Buzzati gli aveva affidato una pagina, una rubrica e poi la possibilità di scrivere a puntate la storia dei Romani, che divenne, nel 1957 con la Longanesi, l'opera, *Storia di Roma*, *bestseller* per anni ed edizioni a venire.[2]

Il titolo dell'articolo che rintracciamo tra le pagine di *Legioni e Falangi* enuncia il tema, la battaglia di Farsalo appunto del 9 agosto del 48 a.C., che vide lo scontro tra i legionari di Giulio Cesare e quelli di Pompeo nel territorio della Tessaglia, ma introduce un elemento destabilizzante, dal punto di vista del discorso storico, un 'oggi' che apre il testo a una serie di distorsioni eccezionalmente rilevanti, non solo sul piano delle coordinate temporali della narrazione, ma anche riguardo al processo di finzionalizzazione del testo storico grazie proprio ad una emissione della parola da parte di un io narrativo *sui generis* per prospettiva e organizzazione della materia narrata, tutti elementi che, poi, si mostrano proficui per l'interpretazione a cui l'autore offre il suo racconto della Storia. Accompagnano le colonne tre fotografie, una in ciascuna pagina, riguardanti tutte l'intervento degli italiani sul fronte russo, pertanto non vincolate tematicamente allo scritto, ma all'attualità dell'impegno bellico italiano, e certamente correlate ad esso per una metaforica quanto auspicabile ricaduta dell'esito vittorioso di Cesare sull'impresa dell'Italia in territorio straniero. A modo di cronaca storica prende il via l'articolo:

2 Nell'edizione del 1988 per la Rizzoli, scrive Montanelli nel prologo: «Trentacinque anni fa, ad epilogo della prefazione apposta alla prima edizione, scrivevo: "[...]. Tutto ciò che io racconto è già stato raccontato. Io spero solo di averlo fatto in maniera più semplice e cordiale, attraverso una serie di ritratti che illuminano i protagonisti in una luce più vera, spogliandoli dei paramenti che fin qui ce li nascondevano. A qualcuno potrà sembrare un'ambizione modesta. A me, no. Se riuscirò ad affezionare alla storia di Roma qualche migliaio di italiani fin qui respinti dall'accademismo di chi gliel'ha raccontata prima di me, mi riterrò un autore utile e fortunato"» (8).

Farsalo, 10 agosto del 48 a.C.

> Stendiamo queste rapide note seduti sull'orlo di un fossatello scavato in mezzo al campo che vide la disfatta completa e irreparabile delle armi pompeiane, ieri quinto giorno avanti gli idi del mese sestile. Il castro è ancora deserto: i cesariani sono intenti a inseguire e a ripulire il terreno degli ultime resti avversari, [...]. Corre anche voce che Pompeo stesso sia caduto. Comunque è certo che nessun ostacolo si frappone più oramai al trionfo completo di Cesare. A noi non resta che cercare di riassumere, retrospettivamente, le vicende di questa clamorosa battaglia destinata a passare alla storia. (15)

Si prosegue, quindi, con un resoconto dettagliato dell'avvenimento, a partire dai mesi antecedenti, ogni spostamento delle truppe, ogni decisione strategica da parte dei condottieri correlata dal contesto storico dell'antica Roma, sebbene sempre misurata sul doppio piano della Storia e dello sguardo dell'Io che racconta da una prospettiva testimoniale, in un tempo istallato nel presente e con intento cronistico, intestandosi il titolo, tutto proteso verso l'attualità, di "giornalista" a seguito di Cesare («Attendemmo Pompeo con impazienza, ufficiali sottoufficiali e soldati e anche noi giornalisti», 16) e impegnato a redigere la Storia. Ed è il genere dello scritto a porre inevitabili questioni che riguardano proprio il sovrapporsi e il mescolarsi di statuti narrativi tradizionalmente lontani e contrapposti: la storiografia, necessariamente enunciata da una voce autoritaria e onnisciente, e la prospettiva interna e testimoniale di un Io che, informato e colto, imprime al testo una soggettività accattivante, che, però, non può che esautorare il supposto oggettivismo del discorso storico. La Storia diventa *fiction*, svelando la costruzione verbale che la produce e la governa, le limitazioni della prospettiva, la stessa portata e la validità dei documenti addotti. La presenza di un Io autoreferenziale la rende in qualche misura assimilabile ad un'*autofiction*, in cui, ai dati della Storia il narratore mescola anacronismi e distorsioni varie. Alcuni esempi. Seppure in una prima fase la voce del 'giornalista' dia prova dell'immersione prospettica in un presente che sta raccontando al ritmo di quanto sta accadendo e pertanto in uno pieno statuto testimoniale e limitato («[...] secondo notizie che arrivano dalla linea, essi sono allo stremo [...]. Corre anche voce che Pompeo stesso sia caduto» 15), a breve, nell'andirivieni dell'asse cronologico, si mescolano l'oggi della cronaca intorno alla battaglia di Farsalo, il passato degli antecedenti, che vogliono preparare all'evento, ma anche il futuro di avvenimenti non ancora accaduti, che però il narratore cita, come la battaglia di Munda, presso Malaga, del 17 marzo del 45 a.C., tra i figli di Pompeo, già morto in Egitto dopo la sconfitta di Farsalo, e Cesare che ottiene il successo, atto finale di una lotta complessa e memorabile. L'anacronismo rivela una conoscenza degli eventi da parte del narratore che va oltre quella del cronista, mentre alcune interferenze linguistiche ad esso correlate innescano il discorso ironico e concedono alla voce un potere sempre più rilevante sull'organizzazione del racconto. Si tratta del passaggio in cui viene richiamata la Spagna all'interno del testo, secondo il progetto editoriale della rivista, «[...] riuniti nella "koinòn tessalon" [...] tentarono di opporci resistenza [...]. "No pasarán" dicevano. Invece passammo, senza nemmeno porre l'assedio, con una battaglia manovrata rapidissima, alla Màlaga, sotto le mura di Gomphi, che ci fece cadere in mano questa fortezza come una pera matura» (16). Nella sintesi saggiamente costruita, il narratore incrocia sulla stessa linea del presente della cronaca eventi posteriori, la battaglia di Malaga, e anteriori, la presa di Gomphi, come governando l'asse temporale da una strategica posizione rispetto al lettore, il quale accoglie, in un unico processo testuale, riconoscendole, le vicende storiche come pure l'esperienza autoreferenziale dell'Io, insieme al suo personale modo di strutturarla. Un ulteriore esempio dell'incrociarsi dei piani temporali che ancora una volta si accompagna ad un richiamo divertito verso il lettore:

> A Farsalo arrivammo i primi di luglio, non ricordo con precisione il giorno esatto. [...] Cesare parve trovarlo di suo gusto e decise di fermarcisi [...]: una piana anonima, sfarinata sotto il sole peso e immobile di Tessaglia, senza nessun segno di riconoscimento fra le altre che la circondano. Cesare, guardandola, osservò: «Fra duemil'anni, quando gli archeologi verranno a ricostruire il campo di Cesare, avranno il loro daffare». Ma Appiano, che ha un debole per gli archeologi, ha voluto facilitarne il compito lasciando scritto che la località si trova a trenta stadi da Kaidaria. Se li è contati ad uno ad uno, gli stadi, il buon Appiano. (16)

Probabilmente il più succulento anacronismo lessicale sta nel romanesco della frase che chiude il passaggio «[...] la prateria, un mare dorato di grano, su cui navigammo per sette giorni [...] fino a una cittadella parata a turbante sulla vetta di una collina isolata che, come un *pizzardone* a dito teso, c'indicò la via di Farsalo» (16).[3] In chiusura, torna il presente al *rallenti* dell'evento storico e, con il presente, la cronaca e la prospettiva interna e testimoniale: «Chi o che cosa ha persuaso Pompeo, ieri mattina, ad abbandonare questa tattica di logoramento che stava per dare i suoi frutti? Non lo sappiamo e forse non lo sapremo mai. [...] fatto sta che ieri mattina 9 agosto [...]» (16–17). In chiusura, ecco il ricomporsi della cornice narrativa governata dall'Io, il suo sguardo sull'esperienza che condivide con la Storia la possibilità di essere raccontata, e, pertanto, modulata dalla complessità dell'attività verbale; il 'vero' si rivela 'verosimile' e si apre a possibili costruzioni come pure a possibili interpretazioni. Il narratore *sui generis* a cui Montanelli ha affidato il suo racconto della battaglia di Farsalo conclude in questo modo:

> Eravamo a questo punto quando ho cominciato a stendere queste rapide note. Ora il Castro si è ripopolato di legionari che tornano alla spicciolata, ognuno trascinandosi dietro quattro o cinque prigionieri. Pare confermata la notizia della morte di Pompeo. «Bah! – dicono i legionari stravaccandosi a terra, sganciandosi le corazze e tergendosi il sudore – Bah! Anche questa è fatta» (17).

Attraverso il genere letterario dell'epistola, tutto imperniato sull'autoreferenzialità intima dell'Io, oltre che sui diversi dispositivi del linguaggio orale, come la conversazione quotidiana, ma senza l'introduzione del dialogo, e il *topos* della 'presenza/assenza' in rapporto con il carattere affettivo dell'amicizia, Ciro Poggiali, inviato del *Corriere della Sera*, costruisce un reportage, «Lettera da Madrid», sul dopoguerra della capitale spagnola, che pubblica *Legioni e Falangi* nell'aprile del 1942 (6, II, 4–6)[4].

3 Il corsivo è mio.

4 Una riscrittura nella "Lettera" si trova in «Nueva faz de España» (*Ls/Fs*, 30, III, 1943, 8–9).

Madrid, marzo

> *Ho riveduto la Spagna dopo tre anni. Marzo 1939, marzo 1942. Allora l'imminenza dell'epilogo d'una lotta che aveva raggiunto tutte le esasperazioni e stava per coronare di lauri vittoriosi la giustizia, la logica, la forza sana e feconda; [...]. Oggi il miraggio di una rinascita, avviata risolutamente, a tutte le sue mete, materiali e spirituali, che sono le ragioni per cui la lotta maturò, esplose, dilatò, ebbe tutti i suoi ineluttabili sviluppi.* (4)[5]

Si avvia, quindi, una documentata analisi dello stato di «resurrezione» del Paese iberico dopo il Conflitto civile, del quale Madrid aveva straordinariamente sofferto gli effetti disastrosi e che adesso, nel testo epistolare, diventa emblema e metonimia nelle serie di visioni attuali che il narratore mette a confronto con quelle dei propri ricordi e che racconta in forma ecfrastica, analizza, restituisce al lettore della rivista come componendo un affresco tutto personale, seppur condivisibile collettivamente perché scenario della Storia. Eccone un esempio:

> *Son tornato a rivedere la Città universitaria, la famosa città universitaria di Madrid, il luogo dove tre anni fa calò il sipario sulla sconfitta dei rossi. Mi sono affacciato dalla piazza della Moncloa sullo smisurato scenario montuoso, pendici e valloni, cocuzzoli e baratri ove la Spagna uscita impinguata ma piena di torbide inquietudini dall'altra grande guerra che non l'ebbe partecipe, aveva voluto realizzare il sogno del più sontuoso e pittoresco ateneo del mondo. [...]. Ora la città universitaria rinasce [...]* (4)

Passando ora al racconto letterario, va ricordato che la rivista, in entrambe le edizioni, dedica costantemente al genere delle pagine, in maniera più definita in *Legiones y Falanges* con la rubrica "El cuento mensual", che entra nella rivista dal N° 19, mentre nell'edizione italiana dal N° 20 si registra l'inserimento di racconti in modo disseminato, benché sempre vistosamente presentati con un sottotitolo che ne dichiara il genere letterario. Si alternano autori non sempre legati al giornalismo, soprattutto nell'edizione spagnola, temi e motivi diversificati, narrazioni fantastiche, intimiste o in relazione con dispositivi discorsivi e argomentativi a carattere odeporico. Tra quei testi caratterizzati

5 Il corsivo è nel testo.

dall'emissione autoreferenziale di una voce narrante, si è scelto qui il racconto di Vittorio G. Rossi, «Strada indiana», pubblicato nel N. 8 del giugno del 1942 (I, 27–30)[6]. Inviato speciale del *Corriere della Sera* e del settimanale *Epoca*, all'opera del giornalista-scrittore si ascrivono, in buona misura, le numerose narrazioni odeporiche maturate durante i suoi innumerevoli viaggi anche come reporter e che risentono di uno spirito legato biograficamente al mare e alla marina. Inevitabilmente vincolato al volume *Cobra*, che Rossi aveva da poco pubblicato (Bompiani, 1941), l'articolo-racconto rintracciato tra le pagine di *Legioni e Falangi*, in effetti, ne riproduce parzialmente un capitolo, "Capitolo del legno tech", (pp. 177–194), attraverso un interessante lavoro di ritaglio e ricucitura, favorito dalla struttura narrativa dell'intero testo, la quale procede per quadri indipendenti all'interno di ciascuna unità, definita metatestualmente nel titolo 'capitolo'[7]. Inoltre, il racconto rispecchia il carattere proprio del volume *Cobra*, affresco dei magnifici contrasti dell'India, che lo sguardo e la parola del viaggiatore occidentale raccoglie con curiosità perplessa, ma mai soverchiandone il senso ed il contesto. La costruzione del testo è essenzialmente letteraria. Il dialogo dei personaggi procede verosimilmente, accompagnato da una voce intradiegetica che ne condivide lo scenario e che coglie ogni occasione per dipingerne gli ambienti, riportarne gli odori, i sapori, i suoni di un mondo fatto di parole nuove per indicarlo e che entrano naturalmente nella descrizione del narratore e nella conversazione tra i personaggi. L'indicazione prolettica del titolo trova adempimento nell'occasione

6 Già pubblicato precedentemente in *Legiones y Falanges*: «Caminos de la India» (10, I, 1941, 32–35).

7 Ad esempio, non si rintraccia nell'articolo il quadro del capitolo di *Cobra* che si riferisce alla figura di Francesco Saverio, «quegli che venne, solo e senz'armi, a conquistare l'India. Da quattrocento anni il suo corpo riposa in Goa la Dorata, dove venendo dal mare la prima volta approdò; ma la sua ombra sempre cammina, senza posa per le via dell'India» (Rossi, 1941: 181). La riflessione sulla figura del missionario probabilmente avrebbe rallentato il ritmo ben orchestrato del racconto in *Legioni e Falangi*.

di un trasferimento in un'auto disastrata di proprietà dell'indiano Pragiàpati, lungo una strada che si fa occasione, per il soggetto protagonista e narratore, per scenari e per incontri, ma, essenzialmente, per una meditazione sulle diversità culturali, etiche, religiose dei due mondi rappresentati dalle figure del racconto: l'India e l'Occidente. Sarà Pragiàpati a porre la questione: «Dove prendete tanta forza di volontà voi occidentali? Ditemi: dove la prendete?» (27). Il dettaglismo in cui si impegna l'Io nel descrivere il veicolo, «mobile ammasso di lamierino pesto e di legature di filo di ferro» (28) e l'interesse che mostra nello spostare il fuoco della conversazione proprio sui possibili pericoli del viaggio, lascia cadere nel vuoto la domanda, quasi a evidenziare un senso di inadeguatezza da parte dell'uomo occidentale, che l'autore magistralmente rende nel testo letterario. Rileggiamone il passaggio:

> Richiamai con sollecitudine l'attenzione di Pragiàpati sulla ruota e sulle possibili disgrazie attinenti alle sue stranezze; ma Pragiàpati mi rispose tranquillo: – Lo so –; e invece di occuparsi della ruota, riprese l'importante discorso che aveva cominciato fuori della baracca di Solcedo. – Dove trovate tanta forza di volontà, voi occidentali? Tanta energia di fare, lavorare, conquistare? A volte sembrate sfiniti, perduti, mezzo morti, ed ecco che all'improvviso saltate su con una furia che mette paura, e ricominciate a lavorare. Se vi dicono che sulla porta dell'inferno c'è una miniera d'oro, accorrete in folla, nulla vi ferma più. Che cos'è la vita per voi occidentali, dite? Una torta dolce, da prenderne un pezzo grosso e mangiarselo? (28)

Il viaggio procede con altrettante visioni indiane; tuttavia il dialogo si spegne, dopo i tentativi di interrogare e interrogarsi da parte dell'indiano, mostrando un'alterità distante già a partire dall'opposizione tra i due mondi, insita, pertanto, nei presupposti stessi della meditazione. L'ironia colora i pensieri del narratore, ulteriore procedimento narrativo di distanziamento, in risposta all'ennesima sfida riflessiva messa in campo dall'indiano sul tema della religione («Era quello il momento di fare una domanda così grave, dentro un'automobile che poteva d'attimo in attimo slegarsi e andare in pezzi, e una ruota davanti che era più di là che di qua?», 29). E così si avvia il lungo discorso-monologo di Pragiàpati sulla cultura indiana, che tocca diversi aspetti e finanche quello politico dell'indipendenza dagli inglesi, rivelandosi, questo espediente narrativo, estremamente efficace al fine di comprendere nel racconto il resoconto del reporter, il quale costruisce un testo in qualche modo strutturato a partire da un didattismo divulgativo, vincolato alla responsabilità di una condivisione dell'esperienza eccezionale che il viaggiatore raccoglie e restituisce come una lezione. Al termine del viaggio, il soggetto narrante recupera nuovamente l'attenzione su di sè: il suo sguardo si perde nella visione di un uomo accovacciato, che, immobile e nudo, attende la morte. Nessun giudizio da parte dell'uomo occidentale, solo perplessità, come di chi contempla l'ignoto, come di chi se ne fa, comunque, testimone per narrarlo, lasciando all'altro la chiosa, il commento, che, però, nello statuto narrativo comunque dominante che rivela l'Io, i *verba dicendi* infatti denotano il continuo controllo sulla materia narrata, diventa giudizio condiviso con il personaggio che lo enuncia, deduzione didattica, suggerimento riflessivo per il lettore. Eccone il brano:

> Pragiàpati vide che io stavo guardando intensamente il *digàmbara* o «vestito d'aria»; forse credette che io pensassi cose complicate e supreme; ma io non pensavo niente, la vista di quell'uomo vivo e fossilizzato mi teneva i pensieri in sospeso, a mezz'aria tra il sì e il no, come quando non si sa a chi dare ragione. «Un'altra cosa, e poi vi lascio andare – disse Pragiàpati. – Sapete la differenza che c'è tra noi indiani e voi occidentali? E' questa: che noi indiani viviamo come se dovessimo morire fra dieci minuti; e voi occidentali vivete come se non doveste morire mai. (30)

L'edizione spagnola della rivista ci consegna altrettanti testi di grande rilevanza per questo studio.

Nell'articolo di Fernández Almagro, «Valle-Inclán y Roma» (*Ls/Fs*, 3, I, 1941, 48–49)[8], dopo una scheda bio-bibliografica sull'intellettuale galiziano, l'autore presenta la tesi che si propone di dimostrare:

> Valle-Inclán constituye una incógnita, en cuanto a los secretos de su alma. Y uno de éstos, en relación con su obra literaria, quiero contribuir a esclarecer y puntualizar. Me refiero, concretamente, a su fe en la Italia Fascista. [...] quienes le conocíamos a fondo, sabíamos perfectamente a qué atenernos, y no dábamos crédito más que a lo que se armonizaba con la verdad entrañable de su ser. (48)

8 In traduzione in *Legioni e Falangi*: «Ricordo di Valle-Inclán» (3, I, 1941, 48–49).

Quindi, si ricorda l'esperienza di Valle a Roma nel 1932, come direttore dell'Accademia di Belle Arti a San Pietro in Montorio: «Gobernaba en España a la sazón – si aquello era gobernar – la República, y por deberle a ésta su nombramiento, aparte de otros antecedentes inmediatos, bien se pudo creer que Valle-Inclán no se hallaría a su placer en el ambiente de una Roma saturada por el genio de Mussolini» (48). Tuttavia, appellandosi al rapporto che lo stringeva all'intellettuale galiziano, tanto da annoverarsi tra i destinatari delle sue corrispondenze epistolari, Fernández Almagro riferisce l'intima visione che il drammaturgo riceve dalla Roma fascista, da una prospettiva testimoniale, riportando testualmente il contenuto di una lettera. Seguendo la tecnica del reportage, l'autore dell'articolo presenta ulteriori testimonianze, come quella di Adriano del Valle, per poi passare ad uno studio delle influenze letterarie italiane sulle opere di Valle-Inclán, prima tra tutte quella di D'Annunzio. Il testo si apre, quindi, a dichiarazioni ideologiche corroboranti la tesi, sempre puntando sulla forza enunciativa del soggetto che riserva per sé una prospettiva privilegiata e rassicurante, marcata dall'esperienza e dall'autorevolezza dello sguardo:

> No se deje de advertir algo que contribuye mucho a iluminar el espíritu de Valle-Inclán, no tan dislocado como llegaron a creer no pocos observadores superficiales. A saber: Valle-Inclán no fue jamás liberal, ni demócrata, ni parlamentario. […] su veleidad favorable a Moscú no derivó de otra cosa que de su repulsión hacia el mundo controlado, en lo político y lo social, por los decadentes regímenes de París y de Londres. […] Valle-Inclán acabó por ver claro, y si hubiese alcanzado, con vida, el Movimineto del 18 de julio del 1936, habría sentido la emoción, como ninguna estimulante, de que los vicios carlistas se echasen al campo, hermanados con los jóvenes que nutrían su flamante doctrina falangista con principios comunes, en parte, a los del Fascismo. (49)

Di Gerardo Diego è la firma di un rilevante articolo-saggio sulla creazione dell'immagine poetica, «Proceso de una imagen», pubblicato nel N° 30, del 1943 (I, 18), che procede, ancora una volta dalla visione dell'Io, della propria esperienza, che si racconta e si specchia nella pagina aprendosi al lettore. Infatti, il poeta offre il testo a una meditazione sul processo poietico a partire dalla personale ricerca di una determinata immagine nella propria scrittura, quella del quarto verso del sonetto «Teide», scritto il 2 luglio del 1936, nella sua seconda edizione della raccolta *Alondra de Verdad*, che sostituisce nel verso «parto del cielo, ingrávida montaña», le parole della seconda parte «[...] tienda de campaña». Seguendo il raffinato percorso che traccia Diego circa la suggestione acustica, che prende forma a partire da sollecitazioni visive, mnemoniche, ritmiche depositate nella sua coscienza, si giunge alla visione poetica illuminante, così descritta dal poeta:

> No había yo recorrido mental y puntualmente, como tantas otras veces, las palabras con rima – *aña* – en busca de una solución que, por ventura, puede convertirse a la vez en sugestión enriquecedora. En esta ocasión vino súbita, totalizadora y sintética. Fué, más, una vision óptica, rítmica, mental y cordial. Llegó a mí por todos los caminos a un tiempo, como si me despertase una vivencia olvidada que, graciosa y sonriente, viniese a posárseme en el hombro y susurrarme al oído: "No busques más que aquí estoy. ¿No te acuerdas de mí?"

Indaga, quindi, Diego sugli elementi della sua esperienza che fossero stati alla base di tale rivelazione verbale, così determinanti da indurlo a sostituire parte di un verso di un componimento che aveva già visto la pubblicazione. La plasticità, a cui immediatamente ricollega la nuova immagine, lo porta a recuperare la sua recente frequentazione con il celebre testo di Roberto Longhi su Piero della Francesca del 1927, che aveva acquisito e lungamente contemplato nei giorni anteriori, e, in particolare, mette a fuoco il dipinto del pittore italiano *Il sogno di Costantino*, ritrovato tra le riproduzioni del volume, il quale, inoltre, lo riporta alla sua visita della città di Arezzo nel 1934 e della Cappella Maggiore della Basilica di San Francesco, sede del dipinto. La scena mostra in primo piano, nell'accampamento romano, proprio la tenda di Costantino addormentato, vegliato da un valletto e protetto da due guardie. La parentesi evocativa del poeta segna, certamente, il *trait d'union* del testo con l'ambiente italiano, procedimento che soggiace, come già spesse volte rilevato, all'intero progetto editoriale della rivista, e si accompagna, seppur debolmente, ad un legame di collocazione geografica. L'apparato visivo dell'articolo, infatti, illustra un dipinto esposto presso una galleria romana. Si tratterebbe, secondo quanto riferisce la didascalia, di «"Susana en el baño", por Palma "el Viejo" [...]», sebbene, in realtà si tratti di "Susanna e i vecchioni" di Palma il Giovane, confuso, probabilmente, con il quadro di "Betsabea nel bagno" di Palma il Vecchio. La mancata accuratezza dei dati va forse ricollegata a un fine popolarmente divulgativo, attraverso immagini iconiche ricollegabili facilmente a un intero ambito di riferimento, in questo caso l'Italia, e che innescano nel destinatario-lettore, all'interno del macrotesto della pubblicazione periodica, proficui processi evocativi e contestualizzanti.

Tuttavia, l'indagine del poeta che innesca percorsi tradizionali quanto inconfutabili tra il fare pittorico e quello poetico, tra la visione e la parola, termina con la scoperta che ricolloca la creazione poetica nel piano della Storia, nell'attualità drammatica che si impone alla ricettiva coscienza dell'intellettuale:

> Fue sólo días más tarde, al revolver dolorosamente las noticias mezcladas con terrores y esperanzas de lo que estaba ocurriendo en España cuando me estremecí al revisar mi soneto y recordar su febril alumbramiento. Y, entonces, la imagen plástica, se me agigantó revistiéndose de un simbolismo militar del que yo era en absoluto inocente.

Nella parte finale dell'articolo, passa, dunque, Gerardo Diego ad esporre meticolosamente, in sette punti, «algunas ideas, más bien como problemas a deliberar y resolver, que como conclusiones extensibles a validez genérica y objetiva» intorno al processo poietico che affronta il poeta nella costruzione del componimento e conclude con una «moraleja final», che riassume così il senso della riflessione:

> Puesto que, en definitiva, una solución total del misterio poético es inalcanzable, tanto más debemos esforzarnos para aclarar minúsculas parcelas, espiar por rendijas y resquicios, decir sencilla, humildemente lo que sabemos, lo que aprendemos, lo que sospechamos.

Un altro poeta, Manuel Machado, firma alcuni articoli di *Legiones y Falanges*. In «Luces de antaño»[9] (25, II, 1942, 12–13) la narrazione

---

9 E' probabile che questo articolo si ricolleghi, nella linea di un progetto di scrittura seriale di Manuel Machado sul tema del Modernismo attraverso le sue figure sia ispanoamericane che spagnole più rilevanti, ad un altro articolo apparso su *Legiones y Falanges* esattamente un anno prima (14, I, 1941, 6–7), «Madrid, 1900. D. Francisco Villaespesa y el Modernismo». Le frasi nell'articolo preso in

autoreferenziale dà vita a un racconto di memoria riferito alla sua esperienza parigina, insieme ad alcune riflessioni, che si fanno occasione per tracciare delle note personali su rilevanti figure poetiche del Modernismo, oltre a quella del diplomatico Enrique Gómez Carrillo, unico referente del piccolo consolato del Guatemala a Parigi, intorno al 1899:

> Ahora bien, en la fecha a que vengo refiriéndome, durante algunos meses del año 99 – creo recordar que de febrero a junio –, el entresuelito del Faubourg Montmartre, pleno corazón de París, casi esquina al Bulevar de los italianos, sirvió de casa o albergue común a Enrique Gómez Carrillo, su inquilino titular, a Rubén Darío, a Amado Nervo y a mí. Vivíamos allí juntos, aunque independientes, y todo lo separado que el espacio permitía. (12)

Il racconto autobiografico è costruito sull'asse autorevole dell'autoreferenzialità, la quale permette l'oscillazione dei due versanti, quello della prospettiva narrativa interna, della sfera privata delle relazioni, del rapporto intimo con le figure raccontate che permette commenti tanto gustosi quanto inappellabili («El buen Rubén se pagó siempre mucho de las aparencias. Tenía un prurito infantil de grandeza [...]»; «Gran trabajo nos costaba convincerle [a Amado Nervo] de que saliera de casa [...]», 12); inoltre, fa da contrappunto la sfera sociale, esterna e letteraria, che ricorda costantemente l'opera dei due poeti ricordati, ne ricalca l'eccellenza dei tratti poetici già sancita dalla fama («[...] gran poeta – que era ya el autor de *Abrojos*, *Azul*, *Los raros* y la maravilla de *Prosas profanas* [...]»; «Ya había dado Nervo a la estampa sus *Perlas negras*, *Místicas* [...]», 13). Ne risultano dei bozzetti che acquistano spessore anche attraverso il confluire, a mò di glossa alla narrazione, dell'apparato fotografico dell'articolo, che ne propone i ritratti, arricchendosi di entrambe le prospettive e che ancora una volta dà prova del buon funzionamento di un processo narrativo, prodotto della proficua osmosi tra discorso letterario e discorso giornalistico, in cui l'autoreferenzialità nello sguardo e nella parola da parte di un narratore che firma il testo si fa chiave di uno speciale contratto di verosimiglianza con il

esame in questo studio, «[...] narraré quizá otro día» e «[...] volverlos a evocar en otro capítulo de estas memorias» (*Ls/Fs*, 25, II, 1942, 13), potrebbero essere specchio di tale progetto.

lettore, permettendo all'esperienza di garantirla, di assegnarle concretezza e valore oltre ogni simbolica costruzione letteraria. Il soggetto narrante completa l'articolo rivolgendo definitivamente l'attenzione del lettore sul terzo bozzetto, quello che si riferisce a Manuel Machado. Attraverso l'autocitazionismo di alcuni versi tratti dal componimento «En la muerte de Julio Ruelas» («[...] es el mío/también. Es el de todos los que adoran el Arte/ cuyo palacio tiene que estar en otra parte [...]», *Antología*, 1940), l'Io si definisce e traccia il legame tra il riflesso della propria esperienza biografica e la figura letteraria del poeta, tra il ricordo intimo e la storia condivisibile. La stessa meditazione sul trascorrere della vita verso la *orilla* di *ese mundo mago*, ovvero l'assenza, nel presente della scrittura, dei poeti-compagni-amici richiamati nella memoria e nel testo, eleva il piano del discorso all'ineffabile che trova radice nell'essere del soggetto. Solo attraverso l'Arte è possibile immaginare una possibile sopravvivenza: «Y ahora, solo, más próximo a su orilla que a la de mi partida, permitidme que [...] salude a aquellos amigos con la hermosa palabra que hoy se dice a los que se fueron dejando una obra o un ejemplo: Rubén Darío, Amado Nervo, Enrique Gómez Carrillo... ¡Presentes!» (13).

Dalla rubrica "Un cuento mensual", risulta particolarmente esemplificativo della poliedrica pratica della scrittura dell'Io il racconto di Samuel Ros «La extraña limosna» (*Ls/Fs*, 19, II, 1942, 62–62), con illustrazioni di Esteban. Dopo un'introduzione sulla «revolución roja en Madrid en el año 1936» (62), in cui il tempo e lo spazio attualizzante offrono le coordinate narrative, viene raccontata una storia surreale di un furto di talento, avvenuto durante quegli avvenimenti storici, nei confronti di una figura di scrittore mosso adesso a chiederlo in elemosina ai viandanti. Tra di essi, il riflesso dello stesso autore nella voce autodiegetica, che organizza la narrazione e che rimarrà, in qualche modo, segnato, come scrittore, da tale incontro. Ne deriva una prosa ben costruita sulla linea della pratica dell'assurdo come logica visionaria della realtà propria del Ros che l'aveva coltivata accanto a Gómez de la Serna. Rileggiamone il passaggio conclusivo:

> Pensé en el hombre que pedía una limosna sin talento, y decidí escribir un ensayo o un cuento. [...]. Han pasado tres días y vuelvo a reelerlas. Ahora ya me

> pasó el hastío y la preocupación. Ahora tengo que hacer una cosa. Os confieso en voz baja: hace tres noches que salgo a la calle y aguardo en una esquina a que pase un desconocido... Entonces me acerco muy humilde y con el sombrero en la mano: – Un poco de talento, por caridad... ¡Llevo tres días sin escribir! ¡Dios se lo pagará! (63)

Riguardo al genere diaristico, tra il numero 18 dell'aprile del '42 e il 27 del gennaio del '43, si pubblica a puntate "Diario de un falangista de primera línea" firmato da Alfonso Gallego Cortés, mentre nell'edizione italiane non se ne rintraccia la traduzione[10]. Le scarse notizie raccolte circa l'autore indicano che si tratta di un militante della FE JONS, che si arruola tra le fila della *División Azul* e che, di ritorno dalla Russia nel '42, collabora con la rivista *Arriba* e scrive il *Diario*, il quale raccoglie un'esperienza memorialistica personale che copre gli anni precedenti alla Guerra Civile, a partire dall'adolescenza del protagonista, ovvero dal Natale del 1929 fino agli inizi della Guerra, nel 1936 ed esattamente fino all'episodio del "Cuartel de la Montaña de Madrid" del 19 luglio di quell'anno. Le otto puntate del "Diario" si compongono di un paragrafo-introduzione e di tre parti, ciascuna divisa in capitoli, quattro per la prima e sette rispettivamente per la seconda e la terza, con titoli, nella maggior parte dei casi, di carattere tematico o enfatico. L'introduzione si apre con un riferimento esplicito, da parte del narratore, al fondatore della Falange e alla sua celeberrima definizione generazionale in riferimento ad Ortega: «José Antonio ha dicho acertadamente de nosotros que somos "una generación a la intemperie"»[11]. In seguito, l'autore, utilizzando il procedimento squisitamente letterario del ritrovamento

10 Il testo è stato recentemente ripubblicato in volumetto dalla casa editrice Nueva República di Barcellona nel 2010.

11 José Antonio Primo de Rivera aveva pubblicato su *Haz* (12, 5 de diciembre de 1935) un articulo intitolato «Homenaje y reproche a don José Ortega y Gasset»: «Cuando descubrió [Ortega] que 'aquello', lo que era, no era 'aquello' que él quiso que fuese volvió la espalda con desencanto. Y los conductores no tienen derecho al desencanto. No pueden entregar en capitulaciones la ilusión maltrecha de tantas como le fueron a la zaga. Don José fue severo con sí mismo y se impuso una larga pena de silencio; pero no era su silencio, sino su voz lo que necesitaba la generación que dejó a la intemperie. Su voz profética y su voz de mando».

casuale di alcuni fogli manoscritti, riferisce i dati della circostanza del ritrovamento, durante una sosta delle marce dal fronte di Mosca, sui binari dove raccoglie le pagine, immaginando che appartengano a un *isba* o *tobarich*[12]. Tuttavia, la lingua è lo spagnolo, la firma di un camerata e si tratta di un diario. Quindi, questo narratore ammette di aver completato quanto inintelligibile del testo con l'immaginazione e afferma:

> El "diario", en aparencia la pequeña gran aventura de un muchacho en la España disorientada y agobiadora de nuestros últimos diez años, es en el fondo tan desconcertadamente igual a la que hemos pasado muchos de nosotros, que no he vacilado en considerarla como un símbolo, como lo que es en realidad: la historia de "una generación a la intemperie". Claro es. (*Ls/Fs*, 18, II, 1942, 38)

Da una prospettiva letteraria, il «Diario» si offre a proficue riflessioni non solo intorno al genere autoreferenziale, ma anche rispetto alle modalità del discorso che si riferisce ad avvenimenti storici coevi o vicini all'attualità del lettore, ovvero riguardo alla forza evocatrice della parola ricordata e narrata dall'Io che si fa Storia, o meglio *intrahistoria*, recuperando il celebre neologismo unamuniano. Pertanto, la narrazione prende l'avvio nel 1929, quando il narratore protagonista aveva diciassette anni e lasciava il *Colegio del Escorial* per trascorrere le vacanze natalizie con la famiglia. Tuttavia, a radice delle proteste studentesche della *FUE* contro la *Ley Callejo*, alla quale si fa riferimento, il giovane non tornerà al *Colegio* e l'intera vita della Spagna andrà aprendosi a un cammino di cambiamenti politici già annunciati in questa prima puntata del «Diario» («Desde que entramos en la Edad Contemporánea, la vida española ha girado entorno a esa politiquería vana de apetitos desenfrenados que alcanzan su cenit en el año 1936 [...]», *Ls/Fs*, 18, II, 1942, 38). Man mano che il giovane protagonista compie il proprio apprendistato politico, la sua crescita si intreccia con gli avvenimenti che vive, ricorda e racconta dalla propria prospettiva. Il genere che Gallego Cortés dichiara di scegliere per la sua narrazione fa leva sulla dimensione strategicamente autoritaria del racconto autobiografico. Il

12 'Isba' e 'tobarish' in argot, rispettivamente, 'casa tipica' e 'compagno', usato dai camerati spagnoli per riferirsi ai russi attraverso una distorsione dei termini della lingua russa.

'diario' si fonda sulla frammentazione del quotidiano, del privato, di quanto strettamente personale, non finzionalizzato e non destinato alla pubblicazione, tanto che il genere, nella sua storia, è stato assimilato con difficoltà alla letteratura. Nel diario, l'Io che narra coincide con l'Io dell'autore, quello del protagonista e perfino con il Tu del destinatario alluso o esplicitato in un patente sdoppiamento del soggetto. Da cui, il diario intimo. Questi va ordinando gli avvenimenti della propria vita al ritmo del loro verificarsi, con un andamento leggermente differito, quanto è sufficiente tra il tempo dell'esperienza e il tempo della scrittura, a volte solo alcune ore, tanto che le forme verbali sono al presente o al passato prossimo, vincolandosi strettamente con l'attualità del soggetto scrivente o con l'indeterminazione, che spesso si apre a riflessioni, analisi dell'esperienza appena vissuta e cristallizzata nelle pagine da parte del soggetto. Tuttavia, malgrado la prolessi metadiscorsiva, il «Diario» contraddice la propria ascrizione al genere diaristico man mano che avanza la narrazione. Probabilmente sarebbe più opportuno parlare di reportage narrativo, o meglio, di memorie, termine che, in realtà, utilizza sin dall'inizio il secondo narratore («su historia, me voy a atrever a decir, en unas sencillas Memorias, cuyo autor creo no conoceré nunca», *Ls/Fs*, 18, II, 1942, 38). Difatti, già solo l'uso delle coordinate temporali, sempre ancorate nel passato remoto, denuncia un atteggiamento narrativo disarticolato, tra un io nel presente che guarda i fatti collocati in un passato necessariamente lontano, come quello della gioventù. Tale distanza temporale gli permette di selezionare gli accadimenti, affinché entrino in una narrazione che risulti, tuttavia, orientata. Il fluire quotidiano e frammentato del diario poco ha a che vedere con questo processo di meditata scelta e ordinamento dei fatti, come a marcare un cammino interpretativo del passato, nel quale la memoria agisce come uno spazio di incubazione dell'esperienza, la quale, in seguito, viene rappresentata in forma verbale e come un possibile discorso della Storia. Il testo di memoria, infatti, si propone con un'intenzione testimoniale, abbracciando una prospettiva più amplia di quella della cifra personale, per aprirsi all'ambito della collettività della Storia. La focalizzazione interna ai fatti narrati si inserisce nella linea innovatrice intorno al discorso storico marcata da Galdós, nei suoi *Episodios nacionales*, e in seguito elevata a postura filosofica da Unamuno.

Nei romanzi dello scrittore canario, la Storia e il suo testo risultano ugualmente vincolati ai fattori dell'atto comunicativo verbale e alle prospettive narrative, tanto che il piano della Storia andrà intrecciandosi con il piano dell'individuo, il quale partecipa a tali avvenimenti e li narra, come il piccolo Gabriel Araceli in *Trafalgar*, protagonista accanto ai protagonisti della Storia di Spagna. Nelle mani e nello sguardo dell'*hombre en carne y hueso* unamuniano, la stessa necessità narrativa dell'Io si farà voce e darà forma *intrahistórica* alla tradizione che nutre il presente storico. Dunque, sarà l'esperienza dell'individuo l'unica degna di essere narrata, a partire dalle profondità dell'Io, producendo, sulla superficie, le onde che muovono il mare della Storia umana,[13] nella metafora di Unamuno. In questo modo, il «Diario» è capace di ripassare otto anni dell'esperienza di un individuo, che vive, sulla sua pelle, gli accadimenti che segnano un processo inintelligibile nella sua globalità fino a quel «cenit de 1936», ma che l'Io va ordinando e giudicando dentro la sua memoria. Nella narrazione, poi, si convertiranno in discorso, tra i tanti, della Storia e offriranno una prospettiva privilegiata al lettore della rivista, il quale, nell'ultimo breve capitolo, benché informato allusivamente del *Golpe de julio*, si ritroverà davanti al racconto di un fallimento da parte del falangista autore del «Diario». Si tratta dell'avvenimento del *Cuartel de la Montaña*, che si chiude con le parole dure e disilluse del narratore, il quale, dopo un'analisi a posteriori degli errori di strategia, conclude in questo modo: «Es difícil prever lo que hubieran hecho los 'chibirís' ante una compañía declarando el estado de guerra en la Puerta del Sol. Más, en todo caso, el lamentarse es totalmente inútil» (*Ls/Fs*, 26, III, 1943, 38).

In conclusione, è possibile rilevare che le modalità discorsive imperniate sul soggetto autoreferenziale trovano svariate applicazioni nel macrotesto della rivista, marcato dalle specificità comunicative del mezzo, necessariamente istallato sull'immediatezza della trasmissione e della ricezione del testo. Dalla riflessione saggistica alla produzione letteraria, i meccanismi retorici soggiacenti si orientano verso la

13 Miguel de Unamuno, «En torno al Casticismo», *La España Moderna*, (febr.-junio de 1895).

costruzione di una identità nazionale. Tali testi ricevono la pressione attualizzante del discorso giornalistico e mostrano un 'sovraccarico' di riferimenti socioculturali, che collaborano alla costruzione di tale identità culturale come progetto dell'ideologia editoriale.

Riferimenti bibliografici

AZORÍN (1941) «El viaje a Italia», *Legiones y Falanges*, 8/9, I, 7–8.

AZORÍN (1941) «Serenidad en Bolonia», *Legiones y Falanges*, 13, I, 24–25.

BALLESTEROS BERETTA, A. (1941) «Boccaccio y los españoles», *Legiones y Falanges*, 6, I, 37–39.

BATTAGLIA, S. (1941) «Il vero e il magico nel poema», *Legioni e Falangi*, 10, I, 35–36.

BERTONI, C. (2013) *Letteratura e giornalismo*, Roma, Carocci.

CUNQUEIRO, A. (1941) «Las aguas de Roma», *Legiones y Falanges*, 4, I, 31–33.

DE ZUANI, E. (1941) «Nuova letteratura in Spagna», *Legioni e Falangi*, 4, I, 37–38.

DIEGO, G. (1943) «Proceso de una imagen», *Legiones y Falanges*, 30, I, 18.

ENTRAMBASAGUAS, J. (1941) «La novela romántica en España», *Legiones y Falanges*, 13, I, 8–9.

ESPINA, C. (1941) «Emilia Pardo Bazán», *Legiones y Falanges*, 11, I, 13.

ESPINA, C. (1942) «Rosalía de Castro», *Legiones y Falanges*, 25, II, 8–9.

FERNÁNDEZ ALMAGRO, M. (1941) «Valle-Inclán y Romá», *Legiones y Falanges*, 3, I, 48–49.

FIORDALISO, G. (2008) *Autobiografie spagnole contemporanee*, Pisa, ETS.

GALLEGO CORTÉS, A. (1942) «Diario de un falangista de primera línea», *Legiones y Falanges*, 18, II, 38.

GALLEGO CORTÉS, A. (1943) «Diario de un falangista de primera línea», *Legiones y Falanges*, 26, III, 38.

KRAMER, M. (1995) «Breakable rules», N. Sims, M. Kramer (a cura di), *Literary Journalism: A New Collection of the Best American Nonfiction*, New York, Ballantine Books, 21–34.

LOUREIRO, Á. G. (2001) «Autobiografía: el rehén singular y la oreja invisible», *Anales de la literatura española*, 14, 135–150.

MACHADO, M. (1940) *Antología*, Madrid, Espasa Calpe.

MACHADO, M. (1941) «Madrid, 1900. D. Francisco Villaespesa y el Modernismo», *Legiones y Falanges*, 14, I, 6–7.

MACHADO, M. (1942) «Luces de antaño», *Legiones y Falanges*, 25, II, 12–13.

MARQUERÍE, A. (1941) «Pirandello y Unamuno», *Legiones y Falanges*, 14, I, 16.

MONTANELLI, I. (1942) «Hoy en Farsalia con César», *Legiones y Falanges*, 25, II, 10–11.

MONTANELLI, I. (1942) «Oggi a Farsalo con Cesare», *Legioni e Falangi*, 11, II, 15–17.

MONTANELLI, I. (1988) *Storia di Roma*, Milano, Rizzoli.

PÉREZ GALDÓS, B. (1882) *Trafalgar*, Madrid, La Guirnalda.

POGGIALI, C. (1942) «Lettera da Madrid», *Legioni e Falangi*, 6, II, 4–6.

POGGIALI, C. (1943) «Nueva faz de España», *Legiones y Falanges*, 30, III, 8–9.

RICOEUR, P. (1998) «Le marque du passé», *Revue de Métaphysique et de Morale*, 1, 7–32.

ROS, S. (1942) «La extraña limosna», *Legiones y Falanges*, 19, II, 62–62.

ROSSI, V. G. (1941) *Cobra*, Milano, Bompiani.

ROSSI, V. G. (1941) «Caminos de la India», *Legiones y Falanges*, 10, I, 32–35.

ROSSI, V. G. (1942) «Strada indiana», *Legioni e Falangi*, 8, I, 27–30.

UNAMUNO, M. de (1895) «En torno al Casticismo», *La España Moderna*, febr.-junio, 17–40, 57–82, 27–58, 29–52, 26–45.

VERGANI, O. (1941) «Amica Giralda», *Legioni e Falangi*, 6, I, 34–36.

VERGANI, O. (1941) «La strada di Sagunto», *Legioni e Falangi*, 4, I, 31–33.

«Scrisse di tutto e fu sempre lui»: Orio Vergani e la parabola di «Legioni e Falangi» tra reportage e racconto

Donatella La Monaca
Università di Palermo

Fecha al julio de 1936 el origen de la larga narración de la vida de la península ibérica en los artículos del escritor Orio Vergani entre las columnas de la revista. Remonta a aquel verano, de hecho, la reclusión, a manos anarquistas, del periodista ya corresponsal del Corriere della Sera que quería ensayar los inicios de la que pronto estallaría como una sangrienta y cruel Guerra Civil. Se suceden, a partir de su regreso, con regularidad, en esta revista editada en Italia y España, los capítulos de un único "discorso" cada vez más carente de concesiones oratorias al lenguaje oficial, de referencias ideológicas y que desliza hacia la afabulación evocativa, la traducción narrativa de los datos de la memoria, la construcción sensorial de la imagen, las pautas propias del diario. Desde el «Assedio dell'Alcazar. Film di un popolo» del 1940 hasta «La grande vasca» de 1943, se perfila un recorrido de significativa remeditación de lo vivido personal e histórico que, no por casualidad, se cierra en el último año con prosas de ficción pura.

> Orio Vergani è stato giornalista e scrittore di libri (romanzi, racconti, persino qualche lavoro teatrale), ma nell'enorme mole di lavoro ch'egli lascia è ben difficile tracciare confini. In qualsiasi sua pagina, non solo nelle opere ch'egli potè rifinire, ma anche nel frettoloso appunto dettato e improvvisato in una cabina telefonica, il meglio di Orio riluce sempre come una vena di metallo allo stato incandescente. Non era nato per opere riposate e per un lavoro di scelta e selezione. Era nato per vivere con tutti i sensi, con tutti i pori della pelle e per trasfondere sulla pagina questa sua vitalità. (Montale, 1960: 2255)

Riaffiora così, condensata nella nitidezza di un'immagine poetica, l'essenza della personalità intellettuale di Vergani, che «riluce come una vena di metallo allo stato incandescente», nelle battute iniziali delle pagine vergate da Eugenio Montale sul *Corriere d'informazione*, in ricordo dell' «uomo» e dello «scrittore» milanese spentosi appena il giorno prima, il 6 aprile del 1960.

Firma assidua del *Corriere della Sera*, sin dal 1926, si rivela pioniere versatile e appassionato di un giornalismo vocato ad interrogare le molteplici espressioni della realtà traducendole, con la vigoria della sua penna, in occasioni conoscitive, ritratti antropologici, affreschi societari. «Costume, sport, teatro, cronache di guerra, cronache di viaggio, arte figurativa, arte applicata, pubblicità, e che altro mai? Nulla era estraneo a quest'uomo di quanto fosse vivo, di quanto fosse specchio di un tempo o di una moda o di una stagione» (Montale, 1960: 2256).

Memorabili rimangono le scorribande di Vergani al seguito del Giro d'Italia scolpite nelle immagini di Gino Bartali che «sembra pedali con le palpebre» (Ajello, 2010: 36) o di Fausto Coppi «grande airone lanciato in volo con il battere delle lunghe ali a sfiorare valli e monti, spiagge e nevai» (Cerasuolo, 2014). Risuona, nel respiro narrativo di quelle cronache sportive, l'empito vitale di un paese emerso dalle macerie del recente passato ed emblematicamente ritratto, nell'operosità infaticabile di quell'epopea ciclistica, nella tenacia della sua rinascita. In pieno accordo inventivo, una «bella, bellissima Italia» si disegna, «spettacolo tra naturale e stregato», «nastro di carne», «cordata formidabile» «muraglia con occhi, voci, mani» che «piange di gioia, canta, implora», «attenta che i muscoli dei corridori non deludessero la sua smania di volo», (Ortese, 1955: 159–162) nelle coeve corrispondenze dal Giro di Anna Maria Ortese, «prima donna clandestina nella repubblica delle lettere ciclistiche», la definisce Sergio Zavoli (Cerasuolo, 2010).

Nel microcosmo iridato degli scritti di un «simile attivista della notizia fresca e della sensazione vissuta» (Montale, 1961: 2256) quale è Vergani novelliere, romanziere, autore di opere teatrali, modulato sulla «doppia tastiera» del reportage e dell'invenzione letteraria, si staglia il rapporto con la Spagna, crogiuolo da cui si genera la collaborazione con *Legioni e Falangi*. Si può ricondurre al luglio del 1936 la matrice del lungo racconto della vita della penisola iberica, così come si delinea sulle colonne del periodico, attraverso gli articoli dello scrittore, durante il triennio della militanza ideologica della rivista, dal 1940 al 1943. A quell'estate risale, infatti, la reclusione, per mano anarchica, del giornalista, inviato dal *Corriere della Sera* per saggiare i prodromi di quella che a breve sarebbe divampata come una sanguinosa e spietata guerra civile.

Il ricordo di questa dolorosa esperienza rifluisce rimeditato, rielaborato a conclusione del tragico conflitto, nelle «Giornate di Barcellona», pubblicate in sei puntate, dal maggio al novembre del '41, mentre lo scenario mondiale è devastato dalla furia bellica, sul rotocalco mensile *Legioni e Falangi*, edito in Italia e in Spagna e diretto da Giuseppe Lombrassa e Agustín de Foxá:

> Anche la solidarietà di sangue italo-spagnola, in quella tremenda e gloriosa prova che è stata la guerra di Spagna, più che essere la causa di una rinnovata intesa spirituale, più che essere un motivo per volerci bene, è la dimostrazione che le nostre necessità nazionali sono talmente concomitanti che nel momento del bisogno i due popoli debbono per forza affiancarsi e marciare sino in fondo. Non si va d'accordo perché si è combattuto insieme ma si è combattuto insieme perché s'era d'accordo. Con questo spirito iniziamo il nostro lavoro che sarà proficuo, senza dubbio, per i due popoli. (L/F, 1, I, 1940, 1)

Si inaugura sotto l'egida di questo magniloquente editoriale, il 28 ottobre del 1940, il primo numero di una testata cui Sandro Gerbi, curatore del volume dedicato alle *Giornate di Barcellona* di Orio Vergani, guarda come un «curioso a volte goffo tentativo propagandistico di esaltare il cameratismo tra falangisti e fascisti» (Gerbi, 2010: 16) rilevando la dissonanza tra l'amplificazione roboante e 'schierata' della retorica imperante e la «prosa pacata» del giornalista milanese.

Sin dalle *Giornate di Barcellona*, nate dalla fusione di articoli realizzati per il *Corriere* nel 36, con riflessioni maturate nelle successive peregrinazioni spagnole e ispirate dal contatto profondo con l'anima iberica dei luoghi visitati, «sembra prevalere in lui una legittima ambizione romanzesca, che lo fa più attento ai casi umani e lo tiene lontano dalle esagerazioni tipiche del tempo. Sono le cronache di vita ad interessarlo, non le analisi politiche» (Gerbi, 2010: 20).

Collide, di fatto, lo stile narrativo di Vergani con l'impianto ostensivamente propagandistico che connota tutti i numeri della rivista, improntati su forme di interventismo culturale ridondante, declinato sull'impiego pervasivo di una retorica dell'enfasi, della dilatazione. Un corredo iconografico fittissimo, imponente su ogni pagina, coopera ad innervare il colore ideologico del palinsesto degli articoli, programmaticamente tesi a dare conto del protagonismo italo-spagnolo sulla scacchiera delle dinamiche internazionali.

Non è casuale, infatti, la ricorrenza di corrispondenze estere tra cui spiccano, proprio per la diversa riconoscibilità del taglio prospettico, delle scelte tematiche e ancor più dell'andamento espositivo, i pezzi odeporici di Vergani che, il 28 ottobre del 1940, esordisce, sul primo numero del periodico, con un articolo dedicato all' «Assedio del Alcazar. Film di un popolo». Al centro di queste pagine si pone il lungometraggio di Augusto Genina, realizzato in quello stesso anno, insignito della 'Coppa Mussolini' e riletto da Vergani come la consacrazione cinematografica di uno degli eventi più sanguinosi legati all'inizio della «tragedia della Spagna», squassata dalla strage tra civili. In tal senso, complice la suggestione della pellicola e verosimilmente anche il debutto ufficiale su una rivista di regime, l'argomentare di Vergani indulge ad innalzamenti apologetici di solito non tra le sue corde elettive, sempre però orientati a stigmatizzare l'orrore del sacrificio umano e della violenza cieca, a specchio delle quali si ingigantisce, nell'epos filmico, il martirio delle truppe asserragliate nel forte.

> Nasceva, la possibilità morale delle gesta, da un complesso misterioso di circostanze reali e spirituali per cui un pugno d'uomini riuniti dalla vocazione o dalla sorte entro le muraglie dell'antico palazzo di Toledo […] doveva vivere, all'improvviso entro un ben determinato e fisso lume di eroismo morale. (*L/F*, 1, I, 1940, 45)

Il merito più alto tribuito al regista e ai coordinatori del film è l'aver interpretato, attraverso «la ricostruzione di una catena di episodi esemplari», il «lato corale della vicenda» sulla cui amplificazione incide, nella trama lessicale del discorso di Vergani, l'aver «conosciuto l'ira delle orde rosse» (*L/F*, 1, I, 1940, 47).

Prevale qui la ferita personale del «testimone delle prime e più violente giornate della rivoluzione rossa» che lo induce durante la proiezione, per istintualità emotiva, a «sentirsi eguale nello spirito e nelle memorie ad uno spettatore spagnolo» (*Ibidem*). Ma è vero altresì che si dispiega, sin da adesso, la vena ragionativa, destinata a permeare i reportages successivi, in cui il ricordo autobiografico si fonde con la memoria collettiva della Spagna, generando una riflessione ininterrotta sul senso del divenire storico, sul rapporto tra passato e presente, segnato dall'esigenza di mutamenti che non ne stravolgano l'identità e in cui il trauma della guerra civile costituisce uno snodo coscienziale ineludibile.

«Non ero felice di quel mio soggiorno spagnolo», scrive nell'articolo su Alcazar, riferendosi ad una precedente trasferta toledana dell'estate del '27, «sentivo questa terra, così simile alla nostra, assente dal grande travaglio della nuova Europa che andava maturando, la Spagna era ancora la Grande Addormentata d'Europa, col suo carico di immense memorie un poco polverose e impallidite» (*Ibidem*). Si avverte, in filigrana, un coinvolgimento di Vergani nelle aspettative, millantate dal regime, sulle dinamiche palingenetiche del conflitto mondiale intrapreso, destinate ad implodere in un vortice di barbarie e ad intonare gradualmente la prosa del giornalista sulle corde del compianto per la dignità umana violata, del racconto di destini collettivi ridotti a cimiteri di macerie.

Già da «Silenzio a Belchite», infatti, altro luogo nevralgico della guerra di Spagna evocato dallo scrittore su *Legioni e Falangi* nel dicembre del 1940, la forma del reportage si esprime nella sua intrinseca vocazione narrativa, inverando la convinzione montaliana che nello «stampo dell'articolo»Vergani trovasse «la misura più adatta al suo temperamento»:

> La sua pagina, più che costruita, era lumeggiata e toccata in ogni angolo: era come s'egli battesse con le dita una superficie per sentire dov'essa non dava vibrazione, distribuendo qua e là i centri risonatori. Suono e colore, non sapiente uso di coordinate e subordinate, non faticoso lavoro di sintesi e di eliminazione formano la sua prosa. Adorava l'articolo come un perfetto genere letterario (Montale, 1960: 2259).

E un racconto «perfetto», per la partitura compositiva, è il resoconto di una "visita" a Belchite, dopo la lacerazione fratricida, posto, sin dal titolo, sotto l'insegna di un «silenzio» che diventa metafora concreta della violenza subita dagli abitanti, incarnato nell'eloquenza annichilita delle macerie.

Sin dall'incipit risuona il passo narrativo modulato sulla «qualità più spiccata» che, ancora secondo l'autore degli *Ossi di seppia*, «farebbe riconoscere» una pagina di Vergani tra «mille altre»: il «senso visivo. Fulmineamente vedeva tutto, in ogni particolare» (Montale, 1961: 2381). «Suono e colore» ritraggono, infatti, una cartografia paesaggistica elegiaca, filtrata attraverso la mestizia della rilettura interiore:

> Uscendo dal Santuario della Vergine del Pilar voltai a destra, passai il ponte sull'Ebro e domandai a un crocchio la strada per Belchite. Mi fecero cenno, con la mano, di andar diritto. Era una mattina di gennaio, l'aria era color di rosa, d'un color freddo ma tenue. La strada, se ricordo bene, era nel primo tratto fiancheggiata da alti alberi, e sulla destra, si stendevano facciate di edifici con la scialba architettura abituale delle caserme e degli stabilimenti. Quelle facciate erano in ombra, e parevano così più scure e umide, melanconiche. Ma sulla destra quella luce color di rosa bagnava una campagna arata, vibrava tenuamente sui rilievi dei solchi, si mescolava al bruno della terra. Le nuvole erano soavi, sospese come piccoli padiglioni nel cielo della Valle dell'Ebro, pareva impossibile pensare che anche in giornate con nuvole di un eguale color di rosa si era combattuto su quella pacifica terra bruna. (*L/F*, 2, I, 1940, 52)

L'«incantamento dell'ora» e il «pensiero» che si sospinge fino «all'azzurro delle montagne» siglano un intimo legame tra la «desertica geologia» della «terra spagnola», il «carattere dei suoi abitanti» e la sua «letteratura», catturando il lettore nell'andamento suasivo della rievocazione. Attinge, infatti, all'impiego inventivo dei processi memoriali la figurazione che impronta di sè l'intero articolo, esitando in una descrittività minuta che carica il dato autoptico, il dettaglio, di forza immaginifica:

> A cavallo della strada maestra fan da sentinella due ridotte di cemento armato con le feritoie a fior di terra. La gramigna le ha già conquistate, forse non le demoliranno mai, il vento e la pioggia si incaricheranno di cariare quei due pesci molari di cemento che avevano dentro, la canna di una mitragliatrice. (*Ibidem*)

All' «occhio» di chi scrive, «Belchite la cruenta» appare come una «pietraia» mentre cerca i «segni della battaglia lunga e disperata», metamorfizzando uomini e oggetti in emblemi scarnificati di una solitudine sul cui sfondo l'io narrante si aggira, «tra i solchi delle trincee», tra i «nidi delle mitragliatrici», sfamandosi con un «pane che appena spezzato beve il freddo del vento come una spugna» (*L/F*, 2, I, 1940, 53). Si accentua il fondo meditativo di un reportage i cui confini si sciolgono nel racconto, non tanto per la presenza di un movimento narrativo, di un intreccio di azioni, quanto per l'espansione inventiva delle realtà rappresentate. L'immagine dello scrittore-viandante che, «come uno scarabeo su uno scheletro di cammello», cammina «per i sentieri del grande corpo in disfacimento» della morta Belchite sigla la netta riconversione interiore del discorso in cui si mescidano le cicatrici indelebili di un passato distruttivo con il canto dolente di un presente annientato dalle violenze. E più frequente si fa il ricorso alle interrogative retoriche, ai cedimenti enfatici sino ad una chiusa lapidaria che fonde, nell'immagine dell'antica chiesa che «torna tutta alla terra», la sorte ultima di uomini e cose, in quella «pietra che si disfa come un soldato morto, null'altro che zolla della patria spagnola» (*L/F*, 2, I, 1940, 54).

L'articolo su Belchite si configura come uno dei tasselli più significativi di quel percorso preparatorio, di quella sorta di tirocinio narrativo che sarebbe poi sfociato, dal maggio al novembre del '41, nel romanzo breve sulle *Giornate di Barcellona*, in cui rifluiscono, sorvegliate da una più piena maturità, le coordinate tematiche e formali affinate nei mesi precedenti, dal dicembre all'aprile dello stesso anno. Si susseguono, infatti, in questo lasso cronologico con regolarità su *Legioni e Falangi* i capitoli di un unico racconto sempre più scevro da concessioni oratorie all'eloquio ufficiale, di riferimenti ideologici e slittato verso l'affabulazione evocativa, la traduzione narrativa dei dati memoriali, la costruzione sensoriale dell'immagine, il ritmo diaristico.

Uno scorcio pittorico, venato da echi panici, connota il passo iniziale della «Strada di Sagunto», del febbraio del '41, mosso sulla levità del protagonismo femminile:

> Una ragazza con un'arancia in mano mi indicò la strada di Sagunto. Le arancie, anzi, erano tre. Due le teneva raccolte nella mano sinistra, di un tono di terra di Siena, sotto il petto, contro la camicetta colore azzurro ferro. L'altra la offriva con

> la mano destra tesa. La ragazza stava in piedi a lato della via, sotto un ulivo e su quella mano tesa e sull'arancia batteva tutto il sole. L'ombra della pianta si muoveva leggera sul volto e sulla figura, tanto da farla pensare vestita di sottili e tremanti foglie, simile a una specie di Dafne spagnola. (*L/F* 4, I, 1941, 31)

La cappa di desolazione che la guerra civile ha lasciato gravare sulle rovine di Belchite, si declina, sul tragitto per Sagunto, nella «luce cruda» rifratta «sul giallo degli intonaci superstiti nelle mura sbrecciate e affumicate dagli incendi» ma una diversa, seppure malinconica, traccia di vita persiste nel «potere evocativo» del Mediterraneo e del suo passato mitico. E dal «quieto mare, nel cui colore non c'era nulla che rivelasse il tanto tormento e il tanto travaglio dato agli uomini» (*Ibidem*), si effonde il richiamo alla sospensione imperturbata del mondo classico che imprime ai connotati fisionomici e ambientali delle realtà descritte quella spinta trasfigurante, quell'alito surreale da cui saranno segnate le prose di invenzione pura firmate da Vergani, per la rivista, dal luglio del 1942:

> Era un colore felice, quel verde oltremare che dava tante vibrazioni anche al cielo sospeso su di lui. Il volto bruno della ragazza, su quel fondo verde e azzurro, acquistava un senso di non so quale intatta antichità: e io finivo per vedere in una venditrice di arancie, nella quale prima mi era sembrato di riconoscere Dafne, addirittura una discendente di quelle divinità mediterranee che venivano su scalze, dalle spiagge al tempo del Mito, recando in mano coralli e conchiglie e stelle marine avvinte agli umili capelli. (*Ibidem*)

Peraltro, nell'opzione dei racconti successivi per un soprannaturale che germina dalle fattezze del reale valicandone la verosimiglianza in un' aura onirica, ritornano tra i titoli proprio *Dafne* e la *Sirena*, a conferma dell'ipotesi che Vergani attingesse, tra il '40 e il '43, ad un unico palinsesto di temi e forme, variamente rimodulati nel tempo su *Legioni e Falangi*.

Coglie nel segno ancora, in tal senso, Eugenio Montale quando esorta a «non praticare un taglio netto nella alluvionale produzione dello scrittore milanese», indicandone la matrice nella consustanziale vocazione all'attraversamento 'visivo' della realtà: «Il Vergani dei reportages descrive cose vedute; quello dei racconti cose immaginate; ma in entrambi i casi esiste la mediazione della fantasia, perchè in lui la cosa vista era l'esaltazione del vero e talvolta la prosopopea delle cose inanimate» (Montale, 1961: 2381).

Per le ragioni addotte dal poeta ligure, stando al corpus degli scritti accolti sul periodico fascista, sono le prose odeporiche a svelare una tenuta inventiva letterariamente più coesa rispetto ad apologhi come «Susanna», «Dafne» o «La Sirena», pubblicati tra il luglio del '42 e il febbraio del '43 e ispirati ad esemplari figurativi celebri, sontuosamente effigiati dal corredo illustrativo della rivista, come il *Particolare di Apollo e Dafne* di Bernini, *L'acqua* di Giorgio Vasari o *La casta Susanna* di Paolo Veronese. Nella finzione narrativa, personificazioni, allucinate mutazioni notturne, seduzioni mitiche, rarefazioni spazio-temporali si addensano intorno a tali capolavori iconografici tradendo una certa artificiosità, proprio perchè Vergani «aveva bisogno di un oggetto da "mettere in posa" non per farne un muro contro cui battere la testa ma per cavarne un significato umano» (Montale, 1961: 2382). Manca, in questi 'medaglioni' letterari, il battito della vita vissuta che scorre, invece tangibile nei reportages degli stessi anni in cui se «vero» da «esaltare» esiste è il segno del divenire storico, degli scenari naturali e, se prosopopea ricorre, scaturisce da «cose» lasciate «inanimate» dalla violenza bellica.

Si accentua, peraltro, sin dalla «Strada di Sagunto», l'incedere diaristico dell'argomentazione, significativamente scandito dal ripensamento del "mestiere di scrivere", dalla ricerca di senso del peregrinare tra le vite di popoli e paesi.

Ancora nell'articolo su Sagunto, la suggestione della memoria classica si stempera nella mitezza del sole che rischiara la piazza, «risparmiata dal cannone e dalle bombe del '39», in cui brulica «un grande cerchio di chiacchierio» e una «piccola vita agreste» si addensa sui poveri oggetti in vendita, «falci e roncole, sapone, aringhe e spazzolini da denti» (*L/F* 4, I, 1941, 31). Nel transito dalla «silente maestà dei ruderi» alla «fila di bancarelle» popolate dai «paesani venditori di granaglie», l'io narrante guarda a se stesso come all'«uomo con in mano un libro». Qui, l'indugio sulla fascinazione delle gesta eroiche, che si sprigiona dall'epopea annibalica, prevale sulla desolazione dei saccheggi recenti e nel ritrarsi, mentre si aggira tra i resti delle colonne romane ridotte all' «uso domestico di tener su la casa di qualche don Pedro o don Pepe», il cronista tinge anche il suo profilo di venature avventurose: «più che uno straniero che veniva da terre lontane e imprecisate dove forse tuonava il cannone della battaglia ero un tale che arrivava dal favoloso continente dove vivono i curiosi delle antiche cose» (*Ibidem*).

Man mano però che il conflitto mondiale infuria il tono di Vergani si incupisce e appena un mese dopo la 'fuga' nella classicità di Sagunto, nel marzo del '41, compare un altro frammento delle memorie odeporiche risalenti al '39, allo spostamento dello scrittore dalla Spagna verso quel «crocicchio nevralgico del mondo che aveva i nomi di Gibilterra, di Tangeri, di Casablanca, di Colonne d'Ercole, di Mediterraneo vietato, di blocco inglese» (*L/F*, 5, I, 1941, 31). Su questo versante geografico, nel '39, le ostilità militari del conflitto mondiale non sono ancora dichiarate, ma, alla luce di quanto sarebbe accaduto a breve e dalla specola del presente in cui il giornalista scrive, suonano di amaro sapore profetico certe sue cursorie, ma eloquenti, chiose:

> La guerra dormiva lontana. Ma il crudele colosso delle battaglie si sarebbe svegliato a primavera. Si era in dicembre. Si lasciavano i tedeschi e i loro amici ancora per tre mesi nella loro illusione. Avevan l'aria di dire, i signori francesi e inglesi: "Abbiamo caricato la sveglia per il 15 marzo alle 4 del mattino"… (*L/F*, 5, I, 1941, 32)

Si accentua in questo reportage, la divaricazione dei piani temporali tra l'esperienza rievocata e la prospettiva interpretativa attraverso cui la si narra: «le date sembra che parlino di ieri mattina: ma quando c'è la guerra il tempo corre presto, e a parlare del dicembre del 1939 mi sembra di ricordare i tempi di mio nonno. La guerra crea la quarta, la quinta dimensione» (*L/F* 5, I, 1941, 31). Accanto agli interventi oratori di Nino Ruggeri, di Giovanni Ansaldo, presenze costanti in ogni numero di «Legioni e Falangi», il dettato di Vergani si infittisce di spessore meditativo, in una cadenza narrativa, tesa alla rappresentazione della tragedia epocale, che avrebbe connotato le imminenti *Giornate di Barcellona*, scritte alla luce della coscienza dolente degli sconvolgimenti del '41. Un'aura di infausto presagio aleggia già nella «Vita delle colonne d'Ercole» alimentando passi di intensa tenuta narrativa:

> A Tangeri fui nel dicembre del 1939, arrivando da Tetuan. Le giornate di quel dicembre erano grigie, flagellate dal vento e dalla pioggia, e il loro colore non era certo tale da far dimenticare, nemmeno per un momento, l'evento che premeva già a tutte le porte del mondo e parecchie ne aveva già sfondate. La guerra era lontana due o tremila chilometri e pareva si fosse assopita nel fango e nella neve del fronte francese: ma l'aspro respiro della grande addormentata arrivava fin lì e anche più giù, dovunque ero andato, a Rabat, a Fez, a Marrakesch, dove il vento sgualciva sui muri i manifesti della mobilitazione che la pioggia traversa aveva scollati. (*Ibidem*)

L'incedere ritmico, il figurare inventivo dell'argomentazione, mossi sulla densità della descrittività sensoriale, evocano la cadenza poetica di certe pagine vittoriniane scandite dall'effetto fonico dell'iterazione:

> Avevo viste larghe trincee scavate nella terra molle delle piazze di Casablanca, brune e lunghe come buche per seppellirci le vittime di una pestilenza. Avevo viste le tenebre accamparsi con la sera su tutte le città del Marocco francese, le tenebre forate qua e là dal fiordaliso delle lampadine azzurrate e dalle lucciole vaganti delle lampadine tascabili che cercavano, con cautela da scassinatori di casseforti, l'orlo dei marciapiedi. Avevo visto le reclute marocchine attendere a branchi, mute, sotto la pioggia alle stazioni della ferrovia di Rabat. Sapevo che i convogli partivano di notte per le rotte atlantiche, in un mare color d'inchiostro, in un buio color d'inchiostro. (*Ibidem*)

La ricorrenza anaforica del sintagma «avevo visto» rimarca l'indelebile valore testimoniale di una scrittura che si fa carico di fissare nella memoria pubblica le sembianze di una dignità umana e naturale scempiata dalla violenza bellica. La forma durativa della coniugazione verbale, la pregnanza figurativa dei nessi metaforici, l'impiego semantico delle gradazioni cromatiche scandiscono un ritmo affabulatorio che approda, con la locuzione «sapevo», a ratificare il cammino conoscitivo del reporter la cui coscienza degli eventi matura dalla stratificazione e sedimentazione degli accadimenti esperiti sul campo.

Man mano che il tempo trascorre, svelando nel modo più spietato la crudezza del presente funestato dalla guerra, gli interventi di Vergani su *Legioni e Falangi*, mostrano un sempre maggiore scollamento dalle vicissitudini contemporanee. Si è già posto in risalto come tutti gli articoli realizzati dal giornalista nel triennio in questione rispondano ad un criterio compositivo che avvolge, nel flusso selettivo ed interpretativo del ripercorrimento memoriale, le vicende vissute, come inviato sul territorio, in particolare tra il '36 e il 39, snodo cruciale per le sorti del mondo. Proprio l'analisi della successione degli interventi di Vergani sul periodico fascista mostra come non dipenda dalla chiave retrospettiva il ripiegamento autoconoscitivo della sua prosa, imputabile, piuttosto, all'imbarbarimento epocale entro cui lo scrittore continua ad operare riversando, però, nel diarismo del racconto di viaggio, una sorta di disagio etico percepibile soprattutto nell'impietosa riflessione sui risvolti prosaici del giornalismo itinerante.

In particolare in «Amica Giralda», dell'aprile del 1941, ad una sempre più marcata rarefazione di riferimenti agli avvenimenti contemporanei, subentra la dilatazione del discorso introspettivo accordato sulla chiave autobiografica della solitudine. Nessuna aura picaresca o spirito indagatore scorta il «nomade di mestiere» (*L/F*, 6, I, 1941, 34) nel ricordo della trasferta a Siviglia:

> La mia anima era piena di buio e di pioggia. La traversata della città in carrozzella non mi aveva detto nulla: non aveva fatto altro che aggiungere del vuoto e del grigio al vuoto e al grigio della mia anima. Pensavo alla mia solitudine, al mestiere che mi fa passare metà della vita solitario in paesi stranieri, al mestiere che mi condanna al soliloquio, alla dannazione di questo destino di turista stipendiato e di curioso a scadenza fissa. Pensavo che all'indomani mattina avrei dovuto, come cento altre volte nella vita, mettere in ordine le mie robe nella stanza illuminata da un sole sconosciuto, incominciare per la centesima volta il mio viavai di frettoloso esploratore, mettere per la centesima volta la mia anima a confronto con le cose di una terra a me ignota, per dire, più tardi le mie "impressioni", per dire, più tardi, presuntuosamente la mia "visione" di un dato mondo o di un dato avvenimento. All'indomani sarebbero, per la centesima volta ricominciati i miei esami di "sensibilità", di "scrittura sensibile"; per vedere, nel caso di quei giorni spagnoli, quale pagina mi avrebbe suggerito il tema famosissimo e sfruttatissimo di Siviglia. (*L/F*, 6, I, 1941, 35)

L'implacabilità di tali considerazioni spicca nel cuore di un articolo che si apre sull'appartenenza d'adozione alla cittadina andalusa e si chiude sotto il vessillo consolatorio della «torre amica», la Giralda sivigliana, in una trama fascinosa di echi artistici e letterari.

Risuona, pertanto, come un vistoso controcanto, la constatazione della quotidianità usurante del reporter, schiacciato sotto il giogo della routine a pagamento, dell'insidia della corrispondenza mercenaria.

Rivelatore appare il riferimento lapidario al «mestiere che condanna al soliloquio», spia eloquente dell'insofferenza di Vergani al copione del «turista stipendiato», del «curioso a scadenza fissa», del «frettoloso esploratore». La «voce della Giralda» giunge a stemperare l'asperità di una riflessione che allude alla riduzione del ruolo intellettuale a cassa di risonanza istituzionale, all'insensatezza del formulare sulla carta «visioni di un dato mondo o di un dato avvenimento», pretesa «presuntuosamente» aleatoria dinanzi allo scacchiere stravolto della contemporaneità.

Il segno più evidente dell'assestamento sull'angolazione 'privata' del discorso è la drammatizzazione dei tratti descrittivi, soprattutto degli ambienti interni, incline ad assecondare i moti interiori con il ricorso all'antropomorfizzazione, come nel caso della stanza d'albergo che al chiarore della luce sembra «si svegli di soprassalto da un pesantissimo sonno, sbattendo invisibili palpebre» (*L/F*, 6, I, 1941, 34). Altrove le figurazioni evocano usurate scenografie primonovecentesche ritraendo lo «scendiletto color frittata e una quantità di fili elettrici che pendono dal soffitto e si arrampicano mollemente sui muri», deteriorati emblemi di una «camera di decaduta nobiltà» (*Ibidem*).

A conferma dell' oscillazione dei moti della coscienza autoriale, tra il momento della stesura e il piano della rievocazione, si pone il diverso «entusiasmo» di cui si colora il ricordo quando, come si legge nelle pagine iniziali delle *Giornate di Barcellona*, ad essere evocato è lo spirito del reporter inviato in Spagna nel '36, prima che arda la guerra civile, «quando con un aggettivo felice o con un'immagine attaccata mi pareva di conquistare il mondo, e mi pareva che tutto il creato, come attraverso un gigantesco e invisibile imbuto, finisse leggero leggero nel serbatoio della mia veloce stilografica» (Vergani, 1936 citato in Gerbi, 2010: 31). Ben altro amaro sapore avranno, altresì, in quel testo, i rilevamenti descrittivi riferiti ai luoghi periferici della vita sociale nel capoluogo spagnolo, al «teatro baraccone di legno», alle «facciate illuminate dai riverberi rossi, viola e azzurri al neon» tra cui «si aprivano come dei crepacci i vicoli del Barrio Chino». Prendono corpo topografie urbane su cui grava il «fosco monito» del «sapore di sangue imminente che era nell'aria», popolate da «avventori che parevano immobili», brancatianamente «impietriti da una cupa e desolata noia» (Vergani, 1936 citato in Gerbi, 2010: 58).

Ed è proprio la misura del «soliloquio» a connotare sempre più la prosa odeporica di Vergani, che attinge ad una continuità narrativa con le *Giornate di Barcellona*, intessute sul filo rosso di un unico disegno, per poi intonare le movenze della rapsodia negli ultimi due reportages apparsi sulla rivista, fisiologico preludio allo slittamento verso il dormiveglia surreale dei racconti.

«Natale andaluso» e «Ricordo di Andorra», rispettivamente del gennaio e del maggio del '42, appaiono, infatti, immersi in una sospensione meditativa che isola dal flusso memoriale istantanee di vita collettiva legate ad un 1939 evocato senza più alcuna implicazione con le dinamiche coeve.[1]

Dissolta qualsiasi aderenza alla retorica politica della Spagna alleata e sodale, motivo animatore della pubblicistica di *Legioni e Falangi*, il legame tra le due realtà si radica, nell'argomentare di Vergani, sulla amplificazione del ricordo autobiografico dispiegato, in particolare nell'articolo sull'Andalusia, sulla fitta trama simbolica intrinseca al mistero della Natività:

> Questo passeggiare natalizio per le vie di Siviglia era il miglior modo di tornare dalle parti di Rialto, evitando un viaggio di duemila chilometri nello spazio e di più di trent'anni nel tempo. Anche Venezia, come Siviglia, è una città natalizia, per quel riflesso di Oriente e per quell'eco di leggenda moresca che la fanno sorella della città andalusa. (*L/F*, 3, II, 1942, 16)

Il reporter «con gli occhiali sul naso e la macchina fotografica a tracolla» si rivolge a se stesso, ipotetico figurinaio, mentre trova, negli itinerari sivigliani, lo «scenario e il popolo per il suo presepio del 1939». «Ricordati figurinaio di disegnarmi questa vita a vari piani» (*L/F*, 3, II, 1942, 17) si ammonisce la voce narrante, innervando di un'atmosfera

1 Appare, in tal senso, significativo che tali articoli non compaiano nel novero, sino a quel momento regolare, delle traduzioni dei testi di Vergani sulla versione spagnola della rivista, a verosimile conferma di come gli "itinerari" odeporici del giornalista si discostino dal megafono "pubblico" della propaganda editoriale del periodico. Non è un caso, infatti, che a ricomparire su *Legiones y Falanges* sia il Vergani narratore esplicito, soltanto con i racconti *Dafne* e *La sirena*.

pensosa spaccati narrativi di ritualità comunitaria che, nel successivo *Ricordo di Andorra*, si sfumano ancor di più in una dimensione spazio-temporale immota:

> E' passato anche su Andorra il nembo della guerra civile, lo so. Ma giurerei che adesso sulle pietre della vecchia torre passa la carezza della stessa luce di quella precoce primavera montanara, e che gli stessi muli, attaccati agli stessi anelli di ferro, scalciano sui duri ciottoli per cacciare le prime mosche». (*L/F* 7, II, 1942, 17).

Sulle movenze del ritratto d'ambiente, penetrato nei risvolti umani e societari elementari e interiorizzato in una personale riflessione sul senso del divenire storico, il discorso di Vergani travasa nell'apologare straniato dei racconti. Dal luglio del '42 al febbraio del '43 la sua scrittura si affranca dall'interlocuzione con il presente, legittimata dallo statuto dell'invenzione, per congedarsi definitivamente da *Legioni e Falangi* con un racconto, «La grande vasca», ispirato verosimilmente alla politica ispano-italiana per l'infanzia, come suggeriscono le immagini a corredo del testo, dedicate alla gioventù Balilla e all'organizzazione benefica dell' Auxilio social. In realtà, ancora una volta, l'intento encomiastico implode nella «dolce disperazione», nella «lievissima angoscia» di un apologo sul «doloroso miracolo» della perdita dell'infanzia che transita, «per un sortilegio», (*L/F*, 9, III, 1943, 18) in un'età adulta che la fagocita e la dimentica[2].

Si conclude, così, sulle corde dell'introspezione inventiva, quello che si potrebbe definire l'itinerario autocoscienziale o, con una metafora più consona al profilo da reporter, il «corto viaggio sentimentale» di un

2 Il tessuto espressivo di questo testo si innerva su un tema e un frasario pervasivi nell'invenzione narrativa di Elsa Morante, autrice in quegli anni, del *Gioco segreto*, raccolta di racconti mossa proprio sui turbamenti onirici dell'infanzia perduta. E desta più di una suggestione che la seconda edizione di questo testo morantiano figuri nella garzantiana «Collezione di narratori italiani», «Il Delfino», diretta proprio da Orio Vergani, a fianco agli *Anni che passano* di Ercole Patti e al *Paradiso dei marinai* di Corrado De Vita. A tali notizie editoriali si offre ribalta pubblicitaria, il primo giugno del 1942, nell'ottavo fascicolo di *Legioni e Falangi*.

intellettuale organico ad un progetto editoriale di cui, la sua scrittura, nel tempo, somatizza il deterioramento.

Riferimenti bibliografici

VERGANI, O. «L'Assedio dell'Alcazar. Film di un popolo», L/F, 1, I, 1940. «Sin novedad en el Álcazar. La película de un pueblo» *Ls/Fs*, 1, I, 1940.
«Silenzio a Belchite» L/F, 2, I, 1940; «Silencio en Belchite» *Ls/Fs*, 2, I, 1940.
«La Strada di Sagunto» L/F, 4, I, 1941; «Recuerdo de Sagunto» *Ls/Fs*, 4, I, 1941.
«Vita delle Colonne d'Ercole» L/F, 5, I, 1941; «Vida de las columnas de Hércules» *Ls/Fs*, 5, I, 1941.
«Amica Giralda» L/F, 6, I, 1941; «Amiga Giralda» *Ls/Fs*, 6, I, 1941.
«Giornate di Barcellona» L/F, I, 8, 1941–2, II, 1941.
«Natale andaluso» L/F, 3, II, 1942
«Ricordo di Andorra» L/F, 7, II, 1942

Racconti:
Dafne L/F, 9, II, 1942; *Dafne Ls/Fs* 22, II, 1942.
Susanna L/F 1, III, 1942
La sirena L/F 4, IV, 1943; *La sirena (cuento) Ls/Fs* 30, III, 1943.
La grande vasca L/F 9, III, 1943.

AJELLO, N. (2010) «L'alfabeto del XX secolo», *Orio Vergani. A cinquant'anni dalla scomparsa*, Milano, Accademia italiana della cucina, pp. 33–37.

CERASUOLO, G. (2014) «Un giro di parole», *SuccedeOggi. Cultura dell'informazione quotidiana*, in <http://www.succedeoggi.it>, [data di accesso: 3.7.2014].

GERBI, S. (a cura di) (2010) «Un'avventura dal lieto epilogo», *Orio Vergani, Giornate di Barcellona*, Torino, Aragno.
MONTALE, E. (1960) «L'uomo e lo scrittore», *Prose 1960, Il secondo mestiere*, Milano, Mondadori, 1996, II, pp. 2254–2261.
MONTALE, E. (1961) «Le "storie" di Vergani», *Prose 1961, Il secondo mestiere*, Milano, Mondadori, 1996, II, pp. 2379–2384.
ORTESE A. M (1955) «Giro d'Italia», *La lente scura*, Milano, Adelphi 2010, pp. 157–176.

Militanza e critica letteraria in *Legiones y Falanges*

ANTONELLA RUSSO
Università di Salerno

En «Legiones y Falanges» las columnas de Concha Espina, Alfredo Marquerie, Cristóbal de Castro o Joaquín de Entrambasaguas, entre otras, ofrecen un interesante conjunto de textos en el que se mezclan información y evaluación, con el objetivo no solo de orientar al lector en el panorama literario, sino también de ordenar sus referencias culturales y su mundo. Más allá de las valoraciones sobre textos y autores, que se analizan en detalle, ya a través de la selección cuidada de los contenidos —que abarcan desde los clásicos hasta el teatro contemporáneo— se va esbozando el paradigma literario 'nacional', elemento fundamental en el proceso de creación y legitimación del poder por parte del régimen.

Nella multidisciplinarietà dei suoi contenuti, come altre riviste coeve, *Legiones y Falanges* dedica uno spazio rilevante alla letteratura: creazione, *in primis*, ma anche giudizi, interventi, *causerie*, che hanno come oggetto autori e testi contemporanei o del passato. Aspetto rilevante, quello della circolazione e diffusione delle idee sulla letteratura, poiché responsabile della creazione e divulgazione di modelli culturali in un pubblico ampio e composito come quello che abitualmente frequenta le pubblicazioni periodiche. È precisamente sugli articoli di critica letteraria, siano essi di accademici o giornalisti, che si concentra questo studio. Si tratta di un *corpus* di trentotto articoli, che si dispiegano lungo un arco temporale che va dall'aprile del 1941 (numero 5), al febbraio del 1943 (numero 28). È bene chiarire che essi non sono contenuti in una sezione definita, ma si integrano fin dal sommario con gli altri contenuti della rivista e si caratterizzano per temi, autori e approcci diversi alla materia letteraria. Fa eccezione la serie «Máscaras y escenarios», che include nove articoli, tutti di critica teatrale, usciti tra giugno del 1942 e febbraio del 1943.

In un saggio imprescindibile del 1935, Ernesto Giménez Caballero, uno degli antesignani del fascismo spagnolo, ridiscuteva la funzione dell'arte, riformulando, al contempo, il suo rapporto con il potere in senso gerarchico, verticale. Essa non era più espressione affrancata dell'individualità, ma rivelazione, servizio, propaganda. La produzione stava ora all'arte come la riproduzione all'amore coniugale: non poteva essere sterile, non doveva rimanere forma, essa era ormai creazione convertita in comunicazione. In accordo con la morale cattolica, l'arte diveniva unione feconda e, allo stesso tempo, rivelazione di una volontà divina. Di qui che l'artista, il *vidente*, non potesse considerarsi autonomo. Egli svolgeva un servizio. Come un artigiano nel Medioevo, era portatore di cultura e tradizione, incardinato in un sistema ben definito, che riconosceva e sosteneva come tale. «Todo artista llevará dentro de sí – siempre – al *cofrade.* En doble sentido, *monacal* y *gremial*» (Giménez Caballero, 2009: 163). Alla modalità aperta e alla possibilità dell'arte liberale, Caballero opponeva dunque l'inquadramento e la necessità dell'arte fascista. L'artista diveniva «un servidor de instancias extraartísticas definidas como valores morales, políticos o incluso estéticos que han sido definidos con anterioridad al acto creador» (Wahnón, 1998: 37):

> El arte es siempre revelación. Y la revelación menester divino [...]. Un dios comunica a su elegido ciertas comunicaciones. Unos tales imperativos. Con dedos de fuego, sobre tablas de ley. Luego el vidente, transmite su tesoro a un grupo sacerdotal de iniciados. Y éstos, a su vez, hacen propagar, hasta las últimas capas sociales del pueblo, las verdades [...]. De su libro, de sus confesiones, trasciende a círculos más vastos. Se traspasa al periódico. Y del periódico va al pueblo (Giménez Caballero, 2009: 167).

Le pubblicazioni periodiche, quindi, vengono individuate quale anello estremo di una catena di relazioni e, godendo di maggiore prossimità con il pubblico, si rivelano ideali a svolgere quel servizio militar-letterario che aveva come obiettivo divulgare valori. Non bisognava inventarli dal nulla, erano già disponibili, risiedevano, secondo il direttore de *La Gaceta Literaria*, nel sostrato culturale e religioso della cultura spagnola:

andavano solo rianimati. La rivendicazione facile, *españolista*, delle figure letterarie nazionali che imperversa nella stampa peninsulare durante la guerra civile e il dopoguerra è l'ultimo riverbero di questa tendenza, evidente nella scrittura e nelle riscritture letterarie e trasversale ai generi, dalla poesia al teatro (García Ruiz, 1997; Lacarra, 1980; Schwartz, 1966).

In *Legiones y Falanges*, a conferma del processo sopra descritto e dell'affinità elettiva che si stabilisce tra cultura del *Nuevo Estado* e tradizione classica, trovano ampio spazio contenuti relativi al patrimonio letterario spagnolo, soprattutto quello aureo. Joaquín de Entrambasaguas (1904–1955), *lopista* affermato con un ruolo rilevante all'interno della rivista, dedica un articolo al poeta Cristóbal de Mesa (1564–1633), nativo di Zafra ma attivo tra Salamanca, dove è allievo del Brocense, e Siviglia, dove entra in contatto con Herrera (*Ls/Fs*, 10, I, 1941, 41–42). Autore dei poemi epici *Las navas de Tolosa* (1594) e *La restauración de España* (1607), è anche traduttore di Virgilio e di Tasso. Poeta fecondo, la sua produzione lirica è tuttora poco accessibile: se si esclude un'antologia (Mesa, 1991), non ci sono studi sistematici né edizioni correnti delle *Rimas*, come nota in un lavoro molto dettagliato Giovanni Caravaggi (Caravaggi, 2013). È probabilmente il poeta stesso a non ambire alla creazione di un canzoniere omogeneo, pubblicando piuttosto i singoli componimenti occasionalmente, al margine della sua attività di traduttore e dei poemi eroici o religiosi. In un'ottica di consolidamento delle relazioni italo-spagnole – che è costante nella linea editoriale della rivista, ma non costituisce tema principale del presente studio – dopo una dettagliata presentazione biografica e bibliografica del poeta di Zafra, Entrambasaguas sottolinea la rilevanza del suo viaggio in Italia, tra Pavia, Bologna e Roma. Qui Cristóbal de Mesa inizia a frequentare con assiduità Torquato Tasso, che gli dedica un sonetto (Beall, 1945), riportato peraltro nell'articolo. Al ritorno in Spagna, nel 1594, si impegna a diffondere le novità acquisite in Italia, ma senza fortuna e con scarsa protezione. Non propriamente nemico del Fénix, si scaglia tuttavia contro la sua *Jerusalén conquistada* – di cui lo stesso Joaquín de Entrambasaguas pubblicherà un'importante edizione critica nel '51– ritenendo Lope non all'altezza del maestro italiano.

Perfettamente in linea con i tempi è anche il contributo di Julio Escobar, dedicato a San Juan de la Cruz (*Ls/Fs*, 20, II, 1942, 32–34), in occasione del quarto centenario della nascita del mistico, quando si moltiplicano gli studi sulla sua figura – si pensi a *La poesía de San Juan de la Cruz (desde esta ladera)* di Dámaso Alonso – e una delle pubblicazioni più influenti dell'epoca, *Escorial*, sotto la direzione di José María Alfaro, gli dedica un monografico, il numero 25, novembre 1942, con la partecipazione di studiosi e poeti di primo piano.[1] Non si tratta di una celebrazione rituale, ma di un momento decisivo in cui inizia a farsi strada, proprio a partire da *Escorial*, una corrente poetica che García de la Concha definisce «mística natural» (García de la Concha, 1973: 122) e la critica accademica si apre a una rivalutazione degli aspetti tecnici e formali della poesia non più disgiunti dalla componente emotiva (Wahón, 1998: 225–239). Nonostante fosse considerato un poeta classico alla pari di Garcilaso, va sottolineato che San Juan de la Cruz non occupava nell'estetica letteraria fascista una posizione di primo piano, probabilmente per il carattere squisitamente contemplativo della sua persona e della sua poesia, lontana dall'attivismo del poeta e militare di Toledo, il quale impersonava in modo esemplare il modello di Giménez Caballero e dell'estetica fascista-escorialista. Anteriore al polemico numero di *Escorial*, ma già celebrativo della figura del santo meditativo, è il contributo di Julio Escobar Cubo (1901–1994). Giornalista nativo di Arévalo (Ávila), fondatore de *La llanura*, trasferitosi a Madrid, Escobar svolge diverse attività nel settore bancario e si dedica al giornalismo – collabora nel 1929 con *El Imparcial* – e alla scrittura. Autore di saggi come *Azulejos españoles* (1947), *Andar y ver* (1949), è anche romanziere relativamente noto a Madrid soprattutto

1 Inaugura, infatti, la "Corona poética de San Juan de la Cruz" di *Escorial* un sonetto di Manuel Machado "Juan de la Cruz, poeta". Integrano la sezione i versi di Gerardo Diego, Adriano del Valle, Leopoldo Panero, Luis Felipe Vivanco, Alfonso Moreno, Luis Rosales. Collaborano con studi: Gerardo Diego, José Corts Grau, José María de Cossío, Augusto A. Ortega, F. J. Sánchez Cantón, Emilio Orozco Díaz.

a partire dagli anni cinquanta, con romanzi realisti di ambientazione regionale alla Alarcón.[2] Prosa ricca, la sua, soprattutto quella che qui esaminiamo: trasuda immagini nitide del paesaggio castigliano, strade polverose, fatica dei lavoratori, l'umile dimora del santo e l'umana disperazione di Catalina Alvárez, vedova di Gonzalo de Yepes, alle prese con tre figli, di cui Juan è il minore. Julio Escobar si sofferma in vari punti sul rapporto tra il poeta di Fontiveros e la sua terra, la geografia umana, le case, i suoni pacati della natura, a cui fanno da controparte l'inquietudine derivata dall'osservazione silenziosa del Cristo crocifisso nella chiesa cittadina e la tensione del santo, seppur bambino, verso la contemplazione e la trascendenza:

> Porque es cierto, el niño Juan causa cierta extrañeza a quien le conoce, y da no poco que pensar por las cosas que a veces tiene, tan raras y oportunas. Cuando habla, parece como si alguien de mucho sentido y sapiencia le soplara las frases al oído [...] Y Juan apenas escapa lejos de su casa con los demás niños del pueblo, sino que sigue a su madre como recental medroso, o se mete detrás de la puerta donde tiene su capilla, y allí, por la gatera, ve la torre de la iglesia, alrededor de la cual se persiguen los alegres vencejos en el buen tiempo, y los tejados de las viviendas inmediatas a la suya, y varias calles por las que va el labrador tras su yunta, o el carro cargado de mies, o la vieja enlutada, o el mozo pinturero, y el campo, el campo inmenso, surcado y labrado a conciencia y paciencia y, muy lejanas, las montañas como e plata antigua. La imaginación del pequeño parece que pregunta desde este miradero: ¿y tras de quella montañas, qué habrá? (*Ls/Fs*, 20, II, 1942, 33)

Alle origini della letteratura rinascimentale spagnola è dedicato, poi, il contributo di Nicolás González Ruiz, giornalista ed erudito, noto collaboratore della stampa di area cattolica, direttore dell' *Enciclopedia del Periodismo* per Noguer (1963). Traduttore dall'inglese e dall'italiano, autore di una traduzione della *Obra completa* di Dante uscita per la

2 Tra i titoli, abbastanza apprezzati dalla critica: *El hidalgo de Madrigal* (1952); *Teresa y el cuervo* (1954); *Cinco mecanógrafas y un millonario* (1955); *La viuda y el alfarero* (1957); *Una cruz en la tierra* (1960); *El viento no envejece* (1964); *Se vende el campo* (1966); *La sombra de Caín* (1968); *Vengadores de ceniza* (1971), e *El novillo del Alba* (1971).

Biblioteca de Autores Cristianos (1965), consapevole del valore estetico del giornalismo, González Ruiz cura già nel '34 una *Antología de literatura periodística española*. Del tutto inserito nel sistema culturale del regime, autore, tra l'altro, del libro *José Antonio: su ideario (1940)*, è tuttavia uno degli intellettuali che con maggior chiarezza sviscera e mette in discussione il ruolo della critica letteraria nella *posguerra*. In «Función social de la crítica», articolo pubblicato su *Escorial* (V, 13, novembre 1941), González Ruiz propugna il ritorno della critica, soprattutto quella militante, a un «estilo impersonal en extremo» caratterizzato da un rivolgersi «fría y cortésmente al público», evitando valutazioni soggettive e facendo appello a una «obligación moral estricta que el periodista tiene, cualquiera que sea su misión en el periódico, de informar con toda objetividad al lector» (González Ruiz, 1941: 279). Non condivisa dalla rivista, che si preoccupa di corredarla di una nota editoriale di segno opposto, la linea di González Ruiz in *Escorial* viene sostanzialmente mantenuta nel successivo intervento su *Legiones y Falanges*. Non fredda, ma certamente lontana dai toni animati di certa critica faziosa, è la sua presentazione della figura di Juan Boscán (*Ls/Fs*, 21, II, 1942, 28–29). Nell'anno in cui Eduardo Marquina rivendica, in occasione della *Fiesta Literaria* di Barcellona, la figura di Juan Boscán quale spagnolissimo membro del parnaso nazionale a fronte delle tendenze catalaniste (Marquina 1943), González Ruiz si limita alla «modesta evocación de un poeta, de singular interés histórico para la literatura española y la italiana» (*Ls/Fs*, 21, II, 1942, 28).

Procedendo a ritroso, le radici romane e i miti fondazionali della Spagna latina, che tanto avevano alimentato i precursori del *Movimiento* da Luys Santa Marina a Sánchez Mazas a Giménez Caballero, non mancano di essere sottolineati in un articolo di Álvaro Cunqueiro dal titolo «Los sonetos romanos» (*Ls/Fs*, 26, III, 1943, 13). Nel testo del galiziano, più una prosa lirica che uno studio vero e proprio, risuonano i versi dedicati all'*Urbe Mater* da Ramón de Basterra, fondatore della Escuela Romana del Pirineo, e quella poesia di rovine imperiali, che tanta fortuna ha nell'immediato dopoguerra, combinando l'estetica futurista della guerra sola igiene del mondo e la tradizione rinascimentale dei "Superbi colli, e voi sacre ruine" di Baldassarre Castiglione.

Anche l'articolo di F. Javier Olondriz[3] (*Ls/Fs*, 22, II, 1942, 12–13) sottolinea le relazioni tra letteratura latina e spagnola e aspira a dare ragione dell'influenza precipua di Virgilio, rispetto ad altri maestri della latinità, quali Orazio e Ovidio, passando in rassegna traduzioni e diffusione nella penisola iberica dell'opera del poeta mantovano, detentore «de verdadero numen poético, de purísima dicción, de perfecta latinidad, de severa elegancia, de correctísima sintaxis y de luminosa contextura lógica, aptísimo, por todo ello, para formar las mentes y el sentido estético» (*Ls/Fs*, 22, II, 1942, 12). Sono letture adatte all'educazione dei giovani quelle virgiliane, giacché questi è stato «el mejor cantor de los soldados y los héroes de Roma», e gli spagnoli sono «hijos de la madre Roma: vivimos y respiramos, tan sin advertirlo casi, el ambiente de la romanidad» (*Ls/Fs*, 22, II, 1942, 12), tanto che Virgilio non può essere considerato autore del tutto straniero.

Se la rivendicazione delle radici romane denuncia chiaramente il «carácter mimético» (Rodríguez Puértolas, 2008: 58) del fascismo spagnolo e della sua letteratura verso il modello italiano, più eccentrico è il riconoscimento, sebbene condotto entro i limiti oggettivi della filologia, dell'eredità culturale araba nella penisola. Accade in un contributo di Ángel González Palencia (1889–1949), critico letterario e arabista originario di Cuenca, il quale illustra con un articolo informativo, non scevro di polemiche, gli studi sulle origini della poesia lirica romanza condotti nell'ultimo trentennio.[4] Il testo rivendica la validità e la fondatezza del lavoro filologico di Julián Ribera (*Ls/Fs*, 17, II, 1942,

3 Presumibilmente si tratta di Francisco Olondriz Raventós, di cui poco si sa se non che è stato traduttore, autore, tra le altre, di una versione de *I promessi Sposi*, *Los novios*, pubblicata dalla Editorial Fama nel 1952.

4 González Palencia, autore di una importante *Historia de la literatura española* (1921–22, in collaborazione con J. Hurtado), nonché della *Historia de la España musulmana* (1926) e della *Historia de la literatura arábigo-española* (1928), ha curato svariate edizioni di testi arabi e contribuito alla conoscenza dell'epoca della cultura musulmana in Spagna con opere come *Los mozárabes de Toledo en los siglos XII y XIII* (4 voll., 1926–30), *El Islam y Occidente* (1931), oltre ad essere autore di importanti studi su Juan Manuel, Tirso de Molina e Cervantes, tra gli altri.

6–7). Studioso della lirica arabico-andalusa, docente a Saragozza e poi a Madrid, maestro di Miguel Asín Palacios (Marín, De la Puente, *et al.*: 2009), Ribera pronuncia nel 1912 un importante discorso di ingresso alla Real Academia Española, analizzando il *Cancionero* di Ibn Guzmán e sostenendo la tesi della presenza nella Spagna musulmana di due lingue, quella araba e quella latina o romanza, e di qui l'esistenza di un sistema poetico misto, che dà luogo a forme quali lo *zéjel* e la *muwasaha*. Le tesi di Ribera, accolte con fervore dagli arabisti, non sono del tutto accettate negli ambienti della filologia romanza, tanto che alcuni riferimenti a Guzmán di Menéndez Pidal appaiono una novità ancora nel 1919, quando il noto filologo pronuncia all'Ateneo di Madrid una conferenza su *La primitiva poesía lírica española*. Discepoli di Ribera ed eruditi stranieri, invece, hanno assorbito e discusso le tesi del filologo originario di Valencia, e numerosi sono gli esempi forniti da González Palencia riguardo alla penetrazione di forme come lo *zéjel* nella poesia in lingua romanza, dalla lirica galaico-portoghese alla letteratura francese e provenzale e, in Italia, al "Dolce amor di povertade" di Iacopone da Todi. I contenuti dell'articolo accreditano un'immagine della nazione divergente rispetto a quella *casticista* e latina, delle conversioni forzate, delle espulsioni continue e dell'*alzamiento* che diviene *Reconquista*. Non manca tuttavia, nelle ultime righe dell'intervento, una chiusa dai toni nazionalistici: «Sintamos, una vez más el orgullo de ser españoles y de haber contribuido desde los más remotos siglos al progreso de la cultura humana» (*Ls/Fs*, 17, II, 1942, 7).

Abbastanza ampia e sostanzialmente vuota è la forbice che separa cronologicamente autori e testi classici, della latinità o aurei, dalla più recente cultura ottocentesca e novecentesca, che pure trova spazio nella rivista. In due articoli usciti a distanza di più di un anno tra loro, la scrittrice Concha Espina (1869–1955) chiama in causa le uniche due figure femminili che si guadagnano l'attenzione dei critici della rivista: Emilia Pardo Bazán (*Ls/Fs*, 11, I, 1941, 13) e Rosalía de Castro (*Ls/Fs*, 25, II, 1942, 8–9). Dopo aver presentato in una bella prosa lirica la figura della prima, sottolineando il rilievo internazionale dei suoi romanzi e dei sui studi, Espina dà notizia, per certi versi superflua, della morte del figlio della scrittrice, Jaime Quiroga. Quest'ultimo episodio aggiunge al profilo brillante della scrittrice delineato da Espina quello della *mater dolorosa* della propaganda bellica, poiché il ragazzo è considerato vittima dei *rojos*.

Diversamente, nel contributo su Rosalía de Castro, Concha Espina non teme di tessere l'elogio di una scrittrice romantica, imbevuta di quella sensibilità e di quell'estetica del sentire individuale e della libertà formale che poco si confà all'arte del *Nuevo Estado*, almeno fino al 1943. Tuttavia, nella lettura di Espina, le vibrazioni spirituali stemperano la sensibilità tardoromantica della poetessa di Santiago, la sua diviene esistenza e opera che abbonda di «martirio y santidad y resplandece con gracias milagrosas» (*Ls/Fs*, 25, II, 1942, 9).

Del riscatto della letteratura romantica si fa carico anche Joaquín de Entrambasaguas, (*Ls/Fs*, 13, I, 1941, 8–9), il quale analizza la tradizione narrativa dell'ottocento spagnolo alla luce di due fattori: l'influenza europea, soprattutto francese, e la reazione nazionale. È dal romanzo storico nato in quegli anni nel clima romantico che deve ripartire lo scrittore del dopoguerra:

> No debe olvidarse —a pesar de su brevedad vital como tal novela— que de ella arranca todo el resurgimiento novelístico del siglo XIX, por dos diferentes rutas: la que conserva inútilmente lo efímero, cada vez con más artificio falso, solo aceptable por el vulgo cursilón que aguarda impaciente que le 'echen' el cuadernillo de la 'entrega' por debajo de la puerta, y la que evoluciona de lo histórico a lo coetáneo con un mismo problema de observación, cuyo final será, inspirado por la erudición costumbrista, el examen de la vida española, con diferenciaciones regionales posteriormente —nótese su pulso al compás con la política federalista y luego separatista, fundada en la supuesta España invertebrada del 98—, que al fin suscitan problemas sociales, a través del realismo y el naturalismo, que acaban por angostar hasta el espíritu literario en los últimos años de aquella era de las 'novelas sociales' anterior a la nuestra, en que, como reacción muy significativa partimos ahora de un lirismo, inciador de lo novelesco, al sabor épico de lo histórico (*Ls/Fs*, 13, I, 1941, 9).

Anche Alfredo Marquerie (1907–1974), scrittore, giornalista e critico teatrale, è autore di diversi contributi di rilievo riguardo la letteratura e la critica contemporanea. «De ayer a hoy. Panorama de la novela española» è molto più che un insieme di «notas literarias, salpicadas de algunos nombres» (*Ls/Fs*, 17, II, 1942, 26). Prima di tutto, Marquerie riconosce l'eredità della cosiddetta generazione del '98, «en una escala donde son altísimos jalones los dos 'esperpentos' valleinclanescos o las 'nivolas' del rector de Salamanca» e tra tutte le illustri figure ritiene più influente sulla letteratura posteriore quella di Pío Baroja, a suo dire il romanziere per eccellenza del '98. Armando Palacio Valdés, Ricardo León e Concha Espina, senza un legame specifico con la promozione del '98, ma contemporanei, sono considerati, invece, eredi del costumbrismo ottocentesco. Pérez de Ayala, Gabriel Miró e Wenceslao Fernández Flores fanno parte di altrettante generazioni letterarie non meglio specificate, mentre tra i giovani spiccano i nomi di Claudio de la Torre, José Antonio Giménez Arnáu, Cecilio Benítez de Castro, Juan Antonio de Zunzunegui, nonché degli umoristi Edgar Neville e Enrique Jardiel Poncela. Viene curiosamente considerato «humorista» dalla prosa assolutamente «valleinclanesca» (*Ls/Fs*, 17, II, 1942, 27), oltre che poeta, il madrileno Agustín de Foxá, il quale appare anche in una delle fotografie che accompagnano l'articolo, insieme a quelle di Tomás Borrás, José María Salaverría e Concha Espina.

«La crítica ayer y hoy» (*Ls/Fs*, 17, II, 1942, 36) affronta, invece, la questione della funzione della critica letteraria, in particolare quella teatrale e militante, della quale considera iniziatore Larra, seguito da Clarín, Mesa e Pérez de Ayala: «es nuestro más próximo jalón de referencia, en lo que pudieramos llamar expresión periódica, periodística, cuando la crítica se hace crónica, sujeta a la palpitación del tiempo en la urgencia volandera de la hoja impresa» (*Ls/Fs*, 22, II, 1942, 36). Secondo Marquerie, in assenza di pregiudizi e opinioni di scuola, il critico contemporaneo affronta l'oggetto artistico da un punto di vista nobile ed elevato:

> Hoy el periodismo está libre de esas ataduras. El periodista ejerce en nuestra Patria una misión elevada a la categoría de servicio nacional, y en el orden de la crítica el Estado le ampara y protege para que pueda expresar con toda nitidez sus honrados pensamientos (*Ibidem*).

Servizio, ordine, stato, protezione: termini in cui riecheggia, neanche tanto lontanamente l'idea di Giménez Caballero dell'arte come propaganda al servizio dello stato, cui si faceva riferimento all'inizio di questo studio.

Nell'analisi dei contenuti di critica letteraria di *Legiones y Falanges*, menzione a parte meritano gli articoli che vanno sotto il nome di

«Máscaras y escenarios»: come si anticipava, possiedono la compattezza tematica e editoriale di una sezione specifica, di argomento teatrale. Si mescolano qui contributi di critici spagnoli e dell'italiano Quintilio Maio. Cronologicamente, si va dai Secoli d'Oro al panorama teatrale del dopoguerra. Si badi che qui, come altrove, non ci soffermeremo sugli articoli che hanno per argomento primario la letteratura italiana, anche se apparsi in *Legiones y Falanges*, poiché sono oggetto di analisi degli italianisti.

Cristóbal de Castro firma una appassionata *semblanza* del Zorrilla poeta e drammaturgo (*Ls/Fs*, 23, II, 1942, 38–40), la cui biografia viene ripercorsa con fervore dall'infanzia lirica, alla gioventù drammatica e alla «virilidad épica» (*Ls/Fs*, 23, II, 1942, 38): «ningún poeta español se dio tan por entero a España, Trino e Uno, como Zorrilla. Ninguno logró como él dar carne y vida, sangre y nervio a la leyenda, y aliento al movimiento de la Historia, y lanzarse a las calles de su siglo» (*Ibidem*). È un esempio, tra i tanti, di quella critica entusiasta figlia dell'epoca a cui González Ruiz opponeva l'esercizio freddo dell'informazione giornalistica.

Gregorio Sánchez Puerta y de la Piedra e Quintilio Maio sono autori di due articoli divulgativi incentrati il primo su Lope de Vega, il secondo sulle messe in scena di opere del Fénix in Italia. Sánchez Puerta y de la Piedra (?-1962), vicedirettore e docente del Real Conservatorio de Música y Declamación di Madrid, militante della Falange Española Tradicionalista de las JONS, fa parte della vecchia guardia madrilena del movimento (*ABC*, 21/10/1962, 124). Il suo contributo (*Ls/Fs*, 22, II, 1942, 30–31) si limita a rimarcare la prolificità degli scrittori dei Secoli d'Oro, in particolare di Lope, e ambisce a dare ragione del fenomeno, concludendo la garbata conversazione con il lettore con un aneddoto piuttosto che con una delucidazione. Quintilio Maio[5] firma anch'egli un articolo di taglio informativo (*Ls/Fs*, 24, II, 1942, 32–33), relativo

5 Sotto lo pseudonimo di Quintilio Maio si nasconde il giornalista, scrittore ed intellettuale Alberto de Chirico (1891–1952), fratello del pittore Giorgio, noto principalmente con il nome d'arte di Alberto Savinio. Quintilio Maio, invece, è lo pseudonimo utilizzato nelle pagine di *Oggi*, dove pubblica dal 22 luglio 1939 al 31 gennaio 1942 recensioni cinematografiche e cronache di viaggio (Savinio 1989).

alla diffusione e alle recenti rappresentazioni dell'opera del Fénix in Italia. In particolare, si fa riferimento all'allestimento di *Fuenteovejuna* da parte del teatro dell'Università di Roma, con il titolo *La fontana delle pecore*. È l'occasione per rimarcare l' interesse rinnovato dell'Italia per la Spagna dopo la guerra civile, considerata l'inizio della rinascita iberica.

Su Lope de Vega, Savinio aveva già scritto nel '38, recensendo su *Omnibus*, il settimanale diretto da Leo Longanesi, *La niña boba*, allestito dal teatro delle Arti sotto la guida di Anton Giulio Bragaglia con il reparto del Teatro Lara di Madrid, scene di Domenico Bologna, costumi di Maria Signorelli[6]. Così commentava Savinio l'inadeguatezza di quella che considera una commedia leggera rispetto alla criticità dei tempi contemporanei:

> Lope de Vega, anche più di Aristofane, anche più di Molière, anche più di Goldoni, è un cibo da *festival*. Un uccello meccanico dentro una gabbia d'oro. Per godere dei suoi gorgheggi, dei suoi trilli innocenti e spassionati, bisogna scaricarci la testa di ogni idealismo caldo, mungerci il cuore di ogni desiderio d'amore e purgarci il giorno prima (Savinio, 1982: 166).

> Quanto alla convenienza di recitare la *Niña boba* in castigliano, una tesi molto accreditata vuole che chi conosce l'italiano capisca anche lo spagnolo. Ma è una tesi sostenuta per lo più nelle pensioni di famiglia, al finire dei pasti. Noi, per colpa probabilmente della nostra intelligenza inferiore alla media, del testo castigliano di Lope de Vega non abbiamo capito un'acca (Savinio, 1982: 169).

Di una messa in scena si occupa anche il contributo a firma del poeta, giornalista e critico Manuel Díez-Crespo (1911–1993) (*Ls/Fs*, 21, II, 1942, 34–36). L'andaluso, uno degli animatori delle riviste *Mediodía* e *Isla* e collaboratore di *Arriba*, aspira ad analizzare il panorama teatrale della Spagna contemporanea. Pur dichiarando di deplorare l'eccessivo ricorso ad adattamenti di opere auree, il critico non può fare a meno di individuare nella rappresentazione dell'*auto sacramental El Pleito*

6 Sul Fénix scrivono in quegli anni, in riviste italiane, anche Mario Ferrigni, Ezio e Cesare Levi, Domenico Ciampoli, Angelo Barile, Antonio Radames Ferrarin, Corrado Pavolini, Angiolo Marcori, Carlo Boselli, Oreste Macrì (Baroni, 2012).

Matrimonial entre el alma y el cuerpo di Calderón de la Barca, adattamento del «camarada nuestro» Felipe Lluch, una delle «realizaciones de nuestro teatro contemporáneo más exactas» (*Ls/Fs*, 21, II, 1942, 36):

> Teología y poesía se unen en una dificil claridad. Ciencia y misticismo alternan en feliz gracia, conjugada sobre elementos grandiosos. Y así el pueblo, el pueblo de Madrid, escuchó el ejemplo con arrobo, y absorto en estas maravillosas cadencias y conceptos, supo captar, gracias a esta fervir [*sic*] realización, los más puros matices de ciencia y poesía.

Non stupisce la posizione di Díez-Crespo, né è nuova la predilezione per la figura di Felipe Lluch, primo direttore del Teatro Español di Madrid (1940–1941), sostenitore di una restaurazione integralista del dramma nazionale che rispondesse ai seguenti criteri: «ser español, religioso, popular, político y nacional» (García Ruiz 2010: 282). Gonzalo Torrente Ballester aveva indicato la strada in un articolo uscito su *Jerarquía* (II, 10/1937) «Razón de ser de la dramática futura», proponendo già durante il conflitto temi e direzioni per il teatro del *Nuevo Estado*:

> Un Teatro de plenitud no puede seguir nutriendo su repertorio temático de pequeños líos burgueses; se impone la vuelta a lo heroico y pedir prestados sus nombres a la épica [...] La épica nacional por sí sola puede darnos motivos suficientes para todo un ciclo teatral, como en el teatro español del siglo XVI o en los dramas históricos de Shakespeare. (Mainer, 2013: 469)

E ancor più chiaramente:

> Procuraremos hacer del Teatro de mañana la Liturgia del Imperio [...] Y no es nada nuevo este carácter litúrgico del Teatro. Piénsese en Calderón, en sus Autos y en el Corpus Christi; piénsese en la Edad Media y en sus Misterios y Moralidades. (Mainer, 2013: 471)

In conclusione, il *corpus* preso in esame in questo lavoro ha consentito di illustrare, nell'insieme e singolarmente, la presenza di articoli di critica letteraria all'interno della rivista *Legiones y Falanges*. L'analisi degli autori presenti e delle opere citate, unita alla presentazione dei profili dei critici, restituisce un panorama composito, come spesso accade per le pubblicazioni periodiche, che questo studio ha ordinato secondo criteri cronologici (rispetto agli autori e alle opere oggetto di critica) e tipologici (si pensi alla serie «Máscaras y escenarios»). All'indagine sui contributi che hanno per argomento testi classici e aurei è seguito il resoconto ragionato di quelli incentrati sui secoli XIX e XX, per poi passare alla sezione specifica di tema teatrale. Aspetto importante, cui questo lavoro ha prestato interesse, è stato il rapporto tra la scrittura critica e il potere, in un contesto di creazione continua di consenso e di necessità riferimenti culturali quale quello della *posguerra*, tra esili degli scrittori contemporanei ed epurazione dal canone di alcuni nomi del passato. Il modello militar-letterario di Giménez Caballero si è dimostrato non solo ancora vigente, ma preponderante, nelle sue variazioni che vanno dalla propaganda esplicita alla manifestazione di eccessivo entusiasmo, con efficacia maggiore per la critica militante – si pensi a Marqueríe – rispetto a quella accademica. Ancor prima che nei toni e nelle valutazioni sui singoli autori e testi, tuttavia, è nella selezione dei contenuti che si esplica il progetto culturale della rivista: assenti le recensioni di opere recenti, ottengono speciale attenzione testi e scrittori classici, anche se non mancano studi su autori e generi prediletti del romanticismo e tentativi di dare ragione del panorama letterario contemporaneo, sia narrativo che teatrale. Numero dopo numero, attraverso le successive interpretazioni dei fenomeni estetici, *Legiones y Falanges* offre al lettore una possibile configurazione culturale e ontologica del mondo e del soggetto che lo abita.

Riferimenti bibliografici

ALONSO, D. (1942) *La poesía de San Juan de la Cruz (desde esta ladera)*, Madrid, CSIC.

BARONI, G. (2012) «La ricezione della letteratura spagnola in alcune riviste italiane della prima metà del Novecento», *La traducción en las relaciones italo-españolas: lengua, literatura y cultura*, Barcelona, Universidad de Barcelona, 55–74.

BEALL, C. B. (1945) «Cristóbal de Mesa and Tasso's Rime», *Modern Language Notes*, LX, 469–472.

BERGHAUS, G. (1996) *Fascism and Theatre: Comparative Studies on the Aesthetics and Politics of Performance in Europe, 1925–1945*, Oxford, Berghahn Books.

BOTREL, J. F. (2007) «De lecturas breves, fraccionadas y periódicas», *Cultura escrita y sociedad*, 5, 19–31.

CARAVAGGI, G. (2013) «Para un repertorio de las Rimas de Cristóbal de Mesa», *Dicenda. Cuadernos de Filología Hispánica*, Vol. 31, 73–108.

CASTRO, C. de (1942) «Máscaras y escenarios. El trovador de la energía (Perfil, gloria y memoria de Zorrilla)», Ls/Fs, 25, II, 1942, 38–40.

CUNQUEIRO, A. (1943) «Los sonetos romanos», *Ls/Fs*, 26, III, 13.

DÍEZ CRESPO, M. (1942) «Máscaras y escenarios. El teatro en la España de hoy», *Ls/Fs*, 21, II, 34–36.

ENTRAMBASAGUAS, J. De (1941) «Un poeta español, amigo del Tasso y enemigo de Lope de Vega», *Ls/Fs*, 10, I, 41–42.

ENTRAMBASAGUAS, J. (1941) «La novela romántica en España», *Ls/Fs*, 13, I, 8–9.

ESCOBAR, J. (1942) «Los primeros años de San Juan de la Cruz», *Ls/Fs*, 20, II, 32–34.

ESPINA, C. (1941) «Emilia Pardo Bazán», *Ls/Fs*, 12, I.

ESPINA, C. (1942) «Rosalía de Castro», *Ls/Fs*, 25, II, 1942, 8–9.

GARCÍA DE LA CONCHA, V. (1973) *La poesía española de posguerra*, Madrid, Prensa Española.

GARCÍA RUIZ, V. (1997) «La guerra ha terminado, empieza el teatro: Notas sobre el teatro madrileño y su contexto en la inmediata posguerra (1.IV-31.XII.1939)», *Anales de la literatura española contemporánea*, *ALEC*, Vol. 22, 3, 511–534.

GARCÍA RUIZ, V. (2010) *Teatro y fascismo en España. El itinerario de Felipe Lluch*, Madrid-Frankfurt am Main, Iberoamericana-Vervuert.

GIMÉNEZ CABALLERO, E. (2009) *Arte y Estado*, Madrid, Biblioteca Nueva.

GONZÁLEZ PALENCIA, A. (1942) «Los orígenes de la poesía romance», *Ls/Fs*, 18, II, 6–7.

GONZÁLEZ RUIZ, N. (1942) «Juan Boscán, importador de ideas poéticas», *Ls/Fs*, 21, II, 28–29.

GONZÁLEZ RUIZ, N. (1941) «Función social de la crítica», *Escorial*, V/13, 11, 274–284.

HUERTA CALVO, J. (2011) «Clásicos cara al sol», *En torno al teatro del siglo de Oro. In Memoriam Ricard Salvat, Actas de las jornadas XXIV y XXV*, Instituto de Estudios Almerienses y Diputación de Almería, 219–236.

LACARRA, M. E. (1980) «La utilización del Cid de Menéndez Pidal en la ideología militar franquista», *Ideologies and Literature*, III-12, 95–127.

MAINER, J. C. (2013) *Falange y Literatura*, Barcelona, RBA.

MAIO, Q. (1942) «Lope de Vega. Teatro español en Italia», *Ls/Fs*, 24, II, 1942.

MARÍN, M., DE LA PUENTE, C., RODRÍGUEZ MEDIANO, F., PÉREZ ALCALDE, J. I. (2009) *Los epistolarios de Julián Ribera Tarragó y Miguel Asín Palacio: introducción, catálogo e índices*, Madrid, CSIC.

MARQUERÍE, A. (1942) *Desde la silla eléctrica*, Madrid, Editora Nacional.

MARQUERÍE (1942) «De ayer a hoy. Panorama de la novela española», *Ls/Fs*, XVII, 3/1942, 26–27.

MARQUERÍE (1942) «La crítica ayer y hoy», *Ls/Fs*, XXII, 8/1942, 36.

MARQUERÍE (1959) *Veinte años de teatro en España*, Madrid, Editora Nacional.

MARQUINA, E. (1943) «Discurso de las armas y las letras», *Fiesta de las letras 1942*, Asociación de la Prensa de Barcelona, Barcelona, 9–18.

MESA, C. de (1991) *Rimas*, a cura di Senabre R., Badajoz, Universidad de Badajoz.

OLONDRIZ, F. J. (1942) «Virgilio cantor de soldados», *Ls/Fs*, 22, II, 1942, 12–13.

RODRÍGUEZ PUÉRTOLAS, J. (2008) *Historia de la literatura fascista española*, Madrid, Akal.

SÁNCHEZ PUERTA Y DE LA PIEDRA, G. (1942) «Máscaras y escenarios. La fecundidad de los dramaturgos de la Edad de Oro», *Ls/Fs*, 22, II, 30–31.

SAVINIO, A. (1982) «La niña boba», *Palchetti romani*, Milano, Adephi, 166–169.

SAVINIO, A. (1989) *Opere. Scritti dispersi tra guerra e dopoguerra (1943–1952)*, a cura di Sciascia L. e de Maria F., Milano, Bompiani.

SCHWARTZ, K. (1966) «A Falangist View of Golden Age Literature», *Hispania*, vol. 49, 2, 206–210.

TORRENTE BALLESTER, G. (1937) «Razón de ser de la dramática futura», *Jerarquía* II, 10/1937 citato in Mainer (2013), 468–474.

WAHNÓN, S. (1998) *La estética literaria de la posguerra. Del fascismo a la vanguardia*, Amsterdam, Rodopi.

Una pagina inedita di interventismo culturale: gli articoli letterari di *Legioni e Falangi*

DOMENICA PERRONE
Università di Palermo

La lectura de «Legioni e Falangi» permite ampliar la visión sobre la realidad intelectual de los años de la guerra y componer un marco más detallado de las distintas propuestas culturales nacidas dentro del fascismo. El ensayo ofrece una comparación con la revista «Primato. Lettere ed Arti d'Italia» dirigida por Bottai, cuyo primer número sale el 1 de marzo de 1940. La revista mensual italo-española se opone a aquella publicación elitista que se concentra esencialmente en una perspectiva artística, literaria y filosófica. De ahí que en Legioni e Falangi aparezcan en menor medida textos de escritores e intelectuales de relieve. La página literaria nace a menudo de distintas sugestiones como por ejemplo en autores como Nino Ruggeri, una de las firmas más presentes, que se hace portavoz de las intenciones de la revista. A su lado, las firmas de escritores y periodistas como Orio Vergani, de periodistas filólogos como Francesco Piccolo, autores de sugestivos reportajes. Además, se destacan la aportación de Salvatore Battaglia, filólogo románico, sobre el Poema de mío Cid y la contribución sugestiva de Ercole Patti.

L'uno marzo 1940 usciva il primo numero della rivista quindicinale di "Lettere ed Arti d'Italia", *Primato*, diretta da Giuseppe Bottai allora Ministro dell'Educazione Nazionale. I venti della seconda guerra mondiale agitavano l'Europa. I tedeschi che avevano conquistato con una guerra lampo la Polonia (settembre 1939) si apprestavano a condurre con altrettanto successo operazioni militari, nell'arco di pochi mesi, in vari punti dello scacchiere europeo: in Danimarca e Norvegia (aprile 1940) e in Francia (maggio 1940).

Il gerarca fascista, che nella quasi ventennale direzione di *Critica fascista* aveva mirato soprattutto a identificare Stato e fascismo e puntato alla formazione di una nuova classe dirigente, si accingeva, di fronte alla sopravvenuta emergenza bellica, a «rendere concreto ed efficace il rapporto tra arte e politica, tra arte e vita» (*Primato*, 1, I, 1940).

La scelta dell'editore (Mondadori) e la grossa tiratura (diecimila copie circa) erano un segno evidente dell' ambizioso programma della rivista.

Nell'editoriale intitolato «Il coraggio della concordia» la chiamata «a raccolta [delle] forze vive della cultura italiana muoveva dalla consapevolezza dello squilibrio vissuto dall'Europa: «nelle ore tutt'ombre e luci violente della storia», l'Italia avrebbe dovuto riaffermare il proprio ruolo di «tutrice e custode della civiltà e della cultura», il proprio «primato spirituale».

A distanza di tre mesi, il 10 giugno, Mussolini, alla luce dei recenti successi di Hitler in Francia, superava le remore manifestate allo scoppio della guerra e interveniva a fianco della Germania.

Il primo giugno, Bottai nell'articolo, «Interventismo della cultura», presagendo l'imminente entrata in guerra, e sostenendo che quella che si stava combattendo era diversa e avrebbe creato un «ordine nuovo» aveva ribadito l'esigenza di una cultura attiva che 'intervenisse' appunto interpretando gli eventi e guidandoli.[1]

La chiamata di *Primato* non restò inascoltata, molti letterati risposero alla mobilitazione culturale animando alcuni momenti di dibattito che si aprirono nella rivista. Essa ospitò scrittori, filosofi e artisti che sarebbero diventati ben presto protagonisti della cultura antifascista.

A distanza di otto mesi dalla mobilitazione culturale avviata da *Primato*, il 28 ottobre, data di forte valore simbolico (ovvero dell'anniversario della marcia su Roma), partiva, pubblicata dall'editore Garzanti, la rivista «di movimento», in doppia edizione italo-spagnola, *Legioni e Falangi*, che, scrivendo una pagina di interventismo culturale rimasta per molto tempo poco nota, accompagnava anch'essa l'avventura bellica.

---

1 Per una ricognizione attenta delle riviste negli anni del fascismo si legga Luisa Mangoni, (1974). Sugli anni che vanno dalla guerra di Etiopia alla seconda guerra mondiale e in particolare sugli anni di *Primato* si vedano le pagine 333–337.

Il taglio e il programma erano diversi, ma la importante sede editoriale manifestava un impegno e un investimento altrettanto significativi. Se il quindicinale di Bottai cercava di riunire le migliori energie intellettuali del paese, questa perseguiva invece il progetto di affiancare Italia e Spagna, sulla base di interessi comuni. L'editoriale, intitolato significativamente «Italia Spagna» e firmato dai due direttori Giuseppe Lombrassa e Agustín De Foxá, pone così, nel momento in cui si stava costruendo «un nuovo ordine europeo», su un terreno concreto le affinità dei due paesi. In tal senso, anche il ricordo della guerra civile spagnola, del sangue versato per essa da entrambi i popoli, viene ricondotto alle concomitanti necessità nazionali:

> Anche la solidarietà di sangue italo-spagnola, in quella tremenda e gloriosa prova che è stata la guerra di Spagna, più che essere la causa di una rinnovata intesa spirituale, più che essere un motivo per volerci bene, è la dimostrazione che le nostre necessità nazionali sono talmente concomitanti che nel momento del bisogno i due popoli debbono per forza affiancarsi e marciare sino in fondo.

L'asciuttezza dell'editoriale tuttavia è bilanciata subito, nella pagina successiva, dall'accento retorico del saluto rivolto alla rivista, nell'articolo *Fascismo e Falangismo*, da Ettore Muti, un fascista della prima ora, movimentista e squadrista che fu anche segretario del Partito Nazionale dall'ottobre del 1939 al 28 ottobre 1940. E, proprio il giorno delle dimissioni da tale carica mal sopportata dalla sua indole, egli rivolge l'augurio che «con la collaborazione intellettuale fra i giovani dei due paesi, si approfondisca e si estenda sempre di più la reciproca conoscenza dei due Movimenti: il Fascismo e il Falangismo». Inoltre, definisce la Falange «milizia mistica» e, riferendosi alla Spagna, all'Italia e alla Germania, parla di «tre rivoluzioni» che non sono finite e «si realizzano in un perenne attivismo per il migliore divenire, sulla via del benessere e della potenza» (*L/F*, 1, I, 1940, 4).

Va osservato inoltre che gli articoli vengono completati, ogni volta, dal contributo notevolmente incisivo del materiale fotografico. Ad accompagnare, per esempio, il breve scritto programmatico, *Italia e Spagna*, c'è una fotografia eloquente che occupa metà della pagina con l'immagine di una «vedetta militare sul mediterraneo» alludendo così al ruolo di guardia assolto da entrambi i paesi nella geografia politica europea. All'intento eminentemente propagandistico di comprovare i rapporti italo-spagnoli assolve invece la foto, con tanto di didascalia abbinata all'omaggio di Muti, che mostra il futuro Ministro degli esteri spagnolo Serrano Suñer a Roma con la chiosa: «Inviato dal Caudillo in Germania e in Italia ha portato al Duce i voti, la volontà, la fede della Spagna risorta. Egli ha interpretato il pensiero del suo Capo e della Rivoluzione Falangista: essere decisamente con gli amici, di ieri, di oggi, di domani, contro i nemici di sempre» (*L/F*, 1, I, 1940, 4).

La presenza costante di illustrazioni fotografiche corrisponde all'esigenza editoriale di integrare e rafforzare la capacità comunicativa del mensile con un accorto ricorso al linguaggio visivo che attinge prevalentemente al repertorio dell'attualità politica e degli eventi storici recenti.

Una scelta, questa, che rende immediatamente palpabile il diverso orizzonte in cui si muovono le due riviste coeve. Bottai, infatti, coerentemente con l'obiettivo di mobilitare, sul terreno privilegiato delle lettere e delle arti, le migliori energie intellettuali del paese, coinvolgeva anche gli artisti contemporanei nella riscossa culturale promossa da *Primato* facendo entrare a pieno titolo le loro opere, a partire dalla copertina, nella impaginazione del quindicinale e nel concreto articolarsi dei suoi contenuti.

E proprio sul quindicinale di Bottai, nel numero 9, dell'1 luglio 1940 (è interessante ricordarlo) Lombrassa pubblicava un «Diario spagnolo» che, manifestando il suo legame con la Spagna cementato dalla diretta partecipazione alla guerra civile, ci appare come un annuncio dell'imminente uscita di *Legioni e Falangi*.

A distanza di tre mesi, il giornalista e attivista fascista avrebbe varato, appunto, con de Foxá, la rivista mensile precisando, come si è visto, insieme a lui lo spirito con cui si sarebbero avviati a dirigerla.

Alla loro presentazione, che veniva integrata dagli interventi immediatamente successivi, si aggiungeva infine, sempre nel primo numero, un articolo di taglio politico a firma di Giovanni Ansaldo,[2] «Perché

2 Giornalista di fama, Ansaldo, che nell'articolo sposa la causa della rivalsa dell'Italia e della Spagna contro l'Inghilterra puritana e plutocratica, è una delle firme più assidue di *Legioni e Falangi*.

stiamo insieme», che, illustrando la cerimonia della consegna del Collare dell'Annunziata da parte di De Bono a Franco, spiega le ragioni dello stare insieme tornando a porre l'accento sui «cento cimiteri sparsi per la Spagna [...] in cui i morti italiani e i morti spagnoli dormono il sonno eterno»: su di essi si fonda «la certezza assoluta che mai come in quest'ora, Italia e Spagna sono legate da uno stesso destino di decadenza o di rinascita, di miseria o di grandezza imperiale» (*L/F*, 1, I, 1940, 12).

A dare consistenza visiva all'evento c'è poi una foto che mostra il Maresciallo De Bono mentre allaccia, quasi un abbraccio, il Collare al Caudillo.

Da questi scritti introduttivi si coglie con immediatezza la nota distintiva del mensile costituita dal *leit-motiv* della guerra civile, vero e proprio coagulante di una memoria comune che cerca, come si esplicita nell'editoriale, «nel momento del bisogno», ovvero, nel momento dell'estendersi del conflitto mondiale, riattivare il ricordo delle tappe "eroiche" del fascismo e riaccendere di entusiasmo gli animi dei lettori.

Un programma, questo, che rivela la dicotomia, la lacerazione, che rispetto a tali eventi visse tutta una generazione cresciuta e formatasi negli anni del regime. Poiché, su un altro versante, vi furono quelli che, dopo aver creduto nello spirito rivoluzionario del movimento, ebbero proprio nella guerra civile, il primo ravvedimento, la prima lezione di antifascismo. Su questo punto, all'indomani della guerra, si pronuncerà con decisione, sul primo numero del *Politecnico*, Elio Vittorini,[3] con un articolo memorabile intitolato «Il popolo spagnolo attende la libertà»:

3 Cosa che è poi testimoniata anche dalla stesura di *Conversazione in Sicilia* proprio a ridosso di quei fatti. Nel numero 9 del luglio-agosto 1954, della rivista *Nuovi Argomenti* più tardi lo scrittore così avrebbe spiegato l'abbandono della storia di *Erica e i suoi fratelli* e l'inizio del nuovo romanzo: «Un grosso evento pubblico può distrarmi, purtroppo, e provocare un mutamento di interessi nel mio lavoro come né più né meno una mia sventura (o ventura) personale. Così lo scoppio della guerra di Spagna, nel luglio del 1936, mi rese d'un tratto indifferente agli sviluppi della storia cui avevo lavorato un paio d'ore ogni sera (e senza mai incertezze) per sei mesi di fila».

> La guerra civile di Spagna ha una grande importanza nella storia italiana. Tutta la gioventù italiana era senza contatto, prima del luglio '36, con il mondo della democrazia progressiva [...] La gioventù italiana giunse al punto di fabbricarsi delle illusioni sul fascismo. Si fabbricò l'illusione che il fascismo poetesse a poco a poco trasformarsi "in una specie di collettivismo"; e anche lavorò per questa illusione non perdendola, una parte, che alle soglie della guerra d'Etiopia, e il resto, la maggior parte, con la guerra civile di Spagna. Questo fu scuola per la massa di noi: la guerra civile di Spagna, stessa versione fascista della guerra civile di Spagna, quanto i giornali fascisti scrivevano della guerra civile di Spagna, e quanto si poteva afferrare tendendo l'udito di dentro alla cuffia di un apparecchio a galena, verso le prime voci non fasciste che finalmente giungessero fino a noi (*Il politecnico,* 1, I, 1945, 1)

A fronte di questa storia più nota, ricostruita a posteriori da un protagonista esemplare come l'autore di *Conversazione in Sicilia*, la lettura di *Legioni e Falangi* consente pertanto di acquisire un più ampio spettro della realtà intellettuale degli anni della guerra e di comporre un quadro più articolato delle forze messe in campo.

Liberi ormai dalle ipoteche ideologiche responsabili di molte rimozioni, possiamo gettare uno sguardo senza remore sulle diverse proposte culturali sorte in seno al fascismo.

Quella della rivista di movimento ideata da Lombrassa e Foxà puntava a rinsaldare i legami tra due nazioni amiche[4] e a rafforzare il consenso all'azione politica del Duce e del Caudillo mentre si stavano verificando sommovimenti storici gravidi di conseguenze. Una tale marca riservava agli apporti letterari uno spazio di supporto al progetto generale. Il mensile italo-spagnolo, in tal senso, fa da contraltare, da contrappeso, alla proposta elitaria del quindicinale di Bottai che si concentrava eminentemente su una prospettiva artistica, letteraria e filosofica.

Da ciò derivava una presenza ridotta, nel mensile, della collaborazione di scrittori e intellettuali rilevanti. La pagina letteraria veniva fuori spesso dall'intreccio di istanze diverse come accade, per esempio, in alcuni scritti di Nino Ruggeri, una delle firme più assidue della rivista di cui (in assenza di altre notizie su di lui) si intende approfondire la fisionomia

4 E non solo. Pare che il progetto di collaborazione culturale aspirasse, nell'ultimo periodo, a realizzare una tripla edizione che coinvolgesse anche la Germania.

in una tappa successiva della ricerca avviata, che qui si propone di fornire gli esiti più significativi emersi da un primo giro d'orizzonte.

Ruggeri è presente, sin dal numero iniziale, con una prosa dedicata alla rievocazione dell'adunata di piazza San Sepolcro a Milano del 23 marzo 1919.

Si tratta di un racconto-memoria degli eroici inizi del fascismo narrato attraverso l'espediente di un punto di vista estraneo. L'autore immagina che a guardare e a giudicare quegli eventi sia un borghese benpensante che, il giorno dopo di tali avvenimenti, compra insospettatamente, lui fedele lettore del *Corriere della sera*, il quotidiano diretto da Mussolini, il *Popolo d'Italia*. Ruggeri ricorre abilmente alla tecnica dello straniamento. Per far risaltare l'assoluta novità degli eventi narrati egli fa reagire in modo inedito il personaggio, gli fa infrangere, in altri termini, lo schema delle proprie abitudini mostrandolo in qualche modo affascinato da quell'atmosfera: la lettura del giornale mussoliniano gli schiude una realtà impensata, gli permette di riconoscere i protagonisti «spavaldi e sanguigni» di una battaglia che uomini come lui non hanno saputo combattere:

> Respirò subito un'aria sovversiva (per lui chiunque volesse mutare lo *status quo* era un sovversivo); ma un sovversivismo di guerra, pieno di fuoco patrio che faceva ribollire anche il suo sangue ormai sclerotizzato [...] La lettura proseguiva e cominciò a insinuare una punta di rimorso nell'animo di quell'uomo pacifico. Mentre lui e i suoi amici erano rassegnati all'inevitabile, la repubblica dei sovieti in Italia, quei pochi parlavano di scavare le trincee nelle piazze. Avevano quello che a lui era sempre mancato: il "coraggio civile" (*L/F*, 1, I, 1940, 8)

La prosa è un concentrato di espedienti retorici: vi troviamo opportunamente collocate frasi esclamative, accentuazioni aggettivali, affermazioni enfatiche, amplificazioni volte a esaltare il contrasto tra vecchio e nuovo, tra coraggio e infingardaggine, tra vigore e fiacchezza:

> Che anno questo 1919 e che mesi questi primi mesi! Un mondo che scompariva e uno che sorgeva, ma si capiva subito che nasceva sul vecchio e sul marcio [...] Una folla di arditi, di marinai, di soldati si era cacciata nella sterttoia di *Via Paolo da Cannobio* per acclamare Mussolini e un caporal maggiore dei mitraglieri aveva arringato i commilitoni. Che senso di sovvertimento gli davano questi caporal maggiori che tenevano comizio! (*Ibidem*)

La penna di Ruggeri è fra quelle che meglio interpretano lo spirito della rivista. Anche gli scritti dedicati a protagonisti della scena letteraria da lui firmati sono in perfetta consonanza con la linea propagandistica del mensile, come la recensione alle *Lettere di D'Annunzio a Mussolini*, pubblicate da Mondadori nel 1941. L'articolo, intitolato «Lettere al Grande Compagno», è tutto giocato sul parallelismo delle due 'eccezionali' figure e riduce alla dimensione politica il confronto dando una visione unilaterale della personalità del poeta. La pubblicazione dell'epistolario diviene il pretesto per ripercorrere tappe eroiche quale quella del gesto di Ronchi, del 12 settembre 1919, compiuto da D'Annunzio, quella storica della marcia su Roma del '22 e quella del patto del mare del luglio 1923, che vide ancora una volta protagonista il vate nella composizione del conflitto tra armatori e lavoratori del mare. La grandezza del poeta serve innanzitutto a far risaltare, attraverso metafore e similitudini ridondanti, la incommensurabile grandezza del Duce. Se la «fronte eburnea» del poeta, operosa nei silenzi notturni del Vittoriale, evoca la luce lunare, la «fronte bronzea» di Mussolini dominante sulle folli evoca la potenza della luce solare:

> Le vite di D'Annunzio e Mussolini si svolgono per lungo tratto parallele, finché si avverte che l'intervallo di una generazione le divide. L'astro del Poeta sembra impallidire non per l'attenuarsi della sua luce, ma per il rafforzarsi dello splendore dell'altro astro. La fronte eburnea di D'Annunzio, che lavora nel silenzio notturno della sua "officina", curvo sulle carte, evoca gli albori lunari sui lauri del Vittoriale. La fronte bronzea di Mussolini, eretta a dominare le folle, evoca invece il più potente sole che abbia incendiato la Rocca delle Caminate (*L/F*, 1, II, 1941, 7).

Così la lettura di Ruggeri, nel ripercorrere, attraverso l'epistolario, le tappe di un'amicizia speciale, isola a bella posta le pagine in cui lo "scrivano nazionale" (tale si autodefinisce D'Annunzio) consacra il Duce e il suo mito.

Di tutt'altro calibro è invece l'intervento di Salvatore Battaglia pubblicato nell'agosto del 1941, «Il vero e il magico nel poema». Il poema è naturalmente il *Poema de mio Cid*, di cui il filologo romanzo stava già probabilmente intraprendendo la traduzione che avrebbe pubblicato in un'edizione curata e commentata da lui stesso, due anni dopo, per i tipi di Cremonese (Roma 1943).

La statura intellettuale dello studioso e la sua apertura culturale, fondate su un'educazione intimamente liberale, apportano un respiro e uno spessore nuovi alla rivista. Battaglia era noto per aver redatto, tra il 1930 e il 1937, numerose voci dell'Enciclopedia Italiana sulle letterature romanze e in particolare su quella ispanica cui peraltro aveva dedicato due saggi considerevoli sul *Libro de Buen Amor*, pubblicati, nel 1930 e nel 1931, sulla *Cultura* di De Lollis (AA.VV, 1993: 274–275).

Il contributo di Battaglia portava sul più solido terreno degli studi critici e del rigoroso esercizio intellettuale i propositi di cooperazione di *Legioni e Falangi*.

Il saggio che vede la luce per la prima volta sul mensile diretto da Lombrassa e de Foxá sarà utilizzato pressocché integralmente, con leggeri ritocchi, come introduzione dell'importante edizione del '43. Lo studioso romanzo prende le mosse dalle poderose ricerche di Ramón Menéndez Pidal (al cui magistero egli dedicherà poi il volume):

> In virtù d'una lunga e sicura tradizione, e, soprattutto, per le ricerche e le conclusioni d'un geniale Maestro, don Ramón Menéndez Pidal, siamo in grado di ravvisare in tutte le figure del Poema le precise fattezze storiche, e di riconoscere negli avvenimenti in cui esse agiscono e soffrono e gioiscono, la fedele riproduzione di altrettanti episodi di cronaca. (*L/F*, 10, I, 1941, 35)

Nel metodo del fondatore del Centro de los estudios históricos e della *Revista de filología española* Battaglia trovava i punti d'appoggio per dare fondamento a quella che sarà la sua inesausta investigazione del realismo letterario, uno dei nodi a lui cari che conraddistinguerà la sua ricca e varia produzione critica. Egli sviluppa, in tal modo, la sua puntuale lettura del Cid e cerca di mostrare come il «il fondamentale realismo», che si può riconoscere sulla scorta dei «documenti della storia e della geografia» rintracciati dallo studioso spagnolo, «si tramuta nella viva rappresentazione e si dissolve nelle immagini di una sensibilità umana e lirica»:

> ...rimane come segno distintivo un tono realistico che non si limita alla generale impostazione del Poema, ma si estende e penetra in ogni particolare, in ciascuna immagine, in tutti i pori attraverso cui traspira questa vigorosa sensibilità. Ne deriva al Poema, nella struttura complessiva e nei singoli momenti una concretezza

> ferma e salda, che mai si dimentica e mai indulge alla pur facile retorica dell'idealizzazione (*Ibidem*).

Il saggio, nel mettere in luce che «la poesia del Poema si rivela più nelle ragioni umane e realistiche, anziché nei valori ideali e nazionali» enuncia, pertanto, a riflettere bene, una visione che contiene sotterranei anticorpi alla proposta retorica e propagandistica della rivista che lo ospita.

Al filone dal forte profilo intellettuale inaugurato dalla collaborazione di Battaglia va annessa quella di Francesco Piccolo, anche lui filologo romanzo[5] che aveva dedicato ad alcune opere della letteratura iberica un volume, *Spagna mistica*, edito nel 1938 da Vallecchi. E da questa sua fisionomia di studioso derivano i due «Itinerari di Spagna» pubblicati su *Legioni e Falangi*, nel 1942, rispettivamente nel numero 5 e nel numero 8. Si tratta di viaggi soprattutto letterari: uno suscitato dalla lettura del volume *Italia Spagna* promosso dall'Istituto Nazionale per le relazioni con l'estero, l'altro da un viaggio reale effettuato nei luoghi che furono teatro delle gesta del Campeador[6]. In tutti e due i casi lo spunto iniziale si trasforma però in occasione per rivivere alcune tappe significative della cultura spagnola e in particolare le emozioni prodotte dalla scoperta del *Cid*:

> La nostra scoperta del "Poema del Cid" [...] fu uno dei più dilettosi viaggi che compimmo in terra di cristiani e di mori, in compagnia del primo eroe medievale che ci rivelasse nei versi del poeta la sua malinconia cristiana, la sua umanità moderna (*L/F*, 5, II, 1942, 8).

Non può sfuggire peraltro come i saggi di Battaglia e di Piccolo apportino alla rivista, attraverso la disciplina intellettuale e l'esercizio filologico, un più fondato e duraturo contributo alla storicizzazione

5 Piccolo, partito dal giornalismo (aveva fondato nel 1922 il settimanale *Il popolo di capitanata*), fu libero docente di Filologia romanza a San Paolo del Brasile fino al '36. Negli anni quaranta infine tenne la Cattedra di questa disciplina all'Università di Messina e Roma.

6 Quello del Cid è un motivo ricorrente nella rivista. Al *Cantare* dedicava un articolo pure Giulio Bertoni nel numero di agosto 1941.

della cultura e della società spagnole e indichino una direzione meno legata alla contingenza della politica.

Un superamento dello stretto orizzonte politico appare pure il racconto memorialistico di Ercole Patti, «Stampa catanese del 1918» (pubblicato il primo marzo del 1942) in cui troviamo la conferma che le città «sono (con modalità diverse) la principale fonte d'ispirazione» della narrativa dello scrittore, ovvero sono «poli spaziali che si fanno "luoghi dell'anima"» (Musarra, 2000: 383). La prosa esula dalle tematiche predominanti della rivista, ma vi rientra per lo spaccato che dà di una città mediterranea sorpresa in una mattinata d'estate:

> MATTINATA d'estate a Catania. Imbocco via Umberto alle dieci del mattino come tanti anni fa, quando andavo ai bagni alla Plaja. Odore di verdure fresche, carrettini carichi di lattughe fermi in mezzo alle strade, sulle strade sconnesse di lava scura entro cui scorrono le strette rotaie del tram. I vecchi tram di Catania scricchiolanti e un po' sconquassati. E l'aria spalancata, leggera come ad Alessandria d'Egitto (*L/F*, 5, II, 42, 18).

Tornato a Catania d'estate, lo scrittore sente immediatamente schiudersi il ricordo della città della sua infanzia e adolescenza. Affiorano alla memoria un'infinita varietà di «odori indimenticabili». L'odore della frittatina «da mangiare dopo il bagno», «l'odore forte delle concerie misto al sudore del cavallo sui finimenti di cuoio», l'odore «di mare stagnante, di pesce secco, di catrame, di orina di cavallo sulle lastre» riportano proustianamente in vita il passato.

Ma è l'odore dei «fiori rampicanti bianchi» della vecchia casa che lo aiuta a ritrovare il ricordo di un anno: «un odore di latte, di mandorla amara, misto e lontanissimo. Mi giunge alle nari direttamente dal 1918».

Tale riferimento alla stagione di scioperi studenteschi, che sembra alludere e preludere ai più famosi eventi dell'anno successivo (cui Ruggeri, come si è visto, dedicava, nel numero 1, un racconto), non compromette tuttavia il libero fluire di un'ispirazione autentica che si manifesta con accenti veritieri.

Patti, che aveva esercitato il proprio sguardo (negli elzeviri pubblicati sulla *Gazzetta del popolo* e poi raccolti nel volume *Quartieri alti*) sugli "aspetti della vita moderna"[7] e sull'osservazione della borghesia romana, rivede, ripensa, la sua città con occhi insieme affettuosi e disincantati. Perciò dall'apertura sensoriale del racconto si passa al rilevamento di elementi coscienziali e di comportamenti sociali che esitano, da un lato, atmosfere dolorose e, dall'altro, caricature di stampo espressionistico:

> Disperata adolescenza che mi ritorna su vivissima con uno strazio sottile facendomi quasi tremare le gambe, con un senso di leggera vertigine [...] Anni lontani di disperazione infantile, di voglia di fuggire di morire anche, pur di non andare a scuola. Il grido collettivo dei convittori che iniziano bruscamente la ricreazione al suono di una campanella mi è rimasto fitto nell'anima con un senso di strazio immenso. Mi dava quasi lo svenimento. Le medie, i registri, gli esami. E il mare. Il malinconico mare di Guardia-Ognina. (*L/F*, 5, II, 42, 19)

In questo modo lo scrittore catanese esibisce ai lettori italo-spagnoli un luogo dell'anima fuori dagli stereotipi: il mare di Catania è «malinconico», l'acqua è «tenebrosa e immota», i bagnanti rivelano il grigiore delle abitudini, l'angustia dei comportamenti borghesi:

> Una volta in acqua le signore rimanevano attaccate alla corda con le labbra serrate, i capelli turriti e asciutti con un atteggiamento di condannate [...] Certi professionisti poco fidandosi della promiscuità della vasca comune preferivano fare il bagno con i famigliari in maniera ancora più privata e segreta e prendevano i cosiddetti "camerini sott'acqua" [...] Era come fare il bagno in una cassa d'imballaggio. Si scendevano i gradini viscidi nel buio umido come se fosse in cantina. Ad un tratto sopra il piano di un gradino si sentiva l'acqua fredda ed improvvisa sotto la pianta del piede. Un'acqua tenebrosa e immota che dava un senso di inquietudine ad entrarci dentro [...] Attraverso le connessure delle tavole filtravano striscioline di sole che riuscivano ad illuminare appena appena l'ambiente. Intere famiglie di funzionari si calavano in questa specie di cassoni, in una luce verdolina e incerta da fognatura, con carni bianchissime. (*L/F*, 5, II, 1.3.42, 20)

Un'ambientazione siffatta presenta la dimensione di una Catania mediterranea non convenzionale che a volte evoca frammenti d'Europa. Lo

---

7 Con questo titolo uscivano sulla *Gazzetta del popolo.*

scrittore, dopo averla paragonata ad Alessandria d'Egitto e avere accostato i chioschi liberty di Villa Bellini ai chioschi di Parigi, restituisce infine efficacemente le pieghe inquietanti di un habitat sociale e di un momento storico sconvolgente.

Tutto un altro discorso meriterebbe, infine, la collaborazione assidua di Orio Vergani che, unendo le doti del giornalista con quelle dello scrittore, offre, nei modi di un diarismo evocativo, il racconto di eventi storici direttamente esperiti. Nell'intreccio di autobiografia e invenzione egli consegna a *Legioni e Falangi* una lettura della Spagna non stereotipata, ricca di risonanze interiori. Ma per lui si rinvia all'approfondimento dedicato, in questo volume, al suo notevole e personale apporto.

Riferimenti bibliografici

AA.VV. (1989) *Ercole Patti*, Catania, Maimone.

AA.VV. (1993) *Per Salvatore Battaglia* (1904–1971), 1993, Napoli, Liguori Editore.

BATTAGLIA, S. (a cura di) (1943) *Poema de mio Cid,* Roma, Cremonese.

LUPO, G. (a cura di) (2006) *Il secolo dei Manifesti. Programmi delle riviste del Novecento*, Torino, Nino Aragno Editore.

MANGONI, L. (1974) *Interventismo della cultura. Intellettuali e riviste del fascismo*, Bari, Laterza.

MARINO, G. C. (1983) *L'autarchia della cultura. Intellettuali e fascismo negli anni trenta*, Roma, Editori Riuniti.

MUSARRA, F. (2000) «Ercole Patti: il vortice della vita nel doppio della memoria». *Storia della Sicilia.Pensiero e cultura letteraria dell'Ottocento e del Novecento*, Roma, Editalia-Domenico Sanfilippo Editore.

PERRONE, D. (2012) «Vittorini e la Spagna», *In un mare d'inchiostro*, Acireale-Roma, Bonanno Editore.

TEDESCO, N. (1993) «Testimonianze», *Per Salvatore Battaglia* (1904–1971); (2009) «Approccio al paradigma esistenziale ed intellettuale di Salvatore Battaglia», *L'occhio e la memoria. Interventi sulla letteratura italiana*, Acireale-Roma, Bonanno Editore.

VARVARO, A. (1993) «Gli studi di Filologia Romanza», *Per Salvatore Battaglia* (1904–1971).

Escritores valencianos y referencias a Valencia en *Legiones y Falanges*

ROGELIO RODRÍGUEZ PELLICER
Universitat de València

Intellettuali della Comunidad Valenciana come José Martínez Ruiz (Azorín), Samuel Ros Pardo e Juan Beneyto Pérez collaborarono con questa pubblicazione periodica di ispirazione falangista con testi di creazione letteraria e di carattere ideologico. Il saggio coglie, nelle due edizioni della rivista, tra i riferimenti patriottici alla guerra che si propagava nel mondo in quel momento, allusioni a Valencia, alla sua storia, alle sue usanze e alle sue feste.

1. Introducción

Al revisar *Legiones y Falanges*, revista falangista de los años cuarenta, desde una perspectiva actual, nos sorprende la presencia en sus páginas de escritores españoles de reconocida fama pero sobre todo nos llama la atención la inclusión de varios autores valencianos; nos preguntamos quiénes eran esos escritores y qué hacían en una revista como la que nos ocupa.[1] Como punto de partida, sabemos que eran valencianos —Samuel Ros incluso tiene dedicada una calle en Valencia— pero intentaremos averiguar los motivos de su colaboración.

Los personajes que nos interesan no son solo escritores (Azorín y Ros), también encontramos un jurista con inquietudes culturales, Juan

1 Hay que indicar que los autores valencianos que son objeto de nuestro estudio también colaboran con otras revistas falangistas, como *Vértice* y *Destino*.

Beneyto. Y son valencianos al pertenecer los tres a diversas provincias de la Comunidad Valenciana.

Por otra parte, al adentrarnos en la revista, nos damos cuenta de que en sus páginas, a pesar del contexto bélico mundial, hay varias referencias a Valencia —a su historia, a sus costumbres, a sus fiestas— y pensamos que es conveniente reseñarlas.

2. La revista Legiones y Falanges

Legiones y Falanges, Revista de Italia y de España,[2] se inscribe, junto con otras revistas culturales o doctrinales de la época, en un mundo cultural específico: «[…] *toda* la prensa y las publicaciones periódicas estaban sujetas a las normas del Estado fascista, y que en periódicos y revistas campeaba la identificación más completa con el Régimen» (Rodríguez Puértolas, 2008: 472).

La publicación, «curioso caso de colaboración fascista italoespañola» (Rodríguez Puértolas) (2008: 474), constaba de dos ediciones: la edición italiana, que se editada mensualmente en Roma y estuvo dirigida por Giuseppe Lombrassa y la edición española, que salía de los talleres de la Delegación de Prensa y Propaganda, y al frente de la cual se encontraba Agustín de Foxá;[3] en nuestro país salieron a la venta un total

---

2 Subtítulo de la publicación. Por otra parte y salvando las distancias, recordaremos que hay muchos ejemplos de la colaboración periodística entre España e Italia. Así, la revista automovilística *Cuatroruedas* era la «edición española» de *Quattroruote*, publicación que se realizaba en Milán y cuyo primer número salió a la venta en Italia el 1 de febrero de 1956 y en España el 1 de septiembre de 1963. Y no olvidemos que el automóvil utilitario español más conocido, el Seat 600, era en realidad un Fiat 600.

3 «Agustín de Foxá (1906–1959), conde de Foxá y marqués de Armendáriz, […] era un aristócrata madrileño, íntimo también de José Antonio Primo y diplomático desde 1933, con destinos en Rumanía y Bulgaria. Era monárquico […]; luego, más por amistad con Primo que por otra cosa, se acercó a Falange» (Mainer, 2013: 257).

de treinta y un números, desde noviembre de 1940 hasta junio de 1943. El carácter de la revista lo resume muy bien Ramón F. Llorens García:

> La combativa publicación, de estética fascista, surgió como consecuencia de este combinado bélico-cultural, que compilaba los intereses de ambos regímenes: contribuirá a la reactivación del panorama cultural —que en España correspondió a la Falange con posterioridad a 1939, —afirma Mainer— mediante colaboraciones de creación y de crítica literaria, artística y musical, secciones fijas de cine y teatro, secciones de actualidad, artículos de temática militar o religiosa —en menor medida—, todo ello ornado con propaganda fascista y grandes reportajes fotográficos de Vallmitjana. (Llorens García, 1995: 98–103)

Para Pascualino Schifano, «*Legiones y Falanges* estaba destinada, fundamentalmente, al aparato de ambos partidos, miembros del gobierno y autoridades varias, pero no al gran público» (Schifano, 2007).

En sus páginas encontramos colaboraciones de intelectuales adictos al Régimen, como José María Sánchez Silva, Tomás Borrás, José Luis Arrese, Ximénez de Sandoval, Ismael Herráiz, Camilo José Cela, Manuel Machado, Alfredo Marquerie, Eugenio d'Ors, Ricardo Baroja, Álvaro Cunqueiro, José García Nieto, Enrique Llovet, José María Pemán, Juan Antonio Giménez Arnau, Juan Antonio de Zunzunegui y Víctor de la Serna, entre otros. Además, hay tres valencianos: Azorín, Samuel Ros y Juan Beneyto.

3. Nómina de autores

3.1 Azorín

José Martínez Ruiz, Azorín, nació en 1873 en Monóvar, Alicante. Su evolución personal y literaria no deja de ser curiosa pues pasa del anarquismo juvenil —con sus artículos en *El Pueblo* (periódico del valenciano Vicente Blasco Ibánez) y en *El País*— al conservadurismo de sus textos periodísticos de postguerra. Centrándonos en el período histórico de la revista que nos ocupa, indicaremos que Azorín regresó a España en agosto de 1939 desde París, ciudad a la que llegó en 1936 y desde la cual escribía para *La Prensa* de Buenos Aires sin hacer referencia a la guerra española.[4] Su integración en la vida cultural no se hizo esperar:

> Instalado ya en Madrid, *Azorín* se adapta, no sin dificultad previa, al Nuevo Régimen. La aceptación por su parte del fascismo español no parece muy sorprendente; desde su juventud anarcoide, fue pasando, como es sabido, por fases conservadoras.
>
> [...] Así, pues, *Azorín* reaparece en la España fascista como viejo maestro del 98 y se identifica con el Régimen, superando airosamente ciertas críticas que desde los sectores eclesiásticos o desde algún grupo falangista se le hicieron. (Rodríguez Puértolas, 2008: 491–492).

Diversos estudiosos han tratado de explicar este cambio de pensamiento político del veterano integrante de la Generación del 98. Llorens García, por ejemplo, nos da la siguiente explicación:

> Si leemos entre las líneas de la pequeña historia de Azorín, su regreso dependía de tres condiciones fundamentales: la primera, debía aceptar convertirse en *maestro* de las nuevas generaciones falangistas, es decir, debía consentir en ejercer su magisterio desde la prensa del régimen y asumir las órdenes que correspondieran; segunda, una vez *maestro*, debía adoctrinar desde su tribuna pública, con cierta regularidad, recuperando aquellos valores literarios que el régimen considerase oportuno resucitar; tercera, podía seguir publicando en la prensa extranjera y cobrando de ella —a pesar de estar prohibido— siempre que respetase las consignas y expusiese la *idílica* situación que vivía España tras la guerra. Aceptadas las condiciones, el regreso de Azorín era un hecho. (Llorens García, 2002: 60).[5]

Andrés Trapiello nos aporta alguna idea más sobre la nueva situación de Azorín en España:

> Durante los dos primeros años, 1939 y 1940, se dio orden de que no se le dejase escribir en los periódicos de España, porque, se decía, «Azorín es un tránsfuga».
>
> En efecto, el viejo maestro monovero raramente volvió a escribir de política, y esa fue la principal manera de escribir la política que se tuvo durante el régimen de Franco. El ostracismo al que en principio se le había condenado resultó más liviano con el paso de los años, y a Azorín, reconocido como maestro por los

4 Véase Trapiello, 2011: 192–193.

5 Véase también Llorens García, 1999: 78–114.

jóvenes falangistas, se le incorporó muy pronto al proyecto de la revista *Escorial.* (Trapiello, 2011: 197).

Podemos pensar que la participación de Azorín en *Legiones y Falanges*, a los sesenta y ocho años de edad y cuando ya tenía un gran prestigio literario, podría obedecer a un intento de hacer méritos ante las nuevas autoridades:

> La llegada de Azorín a Madrid es también el inicio de un período en el que el escritor buscará respirar el duro ambiente del primer franquismo. [...] Las complicidades de Azorín con el nuevo régimen resultan evidentes. «España es hoy, en Europa, el país más seguro y en el que se vive mejor» escribe en *La Prensa* a finales de 1939. Su firma aparece de forma habitual en las primeras publicaciones del régimen: la revista *Escorial,* el seminario *Tajo*, el quincenario *Santo y Seña*, la revista *Destino* o la revista *Vértice*. También obtiene el beneplácito intelectual de los más destacados intelectuales falangistas: Dionisio Ridruejo, Antonio Tovar, Luis Felipe Vivanco y Samuel Ros. (Menéndez Alzamora, 2005: 190).

En *Legiones y Falanges* colabora con su tradicional prosa de impresiones y recuerdos, algo que poco tiene que ver con el tono eminentemente falangista de la publicación. En «El viaje de Italia» (nº 8–9, junio-julio 1941)[6], según el sumario de la revista, «Azorín el gran escritor recuerda en su más bella prosa a Cervantes y su amor a Italia»; otros artículos suyos son: «Serenidad en Bolonia» (nº 13, noviembre 1941), «Tragedias españolas» (nº 16, febrero 1942) y «Mar de Levante. Sus pescadores» (nº 28, marzo 1943), colaboración incluida en un especial de la revista sobre el mar. Se trata de un relato, buen ejemplo de la calidad narrativa de Azorín, que aborda la vida de un hombre que se hace pescador en el mediterráneo y que un día encuentra una sirena.

En la edición italiana[7] podemos leer el artículo «Vita e sfortuna di Cervantes» (Noviembre 1942, 21–22), en el que Azorín comenta, bajo

6 Publicado en la edición italiana en julio 1943.

7 Antonio Valencia cita a Azorín en su artículo «El retrasado 98 inglés» (*Ls/Fs*, 23, II, 1942, 20–21) y varias fotografías de escritores ingleses ilustran el texto. Sin embargo, este artículo, en la edición italiana (diciembre 1942), se titula «Il 98: spagnolo, non inglese» y las imágenes que lo acompañan pertenecen a miembros de la Generación del 98.

dos fotografías —la de una representación de «El retablo de Maese Pedro» (1923), del compositor español Manuel de Falla,[8] y la del famoso retrato de Cervantes atribuido a Juan de Jáuregui—, la vida del autor de *Don Quijote de la Mancha*[9] y el significado de esta gran obra: «E come può essere decadente e deprimente un libro che si fai sentiré migliori dopo la sua lettura?».

Es en esta época cuando Azorín, en un artículo de 1943 en *ABC*, califica a Franco de «Maestro de los nuevos escritores» y su vida en el mundo cultural de postguerra discurrió en sintonía con lo oficial.[10] Murió en Madrid en 1967.

3.2 Samuel Ros Pardo

Samuel Ros Pardo nació en Valencia en 1904 en el seno de una familia acomodada,[11] estudió Derecho y preparó oposiciones para el Cuerpo Diplomático pero desde muy joven se dedicó a escribir. Empezó su producción literaria con la novela *Las sendas* (1923) y en 1928 publicó una colección de cuentos de humor vanguardista, *Bazar*, y luego otra titulada *Marcha atrás. Colección de cosas* (1931). De 1930 es la novela humorística *El ventrílocuo y la muda*. Su gran éxito novelístico fue *El hombre de los medios abrazos* (1932), relato en que se percibe una influencia de Ramón Gómez de la Serna:[12]

> Sus personajes ni siquiera tienen nombre propio: son un futbolista de éxito, Jersey Blanco, y su atractiva muchacha, Boina Azul. El mismo día, a la misma hora y en

---

8 Nació en Cádiz en 1876 y murió en Argentina en 1946. Su obra más famosa es «El amor brujo».

9 La figura de su autor y la inmortal obra cervantina son motivo de exaltación por parte de los intelectuales del Nuevo Estado. Véase Gallego, 2014: 642–645 y 794–800.

10 Véanse los homenajes y reconocimientos recibidos (Llorens García, 1999: 165–183).

11 Para más datos sobre la trayectoria vital de Samuel Ros, se puede consultar el libro de Medardo Fraile *Samuel Ros (1904–1945): Hacia una generación sin crítica* (1972).

12 Para la inclusión de Samuel Ros en el vanguardismo véase «Ante la poética de vanguardia» en Prats Meseguer, 2005: 69–137.

> el mismo quirófano adonde les han llevado sendos accidentes automovilísticos, pierden respectivamente un brazo y un pecho. En el cubo quirúrgico los médicos han observado que la mano del brazo amputado ase el seno femenino cuando cae (Mainer, 2013: 255).

El humor ramoniano de estas primeras novelas origina que algunos críticos (Díez Borque, 1982: 111–112) sitúen a Samuel Ros en la tendencia novelística del humor evasivo, cerca de Enrique Jardiel Poncela, Edgar Neville, Antonio Robles, entre otros autores.

Amigo personal de José Antonio Primo de Rivera, Ros participó en la tertulia literaria de «La Ballena Alegre» que se organizó alrededor del fundador de Falange y a la que asistían escritores como Dionisio Ridruejo, Juan Antonio de Zunzunegui, Eugenio Montes y Rafael Sánchez Mazas. En 1933, junto con su novia Leonor Lapoulide, se afilió a la Falange Española y participó en el primer número de *F.E.*, la revista del partido.[13] Indica Mainer al respecto: «Colaboraron en ella Samuel Ros, un excelente autor de novelas de humor en el estilo de Ramón Gómez de la Serna [...]» (2013: 75). Leonor fallece en 1935, hecho que marca definitivamente la vida de Ros.

Perseguido en Madrid por los republicanos al comienzo de la contienda fratricida, su casa fue saqueada pero consiguió refugiarse en la embajada de Chile —donde coincidió con Rafael Sánchez Mazas[14]— y salió de allí con un grupo de asilados para embarcar en Valencia rumbo a Francia; después se estableció en Chile, país en el que fue Delegado de Prensa y Propaganda del gobierno del bando nacional. En 1937 publicó en este país hispanoamericano su novela *Los vivos y los muertos*,[15] regresó a España[16] al año siguiente y fue el primer director de la

13 Sobre la relación de Ros con Falange consúltese «Revista *F.E.* Tertulias y actividad intelectual», en Prats Meseguer, 2005: 576–585.

14 Véase *Soldados de Salamina*, de Javier Cercas, Barcelona, Tusquets, 2001, 39–40.

15 El prólogo es de Eugenio Montes (1897–1982), miembro del entorno de José Antonio.

16 Se refugió en San Sebastián, lugar de acogida de bastantes escritores del bando nacional (Trapiello, 2011: 270–271).

revista *Vértice*,[17] en cuyas páginas aparecieron dos novelas cortas, *En este momento* (XI-1938) e *Historias de la dos lechugas enamoradas* (VII-IX-1939). En «La novela del Sábado» (nº 23, 21-X-1939) salió otra novela corta titulada *Meses de esperanzas y de lentejas*, obra basada en su experiencia como refugiado en la embajada de Chile:

> En esta última [novela] se advierte que los dolorosos acontecimientos españoles no le hicieron abjurar de su condición de escritor humorista, que asoma acá y allá —ocurrencias como la de unos tapices que «temblaban de miedo, como todas las obras de arte que existían en Madrid, y por su revés se sonreían de la Sociedad de Naciones» o comparaciones como la protagonizada por Juanito, un muchacho que «era de constitución tan débil como la republicana»—. (Martínez Cachero, 2009: 324).

En el ámbito teatral, al volver a España estrenó en 1938 la obra *La felicidad empieza mañana* e inició un romance con la actriz María Paz Molinero, con la tuvo un hijo; en 1940 triunfó en el Teatro Alcázar de Madrid con una adaptación de un obra de Aurora Clara Boothe que tituló *Mujeres* y también estrenó en el mismo teatro la obra en un solo acto *En el otro cuarto*; en mayo de 1941 lleva a las tablas en el Teatro Español de la capital *Víspera*, obra que algunos críticos rechazan, como Miguel Ródenas en el *ABC* del 15-5-1941, y otros valoran, como Azorín y como Melchor Fernández Almagro, en *Legiones y falanges* (números 8 y 9 de junio-julio de 1941): «Samuel Ros, humorista de doble fondo dramático, a quien se le debe una original tragedia en un acto, *En el otro cuarto*, y un intencionado cuanto profundo cuadro, *Víspera*, de secreta vibración histórica y sociológica». Su última comedia estrenada, *La digestión del hambre. Otra vez vivir*, no tuvo éxito[18] en Barcelona, ciudad de la primera representación.

Por otra parte, en 1940 apareció el libro *A hombros de la Falange de Alicante a El Escorial*, escrito en colaboración con Antonio Bouthelier, que reproduce el traslado de los restos de José Antonio y su

17 Revista de la Delegación Nacional de Prensa y Propaganda que se publicó desde abril de 1937 hasta 1946 (Véase Mainer, 2013: 114–123).

18 Fraile, 1994: 12–13.

posterior sepultura. En 1943 Samuel Ros obtuvo el Premio Nacional de Literatura «José Antonio Primo de Rivera» y el escritor valenciano contó con una sección fija en el diario *Arriba*.[19] Murió en Madrid el 6 de enero de 1945.

Su ciudad natal le dedicó una calle que se encuentra en la actualidad cerca de la emblemática «Ciudad de las Artes y de las Ciencias», referente turístico de la ciudad de Valencia, pero hay que decir que el pasado falangista de Samuel Ros influye en la escasa presencia que el autor tiene en la memoria de los valencianos.

En *Legiones y Falanges* dos colaboraciones de características bien diferentes llevan su firma. Una, literaria con el cuento «La extraña limosna» (nº 19, mayo-junio 1942, p. 62–63), publicado, con dos ilustraciones de Esteban, en la sección «Un cuento mensual» en la que participaron con sus relatos conocidos falangistas como José María Sánchez Silva, Tomás Borrás y Alfredo Marquerie. El relato de Samuel Ros, con influencias de Bécquer en cuanto a la técnica narrativa («La historia que me propongo relatar [...] me apresuro a contarla a los lectores antes de que haya formado un juicio claro sobre ella»), ausencia de humor y una predecible sorpresa final, no puede prescindir de las concesiones al tipo de revista en la que apareció publicado. Léanse estos ejemplos cargados de significado: «De los despojos realizados por la revolución roja en Madrid en el año 1936 he oído hablar mucho», «Yo era un hombre de talento, señor. Si me da ocasión podré probárselo, pero los rojos me lo robaron vilmente» y «Quedarse entonces sin talento, en el Madrid rojo, era alejar el peligro».

Para Martínez-Cachero Rojo estas serían algunas de las características de los cuentos de Ros que se podrían aplicar al citado relato:

> Después de la guerra civil, lo que era elemento lúdico se rebaja considerablemente y en su lugar aparece y cobra mayor importancia una realidad menos insólita o gratuita donde la ternura, la bondad y la melancolía, el sentimiento en suma, destacan. (Martínez-Cachero Rojo, 2000: 191).

---

19 El periódico falangista *Arriba* fue fundado por José Antonio Primo de Rivera y tras la guerra se editó hasta 1979, año en que se decretó su cierre por el Consejo de Ministros.

La otra colaboración, en este caso elegíaca y doctrinaria, se titula «Tercer aniversario. Desde Alicante al Escorial» (*Ls/Fs*, 24, II, 1942, 6–7), evoca el recuerdo del traslado de los restos de José Antonio y se encuentra en la línea de los homenajes de Samuel Ros al fundador de la Falange, como el antes citado y el que incluyó en el libro colectivo *Dolor y memoria de España en el segundo aniversario del muerte de José Antonio*.[20] Un lenguaje grandilocuente y frases emblemáticas adornan los hechos pasados: «[...] sigue mandándonos el silencio de José Antonio, que solo puede ser viva voz de mando a través de la órdenes de Francisco Franco» y «Desde el mar de Alicante a la piedra imperial del Monasterio de El Escorial quedó el camino jalonado de piedras que marcan y registran los pasos seguros de la Falange». Seis fotografías acompañan al texto de Samuel Ros y nos llaman especialmente la atención las imágenes de las gentes sencillas, humildes campesinos, que saludan brazo en alto el paso de la comitiva fúnebre.

Samuel Ros, el escritor vanguardista contagiado de humor ramoniano cuya carrera literaria prácticamente finalizó al convertirse en un intelectual falangista: «[...] dejó la huella del escritor malogrado e injustamente desdeñado que fue bastante frecuente, como veremos en el mundo de las letras falangistas» (Mainer, 2013: 257).

3.3 Juan Beneyto Pérez

Juan Beneyto Pérez nació en 1907 en Villajoyosa (Alicante).[21] Licenciado en Derecho por la Universidad de Valencia y Doctor en Derecho y Ciencias Políticas por la Universidad de Bolonia, fue profesor visitante y publicó ya varios libros de Derecho antes de la guerra, pero fue en 1939 cuando reeditó su obra de 1938 *El Nuevo Estado Español. El*

---

20 Barcelona, Ediciones de Jerarquía, 1939. Ros colabora con varios textos: «A los niños», dentro de «Lecciones de José Antonio», con una Conferencia pronunciada el 17 de noviembre de 1938, dentro de la «La Semana de José Antonio en la Radio Nacional», y con «José Antonio en la "Ballena Alegre"».

21 Sobre la biografía de Juan Beneyto Pérez véase Pasamar Alzuria y Peiró Martín, 2002: 123–124.

Régimen Nacional-Sindicalista ante la tradición y los sistemas totalitarios, con un prólogo de un ministro de Justicia de Mussolini. Este texto de Beneyto, ideólogo del Régimen,

> [...] en la línea característica de José Antonio Primo —como ya se vio— es un esfuerzo para mostrar la peculiaridad y originalidad de nuevo régimen español en el ámbito del fascismo europeo. [...] Esencialmente fascista, Beneyto sustituye el concepto de pueblo por el de "comunidad nacional", una comunidad bajo una "unidad de mando", en España encarnada en la autoridad *natural* del *Caudillo*, y a la que simplemente hay que *servir*. (Rodríguez Puértolas, 2008: 340).

Después de la guerra fue jefe de censura de libros y fundador del diario *Arriba.* Algunos de sus libros son *Genio y figura del Movimiento* (1940), *España y el problema de Europa. Contribución a la historia de Imperio* (1942) y *Tres historias de unidad* (1943). En el primero de ellos, insiste en la idea de que lo que sustenta el Nuevo Estado es la unidad, representada por «el Caudillo, cabeza y raíz de la Patria». El historiador Ferran Gallego lo explica muy bien:

> Para Beneyto, el papel de Franco se justificaba por una capacidad integradora de la que nadie disponía en igual medida. El Caudillo era el que se situaba por encima de cualquier interés de grupo y resolvía, entre otras, la cuestión social sin representar a ninguno de los intereses consolidados en pugna. Franco pasaba a ser el símbolo eficaz de la unidad de la patria, su personalización, obtenida por la victoria en un monumental hecho de armas y por designio de la Providencia. [...] El Caudillo no era un dictador, sino un guía, un Jefe en el sentido en que lo pensaron los fundadores del nacionalsindicalismo y continuaban considerándolo los máximos jerarcas del partido, para quienes el Caudillo no era un dictador transitorio, sino un figura enviada por la Providencia y acogida por la movilización sacrificada de la nación española en busca de su destino. (Gallego, 2013: 623–624).

En 1944, Beneyto publicó el libro *Ginés de Sepúlveda. Humanista y soldado*, (Gallego, 2013: 496–497) una reivindicación de la figura del citado humanista que en el siglo XVI defendía el derecho de los españoles a conquistar América.

Dejando al lado su actividad como ideólogo del Nuevo Estado, indicaremos que en 1932 fue uno de los firmantes de las llamadas Normas de Castellón, una apuesta de la normativización del valenciano al aplicar con matices la reforma ortográfica del catalán llevada a cabo por Pompeu Fabra en 1913.

En 1934 ingresó en la Real Academia de Cultura Valenciana de la que fue miembro hasta su fallecimiento.

Fue catedrático de Historia del Derecho de la Universidad de Salamanca y catedrático de Historia del Derecho de la Universidad Complutense, así como Director de la Escuela Oficial de Periodismo, y, más tarde, Decano de la Facultad de Ciencias de la Información de Madrid. Murió en Madrid en 1994.

En *Legiones y Falanges* publicó «Un valenciano y un florentino sobre Maquiavelo» (*Ls/Fs*, 12, II, 1942, 15), artículo en el que relata la polémica sobre Maquiavelo que mantuvieron en el siglo XVIII el florentino Juan Bautista Baldelli y el jesuita valenciano[22] Antonio Eximeno Pujades (1729–1808), quien, de regreso a España tras haber sido expulsado por ser jesuita, sufrió los interrogatorios de la Inquisición por su obra *El espíritu de Maquiavelo*. Beneyto finaliza su artículo con estas palabras, muy apropiadas para la revista en la que se inserta: «Un valenciano y un florentino sobre un tema italiano y español, en la doble hermandad de estar impreso su testimonio en la lengua de Castilla y en la de Toscana».

Otros tres textos completan su participación en la revista: «Colaboración de las letras en el triunfo de las armas» (*Ls/Fs*, 18, II, 1942), artículo en el que insiste en la identificación de España con Italia y Alemania; «Antonio Agustín en Italia» (*Ls/Fs*, 27, III, 1943, 24–25), en el que habla sobre este prelado español, nacido en Zaragoza en 1517 y fallecido en Tarragona en 1586, que fue un precursor del estudio de las fuentes del Derecho,[23] y «Lo que costó a Sepulveda ser colegial de

22 En el artículo Juan Beneyto menciona «la tranquila y preciosa calle de los Roteros», que se encuentra en el casco antiguo de Valencia; por otra parte, hay que indicar que Eximeno, como jesuita, tuvo relación con el antiguo Colegio San Pablo de Valencia, sobre el cual se edificó el actual Instituto de Enseñanza Secundaria Luis Vives.

23 Estudió en Alcalá, Salamanca, Bolonia, Padua y Florencia y fue auditor de la Rota romana y obispo de Alife (Nápoles), Lérida y Tarragona. Fue legado papal, intervino en el Concilio de Trento e investigador del Derecho romano y del canónico.

Bolonia» (*Ls/Fs*, 30, III, 1943, 23), sobre el cordobés Juan Ginés de Sepúlveda (1490–1573), filósofo, jurista e historiador español del siglo XVI,[24] y su faceta de estudiante en Bolonia en 1515.

Como vemos, las colaboraciones de Beneyto en la revista tratan temas relacionados con Italia y con la Historia del Derecho, siempre bajo el punto de vista ideológico de su autor.

4. Alusiones valencianas en la revista

Diversas alusiones a Valencia aparecen en las páginas de la revista. En la edición española varios falangistas colaboran con artículos en los que hay referencias a Valencia. Pedro Mourlane Michelena[25] escribe «Tiempo y contratiempo, de Gil Vicente y Guillén de Castro[26]» (*Ls/Fs*, 19, II, 1942, 16–17) y Tristán Yuste[27] «Entendimiento de Valencia» (*Ls/Fs*, 19,

24 Fue famoso por su defensa de la guerra justa contra los indígenas, frente a las ideas de Fray Bartolomé de las Casas. Fue colegial del famoso Real Colegio de España en Bolonia, creado por Gil de Albornoz, En Bolonia contactó con las corrientes humanistas. Recordemos que Juan Beneyto publicó en 1944 el libro *Ginés de Sepulveda. Humanista y soldado*, editado por Editora Nacional, como ya se ha dicho.

25 Pedro Mourlane Michelena (Irún, 1888-Madrid, 1958) fue un escritor falangista que procedía de «la corte literaria» de José Antonio e intervino, junto con otros personajes del partido, en la creación del himno de Falange, «Cara al sol»; llegó a dirigir la revista *Escorial* en los años 1949 y 1950. Publicaba con el seudónimo de J. Hurtado de Zaldívar en la revista *Acción Española.* Véase Mainer, 213: 572–574.

26 Dramaturgo valenciano (1569–1631), cuya obra más famosa es *Las mocedades del Cid* (1605–1615).

27 Seudónimo de Octavio Aparicio López (Martínez-Cachero Rojo, 2000: 188). Es autor, de entre otros, de estos cuentos: «La niña pindonga», *Escorial*, VIII/21 (julio de 1942), «El suplicio de Tántalo», *Escorial*, XIII/36 (octubre de 1943) y «Humoristas jóvenes», *Escorial*, XIX/56 (abril de 1949). Y en *Legiones y Falanges* publicó en la sección ya comentada de «Un cuento semanal» el relato «La solana de Santiago» (nº 25, diciembre de 1942, 36–37).

II, 1942, 42–43), cuyo texto está acompañado por tres fotos con pie: «Barracas de pescadores», «Poema del agua y la piedra» y «El regreso de la pesca» (*Ibidem*).

Salvatore Battaglia comenta el *Poema de Mío Cid* en el artículo «Lo verdadero y lo mágico en el poema»[28] (*Ls/Fs*, 11, I, 1941, 38–41) y acompañan al texto varias fotografías entre las cuales hay dos que recuerdan la especial vinculación de Rodrigo Díaz de Vivar[29] con Valencia al mencionar dos monumentos importantes de la ciudad, la Lonja y el Miguelete: «Un detalle pintoresco: entre dos almenas de la Lonja se divisa la silueta del Miguelete» y «El escudo de la ciudad de Valencia, sostenido por dos ángeles. Detalle de la fachada principal». Hay que recordar que la figura del Cid formaba parte del glorioso pasado español que el Franquismo se encargó de ensalzar.

También localizamos dos páginas con siete imágenes sobre una fiesta tradicional valenciana en «Las fallas de San José» (*Ls/Fs*, II, 1942); las citadas imágenes, lógicamente, pertenecerían a años anteriores y van acompañadas por los siguientes pie de fotos: «Falla ardiendo», «Quema en falla» (sic), «Una falla de noche», «Una valenciana», «La falla del Mercado», «Una falla» y «Una "traca"». En estas fotografías se pueden reconocer la fachada del Mercado Central que da a La Lonja, y la parte posterior de las Torres de Serrano, dos monumentos emblemáticos de la ciudad de Valencia.

Es frecuente que en la revista se traten aspectos de las diversas regiones de España[30] ya que, según la ideología franquista, ellas enriquecen con su singularidad al conjunto del Estado.

Indicaremos también que podemos leer en *Legiones y Falanges* un artículo titulado «Un capitán italiano en las armas españolas,

28 Bajo el título «Il vero e il magico nel poema» pero con fotografías diferentes aparece el mismo articulo en la edición italiana de agosto de 1941.

29 El caballero castellano Rodrígo Díaz de Vivar (1048–1099), conquistó Valencia en 1093, ciudad que estaba en poder de los almorávides y donde murió.

30 Encontramos en *Legiones y Falanges*, por ejemplo, «Algunas fiestas populares de la vieja España» (nº 14 diciembre 1941), de Julio Caro Baroja, «La imaginería de Castilla» (nº 19 mayo-junio 1942), de Juan Carlos Villacorta, y «El andaluz y el vasco» (nº 22 septiembre 1942).

Ambrosio de Spínola» (*Ls/Fs*, 13, III, 1943) y escrito por Manuel Ballesteros Gaibrois, Catedrático de Historia de la Universidad de Valencia (1940–1950), de cuya Facultad de Filosofía fue nombrado Decano en 1946. Manuel Ballesteros[31] nació en Sevilla y fue redactor de *Jerarquía. La Revista Negra de la Falange.*[32] Posteriormente fue un reputado antropólogo indigenista y, en el ámbito político, ejerció el cargo de Gobernador Civil de Tenerife.

En la edición italiana encontramos varias referencias a Valencia bastante tópicas. Orio Vergani[33] firma un artículo titulado «La Strada di Sagunto»[34] (*L/F*, I, 1941, 31–33), en el que repasa, la historia de la localidad valenciana y de su castillo, relacionando varios episodios históricos, ideológicamente relevantes: «Napoleone avrebbe devuto ricordarsi di Sagunto, e avrebbero dovuto ricordarsene anche gli assediatori dell'Alcazar. Il colonnello Moscardó doveva avere nelle vene una goccia dell'arso sangue dei saguntini amici di Roma». El texto de Vergani va acompañado por varias fotografías: Sagunto en la Guerra Civil, el castillo de Sagunto y una imagen extraída de la película *La última falla* (1940),[35] de Benito Perojo en la que aparecen dos barracas y varias mujeres valencianas.

También pertenece a Orio Vergani el texto «Giornate di Barcellona» (*L/F*, I, 1941, 30–31), en el que, tras hablar de los recuerdos de sus visitas por España, el periodista italiano afirma: «[…] con il canto dei

31 «[…] autor de abundantes libros y manuales siempre en la línea interpretativa oficial […]» (Rodríguez Puértolas, 2008: 978).

32 La revista copiaba el nombre de la publicación oficial del fascismo italiano, *Gerarchia* (Mainer, 2013: 110). *Jerarquía* publicó cuatro números entre 1936 y 1938.

33 El periodista italiano da cuenta en sus artículos de algunos lugares típicos de España como, además de Sagunto, la Giralda de Sevilla (nº 6, abril 1941), y de algunos emplazamientos muy significativos para los ganadores de la Guerra Civil, como el Alcázar de Toledo (nº 1, noviembre 1940) y Belchite (nº 2, diciembre 1940).

34 Artículo que aparece en el nº 4, del mismo febrero 1941, de la edición española.

35 Película con guión de Benito Perojo y Miguel Mihura que se filmó en coproducción con Italia, algo frecuente en la época, y que proporciona una visión tópico-cómica de Valencia. Se rodaron exteriores en Calpe y en Benidorm, entre otras localizaciones.

canarini stipati nelle gabbiette dei venditori di uccelli sulle Ramblas, con il fresco sapore delle orzate alla valenciana bevute nei torridi pomeriggi d'estate al bar all'angolo di Plaza de Cataluña».

En «Voci dello schermo» (*L/F*, I, 1941, 41–43), texto firmado por Rolandino, se habla sobre el cine y una de las fotografías lleva este pie de foto «Un mozzo efficace di pubblicità cinematografica per la vie di Valencia» y la imagen es la de un hombre que sujeta a un avestruz; el animal tira de un cartel cinematográfico frente a un edificio; la película anunciada es *El novio de mamá* (1934), de Florián Rey.

Maruja Sanpelayo publica un artículo titulado «Moda spagnola ieri e oggi» (*L/F*, I, 1941, 30–32) en el que comenta los trajes tradicionales[36] de la mujeres de Galicia, Alto Aragón, las «lagarteras», las de Cataluña y las de Valencia:

> Come costume levantino è molto originale e totalmente diverso dai procedenti. É luminoso e flessuoso, un "miraculo di grazia": gonna di ricco broccatto di colore unito, corpetto ricamato a fiori, camicetta con ampie maniche a lampione fino al gomito e un fazzoletto di tulle incrociato sul petto.

Hemos podido leer un reportaje sobre el deporte español titulado «Sport di ieri e di oggi» (*L/F*, II, 1942, 27–28), firmado por Gil de la Vega y, bajo una gran fotografía del General Moscardó,[37] responsable de la Delegación de Deportes, vemos una imagen (*L/F*, II, 1942, 27) de un partido de fútbol con el siguiente pie de foto: «Calciatori di Madrid e di Valencia»; en realidad se trata de jugadores del Atlético de Aviación (luego, Atlético de Madrid) y del Valencia CF.[38]

En la revista también se desliza algún error como, por ejemplo, en el artículo «Lo medieval, el imperio y lo barroco» (*Ls/Fs*, 15, II, 1942, 8–9) de Pedro Muguruza, ilustrado con tres fotografías, se habla de la descripción del complejo arquitéctonico de Uclés (Valencia), cuando en

36 Para la relación del folclore español y la Falange, véase Ortiz (2012).

37 José Moscardó Ituarte (1878–1956) participó en la Guerra Civil española y defendió el Alcázar de Toledo del asedio de las tropas republicanas.

38 En la fotografía aparece el jugador del Valencia CF Edmundo Suárez Trabarco «Mundo», máximo goleador de la temporada 1941–42, en la que el equipo de la ciudad de Valencia quedó campeón de liga por primera vez en su historia.

realidad pertenece a la provincia de Cuenca (Comunidad Autónoma de Castilla-La Mancha).

5. Conclusiones

Las colaboraciones con Régimen pasaron factura a los autores citados: así, Azorín, aunque continuamente homenajeado por la cultura oficial en sus últimos años, quedó en un segundo plano; las obras de Samuel Ros apenan se reeditan, incluso en su ciudad natal es difícil encontrar libros suyos, pese haber sido un autor con gran actividad literaria; y, en cuanto a Juan Beneyto, autor de una amplia biografía sobre temas de Derecho e incluso sobre medios de comunicación, su labor de ideólogo de la Nueva Española pesó sobre su nombre en los tiempos de la Democracia (Martínez Roda, 2007).

En relación con las referencias a Valencia, enmarcadas a la manera de contraste en una guerra mundial, poseen en la revista un carácter folklórico, en consonancia con la reivindicación de lo popular tradicional fomentado por Falange y con la imagen de los pueblos de España que las autoridades querían transmitir.

Referencias bibliográficas

DIEZ BORQUE, J. M. (1982) *Historia de la Literatura Española*, Tomo IV, «El Siglo XX», Madrid, Taurus.

FRAILE, M. (1972) *Samuel Ros (1904–1945): Hacia una generación sin crítica*. Madrid, Prensa Española.

FRAILE M. (1994) *Teatro español en un acto* (1940–1952), Madrid, Cátedra.

GALLEGO, F. (2014) *El evangelio fascista. La formación de la cultura política del franquismo (1930–1950)*, Barcelona, Crítica.

IANEZ PAREJA, E. (2008) *Falangismo y propaganda cultural en el «Nuevo Estado»: la revista Escorial (1940–1950)*, Granada, Universidad.

LLORENS, R. F. (1995) *El último Azorín*, Alicante, Universidad.

LLORENS, R. F. (1999) «Legiones y Falanges: una experiencia insólita» *Relaciones culturales entre Italia y España, III Encuentro entre las Universidades de Macerata y Alicante*, Alicante Universidad de Alicante 91–103.

LLORENS, R. F. (2002) «Las colaboraciones de Azorín en *La Prensa* (1936–1939): hacia la creación de una imagen de España», *América sin nombre*, 3, junio, 56–61. <http://www.rua.ua.es/dspace/bitstream/10045/6030/1/ASN_03_08.pdf> [Fecha de acceso: 12.7.2014].

MAINER, J. C. (2011) *Falange y Literatura*, Barcelona, RBA.

MARTÍNEZ CACHERO, J. M. (2009) *Liras entre lanzas. Historia de la Literatura «Nacional» en la Guerra Civil*, Madrid, Castalia.

MARTÍNEZ-CACHERO ROJO, M. (2000) «Panorama del cuento español entre 1940 y 1969», *Homenaje a José María Martínez Cachero,* VVAA, Oviedo, Universidad, 189–208.

MARTÍNEZ RODA, F. (2007) «Joan Beneyto: sesenta años académico», *Las Provincias*, 3-5-2007.

MENÉNDEZ ALZAMORA, M. (2005) «Las estéticas de la posguerra y los intelectuales: Azorín ante la realidad cultural española», *Azorín 1939–1945*, Alicante, Instituto Alicantino de Cultura Juan Gil-Albert, 189–200.

ORTIZ, C. (2012) «Folclore, tipismo y política. Los trajes regionales de la Sección Femenina de Falange», *Gazeta de Antropología*, 28/3, Granada, Universidad. En: <http://hdl.handle.net/10481/22987> [Fecha de acceso: 17.7.2014].

PASAMAR ALZURIA, G. y PEIRÓ MARTÍN, I. (2002) *Diccionario Akal de Historiadores españoles contemporáneos*, Madrid, Akal.

PRATS MESEGUER, A. (2005) *La obra narrativa de Samuel Ros*, Alicante, Universidad. En: <http://hdl.handle.net/10045/13223> Fecha de acceso [20.7.2014].

RODRÍGUEZ PUÉRTOLAS, J. L. (2008) *Historia de la literatura fascista española* (2 vols.), Madrid, Akal.

SCHIFANO, P. (2007) «Los problemas financieros, administrativos y políticos de *Tempo* edición española». Sección prensa del Archivo digital Fernández-Xesta.

TRAPIELLO, A. (2011) *Las armas y las letras. Literatura y Guerra Civil (1936–1939)*, Madrid, Austral.

Cine ítalo-español y actualidad cinematográfica en la prensa falangista

María Ángeles García Collado
Instituto Cervantes – Tetuán

La stampa degli anni Quaranta rispecchiò l'interesse politico utilizzando il cinema come strumento di propaganda. Il saggio evidenzia come i giornali e le riviste dell'epoca concessero al cinema uno spazio privilegiato e, se da un lato tra le loro pagine rappresentarono gli interessi incrociati dei meccanismi di censura e di controllo ideologico del governo attraverso il commento orientato di pellicole di attualità, dall'altro operarono la diffusione di notizie dell'incipiente industria cinematografica dirette a un pubblico straordinariamente attratto dal cinema. Queste traiettorie divergenti di propaganda, cultura popolare e settima arte si ricongiunsero nella rivista «Legioni e Falangi/Legiones y Falanges».

La prensa de los años 40 refleja los cambios y nuevas dimensiones alcanzadas por el cine español tras la Guerra Civil. La llegada del régimen franquista trajo consigo numerosas medidas para la industria cinematográfica marcadas por el control y el dirigismo ideológico, se trataba de políticas singulares que han suscitado gran interés entre los historiadores del cine español por sus fuertes repercusiones en las producciones de postguerra (Monterde, 2009). Al tiempo que se intentaba crear un "cine nacional", las páginas de los periódicos y revistas se hicieron eco, por una parte, del interés de la nueva administración política por apropiarse del enorme potencial e impacto social del cine para utilizarlo como arma de propaganda; por otra parte, las noticias de actualidad de la cartelera cinematográfica y los artículos de crítica publicados en la prensa periódica también nos traen hasta hoy el elenco de directores, actores y géneros, cuyos elementos de caracterización nos permiten conocer las luces y sombras del panorama artístico y cultural vinculado al cine en aquellos años en que las potencias europeas se enfrentaban con fragor en la Segunda Guerra Mundial. En España, como señala Galán (1997: 113), las películas eran un claro exponente del momento histórico que se vivía, y ese momento era el de la postguerra, la represión política y moral.

Uno de los rasgos de la política cinematográfica franquista fue la colaboración con países aliados, como Italia. El objetivo de estas páginas es reflexionar sobre la recepción e imágenes del cine español en la revista ítalo-española *Legioni e Falangi. Rivista d'Italia e di Spagna / Legiones y Falanges. Rrevista mensual de Italia y de España* (1940–1943), en esta publicación mensual los artículos monográficos y la sección «Voces de la pantalla» nos permiten conocer crónicas cinematográficas del momento y reconstruir las circunstancias que llevaron a promover un cine ítalo-español. Tanto los artículos como la sección «Voces de la pantalla» se publicaban con ilustraciones fotográficas de excelente calidad, se trataba bien de secuencias de películas españolas o italianas del momento como primeros planos de actores que contribuían a crear conocimiento y admiración por los protagonistas y directores de los films, era una iconografía que iba acorde a la estética e ideología de *Legioni e Falangi/Legiones y Falanges*. En líneas generales, aunque los artículos y las crónicas de la sección «Voces de la pantalla» se escribieron al servicio de los contenidos de propaganda falangista que caracterizaron la revista, no podemos eludir que en los textos sobre cine se apreciaba una cierta visión culta, alejada de valoraciones frívolas o en exceso tributarias del adoctrinamiento ideológico. Recordemos que la revista cinematográfica *Primer plano* (1940–1945) se publicaba en España adscrita a la prensa del Movimiento, era una publicación especializada en la que se utilizaban sus editoriales y artículos como instrumento propagandístico al ser el cine un arte de masas (Monterde, 2001: 59–82). El propósito de este artículo es poner en valor el material documental de una publicación coetánea a *Primer Plano*, y ofrecer claves para comprender el alcance ideológico de los textos sobre cine publicados en *Legioni e Falangi/ Legiones y Falanges*.

1. Colaboración cinematográfica hispano-italiana

Desde el primer número de *Legioni e Falangi/Legiones y Falanges* se otorga protagonismo al cine a través de artículos dedicados a presentar a sus lectores los títulos más significativos del cine español e italiano, es el caso de «El asedio del Alcázar, film de un pueblo» del escritor y periodista italiano Orio Vergani (*Ls/Fs*, 1, I, 1940, 44–47). En este artículo Vergani se consagra a elogiar el film italiano *Sin novedad en el Alcázar* (1940) de Augusto Genina, de producción española, en el que se narra el asedio del Alcázar de Toledo en julio de 1936. Vergani inicia su artículo con un preámbulo sobre la historia del Alcázar en el que conecta este lugar con otros importantes monumentos históricos españoles: «Alcázar, Alhambra, Generalife, Patio de los Leones, Giralda, Mezquita de Córdoba, Patio de los Naranjos o de Las Muñecas, todos estos lugares eran como tantas islas de un impreciso archipiélago, el del arte morisco en la tierra de España». El tono del artículo de Vergani es a todas luces laudatorio y su objetivo es destacar no sólo las aportaciones artísticas del film sino, principalmente, el célebre episodio de la Guerra Civil española al que se consagra, «la gesta del Alcázar convertida en película, una de las más sublimes gestas de la historia» en palabras del periodista. Según Vergani, el mérito de este largometraje está en su forma de reflejar con verosimilitud el asedio, así como «el espíritu heroico» de los protagonistas de una «vivencia épica». Ilustrado con grandes imágenes de secuencias de la película (gente y monjas rezando, combates en el exterior, el niño que nace durante el asedio, la guardia civil en el interior en un puesto de vigilancia, un médico atendiendo a un soldado herido), en el artículo «El asedio del Alcázar, film de un pueblo» se traen al primer plano los protagonistas del episodio histórico, el General Moscardó y su hijo cautivo, así como la conocida conversación telefónica que mantuvieron, con la finalidad de subrayar unos valores patrios y militares afines al falangismo (valor, heroicidad, épica). Resulta obvio que la pretensión de Orio Vergani en su artículo es un intento de legitimar y socializar las propuestas ideológicas de *Legioni e Falangi/Legiones y Falanges*, y para ello recurre a subrayar la supuesta dimensión social del largometraje bélico *Sin novedad en el Alcázar* que recibió un premio en el Festival Internacional de Cine de Venecia a la mejor película italiana («una interpretación coral», «un film antiburgués, anticonvencional», «Moscardó como hombre del pueblo» en palabras de Vergani).

Otro de los artículos significativos dedicados a la colaboración entre España e Italia en cinematografía es el titulado «Cine ítalo-español» de Luis Gonzales Alonso (*Ls/Fs*, 5, I, 1941, 47–48). El periodista Gonzales Alonso explica a los lectores de *Legioni e Falangi/Legiones y Falanges* la cooperación cinematográfica entre ambos países, que habían establecido importantes acuerdos que afectaban a toda la industria del cine italiano y español (Díez Puertas, 1999). En «Cine ítalo-español» se recuerda a los lectores que durante la Guerra Civil, cuando fue creado en España el Departamento para la Cinematografía, la zona nacional no disponía ni de estudios ni de laboratorios porque los centros de la producción cinematográfica estaban en Madrid y Barcelona. La Dirección General de la Propaganda y el naciente Departamento Nacional de Cinematografía (DNC) dirigido por Manuel Augusto García Viñolas (Minguet i Batllori, 1998: 187–201) encontraron en Alemania e Italia la ayuda material necesaria para realizar un proyecto de creación del llamado "cine nacional". En el artículo se recuerda que en el año 1937 se habían iniciado los acuerdos de colaboración cinematográfica hispano-germánica y en el 1938 la hispano-italiana (hubo otro convenio posterior en abril de 1942) y, a este respecto, señala Gonzales Alonso que la colaboración de España "con las naciones amigas" tuvo 3 etapas graduales: a la primera etapa pertenecían los documentales rodados durante la guerra (propaganda de la incipiente política franquista, episodios militares, actividades de la Falange en materia asistencial). Subraya Gonzales Alonso que la segunda etapa se distinguió de la precedente por una mayor actuación de los organismos cinematográficos de control y, también, por una colaboración más estrecha ítalo-española con producciones mixtas —mayor presencia de España, porque los estudios y laboratorios italianos todavía no estaban en condiciones de funcionar regularmente—; en esta etapa los argumentos preferidos continuaban siendo españoles (regionalismo, tipismo andaluz o madrileño), y en ella se destacaron grandes directores como Florián Rey y Benito Perojo, y célebres artistas como Estrellita Castro, Imperio Argentina, Concha Catalá, Miguel Ligero, Julián Romea y Julio Peña.

En «Cine ítalo-español» Gonzales Alonso puntualiza que la tercera etapa podría definirse como aquella en la que la mayoría de las películas estaban rodadas en Italia, se trataba de películas españolas hechas en estudios italianos o con técnicos italianos, con argumento y director español; se trataba de producciones con argumentos variados (de autores italianos y españoles), su grabación podía ser española o italiana, y sus protagonistas de Italia y España. A título de ejemplo, Gonzales Alonso cita las últimas películas de esta serie que estaban en curso de realización: *Tosca* (1941) y *Santa María* (1942), recordemos que la primera era realmente una película italiana con protagonista española (Imperio Argentina) y director alemán (Carl Koch); en la segunda, del director español Edgar Neville, los protagonistas eran la actriz española Conchita Montenegro y el actor italiano Amadeo Nazzarí, con la colaboración de operadores y técnicos de España. Insiste el periodista en subrayar la idea de que en esta tercera etapa «no se favorecía ni perjudicaba a ninguna industria cinematográfica», ya que «no tratándose de películas españolas propiamente dichas, ninguno de nuestros estudios podía sentirse herido en sus intereses» y que «la colaboración que ha dado frutos desde el punto de vista artístico y financiero, favorece las dos cinematografías». Gonzales Alonso señala que la producción mixta hispano-italiana estaba limitada a los estudios de Cinecittà, Tirrenia y Scalera, y que una de las grandes ventajas de esta colaboración ítalo-española sería lanzarse a la conquista de un mercado internacional que, en los dos idiomas, se asomaba «a un no menos de 120 millones de personas que hablan lengua española y una cincuentena en lengua italiana, se trata del segundo mercado en el mundo entero», aunque para ello era necesario comenzar a adoptar argumentos de carácter universal y liberarse del «abuso de argumentos de carácter local y del folklore que han afligido nuestra producción». Según el periodista estas eran las razones que habían motivado la colaboración entre Italia y España en el campo cinematográfico, una "colaboración cordial", dejando de lado los evidentes fines propagandísticos con los que el fascismo italiano y el franquismo sesgaron las producciones cinematográficas de aquella época. Ilustran este artículo dos grandes fotografías, la primera de una secuencia del film *Santa María* dirigida por Edgar Neville y, la segunda, una gran fotografía de los actores españoles Antoñita Colomé y Miguel Ligero.

1.1 Breve historia del cine español para el público italiano

En *Legioni e Falangi/Legiones y Falanges* también se publicaron algunos artículos dedicados a presentar y dar a conocer el cine español al público de la revista. Entre ellos se ha de destacar el artículo «El cine español, ayer y hoy» del escritor, periodista y director de cine Antonio de Obregón, publicado dentro de la sección «Voces de la pantalla» (*Ls/Fs*, 1, II, 1941, 38–40). Este texto de Antonio de Obregón es muy interesante dado que el crítico cinematográfico presenta una síntesis de la historia del cine en España desde sus inicios hasta el momento de publicación de su artículo. El periodista destaca que muy pronto, desde que los hermanos Lumière en 1895 presentaron su primera película en el Café de París en la capital francesa, el cine fue importado en España solo dos años después. Se recuerda que en 1897 el primer productor fue el pionero catalán Fructuoso Gelabert, que implantó en Barcelona el primer cinematógrafo, y la primera película española que fue la titulada *Riña en un café* (que se rodó con la cámara que había construido el mismo Gelabert). En este artículo se elogia la prontitud de la industria cinematográfica española, subrayando que España demostró desde el primer momento un gran interés por el cine y que el Estado se ocupó de dar impulso al arte cinematográfico. Se rememora que el primer incentivo de la producción nacional fue la proyección de noticieros que comenzaron a hacerse su lugar en Madrid, Barcelona y otras capitales: en 1907 aparecen noticias filmadas como la *Suelta de palomas*, así también corridas de toros y fiestas populares. Antonio de Obregón destaca que en estos tiempos apareció el film *Tierra baja* (de 400 metros y realizado por actores de teatro, ya que se trataba de la obra de teatro de Guimerá, que se volvería a realizar en el cine en

1954 por Leni Riefensthal); otro film importante de aquellos tiempos fue *La dolores* (1940, Florián Rey) que se rodó en su escenario natural de Calatayud. En su artículo histórico Antonio de Obregón añade que al término del año 1914 comenzaron a llegar a España películas americanas e italianas, el cine se impuso en todas las provincias españolas y el público demostró gran pasión por ver películas. Entre los años 1920 y 1924 se implantaron los primeros establecimientos en Fuente de la Teja, en este periodo se rodaron las películas sobre adaptaciones literarias de *Los intereses creados* y *Don Juan Tenorio*; en estos primeros tiempos José Busch fue uno de los directores que realizó más películas y que mejor conoció las características y aspectos del cine español en sus inicios.

A continuación, en el artículo «El cine español, ayer y hoy» se habla de la transición del cine mudo al sonoro, destacándose el director Florián Rey, «sin duda el primer director español y el más universal» en palabras de Antonio de Obregón. Se expone que Florián Rey había realizado los siguientes films *Los chicos de la Escuela* (1925), *El Lazarillo de Tormes* (1925), *La Revoltosa* (1924), *Agustina de Aragón* (1928), *El pilluelo de Madrid* (1926), *La hermana San Sulpicio* (1927), *Gigantes y cabezudos* (1925) y *Los claveles de la Virgen* (1928). Obregón destaca que la obra más artística de Florián Rey, el film más europeo que fue proyectado en las salas especiales y cine-clubs, fue su película *Aldea maldita* (1930), y algo más tarde Florián Rey debutó en el cine sonoro con *Sierra de Ronda* (1933): un dramático film sobre bandoleros andaluces en el cual «un hombre aristocrático y dos veces grande de España, el Marqués de Portago, hacía su ingreso en el cine como actor». En el artículo no se olvidan otros nombres de «esta brevísima historia del cine español» como fue Domingo Blanco, el fundador de modernos establecimientos cinematográficos, y de Ernesto González, uno de los primeros productores de cine español. En el artículo cobra gran importancia este capítulo del paso del cine mudo al sonoro, sobresalen los nombres de Perojo, Delgado y Ardavin, en concreto se comenta que Benito Perojo fue el autor de películas como *La verbena de la Paloma (1935)*, *Rumbo al Cairo (1935)*, y *Crisis mundial (1933)*. Con la creación de los modernos estudios de Aranjuez, de Madrid y de

Barcelona, el cine sonoro dio un salto considerable hacia la producción mundial, "los films españoles ya no eran como los de antes, ya que un grupo de expertos se impuso con las más modernas técnicas y grabaciones". Sin duda, en esta etapa despuntó Florián Rey que, después de haber trabajado en París con la Paramount, realizó sucesivamente *El novio de mamá (1934)*, *La hermana San Sulpicio (1934)*, *Nobleza baturra (1935)* y *Morena clara* (1936) que alcanzaron un éxito mundial.

En «El cine español, ayer y hoy» Obregón resalta los méritos de la cinematografía en tiempos del franquismo, ya que en «los albores del Movimiento nacional nuestra cinematografía había alcanzado la madurez suficiente para dar el salto definitivo». El periodista no olvida señalar que el cine de vanguardia había alcanzado un puesto de primer plano en la jerarquía artística con los surrealistas Buñuel y Dalí y un film español *La traviesa molinera* (de 1934, basada en la obra *El sombrero de tres picos*, de Pedro Antonio de Alarcón, producido por Marchese di Ivanney y dirigida por Harry d'Abbadie). Como en otros artículos de la revista, se afirma que en julio de 1936 la cinematografía española había alcanzado cifras «que darían envidia al mundo», y se destaca la importancia de que el público de las películas en español fuera tan amplio, «era una industria a la cabeza del mercado americano, un continente entero de lengua española, Sudamérica y Centroamérica».

Señala Obregón que la Guerra Civil española «interrumpe este gran momento del cine propio», ya que la zona nacional no tenía ni estudios ni laboratorios, de ahí que en el artículo se comente que «las ciudades que podemos llamar 'cinematográficas', Madrid, Barcelona y Valencia estaban en poder del enemigo, el cual, privado de los mejores directores y técnicos, no hizo ningún esfuerzo digno de consideración». Con la constitución en Burgos del Departamento Nacional para la Cinematografía se produjeron noticiarios y documentales de guerra, de propaganda nacional y en Burgos se organizaron espectáculos de actualidad histórica. A esta etapa pertenecen películas bélicas propagandísticas como *La batalla del Ebro*, *Prisioneros de guerra*, y *Juventudes de España* cuyo montaje se realizó en Berlín, Roma y Lisboa. Obregón destaca que dos directores españoles, de la productora alemana Hispano-Film-Produktion (Muñoz Aunión, 2010), trabajaron en aquella época en estudios alemanes realizando películas españolas que tuvieron una difusión inmensa: *Suspiros de España* (1938), *Mariquilla Terremoto* (1938), *El barbero de Sevilla* (1938) de Benito Perojo, *Carmen, la de Triana* (1938) y *La canción de Aixa* (1939) de Florián Rey. Comenta Obregón que «una vez conquistadas Barcelona y Madrid, la producción nacional volvió a su ritmo», y que «las disposiciones oficiales del Departamento de la cinematografía y de la censura —tanto por los guiones y los temas, como por los films realizados— cooperaron a la mejora de la producción». Señala Obregón que se trabajaba en Madrid o en Barcelona y las películas se terminaban en Roma; de esa forma, se realizó bajo la dirección de Augusto Genina el "grandioso" film *Sin novedad en el Alcázar* «cuyo costo se elevó a ocho millones de liras»; de igual modo se realizó en Roma *El último Húsar* (1940), bajo la dirección de Luis Marquina, en versión italiana y española. En el año 1941 la producción española había aumentado considerablemente, con films como *Marianela* (1940, Benito Perojo), *Polizón a bordo* (1940, Ramón Torrado), *Escuadrilla* (1941, Antonio Román), *Sarasate* (1941, de Richard Busch, con Alfredo Mayo como protagonista). Concluye Obregón su artículo comentando que «la cinematografía nacional había encontrado su orientación definitiva y marcha veloz hacia un mejor futuro», a pesar de las circunstancias internacionales y las dificultades que había que superar en esa época, había un basto mercado y un público con gran pasión por el cine, de modo que «todo ello nos hace suponer que el esplendor del que tanto se habla podrá devenir una realidad». El artículo «El cine español, ayer y hoy» está ilustrado con una gran fotografía de la actriz española Carmen Navascués y del actor italiano Fosco Giachette en el film *La hija del corsario verde* (película dirigida por Enrico Guazzoni en 1940, con producción italiana); también hay otras fotografías de primeros planos de artistas españoles como Imperio Argentina, otra gran fotografía de Carmen Navascués en el film ítalo-español *El león de Damasco* (1943, film basado en la novela de Emilio Salgari, de Corrado D'Errico) y otra gran imagen del actor español Juan de Landa en el film italiano *Giustizia*.

1.2 Cine falangista español

En la revista *Legioni e Falangi/Legiones y Falanges* se ha de destacar por su singularidad el artículo «*Raza* y *Rojo y negro*, modelos y ejemplos del estilo español» del crítico cinematográfico Francisco Hernández-Blasco (*Ls/Fs*, 12, II, 1942, 21–23). Este artículo se consagra a comentar las dos películas más representativas del cine falangista español, con estos dos films F. Hernández-Blasco pretende demostrar que «el cine auténticamente y netamente español existe», según sus propias palabras. En opinión del periodista «el cine español, y esto no puede ser contestado por nuestros más temibles detractores, ha hecho pasos gigantescos en el breve espacio de tres años». En el artículo se subraya la idea de que no se trata únicamente de valorar el cine español desde el punto de vista cuantitativo, («es de apreciar que que no nos referimos únicamente al hecho de que se ha ultimado fuera de nuestros estudios un mayor número de films»), sino cualitativo («estos films ya poseen una cualidad técnica y artística, y un estilo más fino que podemos observar hoy en las producciones españolas»). En el artículo se subraya que esta calidad, tanto del contenido como de la forma, fue demostrada en el Festival Internacional de Cine de Venecia del año 1914, en el que España se presentó con tres películas «que obtuvieron el caluroso y sincero elogio» de los representantes de los diversos países que asistían a su proyección y también de la crítica italiana.

En su artículo F. Hernández-Blasco afirma que su objetivo es delimitar en España el "cine político, o más concretamente doctrinal" a través de las dos películas que mejor lo definen, según sus propias afirmaciones «se trata de dos películas para enseñar a la multitud en qué modo España luchó contra el comunismo para defender, sin olvidar su propia historia, su idea de la libertad, para poner en guardia a Europa contra un peligro inminente y asegurar la tranquilidad a esta parte del mundo». La primera de estas películas es *Raza* (1941, José Luis Sáenz de Heredia), basada en la novela homónima de Francisco Franco, que firmó con el pseudónimo de Jaime de Andrade (Gubern, 1977). *Raza* seguía en cada fotograma el ideario nacional-católico, en palabras de F. Hernández-Blasco fue el primer film «que socavó una nueva ranura, sacudiendo violentamente el cerebro y el corazón». Son muy elocuentes de una visión falangista las apreciaciones de F. Hernández-Blasco, que señala que «por primera vez se mostró a los ojos de los amigos, de los curiosos y de los enemigos lo que era España, como es en este momento actual y cómo debía serlo en el futuro». En el artículo se afirma que el argumento de *Raza* «era casi grandioso, y fue concebido y expresado en un tono de puro patriotismo, de héroes, santos y mártires». El periodista destaca, sin dejar de impregnar sus comentarios de un halo de heroísmo propio del falangismo, que *Raza* había sorprendido mucho al público de todos los países en los cuales se había proyectado, inclusive España e Italia. Comenta F. Hernández-Blasco que su argumento se limitaba a narrar hechos «con una crudeza obsesionante y terrible, verídicamente auténtica de lo que ocurrió en la llamada 'zona roja' durante nuestra guerra de liberación». Ilustra esta parte del artículo una gran foto de Rosina Mendía y Julio Rey de las Heras en una impactante escena del film *Raza*.

La segunda película que destaca F. Hernández-Blasco es *Rojo y negro* (1942, Carlos Arévalo), film falangista en cuyo título se hace alusión a los colores de la bandera de la Falange, y que fue prohibido curiosamente dos semanas después de su estreno en el Cine Capitol de Madrid en mayo de 1942, por razones nunca aclaradas, siendo restaurado en 1966 por la Filmoteca española (Ríos Catarralá, 2008). El periodista adopta un tono patriótico al hablar de *Rojo y negro*, afirma que no podía ser considerada como otra película más sobre nuestra guerra, sino como «el mejor y más exacto documento histórico de tres años de horror, de miseria y de muerte que sufrió la capital de España dominada en tal periodo por una orda de hombres que reclamaron la posesión de nuestra Patria para poder más tarde, y más cómodamente, aniquilar Europa». Según F. Hernández-Blasco, la película es la historia de «una vida sacrificada, como la de muchos otros, de manera anónima aunque no estéril, por una causa sagrada. Nada más ni nada menos». En el artículo se destacan aspectos de la realización del film que contribuyeron a su recepción por el público, como que se había realizado «de manera extremadamente cruel, con abundancia de colores oscuros» y que, al mismo tiempo, estaba «llena de realismo y precisión alucinante hasta el punto de que muchos de los espectadores no habían sido capaces resistir toda su proyección». No obstante, más allá de todo esto, F. Hernández-Blasco señala que *Rojo y Negro* tenía unas virtudes dignas de tenerse presentes, como que fue un film «dirigido por un falangista que ha vivido toda la guerra en Madrid» y que tenía «un lenguaje simple y viril», una película en la que «se habla del deber, de la responsabilidad, del sacrificio de la propia vida cuando es necesario, como de una tarea que tenemos que resolver». El periodista concluye que «estamos convencidos de que no vamos a ser nosotros quienes reconozcamos en todo su valor en esta película auténticamente española y falangista». Esta parte del artículo está ilustrada con una gran foto de Conchita Montenegro, actriz protagonista de *Rojo y negro*.

2. La actualidad cinematográfica en «Voces de la pantalla»

La revista *Legioni e Falangi/Legiones y Falanges* dedicó en todos sus números una especial atención a la actualidad del mundo cine a través de una sección especial titulada «Voces de la pantalla» que se situaba en las páginas finales de la publicación. Esta sección contó con la colaboración de columnistas fijos, Rolandino y el escritor y periodista Sandro de Feo a partir de 1942, que se encargaron de presentar a los lectores las novedades de la cartelera cinematográfica y las aportaciones más destacables del Festival Internacional de Cine de Venecia. Las crónicas cinematográficas de la sección «Voces de la pantalla», no exentas de afinidad ideológica con la revista, también se destacaron por su vocación de ofrecer apreciaciones técnicas y estéticas de calidad especialmente en la etapa de Sandro de Feo.

En «Voces de la pantalla» se escribieron muchas líneas sobre el cine norteamericano, prestando especial atención a los estrenos cinematográficos, pero también cargando los textos de propaganda anti-norteamericana como subraya Rolandino al decir que «al menos el cincuenta por ciento de los films producidos en Hollywood han amargado y cansado a la platea con la instigación al odio, con sus excesos grandilocuentes de la propaganda llena de sectarismo y de polémica antitotalitaria» (*Ls/Fs*, 10, I, 1941, 41). En la primera etapa de «Voces de la pantalla» son muy frecuentes este tipo de valoraciones negativas, en las que se habla de los problemas del cine de Hollywood y las críticas al británico, aludiendo a la «guerra de los acentos» en aquella época en la que «los americanos no aman el cine inglés. Poquísimos americanos quieren ver films ingleses por el acento Oxford, acento clerical o acento BBC. Para los ingleses el acento americano es atroz» (*Ls/Fs*, 11, I, 1941, 38–39). Se salvan en estas críticas virulentas contra Hollywood casos como el del director Frank Capra, ya que era de origen italiano y del cual se dice que «su franqueza pone nerviosos a los americanos, a quienes no les gusta que se critique a sus instituciones democráticas de corrupción, tal y como demostró en todos sus films» (*Ls/Fs*, 5, I, 1941, 49–51).

Cargadas de componente ideológico, en esta primera etapa de «Voces de la pantalla» también abundan las duras críticas al cine francés, acusado de estar lleno de lugares comunes literarios, artísticos y técnicos, con deprimentes y banales discursos. El crítico Rolandino pone como ejemplos de «cine francés malsano y deprimente» las películas *Les parents terribles* de Jean Cocteau (1938) y *J'accuse* de Abel Gance (1919), a esta última la acusa de ser «una truculenta requisitoria contra la guerra, un intolerable escándalo, una monstruosa propaganda» (*Ls/Fs*, 4, I, 1941, 50–51).

2.1 Crónicas del cine español en Italia

En «Voces de la pantalla» se trata con bastante consideración el cine español, ya sea a través de las ocasiones en las cuales se dedican crónicas puntuales a películas españolas realizadas en Italia y citas a propósito de films presentados en el Festival Internacional de Cine de Venecia, así como también de las muchas fotografías de artistas, directores y escenas de películas que con bastante frecuencia ilustran la sección. También se habla de proyectos inéditos ítalo-españoles o en curso, es el caso de una película sobre la vida de Cristóbal Colón que tuvo entre manos Abel Gance y que no pudo realizarse por el estallido de la Segunda Guerra

Mundial (*Ls/Fs*, 3, I, 1941, 50–52). A propósito de este fallido film, Rolandino no escatimó críticas a Abel Gance señalando que el director francés se había fijado en Colón como un visionario «matemático, nostromo y profeta, un Don Quijote del mar», sin embargo «españoles e italianos deberíamos aliarnos para hablar cinematográficamente de él» ya que, en su opinión, el cine de Italia y España sabría valorar mejor su perfil mediterráneo.

Como hemos señalado, en «Voces de la pantalla» se reseñó puntualmente la participación española en la Mostra de Venecia. Es el caso de la crónica de Rolandino a propósito de la presencia en el Festival Internacional de cine de películas en lengua española del cine español y argentino (*Ls/Fs*, 2, II, 1941, 33–35). En esta crónica se habló de la película *Marianela* (1940, Benito Perojo) basada en la novela de Pérez Galdós. A propósito de esta película, Rolandino afirmó que seguía«el canon de las producciones corrientes, fáciles, comerciales, no puede decirse un film de primer orden, pero tiene un argumento sentido y conmovedor». En la crónica se aplaude la caracterización de la actriz María Carrillo en el film y se felicita al director «por haber apuntado todo o casi todo sobre el encanto moral y sentimental de una patética fealdad». A continuación se habla del cortometraje *La Parrala* (1941, Edgar Neville), según Rolandino «una breve rapsodia ideada, musicada y escrita por el Maestro Quiroga y Rafael de León, curiosa y bellísima composición cinematográfica, aunque fuera un pretexto para presentar la célebre cantante Maruja Román». También se habla del "cortometraje fokloristico" *Matrimonio en Castilla*, según Rolandino se trataba de «una pequeña obra maestra de auténticas imágenes ibéricas, de auténticos tipos, pasos de danza, motivos de aquella tierra musical y dramática», según el crítico estos ensayos indicaban la supuesta madurez artística y cultural que estaba alcanzando el cine español durante el franquismo.

En esta crónica del festival no se olvida el lado industrial del cine y Rolandino reproduce una entrevista realizada al Sr. Joaquín Soriano y Roesset, Director del NO-DO, «un inteligente funcionario del Ministerio español de economía y del comercio y delegado de España para la Mostra de Venecia». En la entrevista se alaban los esfuerzos españoles en materia cinematográfica, y el periodista constata que «la cinematografía española puede reclamar su propia producción, con características originales». Se recuerdan etapas pasadas de la historia del cine español, como que la Guerra Civil había parado la cinematografía española en su nacimiento, y que en el curso de la guerra los estudios de cine que se encontraban solamente en Madrid y Barcelona se destruyeron o cuando menos «fueron gravemente dañados por los rojos». Soriano y Roesset comenta que «durante la guerra la parte del gobierno nacionalista intentó más de una vez hacer realizaciones de cualquier film de carácter político, con los medios limitados disponibles; después de la victoria, el mismo gobierno decidió dar el máximo impulso a la industria cinematográfica, con la finalidad de permitir a España tomar su puesto también en este campo». Recuerda en esta entrevista el político español que después de la Guerra Civil se procedió al remodelado de las antiguas fábricas de Madrid y Barcelona y que en Cinecittà se realizaron films con doble copia, italiana y española o española y alemana, para reemplazar la producción nacional de manera comprometida por los acontecimientos de la guerra española. A este respecto señala Soriano y Roesset que «entre 1939 y 1940 se realizaron en España 22 films y una cincuentena de documentales». El responsable español en la Mostra de Venecia destacó que «la construcción de los Estudios Chamartín, serán una verdadera Cinecittà perfecta en su género» y afirmaba que, en su opinión, una vez construidos estimularían la iniciativa privada. En lo relativo a los géneros, Soriano y Roesset declaró a Rolandino que «un grupo de 10 films se dedicará a la ilustración de canciones típicas tradicionales españolas, y otros films ilustrarán los grandes episodios de la historia de España»; en concreto, Soriano y Roesset afirmó que «estamos preparando ahora un gran film que será presentado en la próxima Mostra de Venecia, un film que se titulará *Locura de amor* y que tendrá como argumento los acontecimientos del trágico amor de Juana la Loca, hija de Fernando el Católico que, a la muerte de su marido Fernando el Hermoso, caerá en una trágica locura amorosa».

En la sección «Voces de la pantalla» se dio mucha importancia a la presentación de los artistas españoles al público italiano. Se dedica importante espacio de la revista a resaltar la colaboración de actores españoles en películas italianas y viceversa, así como la participación española en rodajes en Italia. Afirma Rolandino que «los espectadores italianos han empezado a conocer, por habernos ya visitado y admirado en más de un film, estos invitados a nuestros estudios» (*Ls/Fs*, 3, II, 1942, 33–35). Es el caso de la actriz Conchita Montenegro (modelo y bailarina bien conocida en Italia, fue la primera actriz que triunfó en Hollywood, protagonista del film falangista *Rojo y negro*, casada con el diplomático delegado del Servicio Exterior de la Falange Ricardo Giménez-Arnau), de la cual se destaca su participación en la película *Sevilla de mis amores* (1930, Ramón Novarro), donde Montenegro «hace alarde de su talento y su gracia de bailarina». Recuerda el crítico Rolandino que «en 1939 la Montenegro vino a Italia e interpretó films como *El último húsar*» (1940, Luis Marquina). Otro actor destacado en esta crónica es Juan de Landa, que trabajó en Hollywood para interpretar versiones españolas de películas estadounidenses, actuó en *El presidio* (1930, Ward Wing), y tuvo "una cruda y pura interpretación de un capitán rojo" en el film *The Pirate's Dream* (1940), también se citan sus participaciones en las películas italianas *El peccato di Rogelia Sánchez* (1939, Carlo Borghesio), *El prisionero de Santa Cruz* (1941, Carlo Ludovico Bragaglia), *El rey se divierte* (1941, Mario Bonnard), y *Trappola* (título provisional de *Tragica notte*, 1942, Mario Soldati).

Esta crónica de Rolandino sobre el panorama artístico español en Italia continúa con el actor Luis Hurtado, según el crítico «es una de las personalidades más interesantes del cine español, actor moderno con una recitación plena de fineza y de aristocrática melancolía, rico en íntimas y latentes contradicciones» como demostró en la película italiana *I promessi sposi* (*Los novios*, 1941, Mario Camerini). Después, Rolandino presenta a los lectores de *Legioni e Falangi/Legiones y Falanges* a la actriz Carmen Navasqués, «su vivaz y personalísima belleza ha contribuido al éxito de algunos de nuestros films» como *El pirata soy yo* (1940, Mario Mattoli), *La canzone rubata* (1940, Max Neufeld), *El prisionero de Santa Cruz* (1941, Carlo Ludovico Bragaglia), *L'elixir d'amore* (1941, Amleto Palermi) y la serie salgariana *La figlia del Corsaro verde* (1940, Enrico Guazzoni), *El capitán Tormenta* (1942, Corrado D'Errico) y *El león de Damasco* (1943, Alessandro De Stefani). Otra importante actriz del momento fue María Mercader, «una de las estrellas más populares de nuestras cámaras», y subraya su interpretación "gentil y patética", como hija de Rigoletto en *El rey se divierte* (1941, Mario Bonnard) y *La fuerza bruta* (1941, Carlo Ludovico Bragaglia). La lista de actores españoles que trabajaron en los estudios de cine italianos se cierra con la alusión a Luis Sagi-Vela, Alberto Romea, Concha Catalá, Fernando Aguirre, Ana María Mariscal, Luis Arroyo, Armando Calvo, Fernando Freyre, Luis Peña, María Gamez Porres, Miguel Pozanco y Tony D'Algi. En esta crónica sobre los actores españoles en Italia el crítico Rolandino agradece a los instructores y coordinadores italianos «todos los esfuerzos por el cine español en Italia», en especial al «bravo y experto director De Aguilera, que ha dirigido casi todas las versiones españolas de los films rodados en Italia en doble versión». La crónica está ilustrada con tres grandes fotos de actores españoles que trabajaban en Italia, Miguel S. del Castillo, Nicolás Díaz Perchicot y Luis Hurtado.

Si los artistas españoles recibieron especial consideración en *Legioni e Falangi/Legiones y Falanges*, también la recibieron los productores españoles en Italia, a quienes Sandro de Feo consagra una de sus crónicas en «Voces de la pantalla» (*Ls/Fs*, 9, II, 1942, 26–28). Señala Sandro de Feo que en el ámbito de la actividad productora «valía la pena destacar el programa de producción de reciente constitución con la productora Siglo XX», que había iniciado su actividad produciendo un film en España con participación con la S.A.F.E. (Sociedad Anónima de Films Españoles) de Madrid. Según Sandro de Feo, de esta productora se había terminado en esos días la elaboración del film rodado en España con el título *Buongiorno, Madrid!* (1942, Gian María Cominetti), interpretado por María Mercader, Anita Farra, Carlo Campanini, y Giovanni Grasso. En el momento de la crónica, Sandro de Feo señala que «esta sociedad está rodando en Turín un film cuyo título provisional es *Música prohibida»* (1942, Charles Campogalliani) con los actores María Mercader y Tito Gobbi. Asimismo, el cronista cinematográfico anuncia que «con la co-producción siempre de la Sociedad Anónima Films Españoles (S.A.F.E.) y la Siglo XX», Gian Maria Cominetti sería el director de la versión italiana del film *Dove andiamo signora?* (1942) con Claudio Gora, Valentina Cortese y Paolo Stoppa. Sandro de Feo cierra su crónica sobre las coproducciones ítalo-españolas con la cita del proyecto de producir en España «en el próximo mes de julio un film del dramaturgo y escritor italiano Corrado Alvaro, *Fiebre*» (1943, Primo Zeglio).

También los argumentos de las películas españolas concentraron la atención de los críticos de «Voces de la pantalla», caso de la crónica de Sandro de Feo dedicada a la participación española en la X Mostra de Venecia (*Ls/Fs*, 1, III, 1942, 26–28). En esta edición del festival participó la película española *La aldea maldita* (1930, Florián Rey) y el cronista Sandro de Feo no escatima los elogios sobre ella, dice que «es un film que hace hablar de sí no solo por los cineastas, sino también por los pintores, los escultores, un film que hace pensar en ir más allá de la tradición de la dramaturgia castellana, en una obra de arte dramática y religiosa». Sandro de Feo resume para los lectores de la revista el argumento del film —«Luján es un pueblo maldito de la grandiosa y alucinante Castilla, un humilde pueblo que en un tiempo atrás fue una tierra rica, llena de testimonio y fuerza de los castillos que la rodean»—, destacando en esta sinopsis los aspectos más dramáticos de esta película muda y los que pueden resultar más atractivos al público italiano. Sandro de Feo considera *La aldea maldita* una "obra maestra del periodo silente del cine español" y recuerda que en 1942 el mismo Florián Rey dirigió una nueva versión homónima y sonora de esta película.

En esta crónica sobre los argumentos españoles en Italia, Sandro de Feo habla sobre la película falangista *Raza* (1941, José Luis Sanz de Heredia). Según el crítico italiano «se trata de una impresionante y fervorosa exaltación de las etapas más dramáticas de la Guerra Civil que llevó al triunfo de las fuerzas de Franco y sus aliados». Señala Sandro de Feo que en *Raza* el drama estaba enfocado hacia el contraste ideológico de dos hermanos que participaron en la guerra en bandos contrarios y que «algunas escenas de manifestaciones masivas y trincheras tenían un valor documental de vivo sabor, capaz de resucitar el aire y el carácter de la lucha en la que se jugó el destino de la gente de ese gran país». Es importante destacar que Sandro de Feo intenta en su crónica no adoptar un tono demasiado grandilocuente ni partidista, sino culto y técnico, es por ello que califica neutralmente a José Luis Sanz de Heredia como un director "fuerte y determinado".

Otro argumento destacado en esta crónica de «Voces de la pantalla» es el de la película española *Boda en el infierno* (1942, Antonio Román). Señala Sandro de Feo que «es un film antibolchevique», y que se trataba de una historia sobre un matrimonio blanco, «un contrato entre una chica rusa con un capitán de barco español para escapar de las represalias de la policía local, habiendo él matado a un comisario político que quería violarla». Sandro de Feo subraya la ideología anti-comunista de una película «novelesca, poco exigente y convencional», en la que «Antonio Román ha dirigido a Conchita Montenegro, más duro y agresivo que nunca». A continuación, Sandro de Feo habla de "una película singular y ambicioso proyecto", el drama musical *Goyescas* (1942, Benito Perojo). En esta película «dos mujeres, una gran dama vanidosa y una cantante de gran corazón, se enamoran del mismo hombre». Subraya Sandro de Feo que el principal interés de esta película consiste en el trasunto que inspira el film, las pinturas de Francisco de Goya, ya que «la búsqueda de efectos plásticos, el juego de blanco y negro, es en algunas escenas excelente» así como la ambientación, el magnífico decorado y las canciones populares. Por último, Sandro de Feo concluye su crónica sobre argumentos españoles con el de la película *Correo de Indias* (Edgar Neville, 1942), en la que «un velero holandés recoge los restos de otro velero español, un Correo de las Indias que ha chocado con un iceberg», haciendo hincapié en el carácter de novela negra de un film en el que hay una investigación en la que se había encontrado un diario de a bordo junto a dos cadáveres.

2.2 *Promoción de estrellas del cine español en Italia*

En la revista *Legioni e Falangi/Legiones y Falanges* las ilustraciones eran de gran calidad y formato (fotografías bélicas, primeros planos de líderes fascistas, escenas de encuentros entre políticos españoles e italianos, retratos costumbristas y pintorescos, mujeres españolas, alemanas e italianas de idealizada imagen racial, mapas), se trataba de grandes fotografías a través de las cuales se pretendía ofrecer a los lectores un flujo de imágenes de alto contenido ideológico. En esta misma línea estética y propagandística, se integraron a través de la sección «Voces de la pantalla» las fotografías de actores españoles, italianos y alemanes, que contribuían con su fuerte atractivo a difundir y subrayar el ideario político de la revista. En esta sección la función de las ilustraciones era también destacar la cooperación cinematográfica española e italiana, es el caso de la gran fotografía de Imperio Argentina en el film *Andalusische Nächte* (*Noches en Andalucía*, 1938, Herbert Maisch) integrada en la crónica de Rolandino sobre la comedia sentimental italiana *Addio giovinezza* (1940, Ferdinando Maria Poggioli) (*Ls/Fs*, 4, I, 1941, 50–51). Las fotografías de actores españoles acompañaron muchas crónicas sobre películas italianas, y en ellas merecen destacarse los pie de foto en los que se citaba alguna información interesante para el público italiano como la gran foto de la actriz española María Mercader «que actualmente trabaja en Cinecittà en el film *Giustizia*» (*Ls/Fs*, 5, I, 1941, 49–51); la gran imagen de la actriz española Carmen Navascués «en el film de Anieto Palermi *L'elisir d'amore»* y de los dos actores españoles Juan de Landa y María Mercader «protagonistas del film de C.L. Bragaglia *El prisionero de Santa Cruz*» (*Ls/Fs*, 6, I, 1941, 44–47); asimismo, la foto de María Landi y Juan de Landa «en una escena de *Oro negro*» (1944, Enrico Guazzoni) (*Ls/Fs*, 11, II, 1942, 27).

Para dar una imagen de fuerza de la industria española, las páginas finales de la revista también incluyeron fotografías de directores de cine como la foto del director español Benito Perojo durante una pausa en el rodaje del film *Héroe a la fuerza* (1941) junto a una foto de «el popular actor Juan de Landa en Cinecittà» (*Ls/Fs*, 8, I, 1941, 41); en otras ocasiones se trató de citar los nombres de los directores en el pie de foto como en la fotografía de «una escena del film español *La Parrala* de Edgar Neville» (*Ls/Fs*, 5, III, 1943, 27). Las fotografías de escenas de películas también ocuparon un lugar especial, hay varias de *El secreto de la mujer muerta* con la actriz Kety Abelly (*Ls/Fs*, 6, II, 1942, 27) y otra gran foto de esta misma actriz en el citado film (*Ls/Fs*, 6, III, 1943, 27). Asimismo, hay que destacar la inclusión de repetidas fotografías del actor Alfredo Mayo, una gran imagen de *Raza* (*Ls/Fs*, 3, III, 1943, 26) y un primer plano de Alfredo Mayo y Ana Mariscal en el film español *Las dos calles* (*Ls/Fs*, 7, III, 1943, 27). La alusión a la Guerra Civil española a través de las fotografías se hace patente en la gran foto de una escena del film *Enviados especiales* «que se desarrolla durante la guerra de España», según dice el pie de foto (*Ls/Fs*, 4, III, 1943, 26).

3. Conclusiones

En los años 40 el fascismo italiano y el franquismo utilizaron los artículos y crónicas cinematográficas de la revista *Legioni e Falangi/Legiones y Falanges* como herramienta de propaganda falangista. De acuerdo al ideario de la publicación, a través de sus páginas se habla del desarrollo en España de un "cine nacional" y de la preocupación de los responsables políticos por apoyar una industria en la que España e Italia intercambiaron intereses y proyectos en los que cada país podría mantener sus peculiaridades nacionales. En esta publicación se dio a conocer al público italiano el *star-system* español, los equipos técnicos y artísticos, así como argumentos, géneros y temáticas franquistas (raza, valor, idealismo, imperio, militarismo, espíritu religioso, folklore, interés por las adaptaciones literarias y las comedias) creando expectación entre los lectores a través de crónicas y fotografías que reflejaban la idiosincrasia de la época. En *Legioni e Falangi/Legiones y Falanges* se refleja el interés en la primera mitad de los años 40 de poner en marcha en España un "Cine falangista" ambientado en la Guerra Civil (*El alcázar no se rinde*, *Rojo y negro*, *Raza*), al tiempo que la administración española del régimen franquista desplegaba severas medidas de protección y control. No obstante, en este rígido escenario y universo de imaginario falangista, lograron brillar por su talento directores como Florián Rey o Benito Perojo, cuyos méritos se apreciaron en Italia y se leen en la filigrana de algunas críticas de tendencia cultista que permitieron en la prensa de aquella época desarrollar un pensamiento cinematográfico cuyo interés es innegable para la actual historia del cine.

Referencias bibliográficas

CASTRO DE PAZ, J. L. (2002) *Un cinema herido: los turbios años 40 en la cinematografía española (1939–1950)*, Barcelona, Paidós.

CAPARROS LERA, J. M. (2000) «Camuflaje ideológico del franquismo: Raza (1941–1950) manipulación de un film de propaganda política», *Estudios sobre el cine español del franquismo (1941–1964)*, Valladolid, Fancy Ediciones, 15–31.

COMPANY, J. M. (1997) *Formas y perversiones del compromiso. El cine español de los años cuarenta*, Valencia, Europías/Episteme.

DÍEZ PUERTAS, E. (1999) «Cine fascista en la España en guerra», *Historia 16*, 276, 92–99.

DÍEZ PUERTAS, E. (2002) *El montaje en el franquismo, la política cinematográfica de las fuerzas sublevadas*, Barcelona, Laertes, 271–290.

GALÁN, D. (1997) «El cine español de los años cuarenta», *Un siglo de cine español*, R. Gubern (coord.) Madrid, Cuadernos de la Academia de las Artes y las Ciencias Cinematográficas de España, 1.

HUESO MONTÓN, A. L. (1999) *Catálogo del cine español. Películas de ficción 1941–1959*, Madrid, Cátedra.

GUBERN, R. (1977) *Raza: un ensueño del General Franco*, Madrid, Ediciones 99.

MINGUET I BATLLORI, J. M. (1998) «La regeneración del cine como hecho cultural durante el primer franquismo [Manuel Augusto García Viñolas y la etapa inicial de Primer Plano]», *Tras el sueño. Actas del VI Congreso de la Asociación Española de Historiadores del Cine*, VV.AA., Madrid, Cuadernos de la Academia de las Artes y las Ciencias Cinematográficas de España, 1998, 187–201.

MONTERDE, J. E. (2009) «El cine de la autarquía (1939–1950)», *Historia del cine español*, VV.AA., Madrid, Cátedra.

MONTERDE, J. E. (2001) «Hacia un cine franquista: la línea editorial de *Primer plano* entre 1940 y 1945», *La herida de las sombras. El Cine Español en los años 40. VIII Congreso de la Asociación Española de Historiadores del Cine*, Luis Fernández Colorado y

Pilar Couto Cantero (coords.), Madrid, Academia de las Artes y las Ciencias Cinematográficas de España/A.E.H.C., 59–82.

MUÑOZ AUNIÓN, M. (2010) "Inter arma, silent artes: la intervención nazi en la configuración mediática y política del alzamiento", *Archivos de la Filmoteca: Revista de estudios históricos sobre la imagen*, 66, 106–129.

ORTEGO MARTÍNEZ, O. (2011) «Retrato biográfico de los autores cinematográficos franquistas a través de la revista Primer Plano (1940–1951)», *Actas del Segundo Congreso Internacional de Historia y Cine*, celebrado en febrero de 2010 en Madrid, Gloria Camarero (coord.), Madrid, T&B Editores, 471–484.

PÉREZ PERUCHA, J. (comp.) (1995) «Hacia una reconsideración del cine español», *Huellas de luz. Películas para un centenario*, Madrid, Diorama/Asociación Cien años de Cine, 13–20.

RÍOS CARRATALÁ, J. A. (2008) «El enigma de Carlos Arévalo», *XIII Congreso de la ARHC*, Castellón, 2008, Alicante, Biblioteca Virtual Miguel de Cervantes.

TORREIRO, CASIMIRO (2009) «Un huesped poco deseable. Edgar Neville en Roma», *Secuencias: Revista de cine*, 29, 78–87.

El reflejo de la actividad lingüística de la Academia en *Legiones y Falanges*

María Matesanz del Barrio
Universidad Complutense de Madrid

Tra gli autori che scrissero per la rivista e che furono membri della Real Academia Española (RAE), ritroviamo nomi importanti quali Azorín, Manuel Machado, Cela, Caro Baroja, Eugenio d'Ors, Julio Casares o José María Pemán, sebbene non tutti fossero accademici negli anni in cui durò la pubblicazione (1940–1943). Nonostante l'origine e l'orientamento di questa rivista, non tutti gli articoli pubblicati da accademici della RAE adottano la medesima prospettiva. Così, alcuni sono di carattere esclusivamente letterario, altri strettamente linguistico, altri tra la letteratura e la linguistica lasciano intravedere l'ideologia dominante di quegli anni, in accordo con i regimi totalitari e fascisti di Italia e Spagna. Il saggio analizza i testi che in maniera più diretta s'identificano con una parte fondamentale del lavoro dell'Accademia: l'attività lessicografica. Per questo motivo, lo studio si occupa degli articoli di orientamento linguistico in cui si può vedere il riflesso del lavoro realizzato dall'Accademia, che non si fermò mai, nonostante le dure condizioni in cui andò avanti negli anni della guerra e nell'immediato dopoguerra, gli stessi di pubblicazione di «Legiones y Falanges».

1. Introducción

La relación de la Real Academia Española con la sociedad no ha sido nunca de indiferencia, y si la sociedad, en general, otorga a la Academia un papel preminente en todo lo referente a la lengua española, la Academia ha tratado de hacerse próxima mostrando de muchas formas su trabajo. Durante el siglo XX la publicación de artículos periodísticos en los que los académicos, tanto españoles como americanos, abordaban algún aspecto concreto de la lengua ha sido una de las formas más frecuentes de mostrar y acercar la actividad lingüística desarrollada por los académicos.

Los años en los que se publica la revista Legiones y Falanges (*Ls/Fs*) —noviembre 1940–junio 1943—, la Academia empieza a retomar sus trabajos con cierta normalidad, después de la dura fractura que supuso la Guerra Civil. Si, como es evidente, la guerra trastocó y mucho la organización y actividad de la Academia y hasta su independencia se vio comprometida, en realidad, las injerencias políticas habían comenzado una década antes.[1] Como han referido los académicos que han tratado la historia de la Academia (Zamora Vicente 1999: 291 y ss.; García de la Concha 2014: 272 y ss.), la dictadura de Primo de Rivera impuso a la Academia cambios en su propia organización interna, derivados de sus actuaciones políticas. El Real Decreto de 18 de septiembre de 1923 dio prioridad al español sobre cualquier otra lengua peninsular en actos y documentos oficiales, aunque no se prohibió el uso de las demás lenguas. Esta política se va a mantener en lo sucesivo,[2] y el español tendrá preeminencia sobre las lenguas denominadas regionales. La prevalencia del castellano en todos los territorios españoles, incluidos aquellos con lengua propia, responde al deseo de mantener el principio de la 'intangible unidad nacional', como refleja el RD de 26 de noviembre de 1926, un decreto hecho ex profeso para regular la actividad de la Academia. El decreto no se promulga, en realidad, para

1 Sobre la cuestión de las intervenciones gubernamentales contra la independencia de la RAE puede consultarse Iglesias y Sánchez Ron (2013).

2 En el Real Decreto de 8 de marzo de 1924, germen del Estatuto Municipal, no hay ninguna referencia explícita al uso del español, pero sí al uso del 'idioma vulgar' en uno de los decretos derivados, el Real Decreto de 21 de octubre de 1924, Exposición, relativo a al País Vasco, en el que dice expresamente: "Por lo que respecta, verbigracia, a los funcionarios municipales, cediendo a peticiones unánimes de la clase secretarial y numerosísimas de otros facultativos o servidores del Municipio, les incluye en el régimen general, bien que reconociendo a las Corporaciones municipales el derecho de exigir conocimiento del idioma vulgar y del derecho peculiar".

la defensa del español sino que está enfocado a la conservación de las denominadas lenguas regionales cuya importancia en el 'uso familiar y literario' se reconocía.[3] Al margen del trasfondo netamente político que persigue esta ley (Iglesias y Sánchez Ron, 2013: 210) y que es fácil de adivinar en las circunstancias en las que se produce, lo que supone de facto es un cambio en los Estatutos de la Corporación y una orientación nueva en los trabajos de la Academia. Estos cambios profundos se promueven desde el Gobierno con el pretexto de no poder crear una Academia constituida por expertos en esas lenguas 'por la reducida área de difusión de tales idiomas'.[4] Con ese argumento, se propone en el Decreto incorporar ocho nuevos miembros a la Academia para que realicen desde esta Institución 'idéntica función que aquella cumple respecto al castellano'. La Academia estaría constituida por 42 miembros en lugar de los 36 que la formaban puesto que dos plazas estaban vacantes en el momento en el que se publica el Decreto. Sin duda, se está ignorando deliberadamente la labor que ya desempeñaban otras instituciones españolas consagradas a las letras y a las que los propios académicos se refieren en el dictamen que emite el pleno en repuesta al RD, y en el que manifiesta las dificultades que supone para la Institución llevar a cabo las tareas encomendadas para el catalán, gallego y vasco.[5]

Para que el cambio estructural fuera posible, el RD modifica el artículo noveno de los Estatutos vigentes, de 31 de agosto de 1859, que imponía como requisito para el ingreso en la Institución tener residencia en Madrid. Este no deja de ser un cambio menor[6] porque las modificaciones organizativas de calado están recogidas en los cuatro primeros artículos del Decreto. Como ya hemos dicho, la Academia pasa a estar

3 García de la Concha (2014: 272) además, dice a este respecto que la promulgación de este Real Decreto para impedir la elección como académico de Niceto Alcalá Zamora parece que era opinión común en la Academia.

4 RD, 26 de noviembre de 1926, Exposición.

5 Zamora Vicente (1999: 292–293) reproduce el texto íntegro del informe de respuesta al Gobierno que encarga la Academia a una comisión para ser tratado en el pleno (9 de diciembre de 1926).

6 Aunque no se suprimirá definitivamente este requisito hasta un acuerdo de 1963 (Zamora Vicente, 1999: 42).

formada por 42 miembros numerarios en lugar de los 36 establecidos en sus Estatutos, ocho de los cuales debían distinguirse por su conocimiento o cultivo de las lenguas españolas distintas de la castellana, con la siguiente distribución: dos plazas para catalán, una para el valenciano, una para el mallorquín, dos para el gallego y dos para el vasco.[7] Estos ocho académicos quedan encuadrados en tres secciones: Sección catalana —para catalán, valenciano y mallorquín—, Sección gallega y Sección vasca. Además de estas secciones, llamadas Secciones hispánicas, se modifica en el mismo sentido la estructura de académicos correspondientes, de modo que pasan a ser también 42, de los cuales ocho serían también especialistas en catalán, valenciano, mallorquín, gallego y vasco. La elección de los académicos de las Secciones hispánicas, que no estuvo exenta de polémica previa, se produjo el 10 de marzo de 1927.[8] Además de las modificaciones estructurales, el Decreto afectaba también a la organización del trabajo ya que se asignaba a las secciones de nueva creación las mismas tareas que realizaba a la Academia de acuerdo con sus Estatutos,[9] y la creación de un diccionario para cada una de las lenguas. La redacción de los diccionarios nunca se llevó a cabo, nada de extrañar si se tiene en cuenta, por una parte, el esfuerzo que requieren los trabajos lexicográficos y, por otra, el hecho de que las Secciones hispánicas desaparecieron como tales en 1930,[10] aunque los académicos elegidos para estas plazas siguieron formando parte de la Academia hasta su muerte (Zamora Vicente, 1999: 42).

En la elección para cubrir los nuevos puestos creados en el citado decreto de Primo de Rivera se hace caso omiso, sin embargo, de la

---

7 RD, 26 de noviembre de 1926, art. 1º.

8 Los nombres de los académicos electos no se encuentran en el listado histórico de académicos porque nunca tuvieron silla, ya que el origen no estaba ligado a vacantes. Pueden encontrarse, además de en la página de la RAE, en la detallada obra de Zamora Vicente (1999: 29), y también en García de la Concha (2014: 274–275).

9 Estatutos, 31 de agosto de 1859, art. 1.

10 La Academia en la sesión del Pleno del 23 de abril resuelve por unanimidad solicitar al Gobierno la derogación del RD de 26 de noviembre de 1926. Actas: 23 de abril de 1930. La respuesta, en forma también de Real Decreto, se produce el 15 de mayo de ese año y en él se deroga el RD referido. La Academia vuelve a adoptar sus estatutos de 1859.

exhortación a la elección de mujeres, uno de los aspectos, desde mi punto de vista, más interesantes del Decreto[11] y que no ha sido mencionado en ninguno de los estudios en los que se ha abordado esta cuestión. Este principio que se establece en su Exposición contravenía los acuerdos reglamentarios de 10 de febrero de 1853, que permitieron rechazar a Gertrudis Gómez de Avellaneda, y los de 28 de marzo y 2 de abril de 1912 que igualmente sirvieron para terminar con las aspiraciones de Emilia Pardo Bazán.[12]

Es revelador el hecho de que no haya ninguna referencia a esta exhortación ni en la documentación académica relativa al Decreto ni en la orden de derogación del Decreto. No obstante, hay que señalar que dos años después de la promulgación del Decreto (1928) entra en una terna[13] Blanca de los Ríos, escritora y especialista en autores del Siglo de Oro, especialmente en Tirso de Molina, junto con Agustín González de Amezúa y Ramón Pérez de Ayala para ocupar la vacante producida por la muerte de José Rodríguez Carracido.[14] Una propuesta demasiado temprana para la Academia: no salió elegida.

11 "Conviene también, en evitación de toda hermenéutica, establecer expresamente el principio de que son elegibles para todos los cargos de académicos, personas de ambos sexos, ya que ahora y siempre han sido eminentes los trabajos de insignes mujeres españolas, que dejaron honda huella en la literatura nacional". (RD de 26 de noviembre de 1926. Exposición).

12 El texto del oficio de respuesta que la Academia dirigió a Emilia Pardo Bazán rechazando la instancia de solicitud de ingreso lo reproduce García de la Concha (2014: 258).

13 Hasta ese momento, ninguna mujer había sido propuesta por académicos para formar parte de una terna (procedimiento habitual cuando hay más de un candidato para una plaza), lo que significa que la propuesta de mujeres como candidatas se regulariza. Véase la burla de Valera sobre esta cuestión en el estudio sobre las mujeres y la Academia de Pilar de Miguel Egea (2013: 155–156).

14 Zamora Vicente (1999: 493 y ss.), que refiere este hecho, no pone en relación la propuesta de Blanca de los Ríos con el RD de 26 de noviembre de 1926, ni tampoco alude a él en el capítulo Las mujeres en la Academia. Tampoco encontramos referencia al Decreto en otros autores que se han ocupado de esta cuestión (de Miguel Egea, 2013; García de la Concha, 2014).

2. La actividad de la Academia en la Guerra Civil

La actuación de Primo de Rivera fue casi anecdótica si la comparamos con la situación que tuvo que afrontar la Academia durante el tiempo que duró la Guerra Civil. Por el Decreto de 15 de septiembre de 1936[15], a propuesta del Ministerio de Instrucción Pública y Bellas Artes, quedaron disueltas las Academias[16] y todos los académicos cesados en sus funciones.[17] El edificio de la Academia y sus bienes quedaron incautados y custodiados por un retén de milicianos hasta el final de la guerra (Zamora Vicente, 1999: 459). En ese mismo decreto se aprobaba la creación de un Instituto Nacional de Cultura,[18] al que pasarían todos los bienes de las Academias disueltas y también sus asignaciones presupuestarias. Su organización en secciones[19], que recubrían los trabajos hasta ese momento realizados por las distintas Academias, y su funcionamiento quedaban regulados en el Decreto. Pero este Instituto nunca llegó a crearse ni tampoco el Gobierno de la República dio marcha atrás para restituir a las Academias su identidad y bienes. Como es bien conocido, el Gobierno de la zona nacional instalado en Burgos aprovechó este vacío institucional que dejaba la disolución de las Academias para crear el Instituto de España con la finalidad de reunir en él a las Reales Academias y dirigir su actividad científica, en cierto modo a semejanza del "Institut de France". La idea de crear un Instituto de España fue de Eugenio d'Ors pero no habría sido posible su realización sin la implicación directísima

15 *Gaceta de Madrid*, 16 de septiembre de 1936.

16 Academia Española, Academia de la Historia, Academia de Bellas Artes de San Fernando, Academia de Ciencias Exactas Físicas y Naturales, Academia de Ciencias Morales y Políticas y Academia Nacional de Medicina. Habían dejado de ser Reales Academias con la proclamación de la República (Zamora Vicente 1999: 459).

17 Sobre este decreto y el parecer de la Academia véase la interesante documentación del archivo de Menéndez Pidal y el análisis de Iglesias y Sánchez Ron (2013: 211) y García de la Concha (2014: 282–283).

18 Decreto de 15 de septiembre de 1936, art. 2°.

19 La sección de Lengua y Literatura mantiene el nombre de Academia Española.

de Pedro Sainz Rodríguez,[20] Delegado Nacional de Educación en aquel momento y posteriormente Ministro de Educación Nacional.[21] Entre los documentos que se conservan de Eugenio d'Ors en uno de ellos se refiere a la creación del Instituto de España y comienza de forma muy gráfica "Las Academias de España se habían quedado en medio de la calle".[22] No hace falta decir que la intención política de capitalizar toda actividad científica en favor de la ideología del bando nacional son más que evidentes. La legislación que regula el proceso, las comunicaciones privadas que se conservan, las manifestaciones públicas y la estética de la puesta en escena de todos los actos del naciente Instituto de España no dejan lugar a dudas. González González (2009) relata con detalle la génesis de este Instituto organizado y creado a golpe de decretos y órdenes. El primero de estos decretos[23] tiene como finalidad convocar a las Reales Academias[24] y una vez reorganizadas con nuevos criterios —por supuesto políticos—[25] proceder a reactivar su tradicional actividad a la que se añadirán, también por decreto, nuevos cometidos. Las órdenes de 14 y 16 de diciembre de 1937[26] ejecutan el anterior decreto y dispone quiénes y cómo van a llevar a cabo la reorganización de las Reales Academias. Después de la reunión del Comité de académicos del 27 de

20 Nunca publicó en *Legiones y Falanges*. Fue elegido académico de la RAE en 1938, silla c, y tomó posesión el 10 de junio de 1979.

21 La idea del Instituto de España la atribuye el propio Sainz Rodríguez a Eugenio d'Ors "había nacido [el Instituto] antes de ser yo ministro, creado por una de aquellas fantasías culturales de Eugenio D'Ors" (cito por González González, 2009: 9).

22 Eugenio d'Ors (1938b).

23 Decreto núm. 427 de 8 de diciembre de 1937.

24 Como se recoge en el Decreto, se les restituye a las Academias su consideración de Reales (art. 1) que la República les había arrebatado.

25 La finalidad política de toda esta organización no hay que suponerla porque es explícita en el propio decreto "cuyo renacer es con impaciencia esperado en la España Nacional". El vigente Real Decreto por el que se regula el Instituto de España (RD 1160/2010, de 17 de septiembre) también lo refleja: "No puede desconocerse que, en el momento histórico de su creación, también existió por parte del Estado una voluntad de control y tutela sobre la actividad de las Reales Academias".

26 BOE de 17 de diciembre de 1937.

diciembre de 1937 que se celebró en el Instituto de Nacional de Segunda Enseñanza de Burgos,[27] por el Decreto num. 436, de 1 de enero de 1938 se crea el Instituto de España y en Orden de la misma fecha se establece el procedimiento de constitución, en el que los académicos debían prestar juramento.[28] La primera sesión del Instituto de España se celebró en el Paraninfo de la Universidad de Salamanca el 6 de enero de 1938.[29] Por lo que se refiere a la constitución de la Real Academia Española, tomaron posesión nuevamente Eijo Garay, Ramón Cabanillas, Pío Baroja, Maura Gamazo, Resurrección María de Azkue, Salvador Bermúdez de Castro, Julio de Urquijo, Pío Baroja, González de Amezúa, Miguel Artigas, Fernández Flórez —electo— y Pemán —electo y nombrado director interino— (Zamora Vicente, 1999: 460; García de la Concha, 2014: 288).[30] En esa primera sesión fueron elegidos académicos de la RAE, por unanimidad, Manuel Machado, que leyó su discurso en la siguiente sesión y Pedro Sainz Rodríguez, que ingresó en 1979,[31] una irregularidad más derivada de la situación política.[32] Hasta el final de la guerra fueron doce

27 Actual Instituto de Enseñanza Secundaria Cardenal López de Mendoza. Esa reunión quedaba convocada en la Orden de 16 de diciembre de 1937.

28 En el Decreto de 8 de diciembre de 1937, art 6º se estipulaba 'juramento de fidelidad de cada Academia al Jefe del Estado y al régimen nacional que acaudilla' y se acordó la conocida y controvertida formulación propuesta por Eugenio d'Ors, aprobada en la Orden de 1 de enero de 1938.

29 Se conserva entre los documentos de Eugenio d'Ors parte del discurso original de su intervención, como secretario perpetuo del Instituto, en el primer acto titulado 'Apóstrofe al caudillo', cuyo contenido, como es de esperar por el título, es un panegírico de Franco. De él se hace eco el extenso artículo de ABC, 22/08/1939.

30 García de la Concha añade, además, que excusaron su asistencia "por enfermedad o accidente sobrevenido a última hora" Miguel Asín, Linares Rivas y Lorenzo Riber.

31 Zamora Vicente (1999: 463) señala que en la sesión de 30 de noviembre de 1939 Sainz Rodríguez entregó su discurso *Historia de la crítica literaria en España* para su revisión por parte de los censores. Ese discurso no es el que leyó en su ingreso cuarenta años después.

32 En el inicio de su propio discurso de ingreso, *La siembra mística del Cardenal Cisneros y las reformas de la Iglesia*, Pedro Sainz Rodríguez se disculpa por esta irregularidad que atribuye a su voluntario exilio portugués (en 1941). Sin embargo, la irregularidad es aún mayor, si se tiene en cuenta un dato muy significativo. En

las sesiones que celebró el Instituto de España y doce, por tanto, las sesiones en las que la Academia que había quedado en esa zona se reunió.[33] En mayo de 1939 la Real Academia Española volvió definitivamente a su sede, que había permanecido intacta.

3. La configuración de la Real Academia Española

La reanudación el 31 de mayo de 1939 de las sesiones académicas de la RAE en su sede de Felipe IV no significa una vuelta inmediata a la normalidad. La situación era muy distinta de la que había en el momento de disolución de las Academias al inicio de la guerra. Sin entrar en detalles, muchos académicos habían muerto en esos años, algunos, además, de forma trágica,[34] se habían exiliado otros, en su mayoría definitivamente,[35] y por supuesto, las intervenciones políticas en su organización interna continuaron durante años. La designación de directores fue una de las más claras y directas, hasta que en 1947 retomó el cargo de director Menéndez Pidal[36] y se volvió a la normalidad en la elección de los

el Decreto de 1 de enero de 1938, art. 8º figura Sainz Rodríguez como vicepresidente de la Mesa del Instituto de España y académico de la Academia Española. Recordemos que fue elegido, por unanimidad, en la primera sesión del Instituto, en Salamanca el 6 de enero de ese año. Esto hace suponer que la decisión estuviera ya tomada, pero no se había producido la elección académica.

33 Sobre las actas de esas doce sesiones y la actividad académica de ese período puede leerse el relato que de esos meses hace Zamora Vicente (1999: 460–463).

34 Basta pensar en el asesinato en los primeros meses de la guerra de Ramiro de Maeztu o en la muerte en el exilio de Antonio Machado.

35 Ramón Menéndez Pidal, Ignacio Bolívar, Niceto Alcalá Zamora, Tomás Navarro Tomás, Enrique Díez-Canedo, Salvador de Madariaga, Blas Cabrera y Antonio Machado. Solamente regresaron Menéndez Pidal y, mucho después, Madariaga.

36 García de la Concha (2014) dedica un capítulo a la vida de la Academia durante ese período y la posguerra. Lo titula con acierto De Menéndez Pidal a Menéndez Pidal, lo que refleja la situación anómala en la elección de directores de la RAE en los años de la guerra y los primeros años de la posguerra, por mandato legal o dirigidos desde el Gobierno.

cargos. También fue intervención directa la orden de dar de baja como académicos a Ignacio Bolívar, Niceto Alcalá Zamora, Tomás Navarro Tomás, Enrique Díez-Canedo, Salvador de Madariaga y Blas Cabrera. Únicamente tenemos constancia de esta orden por el acta de la sesión de 5 de junio de 1941 porque no se conserva el documento de la orden (Zamora Vicente 1999: 469 en nota) ni tampoco pasó nunca al BOE puesto que no hay rastro de ella. Como es bien conocido, la Academia jamás ocupó esas vacantes, actitud que la honra, y Madariaga pudo leer su discurso cuarenta años después de su elección, en 1976. Después del ingreso de Madariaga, leyó su discurso Pedro Sainz Rodríguez (1979), también exiliado por razones políticas aunque muy distintas ya que la ideología de ambos, como se sabe, era contraria. Suele considerarse que el ingreso de Madariaga cierra una etapa en la historia de la Academia. Su relevancia es indiscutible, ciertamente, pero creo que sería más correcto considerar normalizada la situación cuando de nuevo empiezan a elegirse académicos de cualquier signo político, sin presiones gubernamentales. La Academia había tardado décadas en recuperar la normalidad.

La actividad académica no se paralizó a pesar de la guerra, aunque, naturalmente, se vio afectada.[37] Es particularmente interesante y útil el apéndice que incluye García de la Concha (2014: 390 y ss.), organizado cronológicamente, en el que se pueden ver simultáneamente la situación histórica de la Institución y el trabajo desempeñado por ella a través de sus publicaciones. Pueden completarse algunos datos de ediciones de las obras gramaticales con los estudios de Garrido Vílchez (2008) y Torres Martínez (2012). Los años que tratamos en este estudio (justo antes y después de la guerra), corresponden al mandato como director de la Academia de Menéndez Pidal, con el intervalo correspondiente a la guerra y primera posguerra, en la que hubo varios cambios políticos en

37 Zamora Vicente (1999: 461 y ss.) refiere los trabajos que siguió realizando la Academia a pesar de las dificultades. García de la Concha (2014) también detalla en distintas partes del su libro los trabajos de la Academia en esos años.

su dirección.[38] La Academia desarrolló una intensa actividad lingüística y en 1925 publica la 15.ª edición del *Diccionario de la lengua española* (DRAE); en ese año se publica también el *Compendio de la gramática de la lengua española* (con varias ediciones en esos años)[39] y el *Epítome de analogía y sintaxis de gramática española para la primera enseñanza elemental* (también con una edición posterior en 1928). Es particularmente interesante la primera edición del *Diccionario manual*, con cuatro ediciones en el siglo XX, por lo que supone de innovación en la lexicografía académica. En 1928 y 1931 se publica la *Gramática*, y en 1931 también el *Epítome gramatical (morfología y sintaxis) para primera enseñanza*[40], publicado también en 1931 y 1938. Le edición de 1938 tiene un particular interés porque responde a la orden del Ministerio de Educación Nacional hecha al Instituto de España de redactar un epítome de análisis lógico y gramatical con aplicación a la lengua española.[41] De acuerdo con los datos de Carmen Diego Pérez (2000: 333) la Mesa del Instituto de España encarga a González de Amezúa y a Artigas la revisión de la Gramática y la Ortografía para su venta en septiembre, con el inicio del siguiente curso escolar. Efectivamente, estos académicos presentaron una nueva versión en septiembre de ese año y se publicó, con limitado éxito (Diego Pérez, 2000: 333–334). También se encargó a Artigas un texto de análisis gramatical. Es muy interesante la opinión que de modo confidencial expresa el propio ministro de Educación Nacional y académico Sainz Rodríguez sobre el *Epítome*, en una carta personal dirigida a Adolfo Maíllo García, inspector de enseñanza.

38 Fueron directores: Ramón Menéndez Pidal (1925–1938), José María Pemán (1938–1940), Francisco Rodríguez Marín (1940–1943), Miguel Asín Palacios (1943–1944) José María Pemán (1944–1947) y Ramón Menéndez Pidal (1947–1968).

39 Las referencias bibliográficas de todas las obras gramaticales de la Academia han sido reseñadas con detalle por Garrido Vílchez (2008). Remito a este trabajo para los detalles de las ediciones.

40 En realidad, es el mismo que el anterior puesto que se trata de la sexagésima edición, según consta en la publicación.

41 Orden de 11 de abril de 1938, art. 2º, firmada por Pedro Sainz Rodríguez, académico electo que conocía bien las obras de la Academia.

En un fragmento de esta carta, reproducido por Alted Vigil (1984: 223), Sainz Rodríguez considera que el *Epítome* 'en sus últimas ediciones ha tomado un cierto cariz científico' pero la opinión que tiene de ediciones anteriores no puede ser peor 'un verdadero desastre pedagógico, lingüista, académico, histórico y literario'.

El año 1933 tiene una especial relevancia porque se inicia el primer Diccionario histórico. En ese año se publicó el primer volumen y en 1936 el segundo volumen. También en la década de los treinta y a pesar de la guerra se publica la decimosexta edición del DRAE (1933–1939). Entre estas fechas y hasta 1947, año en el que se publica la siguiente edición del DRAE, la decimoséptima edición, la Academia no publica ninguna obra.

4. *Académicos que escriben en* Legiones y Falanges

Vista la situación política y la configuración de la Academia en esos años, no resulta sorprendente que algunos de sus miembros escribieran artículos que publicaron en la revista *Legiones y Falanges*, del mismo modo que lo hacían en otras revistas de la época como *Escorial* o *Vértice*. En todo caso, los artículos publicados en la revista por académicos de la RAE no son específicamente de contenido político, a pesar del origen y orientación fascista de la publicación. Bien es cierto que en algunos de ellos, como veremos, sin ser político el tema elegido, se ve con claridad la ideología que la inspira, en otros no hay el menor rastro ideológico, como en el artículo de Julio Casares, de contenido netamente lingüístico. También hay que señalar que, aunque estamos viendo esta producción desde la perspectiva de la pertenencia de los autores a la RAE, en realidad, la mayoría de estos artículos no están publicados como parte directa de la actividad que desarrollan en la Academia sino como parte de su actividad intelectual habitual.

Revisando la colección completa de la revista podemos establecer la nómina de autores académicos en aquel momento que publicaron en ella. Escribieron en *Legiones y Falanges* Azorín,[42] Eugenio d'Ors,[43] Ángel González Palencia,[44] Manuel Machado,[45] José María Pemán[46], Julio Casares[47] y Wenceslao Fernández Flórez (electo).[48] Azorín publicó en la revista seis artículos «El viaje de Italia» (*Ls/Fs*, 8–9, I, 1941, 7–8), «Las nubes» (*Ls/Fs*, 10, I, 1941, 1), «Serenidad en Bolonia» (*Ls/Fs*, 13, I, 1941, 24–25), «Tragedias españolas» (*Ls/Fs*, 16, II, 1942, 13),

---

42 José Martínez Ruiz («Azorín»). Monóvar (Alicante), 1873-Madrid, 1967. Silla P. Tomó posesión el 26 de octubre de 1924 con el discurso titulado *Una hora de España. (Entre 1560 y 1590)*. Le respondió, en nombre de la corporación, Gabriel Maura Gamazo.

43 Eugenio d'Ors. Barcelona, 1882–1954. Sección catalana. Tomó posesión como académico regional el 29 de abril de 1938 con el discurso titulado *Humanidades y literatura comparada*. Le respondió, en nombre de la corporación, José María Pemán. La elección de Eugenio d'Ors se produjo el 10 de marzo de 1927, junto con la de los otros siete académicos de las secciones especiales, plazas que, como ya se ha dicho, fueron creadas por decreto. Cuando E. d'Ors leyó el discurso de ingreso en Sevilla, ya en plena Guerra Civil, esas plazas se habían extinguido, lo que creó una confusa y anómala situación (Zamora Vicente, 1999: 292 y ss.).

44 Ángel González Palencia. Horcajo de Santiago (Cuenca), 1889-Madrid, 1949. Silla k. Tomó posesión el 30 de junio de 1940 con el discurso titulado *Pedro de Medina y sus obras*. Le respondió, en nombre de la corporación, Miguel Artigas y Ferrando.

45 Manuel Machado Ruiz. Sevilla, 1874-Madrid, 1947. Silla N. Tomó posesión el 19 de febrero de 1938 con el discurso titulado *Unos versos, un alma y una época*. Le respondió, en nombre de la corporación, José María Pemán. La elección de Manuel Machado como académico se produjo en la primera sesión del recién creado Instituto de España, celebrada el 5 de enero de 1938 en Salamanca. El discurso de ingreso lo pronunció en el antiguo convento de San Telmo de San Sebastián en la segunda sesión del Instituto de España. (García de la Concha 2014: 288–289).

46 José María Pemán y Pemartín. Cádiz, 1897–1981. Silla i. Tomó posesión el 20 de diciembre de 1939 con el discurso titulado *Del sentido civil y su expresión en la poesía española*. Le respondió, en nombre de la corporación, Lorenzo Riber.

47 Julio Casares Sánchez. Granada, 1877-Madrid, 1964. Silla J. Tomó posesión el 8 de mayo de 1921 con el discurso titulado *Nuevo concepto del diccionario de la lengua*. Le respondió, en nombre de la corporación, Antonio Maura y Montaner.

48 Wenceslao Fernández Flórez. La Coruña, 1885-Madrid, 1964. Silla S. Aunque fue elegido en 1934 no ingresó hasta 1945. Tomó posesión el 14 de mayo de 1945 con el discurso titulado *El humor en la literatura española*. Le respondió, en nombre de la corporación, Julio Casares.

«Aventura en Tarragona» (*Ls/Fs*, 21, II, 1942, 10–11), «Mar de Levante. Sus pescadores» (*Ls/Fs*, 28, III, 1943, 6–7). Publicó tres artículos en *Legiones y Falanges* Eugenio d'Ors, «Necesidad de una Enciclopedia Nueva» (*Ls/Fs*, 4, I, 1941, 4–5), «Tozzi y los tozzianos» (*Ls/Fs*, 13, I, 1941, 10–11), «Italiani e spagnoli nella pittura moderna» (*Ls/Fs*, 20, II, 1942, 28–29). Los artículos que publicó Ángel González Palencia fueron dos, «Los orígenes de la poesía lírica romance» (*Ls/Fs*, 17, II, 1942, 6–7) y «El embajador y las mujeres» (*Ls/Fs*, 26, III, 1943, 6–8). Manuel Machado también publicó solamente dos artículos, «Madrid, 1900. D. Francisco Villaespesa y el Modernismo» (*Ls/Fs*, 14, I, 1941, 6–7)[49] y «Luces de antaño» (*Ls/Fs*, 25, II, 1942, 12–13). Solamente colaboraron con la revista en una ocasión José María Pemán, «Lección mediterránea para ver y hablar» (*Ls/Fs*, 23, II, 1942, 14–15), Wenceslao Fernández Flórez (*Ls/Fs*, 17, II, 1942, 16), «Acerca del humor»[50] y Julio Casares, «Escarceos semánticos» (*Ls/Fs*, 29, III, 1943, 18), en uno de los números finales de la revista (enero), cuya última publicación fue en junio de 1943.

También publicaron en *Legiones y Falanges* autores que años después fueron elegidos académicos, pero ya en esos momentos desarrollaban una intensa actividad intelectual. Julio Caro Baroja, Cela, Melchor Fernández Almagro, Agustín de Foxá, Gerardo Diego, Martín de Riquer y Juan Antonio de Zunzunegui escribieron artículos que publicaron en el breve tiempo de Legiones y Falanges.[51]

49 Cita este artículo José Andújar Almansa (2004: 59).

50 Precisamente, su discurso de ingreso versó sobre este tema.

51 El manifiesto ideológico de la revista fue una colaboración de Agustín de Foxá y Giuseppe Lombrassa "Italia y España" (Ls/Fs, 1, I, 1940). Caro Baroja publicó 'Algunas fiestas populares de la vieja España' (Ls/Fs, 14, I, 1941, 30–31). Cela únicamente publicó un artículo, 'Un recuerdo de Maese Ruperto' (Ls/Fs, 29, III, 1943, 30–31, 27); Agustín de Foxá: "Mentón italiano" (Ls/Fs, 5, I, 1941, 6); Melchor Fernández Almagro: "Maschere e scene. Teatro spagnolo ieri e oggi" (Ls/Fs, 9, I, 1941, 41–43 (edición italiana); Teatro español de ayer y de hoy (Ls/Fs, 8–9, I, 1941, 24–25); "Universalidad y universalismo de don Juan Valera" (Ls/Fs, 14, I, 1941, 12–13); "Valle Inclán y Roma" (Ls/Fs, 3, I, 1941); "Perfiles de Alarcón" (Ls/Fs, 8, I, 1942, 14–15); "Zorrilla poeta nacional" (Ls/Fs, 21, III, 1943, 10–11); Gerardo Diego: "Proceso de una imagen" (Ls/Fs, 30, III, 1943, 13); Martín de

5. La lengua y la Academia en *Legiones y Falanges*

De los artículos publicados por académicos en la revista, desde el punto de vista de su interés lingüístico, tanto por lo que tratan como por lo que sugieren, solamente son tres los artículos que pueden considerarse desde esta perspectiva: «Necesidad de una Enciclopedia Nueva» (Ls/Fs, 4, I, 1941, 4–5) de Eugenio d'Ors; «Escarceos semánticos» (Ls/Fs, 29, III, 1943, 18) de Julio Casares y «Lección mediterránea para ver y hablar» (Ls/Fs, 23, II, 1942, 14–15) de José María Pemán. Se trata de tres artículos que, verdaderamente, nada tienen que ver entre ellos, ni en su concepción ni tampoco en su contenido. Sin duda, el único artículo que es plenamente lingüístico y que refleja el trabajo de la Academia en sus obras lexicográficas es el artículo de Julio Casares. El artículo de Eugenio d'Ors, de signo muy distinto, presenta un proyecto lexicográfico, bastante ajeno, por los demás, a la obra de la Academia, puesto que la RAE nunca ha acometido trabajos enciclopédicos. Como veremos, la cuestión es más compleja y excede el propio marco de la Academia, aunque la Institución se viera involucrada momentáneamente en el proyecto. En cuanto al artículo de Pemán, no es un artículo lingüístico pero presenta, sin embargo, algunas reflexiones algo superficiales sobre la lengua y las palabras hechas desde presupuestos no lingüísticos. De los artículos de Eugenio d'Ors y de Casares nos ocuparemos con más detalle pero no entraremos a analizar el artículo de Pemán porque, en realidad, son comentarios sobre la lengua hechos al margen de las teorías lingüísticas, nada sorprendente porque Pemán tampoco era lingüista.

Riquer: "Las primeras traducciones de la COMMEDIA" (Ls/Fs, 21, II, 1942, 12–13); Juan Antonio de Zunzunegui: "Ramón de Basterra (El hombre)" (Ls/Fs, 17, II, 1942, 14–15); "Ricordi di Bilbao" (L/F, XX, I, 1941, 14–15 (edición italiana); "¿Qué es Vasconia?" (*Ls/Fs*, 12, I, 1941, 28–29).

5.1 'Necesidad de una Enciclopedia Nueva' de Eugenio d'Ors

Este es el primero de los tres artículos que publicó Eugenio d'Ors *en Legiones y Falanges*[52] y el único no dedicado a la Historia del arte. No se trata de un artículo completamente desconocido puesto que lo cita Rodríguez Puértolas (2008: 519),[53] pero al margen de esta referencia no tenemos ninguna otra ya que no está registrado ni siquiera en su bibliografía oficial.[54]

La propia estética del artículo[55] induce a pensar que esa nueva enciclopedia es una obra que va a acometer la Real Academia. Una foto de la sede de la Academia en la calle Felipe IV, que ocupa media página, precede al título del artículo 'Necesidad de una Enciclopedia Nueva'. La combinación de imagen y título es elocuente y la asociación de ideas inmediata. Sin embargo, en el texto, no hay ninguna referencia ni explícita ni implícita a la Academia, algo que sorprende. Antes de entrar en el proyecto de la enciclopedia, Eugenio d'Ors hace una pequeña introducción en la se refiere a diferentes compendios de saber

52 También tenemos referencia a la obra de d'Ors en el artículo de Ettore De Zuani "Caracteres de la Nueva Literatura española", (Ls/Fs, 4, I, 1941, 37–38) y en él se incluye una foto de d'Ors como secretario perpetuo del Instituto de España. Adriano del Valle publicó, además, un artículo sobre Eugenio d'Ors en Venecia en el que se refiere a él utilizando uno de sus seudónimos: "Venecia y Octavio de Romeu" (Ls/Fs, 16, II, 1942, 32–33).

53 Rodríguez Puértolas (2008) en su obra se ocupa ampliamente de la figura de Eugenio d'Ors, a quien considera el primer intelectual del Régimen tras la guerra (2008: 517). El artículo que nos interesa lo analiza como un exponente más de su ideología, una 'muestra de los afanes cultural-fascistas de Eugenio d'Ors' pero nada dice del proyecto en sí.

54 De los otros dos artículos publicados en la revista también 'Italiani e spagnoli nella pittura moderna' y «Tozzi y los tozzianos» tenemos noticia bibliográfica reciente (Ara Fernández, 2009) y una referencia no completa en un artículo de Rafael Santos Torroella (1991).

55 El artículo incluye dos fotos, la primera de ellas es de la sede de la RAE (p. 4) y la segunda (p. 5) del anfiteatro romano de Itálica. Ninguna de las dos fotos es gratuita, la de la Academia por la relación implícita que d'Ors quiere establecer y la segunda por el uso de elementos imperiales, en particular de Roma, como símbolos de la 'Cultura nueva' a la que se refiere D'Ors en el propio artículo.

antiguos y modernos que apoyarían la necesidad de esa nueva enciclopedia, fundamentalmente dos obras dieciochescas,[56] el *Diccionario filosófico portátil* de Voltaire y la *Enciclopedia* de Diderot y D'Alembert. El interés de d'Ors por la obra volteriana se debe, precisamente, a la variedad y amplitud de los temas que trata con una forma que hace accesible su contenido. Esta accesibilidad es, como veremos, un requisito de esa nueva enciclopedia.[57] D'Ors se considera deudor de esta obra de Voltaire[58] y la reconoce como modelo de su *Glosario*,[59] en el que desarrolla un género, el de la glosa, que nada tiene de lexicográfico sino que, como él mismo sugiere refiriéndose a la obra de Voltaire, es una forma breve, periodística[60] que permite la discusión 'despreocupada' de cuestiones de muy diversa índole, y que, en definitiva, tiene un claro carácter enciclopédico. La otra obra que toma d'Ors como referente es la *Enciclopedia*, lo que dada su fascinación por el siglo XVIII es coherente con sus planteamientos pero no con el panorama general de obras enciclopédicas que se publicaban en el primer tercio del siglo

56 La admiración de Eugenio d'Ors por el siglo XVIII recorre muchos momentos de su extensa obra y las referencias a él son frecuentes, tanto en sus escritos como en sus declaraciones. Véase, por ejemplo, su glosa 'Muy siglo XVIII' (recogida parcialmente en d'Ors, 1920) en la que define lo que significa para él el siglo XVIII y también Gasset y Dorado (1928).

57 Al referirse al Diccionario de Voltaire, Eugenio d'Ors dice 'donde los problemas eternos o las cuestiones de circunstancias, la libertad del albedrío humano o las virtudes medicinales de la brea, la política de Aristóteles o la física de Newton eran discutidas de manera asequible a cualquier lector leído: con los encantos todos de la variedad y de la novedad: en forma breve, despreocupada, alacre y, por decirlo así periodística' Nueva' (Ls/Fs, 4, I, 1941, 4–5). Francisco Umbral consideró la glosa como uno de los dos géneros literarios del siglo XX (Umbral, 2001: 57). De hecho, es considerada actualmente uno de los géneros didáctico-ensayísticos (García Berrio y Huerta 1992: 219). Según Trapiello, la esencia de la glosa 'es el puro barroquismo' (1994: 168).

58 D'Ors afirmaba que lo había leído con nueve años y desde los veinte años había intentado imitarlo (Ardavín, 2005: 16, nota 42, citando *Confesiones*).

59 El Glosario, es en realidad, una obra abierta que no se cerrará definitivamente hasta que se publiquen todas las glosas de d'Ors. Las primeras glosas que aparecieron en la prensa son de 1904, pero la primera edición fue en 1907 en catalán.

60

XX. D'Ors considera que a la *Enciclopedia* del XVIII debe oponerse una enciclopedia del siglo XX «oportunos documento y lección para quienquiera aspire a la conciencia de lo actual y en los trabajos para el mañana» (p. 5). Ignora, conscientemente sin duda, el panorama europeo en lo que se refiere a la publicación de enciclopedias, muy activo en esos años. No hay referencia a ninguna enciclopedia moderna salvo en el caso italiano, que cita, aunque no literalmente, y no por razones metodológicas sino ideológicas, ya que esa es la enciclopedia conocida como Enciclopedia fascista (así en Rodríguez Puértolas, 2008: 519). En los años previos a la publicación del artículo de d'Ors se publicaron enciclopedias en todos los países del entorno europeo. Se publicó la decimocuarta edición de la *Encyclopedia Britannica* (1926–1929). La decimoquinta edición de la enciclopedia alemana *Brockhaus Enzyklopädie* se publicó en 22 volúmenes entre 1928 y 1939. Esta enciclopedia dominó todo el siglo XIX y el XX en Alemania y se ha seguido editando en lo que llevamos de siglo. En Francia, la *Larousse du XX*[e] *siècle* se publicó en seis volúmenes entre 1923 y 1933. En 1935 se inicia la publicación del diccionario enciclopédico *Grande Enciclopédia Portuguesa e Brasileira* (1935–57) en 37 volúmenes y tres de apéndices (1957–1960). Italia, como hemos señalado, no fue en absoluto ajena a este corriente y entre 1929 y 1937 se publicó *la Enciclopedia italiana di scienze, lettere ed arti*, en 36 volúmenes (35 de texto y uno de índices). Esta enciclopedia se inició en 1925 y los apéndices se publicaron entre 1937 y 1960. Por último, en España se publicó la *Enciclopedia Universal Ilustrada Europeo-Americana* (Enciclopedia Espasa) entre 1905 y 1930 en 70 volúmenes (72 tomos) y a partir de ese año se suceden las ampliaciones.

¿Qué sentido tenía una nueva enciclopedia en ese panorama y qué papel desempeñaba en el proyecto la Real Academia Española? El propósito del proyecto lo plantea d'Ors en el artículo y es cubrir la necesidad «de una articulación ecuménica de los principios y de los conocimientos, dictados los unos, acentuados los otros por la Cultura nueva». Esa nueva corriente cultural se basa en conceptos como imperio y cultura única compartida por distintas naciones (Rodríguez Puértolas, 2008: 520–521). La selección de la segunda foto que ilustra el artículo (ver nota 55) responde a esta idea de cultura que aborda en lo que podría considerarse la segunda parte del artículo, aunque no hay una estructura formal que así lo indique. Termina el artículo con una referencia, nada sorprendente en d'Ors pero si curiosa en la formulación, al papel del catolicismo con la sugerencia de que en la cubierta de la enciclopedia apareciera la imagen de la Cúpula de San Pedro «*ónfalo*[61] del mundo».[62] La finalidad ideológica de una Enciclopedia Hispánica al modo de la Enciclopedia Italiana[63] es inequívoca.

En cuanto al papel de la Academia, el artículo es completamente opaco a este respecto y la respuesta, en realidad, está fuera de él. Las actas de la Academia desde que las sesiones vuelven a celebrarse en su sede de Felipe IV y el año de la publicación del artículo (1941) no se refieren en ningún momento a la elaboración de una enciclopedia, lo que, como dijimos, nada tiene de extraño porque en su trayectoria la Academia nunca ha acometido este tipo de trabajos por voluntad propia.[64] Y digo bien *por voluntad propia* porque por decreto se vio envuelta en este proyecto asignado al Instituto de España justo al término de la Guerra Civil. Por el Decreto de 26 de abril de 1939, que regulaba las

---

61 La cursiva es de Eugenio d'Ors.

62 La introducción de símbolos en las encuadernaciones de obras consideradas fundamentales no es nueva en este contexto. Esta propuesta recuerda mucho al texto de la Orden de 1 de enero de 1939, III, en la que se establecía que el ejemplar del *Quijote* que debía estar junto al texto de la Vulgata en el juramento académico de toma de posesión debía tener en su cubierta el yugo y las flechas: 'un ejemplar del 'don Quijote de la Mancha' con cubierta ornada con el Yugo y las Flechas'. En la reunión en la que se habían tomado estas decisiones (Burgos, 27 de diciembre de 1937), estuvo presente Eugenio d'Ors y es en la que se decidió también la fórmula del juramento, atribuida a él.

63 'Encilopedia Italiana, Enciclopedia Hispánica, al igual que las de otros pueblos'. Se refiere a la *Enciclopedia italiana di scienze, lettere ed arti*, publicada en 36 volúmenes (35 de texto y uno de índices), y editada entre 1929 y 1936. Esta enciclopedia se inició en 1925 y los apéndices se publicaron entre 1937 y 1960. Uno de sus autores fue Giovanni Gentile, ideólogo del fascismo italiano.

64 Agradezco sinceramente a Elvira Fernández del Pozo y Merino, directora del archivo de la Real Academia Española, la ayuda que me ha prestado en todo momento en la consulta de actas y búsqueda de información indispensable para la realización de este estudio.

funciones del Instituto de España en materia científica, se crea, además de diversos centros de investigación, un "Servicio para la realización de la Enciclopedia Hispánica". He aquí el origen oficial de la nueva Enciclopedia, esa Enciclopedia Hispánica que refiere d'Ors en *Legiones y Falanges*. La repercusión mediática de este proyecto fue grande porque es objeto de atención por parte del periódico ABC en un detallado artículo publicado el 22/08/1939. La enciclopedia tendría una organización con doble Dirección General, una Secretaría general, y un Cuerpo de redacción y ordenación formado por representantes de cada una de las reales Academias. Contaría, además, con un amplio cuerpo de colaboradores, pertenecientes o no a las Reales Academias, a las cuales sería encargado el concienzudo establecimiento de cada artículo. Además, se preveía la creación de Comisiones especiales entre las que estaban el Diccionario geográfico de España, el *Diccionario Biográfico universal*; el *Vocabulario técnico*, en combinación con las instituciones internacionales que se ocuparían de la fijación de la terminología; el *Vocabulario filosófico* y, además, una comisión de iconografía nacional.

El Instituto de España quería que el proyecto se pusiera en marcha cuanto antes. Sin embargo, en 1941 seguía siendo un proyecto, a juzgar por el artículo de Eugenio d'Ors y el discurso del académico Pedro de Novo y Fernández Chicarro a quien ese año de 1941 el Instituto de España le encomendó el discurso de la Fiesta del libro[65] titulado *Perspectiva de una enciclopedia nacional*, que se publicó también. Novo era en esos momentos redactor-jefe del Diccionario Tecnológico[66] y representante de la Real Academia de Ciencias Exactas Físicas y naturales en la Enciclopedia Hispánica. Al leer hoy el discurso de Novo se comprende que el tema elegido no es casual y conocía muy de cerca

65 Este acto del 23 de abril lo conmemoraban las Academias desde 1926, a iniciativa del académico de la RAE Rafael Rodríguez Marín en homenaje a Cervantes. Quedó interrumpido en los años de la guerra y retomado en 1940, el año anterior a este discurso, según refiere Novo (1941: 7–8).

66 Concebido hacia 1920 y dirigido por Torres Quevedo hasta su muerte en 1936. Torres Quevedo fue también académico de la Española, Silla N (tomó posesión el 31 de octubre de 1920). Sobre este proyecto y otros de terminografía es particularmente interesante el estudio de Álvarez de Miranda (2008).

este proyecto porque en realidad sigue, en cierto modo, el hilo argumental del análisis de d'Ors (publicado unos meses antes) en relación a la *Enciclopedia*, a San Isidoro y a la *Enciclopedia Italiana*, en esta ocasión identificada explícitamente como "Treccani". El discurso de Novo contiene interesantes datos sobre el trabajo enciclopédico y las ideas imperialistas con las que algunos autores conciben estos proyectos en el primer tercio del siglo XX. En cuanto a lo que nos interesa, el grado de realidad de este proyecto de la nueva Enciclopedia y la participación en él de la Real Academia Española, Novo (1941: 22) deja claro cuál debe ser su contenido. No tiene que tener esa Enciclopedia carácter léxico «sino que es acertado aligerarla de modismo, adverbios y derivados obvios, modos adverbiales, etc., que deben buscarse en el diccionario de la Española, del que será complemento la Enciclopedia». Termina su discurso no con un alegato de defensa científica del proyecto sino de necesidad política, que es claramente la finalidad que siempre estuvo detrás de este proyecto que nunca se realizó. La inmediatez que reclamaba el Instituto de España no concuerda ni con el discurso de Novo ni con el artículo de Eugenio d'Ors, en lo que se ve que esa Enciclopedia Hispánica solicitada por Decreto al Instituto de España empezaba a ser un deseo más que un proyecto. El silencio de la Academia en sus actas así lo confirma.

¿Qué es lo que había ocurrido para que el proyecto se diluyera tan rápidamente? Directamente, por la ausencia de documentación existente, parece que no ocurrió nada pero desde mi punto de vista hay dos hechos que explican el abandono del proyecto, a pesar de los deseos de continuidad de d'Ors. Se trata de dos circunstancias estrechamente relacionadas y que marcaron la historia científica y cultural de España en el siglo XX. Me refiero al relevo en el Ministerio de Educación Nacional en 1939 de Pedro Sainz Rodríguez y a la creación, también por Decreto, claro está, del Consejo Superior de Investigaciones Científicas. El relevo ministerial, al margen de las consideraciones políticas que lo provocaron, tuvo unas consecuencias inmediatas en el organigrama y decisiones del Ministerio. La creación del Consejo, que no dejó de ser bastante compleja (Malet 2008) introdujo rápidos cambios en la política científica del Estado. Sin entrar en detalles, supuso que los proyectos de investigación y los institutos que los asumirían dependerían directamente del Consejo y no del Instituto de España, como estaba establecido. El Instituto de España pasaría a ser un mero órgano de coordinación de las Reales Academias, sin la función supraacadémica que tenía y sin la *misión* científico-política que se le había encomendado inicialmente. Aunque en ningún documento, al menos de los que he podido consultar, se menciona explícitamente el futuro de la Enciclopedia Hispánica, está claro que en la organización científica del Consejo no tenía cabida tal y como estaba concebida. El interés político que animaba el proyecto no superó la nueva orientación que tomaba la investigación en España, a pesar de que en muchos aspectos era marcadamente política.

El proyecto de la Enciclopedia Hispánica debió languidecer en tierra de nadie. El artículo de Eugenio d'Ors parece un intento de mantenerlo vivo e implicar en él, de alguna manera, a la Academia que con la nueva situación del Instituto de España debió sentirse exonerada de esa carga tan ajena a su trabajo lingüístico habitual.

5.2 'Escarceos semánticos' de Julio Casares

El artículo de Casares (*Ls/Fs*, 29, III, 1943, 18) nada tiene que ver con el de Eugenio d'Ors y es verdadero reflejo del trabajo lexicológico que se transforma en lexicográfico para la redacción de los diccionarios académicos. En la bibliografía de Casares (Martínez Maroto, 2005)[67] no se da cuenta de este artículo ni tampoco en la página oficial hay referencia alguna a esta publicación. Sí hay una referencia imprecisa del propio Julio Casares en un artículo suyo publicado un año después (1944: 71) en el que se refiere a los italianismo *revesino* y *runfla*: «[…], tal vez le habría interesado [al joven investigador] leer lo que escribí en otra ocasión acerca del *revesino* y de la *runfla*». Esa ‹otra ocasión› es, sin género de dudas, el artículo de *Legiones y Falanges*.

67 Martínez Maroto (2005) presenta en su tesis, además de una detallada bibliografía comentada de los trabajos de Casares, un estudio de su obra, en particular, lexicográfica y académica.

La elección del tema, etimología y nuevos significados del italianismo *runfla*, no es aleatoria y está sutilmente en consonancia con la publicación, en el sentido de que Ls/Fs fue un proyecto conjunto de España e Italia (Llorens, 1995). Ignoro por completo los motivos por los que Casares eligió esta revista para publicar uno de sus artículos porque no dispongo de ningún dato que pueda aclararlo. Rodríguez Puértolas (2008: 980) incluye brevemente a Casares en su estudio sobre la literatura fascista por dos motivos: en primer lugar, una alocución a la América española referida por *Arriba* (29/06/39), diario en el que se alude a él como «nuestro camarada Julio Casares», de cuyo contenido tampoco da más datos, y, en segundo lugar, por ser colaborador de *Legiones y Falanges.* Del citado discurso no dispongo de otros datos que los aportados por Rodríguez Puértolas; en cuanto a su colaboración en *Legiones y Falanges* su único artículo es el que citamos y no es en absoluto una colaboración de contenido político, aunque la revista lo sea. García Girón (2005: 191–193) considera, por el contrario, que existen argumentos para no vincular a Julio Casares a la Falange, aunque más parece una opinión que una argumentación basada en los escritos de Casares, publicaciones o testimonios de la época.

Al margen de cualquier interpretación política que pueda hacerse derivada de la situación general y de la orientación de la publicación, el artículo es una muestra clara del reflejo de la actividad académica del momento, y también de ahora, en vísperas de publicarse la 23.ª edición del DRAE, aunque los medios de los que dispone la Academia y sus métodos de trabajo hayan cambiado radicalmente. Creo que no hace falta insistir en que Julio Casares ha sido uno de los lexicógrafos más importantes del siglo XX en España, tanto por su *Diccionario ideológico*, obra no superada todavía hoy en nuestra lexicografía, como por sus trabajos metalexicográficos y también, sin duda, por su trabajo en la lexicografía académica, que es la faceta que nos interesa en este momento. Como señala Zamora Vicente (1999: 163), «la terea de Casares en la Academia es de primer orden». Elegido Secretario de la Institución en 1936, cuyo cargo pasó a ser perpetuo en 1939, Julio Casares promovió la creación del Seminario de Lexicografía con la finalidad de redactar el *Diccionario histórico*, que fue una realidad entre 1946–1996, año en el que se suspendió el Seminario y el proyecto tal y como había sido concebido y ejecutado hasta ese momento (Zamora Vicente 1999; Seco, 1980, 2013; García de la Concha, 2014). Pero la labor de Casares como Secretario de la Academia no se limitaba al Diccionario histórico, por importante que fuera este proyecto, sino que intervenía en otros proyectos, como la Ortografía (Martínez Maroto, 2005) y directamente, claro está, en la redacción del *Diccionarios usual,* labor que siempre ha estado muy ligada a la Secretaría académica.[68]

El estudio lexicológico de Julio Casares sobre runfla parte de la definición de la 16.ª edición del DRAE (1936–1939):

> **Runfla.** f. fam. Serie de varias cosas de una misma especie.

Esta definición procede de la 10.ª edición (1852), en la que se enmendó la definición de *Autoridades*

> **RUNFLA.** s. f. La multitud de un mismo género, o especie de cosas, que están una en pos de otra. Latín. *Series. Copia.* CAST. SOLORZ. Trap. cap. 6. Y entre ella un Alguacil, que se suele aparecer en tales ocasiones, trahiéndose de runfla un Escribano y dos corchetes. SOLIS, Poes. pl. 217. *Que se vuelven en erres las eles, y toda la runfla del A. B. C.*

En la definición de la décima edición se ha dejado uno solo de los dos significados de *Autoridades*, puesto que se ha eliminado el significado de 'multitud'. Pero el fichero de la Academia (FRAE), a pesar de las deficiencias de aquellos años (García de la Concha, 2014: 298–299) proporcionaba nueva información que no se había recogido en ninguna de las ediciones precedentes. El punto de partida del estudio de Casares fue la información semántica procedente de América sobre 'runfla' no

68 Martínez Montoro (2005: 45) atribuye la intervención de Casares en las ediciones 17.ª, 18.ª y 19.ª del DRAE a su labor como director del Seminario. No obstante, hay que tener presente que los trabajos del Diccionario Histórico y del Diccionario Usual estaban, y están, claramente diferenciados en la Academia. La Secretaría de la Academia tradicionalmente se ha encargado de la supervisión de todos los trabajos académicos y el Secretario es quien se ocupa directamente de la lexicografía del pleno para el DRAE y de algunas comisiones especiales del Diccionario.

registrada en la 16.ª edición del DRAE y que figuraba en el diccionario de americanismos, que no cita específicamente: 'Runfla en Argentina, Ecuador y Venezuela, vale tanto como turba, muchedumbre de personas. Muy probablemente ese diccionario fuera el de Malaret (1931), quien consigna esas mismas localizaciones geográficas y significado, además de su etimología.

La imagen fotográfica que ilustra la página que la web de la Academia dedicada a Julio Casares no puede ser más adecuada para explicar el trabajo que realizó Casares para este artículo. Se puede ver en la fotografía a Casares consultando el impresionante fichero de la Academia (FRAE) que viste paredes y forma pasillos, ahora digitalizado y puesto a disposición de todo aquel que quiera abrir sus virtuales cajones.[69] Las fichas que consultó allí con textos de Gracián, Hidalgo, Torres Villarroel, Castillo Solórzano, Hartzenbuch, el padre Isla, entre otros, allí siguen junto a otras muchas cédulas introducidas posteriormente. Casares los cita directamente como testimonio de los nuevos significados que propone y que han pervivido en América cuando ya en España dejaron de usarse. Los materiales con los que trabajó Casares, que ahora casi nos parecen pocos, permitieron ese magnífico artículo lexicológico de *Legiones y Falanges*, traspapelado durante muchos años.

Sin embargo, hasta la edición del DRAE de 1970 no se produjo la enmienda al artículo.

> **runfla.** (Del it. *ronfia*, juego de naipes). f. Cierto juego de naipes. || **2.** Naipe que es triunfo en este juego, o conjunto de los de un mismo palo. || **3.** fig. Serie de varias cosas de una misma especie. || **4**. fig. Muchedumbre de personas o cosas.

Ignoro la causa por la que ese trabajo lexicológico tardó tanto en convertirse en lexicográfico, pero sí conocemos el detonante de la enmienda. La cédula 119 de runfla en el FRAE contiene información sobre esta cuestión. Se trata de un recorte de artículo de periódico de Quito, sin identificación del autor, en el que quien escribe echa de menos que no se haya producido en la edición de 1956 la enmienda de la palabra runfla, a pesar de haber sido estudiada por Casares hace tiempo. En esa ficha

69 <http://www.rae.es/recursos/banco-de-datos/fichero-general>.

aparece con un sello azul la palabra Comisión y la fecha 7 NOV 1958, lo que supone que pasó por una comisión académica que lo estudiaría para dar su aprobación de enmienda a la entrada **runfla**. Cuando salió la 19.ª edición en 1970 Julio Casares había muerto pero su trabajo léxico había quedado ya en el Diccionario. A la vista de la documentación actual, no solamente del FRAE sino del extenso banco de datos académico, el artículo runfla necesitaría ser nuevamente revisado y enmendado, pero no es este el objetivo de este breve trabajo. 'Escarceos semánticos' es uno de los artículos que Casares publicó con el fin de acercar el trabajo de la Academia a la sociedad, una avanzadilla de la serie de artículos que aparecieron entre 1959 y 1963 en el diario ABC en un espacio llamado «La Academia trabaja», aunque el que tratamos no es especialmente de divulgación.

El breve recorrido que tuvo *Legiones y Falanges* no impidió que la revista tuviera destacados colaboradores entre los que no pocos eran o fueron después académicos, y no solo con su firma en la que se identifican como miembros de la Academia sino con sus artículos dejaron fiel huella de la actividad académica.

Referencias bibliográficas

ABC 22/08/1939. La labor del Instituto de España.

ALTED VIGIL, A. (1984) *Política del nuevo Estado sobre el patrimonio cultural y la educación durante la guerra civil española* Madrid, Madrid: Centro Nacional de Información Artística, Arqueológica y Etnológica.

ÁLVAREZ DE MIRANDA, P. (2008) «Los repertorios léxicos de especialidad: una ojeada histórica». En Navarro, Carmen / Rodríguez Abella, Rosa Mª / Dalle Pezze, Francesca / Miotti, Renzo (eds.) *La comunicación especializada, Bern, Peter Lang.*

ANDÚJAR ALMANSA, J. (2004) "Villaespesa: retrato del joven poeta a principios de siglo". *En:* ANDÚJAR ALMANSA, J. Y. B., J. L. (ed.) *Villaespesa y las poéticas del Modernismo.* Almería: Universidad de Almería.

ARA FERNÁNDEZ, A. (2009) «Eugenio d'Ors y la pintura italiana contemporánea como paradigma estético», *Trasdós: Revista del Museo de Bellas Artes de Santander*, 11, 29–41.

ARDAVÍN, C. X. (2005) «Eugenio d'Ors entre nosotros». *En:* CARLOS X. ARDAVÍN, E. E. M., XAVIER PLA (ed.) *Oceanografía de Xenius.* Kassel, Edition Reichenberger.

Brockhaus Enzyklopädie (1928–1939) Wiesbaden, F.A., Brockhaus.

CASARES, J. (1942) *Diccionario ideológico de la lengua española: desde la idea a la palabra; desde la palabra a la idea*, Barcelona, Gustavo Gili (imprenta Sadag).

CASARES, J. (1944) «Contribución extranjera a la lexicografía española (dos hispanistas holandeses)». *En:* CASARES, J. (ed.) *El idioma como instrumento y el diccionario como símbolo.* Gráficas Barragán.

CASARES, J. (1921) *Nuevo concepto del diccionario de la lengua,* Madrid, G. Koehler.

D'ORS, E. (1907) *Glosari 1906, ab les gloses a la conferencia d'Algeciras y les gloses al viure de Paris (prólogo de Raymon Casellas y caricatura del glosador por Apa),* Barcelona, Llibreria de Francesch Puig.

Diccionario de la lengua española (1852) *Real Academia Española*, 10.ª ed. Madrid, Imprenta Nacional.

Diccionario de la lengua española (1925) *Real Academia Española.* 15.ª ed. Madrid, Talleres Calpe.

Diccionario de la lengua española (1936) *Real Academia Española.*16.ª ed. Madrid, Espasa-Calpe.

Diccionario de la lengua española (1947) *Real Academia Española.* 17.ª ed. Madrid, Espasa-Calpe.

Diccionario de la lengua española (1956) *Real Academia Española.* 18.ª ed. Madrid, Espasa-Calpe.

Diccionario de la lengua española (1970) *Real Academia Española.* 19.ª ed. Madrid, Espasa.

Diccionario manual e ilustrado de la lengua española (1927) *Real Academia Española.* Madrid, Espasa-Calpe.

D'ORS, E. (1920) *Glosas. Páginas del Glosari de Xenius 1906–1917*, Madrid, Saturnino Calleja.

D'ORS, E. (1938a) *Humanidades y literatura comparada*, Madrid, Escalicer, 1944.

D'ORS, E. (1938b) «Las Academias y el Instituto». El Pueblo Gallego, 18-I-1938, p. 8; Labor, 20-I-1938, p. 3; Unidad, 26-I-1938, p. 8; Afán, 30-I-1938, p. 3; Alerta, 6-II-1938, p. 4; La Nueva España, 17-II-1938, p. 6.

DE MIGUEL EGEA, P. (2013) «Las mujeres llaman a la Academia». *En: La lengua y la palabra. Trescientos años de la Real Academia Española.* Madrid, Real Academia Española.

DIDEROT, D., D'ALEMBERT, J. LE ROND (1751–1757) *Encyclópedie, ou dictionnaire raisonné des sciences, des arts et des métiers*, Paris, chez Briasson…, chez David…, chez Le Breton…, chez Durand.

DIEGO PÉREZ, C. (2000) «El Instituto de España: su labor en pro de los textos únicos de enseñanza primaria». *En:* TIANA FERRER, A. (ed.) *El Libro Escolar, Reflejo de Intenciones Políticas E Influencias Pedagógicas.* Madrid, Uned.

Enciclopedia Universal Ilustrada Europeo-Americana (1905–1933) Madrid, Espasa.

Enciclopedia italiana di scienze, lettere ed arti (1929–1937) Roma, Istituto della Enciclopedia Italiana.

Encyclopedia Britannica (1926–1929) 14.ª ed. Londres, Nueva York, Encyclopedia Britannica Inc.

FERNÁNDEZ FLÓREZ, W. (1945) *El humor en la literatura española*, Madrid, Imprenta Sáez.

GARCÍA BERRIO, A. & HUERTA CALVO, J. (1999) *Los géneros literarios. Sistema e historia*, Madrid, Cátedra.

GARCÍA DE LA CONCHA, V. (2014) *La Real Academia Española. Vida e historia,* Madrid, Espasa.

GARCÍA GIRÓN, E. I. (2005) *Julio Casares Sánchez. Biografía social, culturla y política de un hombre público.* Tesis inédita, Universidad de Granada.

GARRIDO VÍLCHEZ, G. B. (2008) *Las Gramáticas de la Real Academia Española: teoría grametical, sintaxis y subordinación.* Tesis inédita, Universidad de Salamanca.

GASSET Y DORADO, R. (1928) «Interviú a D. Eugenio d'Ors», *Juventud*, año I, núm. 6 <http://www.unav.es/gep/dors/entrevistas25.htm>.

GONZÁLEZ GONZÁLEZ, M. J. (2009) *Periplo histórico del Instittuo de España*, Madrid, Instituto de España.

GONZÁLEZ PALENCIA, Á. (1940) *Pedro de Medina y sus obras*, Madrid, Imprenta de Estanislao Maestre.

Grande Enciclopédia Portuguesa e Brasileira (1935–1957) Lisboa, Rio de Janeiro: Editorial Enciclopedia Limitada.

IGLESIAS, C. & SÁNCHEZ RON, J. M. (2013) «Contra la independencia de la Academia: Autoritarismos y dictaduras». *En:* ESPAÑOLA, R. A. (ed.) *La lengua y la palabra. Trescientos años de la Real Academia Española*, Madrid, Real Academia Española.

LLORENS GARCÍA, R. F. (1995) Legiones y Falanges. Una experiencia insólita. *En:* ENRIQUE GIMÉNEZ LÓPEZ, J. A. R. C., ENRIQUE RUBIO CREMADES (ed.): *Relaciones culturales entre Italia y España: III encuentro entre las universidades de Macerata y Alicante (marzo, 1994).*

Larousse du XXe siècle (1923–1933) Paris: Larousse.

MACHADO RUIZ, M. (1938) *Unos versos, un alma y una época*, Madrid, Ediciones Españolas, 1940.

MALARET, A. (1931) *Diccionario de americanismos*, San Juan, Puerto Rico, Imprenta Venezuela.

MALET, A. (2008) «Las primeras décadas del CSIC: Investigación y ciencia para el franquismo». *En:* ROMERO, A., M.J. SANTESMASES (ed.) *Cien años de política científica en España.* Madrid, Fundación BBVA.

MARTÍNEZ MONTORO, J. (2005) *La obra lingüística de Julio Casares.* Tesis inédita, Granada, Universidad de Granada.

MARTÍNEZ RUIZ, J. A. (Azorín) (1924) *Una hora de España. (Entre 1560 y 1590),* Madrid, Imprenta de Rafael Caro Raggio.

NOVO Y FERNÁNDEZ CHICARRO, P. (1941) *Perspectiva de una enciclopedia nacional*, Madrid, Instituo de España. Imprenta de Editorial Magisterio Español.

PEMÁN, J. M. (1939) *Del sentido civil y su expresión en la poesía española*, Cádiz/Madrid, Establecimientos Cerón y Librería Cervantes.

Real Academia Española. *Actas*: 23 de abril de 1930.

RODRÍGUEZ PUÉRTOLAS, J. (2008) *Historia de la literatura fascista española.* Madrid, Ediciones Akal.

SAINZ RODRÍGUEZ, P. (1939) *Historia de la crítica literaria en España*. Documento inédito.

SAINZ RODRÍGUEZ, P. (1979) *La siembra mística del Cardenal Cisneros y las reformas de la Iglesia,* Madrid, Real Academia Española.

SANTOS TORROELLA, R. (1991) «Matías Quetglas con Hartung en el recuerdo». En *ABC (Madrid).*

SECO, M. (1980) *Las palabras en el tiempo: los diccionarios históricos,* Madrid, Imprenta Aguirre.

SECO, M. (2013) «La Escuela de Menéndez Pidal en la Academia», *La lengua y la palabra. Trescientos años de la Real Academia Española.* Madrid, Real Academia Española.

TORRES MARTÍNEZ, M. (2012) «La enseñanza de la formación de palabras en la gramática escolar académica (1857–1959)», *Revista argentina de historiografía lingüística*, 4, 51–78.

TRAPIELLO, A. (1994) *Las armas y las letras: Literatura y Guerra Civil (1936–1939)*, Barcelona, Planeta.

UMBRAL, F. (2001) *Los alucinados: personajes, escritores, monstruos: una historia diferente de la literatura*, Madrid, La Esfera de los Libros.

VOLTAIRE (1764) *Dictionnaire philosophique portatif,* Ginebra.

ZAMORA VICENTE, A. (1999) *La Real Academia Española*, Madrid, Espasa.

L'*argot* del legionario: un esempio di commistione e commutazione di codice nella rivista *Legioni e Falangi / Legiones y Falanges*

Floriana Di Gesù
Università di Palermo

La revista, como un producto de género, es una expresión prototípica del concepto Bachtiano de 'ideologema', tal como lo desarrolla Kristeva en 1969, sin embargo, por lo que concierne «Legioni e Falangi/Legiones y Falanges», es un ideologema de identidad que tiene su forma y su sustancia de la expresión, por decirlo con Hjelmslev. En Legiones y Falanges se observa un uso altamente ideológico del lenguaje, que es expresión de un marcado proyecto de reconstrucción de las raíces de un Yo nacionalista. El ensayo se centra en el análisis del artículo de Giménez Caballero sobre la CTV, que apareció en el primer número de «Legioni e Falangi/Legiones y Falanges» del 20 de noviembre de 1940, que desde el punto de vista lingüístico e ideológico se puede considerar como el manifiesto de la política lingüística adoptada y de la voluntad de propaganda de la unión italo-española que veía en el surgimiento de una jerga común, una confirmación más de la fusión ideológica. Se observa, de hecho, un deseo de "codificación" y la construcción de un subcódigo compartido, de un patois resultado de un proceso de mezcla y conmutación de los códigos.

> «L'elemento identitario di un popolo non deve essere ricercato in chimerici ideali nazionalistici, ma nel suo patrimonio lessicale» (Guardini)

1. Il Linguaggio identitario

La rivista, come prodotto di genere, è un'espressione prototipica del concetto Bachtiano di ideologema (organizzazione di un testo in determinate coordinate storiche e sociali), cosi come lo sviluppa la Kristeva '69, dal momento che essa rappresenta la pratica semiotica dell'organizzazione testuale, riflesso di un contesto culturale e sociale di cui gli enunciati che formano il testo fanno parte.

Ma, nel caso della rivista oggetto di studio *Legioni e Falangi/ Legiones y Falanges*, è un ideologema identitario che ha una sua forma e una sua sostanza dell'espressione, *hjelmslevianamente* parlando.

Il linguaggio "identitario" possiede una sua natura costitutiva, ossia creatrice, che ha una funzione, non solo interpretativa ma evocativa e legittimante. Il suo potere costitutivo risiede nella capacità di contribuire alla realtà di ciò che enuncia, per il fatto di renderlo concepibile e credibile, per potere spingere la volontà collettiva alla sua realizzazione. La sua è una forza *illocutiva* (persuasiva) e *performativa* (spinge a far fare).

Naturalmente, parlare di linguaggio identitario richiede il suo inserimento nella macrostruttura del linguaggio politico e molte sono state le definizioni date di tale linguaggio. Fra esse sicuramente bisogna annoverare quella di Eugenio Coseriu (1987: 9–31) che afferma che:

> El "lenguaje de la política" puede entenderse en por lo menos tres sentidos diferentes: a) como léxico "político"; b) como modo de emplearse los signos lingüísticos en la política; y c) como conjunto de procedimientos propios de los discursos políticos.

Parlando della struttura del linguaggio politico, Manuel Alvar (1989: 137–141), sostiene che «todas las funciones del lenguaje están presentes, de una u otra forma y en mayor o menor intensidad, en el lenguaje de los políticos».

Orbene, se la caratteristica dei concetti politici è la loro contestabilità essenziale, le ideologie sono invece caratterizzate dall'operazione inversa della "decontestazione". Questa operazione viene ben definita da Freeden: «...An ideology attempts to end the inevitable contention over concepts by decontesting them, by removing their meaning from contest (2003: 54–5, 2013)».

Ancora Freeden dichiara:

> By trying to convince us that that their claims are 'true', ideologies produce conceptual stability, thus serving as a key devices for coping with the indeterminacy of meaning...Ultimately these decontested core concepts (such as freedom, equality, justice, tradition, class race, and so on) are linked to related 'adjacent' concept to form coherent ideational claims which thus be pictured as decontested truth-claims that serve as devices for decontesting meaning as well as instruments for facilitating collective decision-making...Although they frequently distort and provide legitimation for dominant power interests, ideologies also contribute to the necessary construction of identities and bonds of political belonging (Freeden, 2013: 216–17).

La struttura delle ideologie presenta un'organizzazione concettuale caratterizzata dalla presenza di concetti:

- centrali
- adiacenti
- periferici che a loro volta si dividono in concetti margine e concetti perimetro

Pinto (2013), nel suo studio sul sistema educativo nella Spagna fascista, fa riferimento alla costruzione tematica delle ideologie e citando Van Dijk afferma:

> Van Dijk establishes a set of criteria for the organization of ideological representations which facilitates the understanding of the ideological stances in the discourse. Here, ideology refers to a system that prioritizes ideas, opinions and beliefs for a given social group, and legitimizes certain ones as true, proper, natural and correct (Van Dijk 2006, in Pinto 2013)

Le ideologie riconducono alla struttura di una politica totalitaria caratterizzata da un insieme di tratti caratteristici. La nascita della parola totalitarismo, che erroneamente era stata attribuita a Mussolini che, invece, si appropria del termine tramite un'operazione di ricodifica del linguaggio, tipica del fascismo, si deve a Giovanni Amendola che nel suo articolo «Maggioranza e minoranza» pubblicato su *Il Mondo*

(1923: 157), definisce il sistema totalitario come: «quello che fa presagire un dominio assoluto nella vita politica».

In merito all'uso del linguaggio nei nazionalismi, la Wodak e Richardson (2013: 2) affermano:

> Investigating fascist and national-socialist language use is, of course, not new; as early as the 1940s, close links between general research on language and studies on political change were established, mainly in Germany. Linguistic research in the wake of National Socialism was conducted primarly by Victor Klemperer (1947, 2005) and Rolf Sternberger et al. (1957), who both paved the way for a new discipline of Politiolinguistik (Schmitz-Berning (2000). Klemperer and Sternbergersampled, categorized and described the words used during the Nazi regime; many words had acquired new miìeanings, other words were forbidden [...] and neologisms (new words) were created [...]

Di fatto, Klemperer (1947, 2001) parla dell'esistenza di una LTI: *Lingua Tertii Imperii*, di una lingua del terzo Reich e, riferendosi al potere della lingua nel plasmare le coscienze, afferma che la lingua guida la sua persona psichica e le sue emozioni e sostiene, inoltre, che le parole possono agire come dosi infinitesimali di arsenico: se vengono prese accidentalmente, non hanno un effetto subitaneo, ma alla lunga hanno un effetto tossico. Egli asserisce che la lingua del terzo Reich opera un processo di alterazione del valore e del significato delle parole, mettendo il linguaggio al servizio del suo terrificante sistema, convertendolo nel suo più efficace mezzo di propaganda.

Sicuramente da buon filologo, quale era forzatamente diventato dopo che le leggi razziali lo obbligarono a lasciare la cattedra di Letteratura francese che occupava all'Università di Desdra, fu uno dei primi ad operare un'analisi critica del linguaggio di regime, tale attenta analisi lo portò a considerare che nella *LTI* non vi era differenza di stile tra linguaggio parlato e scritto, proprio perché tutto era incitazione, arringhe, era *decklamieren* ed il tutto portava ad un impoverimento della lingua.

Se consideriamo un'ideologia come "sistema di valori chiuso" (Umberto Eco nel trattato di semiotica generale analizza le ideologie in questa prospettiva) che offre una rappresentazione univoca del mondo, il linguaggio, come forma di espressione di tale ideologia, rispecchia tale sistema. Eco (1975: 359–371) identifica l'ideologia come un sotto-sistema semantico che cela la complessità e la ricchezza del sistema semantico globale occultandone le parti scomode. Inoltre, un testo ideologico è un testo che nasconde la parzialità delle sue premesse escludendo la possibilità di argomentazioni alternative.

Analizzando il linguaggio di *Legiones y Falanges* si è potuto riscontrare, non solo nel manifesto o negli articoli, ma persino nelle didascalie di alcune immagini e nella pubblicità, un uso del linguaggio fortemente ideologizzato che è espressione di un marcato progetto di ricostruzione delle radici di un Sé nazionalista. L'elemento identitario viene egregiamente veicolato attraverso un contenitore (Linguaggio) espressione di una *Wertgestalt*, una forma colma di significato che reca in sé elementi fondamentali dell'esperienza.

A livello linguistico *Legiones y Falanges/ Legioni e Falangi* può essere considerata come una rivista che è l'espressione di una volontà di normalizzazione della Lingua, attraverso l'attuazione di una precipua politica linguistica, a cui accenneremo più avanti, che chiama a raccolta il *gotha* dei letterati e critici del periodo (Giménez Caballero-OrioVergani, Lombrassa, Foxá etc.) per potere portare a compimento tale impresa.

Per la copiosità del materiale, 31 numeri spagnoli e 33 italiani, ci limiteremo all'analisi dello articolo di Giménez Caballero sulla C.T.V., apparso, non a caso, nel primo numero di *Legioni e Falangi/Legiones y Falanges* del 20 novembre del 1940; e ciò dal momento che si considera che esso, dal punto di vista linguistico e ideologico, possa essere considerato il *manifesto* della politica linguistica adottata e della volontà di propaganda di quell'unione italo-spagnola che vedeva anche nella nascita di una *jerga* comune, un'ulteriore conferma della fusione ideologica. Prenderemo, inoltre, in considerazione l'articolo di Nino Ruggeri sul numero 2 della rivista dal titolo *Breve storia del Legionario* in cui si fa riferimento alla *jerga italoespañola*[1].

1 Dal momento che il primi numeri della rivista tanto nella versione spagnola quanto in quella italiana, sono copie speculari, abbiamo deciso di analizzare la versione spagnola per articolo di Giménez Caballero e quella italiana per articolo di Nino Ruggeri.

L'articolo di Giménez Caballero è un esempio di narrazione di "regime", sotto forma di *Cronaca sentimentale e patriottica* incentrata sull'argomento C.T.V. ovvero il *Corpo delle Truppe di Volontari*[2], del quale l'autore dice: «[...] siempre estuve cercano al C.T.V. [...] Y así pude compartir la amistad, la camadería, las glorias y los peligros del C.T.V.» (*Ls/Fs*, 1, I, 1940, 18).

Il C.T.V. porta una divisa kaki con mostreggiature e gradi spagnoli e scudetto della divisione d'appartenenza. A questa divisa fa riferimento Giménez Caballero quando nell'articolo afferma che la *sahariana* indossata dal corpo, sarà poi ripresa da *nuestros soldados y nuestras milicias*. Il *leit motiv* di tutto l'articolo è un desiderio di ricordare tutto ciò che di *italiano* era rimasto nella cultura spagnola del periodo, dal «saludo, las modas, los manjares...Y también los *vehículos...Y en este resucitar de relaciones hispano-italianas, también la lengua*. El hablar» (*Ls/Fs*, 1, I, 1940, 20).

Volendo applicare all'articolo il metodo di analisi del testo proposto dalla López Alonso (2014), potremmo dividere il testo in tre livelli. In quello superiore identificheremo il *tipo di discorso* che appartiene, a sua volta, ad un tipo di *interdiscorso*. La tipologia discorsiva individuata è quella che Maingueneau (2004 citato in López Alonso 2014) identifica come *Géneros instituidos autoriales* in cui: «el autor se localiza en una situación de enunciación única, es el responsable directo del tipo de texto...» (López Alonso 2014: 228). Inoltre, esso appartiene ad un tipo di *interdiscorso* ideologico, che ben si potrebbe inquadrare nei postulati formulati dalla scuola del *Critical Discourse Analysis*, ovvero che esiste sempre una stretta corrispondenza tra linguaggio e controllo sociale e che l'ideologia è intrinseca al discorso come sistema globale d'interpretazione del mondo.

2 Il Corpo Truppe Volontarie (C.T.V.), in precedenza Missione Militare Italiana in Spagna (M.M.I.S.), fu la denominazione assegnata ad un corpo di spedizione italiano, composto in gran parte da volontari, inviato in Spagna a supporto di Franco e delle forze spagnole nazionaliste durante la Guerra Civile Spagnola.

L'analisi critica del discorso considera il linguaggio come una pratica sociale. Ruth Wodak riporta in suo articolo gli assunti principali che Kreiss (1989, in Wodak 2002) individua essere costitutivi del CDA:

- language is a social phenomenon;
- not only individuals, but also institutions and social groupings, have specific meanings and values that are expressed in language in systematic ways;
- texts are the relevant units of language in communication;
- readers/hearers are not passive recipients in their relationship to texts;
- there are similarities between the language of science and the language of institutions, and so on.

Il CDA centra la sua analisi sulla maniera in cui le forme linguistiche sono usate per esprimere il potere, ed in merito a ciò la Wodak afferma:

> The constant unity of language and other social matters ensures that language is entwined in social power in a number of ways: language indexes power, expresses power, is involved where there is contention over power and where power is challenged. Power does not derive from language, but language can be used to challenge power, to subvert it, to alter distributions of power both in the short and the long term. Language provides a finely articulated vehicle for differences in power within hierarchical social structures (Wodak, 2002: 11).

Per ciò che concerne il secondo livello di analisi, esso individua il *genere* che corrisponde ad un articolo giornalistico con le sue caratteristiche basilari, ovvero uso di una tipologia mista di linguaggio che non perde la sua efficacia in virtù dell'uso di una retorica puntuale, concisione e chiarezza sono due elementi onnipresenti a cui si accompagna una volontà persuasiva ben strutturata. In questo particolare tipo di articolo definito una *cronaca sentimentale e patriottica*, dal momento che non rinuncia al suo carattere personale ed interpretativo, è facilmente individuabile il punto di vista che l'autore ha voluto dare, l'interpretazione che ha voluto offrire dei fatti. E le sue intenzioni persuasive si evidenziano nella costruzione linguistica del messaggio, nel tipo di lessico che si è voluto impiegare e nell'organizzazione del discorso. La cronaca, in quanto genere ibrido, fonde insieme l'informazione su fatti reali e l'interpretazione ed il commento che su di essi fa il cronista.

Cebrián Herreros, definisce il genere come «la información sobre unos hechos ocurridos durante un período de tiempo desde el lugar mismo o próximo a donde han ocurrido por un informador que los ha vivido como protagonista testigo o investigador y que conoce las circunstancias que lo rodean (1992: 88)».

Il terzo livello è caratterizzato da ciò che la López Alonso (2014: 237) definisce *texto como objeto abstracto*, riformulando un'osservazione di Propp (1928 in López Alonso 2014: 215) che afferma che in ogni testo soggiace un'organizzazione astratta e generale. López Alonso, pertanto, sostiene che:

> […] el texto está en estrecha dependencia con el discurso y género, pero, asimismo, lo que distingue a un texto de otro es el tipo de contexto en el que se origina y que cada uno tiene su identidad específica según las voces enunciativas, su planificación, su estructura composicional y los mecanismos de textualidad que hacen del texto una unidad de intención comunicativa (2014: 237).

Di fatto, questo articolo di Giménez Caballero, come si è accennato in precedenza, si inquadra nel concetto di narrazione di regime, presentando una costruzione ed una retorica tipiche di un testo persuasivo e ciò che rende ancor più peculiare il prodotto è, appunto, il tipo di contesto e di circostanza in cui esso è plasmato. Siamo, infatti, in presenza, volendolo dire con Genette (1979, 1982, 1987) di un paratesto autoriale e di un paratesto editoriale, di fatto, l'articolo di Giménez Caballero, non a caso appare nel primo numero della rivista come a volere sottolineare e mettere in evidenza la natura *proemiale* del contenuto di tale testo che offriva al *lettore modello*, che condivideva lo stesso codice, delle informazioni e delle interpretazioni fondamentali.

Il fine e l'obiettivo editoriale della rivista viene messo in luce dal Manifesto della stessa firmato da Giuseppe Lombrassa e Agustín de Foxa in cui si può osservare un'oratoria trionfalista ed un uso di un lessico incisivo. Si riscontra una manipolazione cosciente del linguaggio in chiave totalitarista, in chiave identitaria, un suo enorme potere espresso attraverso la funzione appellativa che ha come finalità quella di volere produrre una reazione, di provocare, di motivare, il tutto con l'intento di creazione di una nuova realtà, facendo leva sul potere evocativo/emotivo della parola che spinge a sognare, a desiderare la costruzione di una realtà/utopia:

> Nosotros creemos que entre Italia y Espana hay comunidad de intereses, de unos intereses concretos que merecen nuestra vigilante atención, sobre todo ahora que se está construyendo el nuevo orden europeo y mundial (*Ls/Fs*, 1, I, 1940, 1).

2. L'*argot* del legionario

In questo contesto si è deciso di non proseguire l'analisi del discorso, dal momento che, anche se essa è di fondamentale utilità per potere inquadrare la situazione sociolinguistico e culturale che fa da sostrato a quanto espresso nell'articolo, al contempo tale operazione di analisi sposterebbe l'asse di attenzione del presente lavoro che vuole, appunto, mettere in evidenza la volontà di "codifica" e costruzione di un sottocodice condiviso, di un *patois* risultato di un processo di commistione e commutazione e di codici. Ad affermare questa volontà di costruzione di un sottocodice condiviso è lo stesso autore che afferma: «Durante un tiempo llegó a formarse en la Legión C.T.V. una jerga, que se llamaba *lengua legionaria*. Donde la mezcla de términos de uno y otro idioma formaba un verdadero *patuá*[3]» (*Ls/Fs*, 1, I, 1940, 20).

Senza volere entrare in questioni sociolinguistiche che, appunto, si occupano dello speciale e complesso compito di definire le funzioni sociali del linguaggio o del dialetto, si può affermare che l'impegno di Gimenez Caballero consiste, come accennato in precedenza, in un tentativo di propaganda di questa *lengua legionaria* come ulteriore prova di unione ideologica.

Una prima osservazione dal punto di vista linguistico può essere fatta mettendo a confronto i lemmi, *jerga, lengua* e *patuá* che l'autore mette insieme come se fossero sinonimi.

---

3 Nella versione spagnola si trascrive il termine così come è pronunziato, in quella italiana, invece, viene trascritto così come si scrive *patois*.

In un vecchio ma interessante articolo del 1966 Haugen definisce il *patois* in questi termini:

> A patois, then, is a language norm not used for literary (and hence official) purposes, chiefly limited to informal situations...In terms of the language-dialect distinction, we may say that a patois is a dialect that serves a population in its least prestigious functions. The distinction of patois-dialect is therefore not one between two kinds of language, but between two functions of language (Haugen, 1966: 924).

Ed ancora Dauzat definisce il termine *patois*:

> les patois sont le résultat de la segmentation géographique d'une langue, qui, livrée à elle-même, a donné lieu à une multiplicité d'évolutions divergentes sur les divers points du territoire où elle était parlée (Dauzat citato in Alvar, 1989: 125).

Se ne conclude, pertanto, che il *patois* piuttosto che alla categoria di lingua è ascrivibile a quella di dialetto, infatti, Haugen stesso individua 4 aspetti nello sviluppo del linguaggio e asserisce:

> The four aspects of language development that we have now isolated as crucial features in taking the step from "dialect" to "language," from vernacular to standard, are as follows: (1) selection of norm, (2) codification of form, (3) elaboration of function, and (4) acceptance by the community. (Haugen, 1966: 931)

Prendendo in considerazione la nozione di Kloss (1978) di lingua per elaborazione, il dialetto ha uno scarso grado di elaborazione ed è sempre sociolinguisticamente subordinato ad una lingua. Possiamo dedurre che l'unica caratteristica che accomuna questo supposto *patuá* al dialetto è il loro carattere prevalentemente orale ed informale, ma non è sufficiente per poterli definire come due fenomeni aventi la stessa natura.

Inoltre, in riferimento al termine *lengua legionaria*, anche se l'aggettivo ad essa annesso vuole circoscrivere il suo campo di uso, il termine risulta improprio, dal momento che il concetto di lingua vuole esprimere altro, come mettono in evidenza tanto Alvar, quanto Berruto, i quali forniscono un'eloquente definizione di Lingua che riportiamo a seguire:

> el «sistema lingüístico del que se vale una comunidad hablante y que se caracteriza por estar fuertemente diferenciado, por poseer un alto grado de nivelación,

> por ser vehículo de una importante tradición literaria y, en ocasiones, por haberse impuesto a sistemas lingüísticos de su mismo origen». (Alvar, 1989: 45)

> ogni sistema linguistico socialmente sviluppato, che sia lingua ufficiale o nazionale in qualche paese, che svolga un'ampia gamma di funzioni nella società, che sia standardizzato e sia sovraordinato ad altri sistemi linguistici subordinati eventualmente presenti nell'uso della comunità. (Berruto, 1995: 215)

Pertanto, il prodotto linguistico che "pubblicizza" Giménez Caballero non presenta proprietà strutturali altamente differenziate rispetto allo spagnolo o all'italiano e non soddisfa un'ampia gamma di funzioni richieste dalla società, in particolare gli usi scritti formali. Non può essere pensato come una lingua nazionale perché non è connesso con il carattere di identificazione nazionale della comunità che lo adotta, né tantomeno essere considerato una lingua ufficiale, dal momento che non è legislativamente riconosciuto. Non è un sistema linguistico standardizzato perché non esiste un codice linguistico di riferimento, che sia un dizionario o una grammatica, su cui sono basate le norme circa l'uso corretto della lingua.

Più di *lengua legionaria*, quindi, si dovrebbe parlare di *lenguaje legionario* dato che essa, tra le altre cose non è veicolo di una tradizione letteraria, ciò di cui si ha solo notizia è dell'esistenza di una *Enciclopedia spagnola ad uso del legionario* che accompagnava ogni numero del giornale il *Legionario*, la cui finalità, dato che il giornale si distribuiva tra i soldati, è un tentativo di creazione di una *koiné*, di una comunità linguistico-ideologica e ad essa fa riferimento Nino Ruggeri nell'articolo succitato, fornendo, inoltre, alcuni esempi di lemmi presenti in essa:

> *Abaratar*, far diminuire di prezzo: dove arrivano i legionari si «abbaratta» subito la legna verde e qualche volta per riflesso, anche qualche altro genere di consumo… *Abarcar*, chissà perché gli spagnoli invece di abbracciare, comprendere, preferiscono «abbarcare» un panorama, un programma? Forse si tratta di una nostalgia incosciente del mare lontano…*Barbera*, con grande dispiacere dei buongustai, in Spagna non esiste il Barbera, ma soltanto la barbera moglie del barbero o del barbiere (*L/F* 1, 2, 1940, 16)

La *jerga* a cui fa riferimento l'autore è intesa come un linguaggio speciale condiviso da un ristretto gruppo sociale, o da una comunità che condivide la stessa decodifica del significato, pertanto, più che ad un *patois*, questa *jerga* può essere paragonata ad un argot, il cui concetto è ben espresso da Pilar Daniel (1992: 20):

> un lenguaje grupal, críptico y de germanía que "se desarrolla con especial intensidad en ámbitos cerrados —campamentos y cuarteles militares, cárceles, internados, escuelas—, en donde la conciencia de grupo es mayor, por lo que el argot es un distintivo de clase y un elemento integrador".

Per definire le caratteristiche di questa particolare *jerga italoespañola* possiamo applicare ciò che afferma Vigara et al. (1994: 69), ovvero che essa possiede delle chiare caratteristiche difasiche, ma al tempo stesso, questa commistione di dialetti italiani e spagnoli inibisce i tratti di tipo diatopico e diastratico a favore di una varietà compatta ed integratrice.

La domanda che viene spontaneo porsi, a questo punto, è da cosa sia caratterizzato questo gergo italo-spagnolo e per comprendere meglio la natura di tale codice linguistico riportiamo un interessante passaggio dell'articolo:

> Las muchahas los llamaban *los bambinos —Dónde está tu bambino?—* se preguntaban entre sí. Bambino equivalía a novio: palabra tomada del nombre *de bambina* con que los legionarios llamaban a las chicas. (*Ls/Fs*, 1, I, 1940, 19)

In questa sequenza l'autore fa notare come l'unione ideologico-politica viene riflessa a livello linguistico in questa volontà di creazione di un codice proprio ricorrendo anche al fenomeno del code mixing-il passaggio da un codice linguistico ad un altro all'interno della stessa frase- (*dónde está tu bambino?*) oltre che alla riconnotazione (*bambino equivalía a novio*).

Possiamo osservare applicando il Matrix Language Frame Model di Carol Myers-Scotton (1993 [1997], 2002) come la LM, ovvero la lingua matrice sia lo spagnolo, e la LI, ovvero la lingua incassata sia l'italiano. Myers-Scotton indica nel *Morpheme Order Principle* e nel *System Morpheme Principle* gli unici criteri affidabili, che si distinguono come «tests of the premise of unequal partecipation and [... a way to identify the Matrix Language» (2002: 59).

Considerando quanto riportato dall'autore, possiamo affermare che questa *jerga* si caratterizza per la presenza dei fenomeni di commistione e commutazione di codice, nonché, di prestiti. Volendo chiarire la natura di tali fenomeni linguistici, facciamo riferimento alle definizioni fornite da alcuni teorici. Secondo Hymes (1980: 88) si tratta di «uso alternato di due o più lingue, o varietà di una medesima lingua, o anche stili verbali».

Ad Haugen (1956) si deve l'aver coniato il termine commutazione di codice per definire una situazione in cui due o più lingue messe a contatto preservano la loro integrità. Sobrero (1992: 143–160) distingue due tipi di alternanza di codice (qualunque passaggio dall'uno all'altro dei codici di un repertorio, in qualunque situazione e per qualunque motivo): a) la commutazione di codice (*code-switching*), b) l'enunciazione mistilingue (*code-mixing*).

Nel fenomeno della commistione di codice ci troviamo in presenza di una combinazione nella stessa frase di elementi di diverse varietà, che danno origine a segmenti mistilingui. Il code-mixing avviene in qualunque punto della catena parlata, per questo motivo, dal punto di vista sintattico, si dice che è intrafrasale.

Per ciò che concerne la commutazione di codice Bazzanella (2008: 215) specifica che esso è l'uso che i parlanti bilingui o multilingui fanno di due o più lingue all'interno della stessa situazione comunicativa. Dal momento che la commutazione si dá sempre al confine tra una frase e un'altra, si può affermare che dal punto di vista sintattico il *code-switching* è interfrasale (Sobrero, Miglietta 2009). Interessante, nel nostro specifico, risulta essere la definizione che Grassi offre del fenomeno (in Grassi et al. 2001: 179) sottolineando che si tratta del passaggio funzionale da un sistema linguistico a un altro, in concomitanza con un cambiamento nella situazione comunicativa.

Giménez Caballero, in un paragrafo che riportiamo integralmente, offre al *lettore modello* esempi di alternanza di codice come esemplificazione di un sentimento di appartenenza e della nascita di questo gergo che si contraddistingueva per la presenza di un linguaggio vivo in continua trasformazione, proprio perché nato dall'interazione non solo delle due lingue, ma anche delle loro varietà regionali:

> Los legionarios decían «un coche», y nosotros, una «máquina». Nosotros, una «estrada», y ellos, una «carretera…Y en nuestras exclamaciones», de guerra ha quedado el decir: «La Intemerata!».
>
> Los noviazgos hispano-italianos, las parejas, eran a los que había que oír. Cambiaban entre sí más fantasía idiomática que pudo haber entre el amor de Lucrecia Borja y del cardenal Pietro Bembo.

A seguire nel testo l'autore fa riferimento ai prestiti, a quelle parole tanto italiane quanto spagnole che entrarono nel corso dei secoli a far parte del lessico delle due lingue, come ulteriore conferma linguistica di quella volontà di «resuscitar las relaciones hispano-italianas» (*Ls/Fs*, 1, I, 1940, 20). La struttura di un prestito consta nella riproduzione di un elemento linguistico alloglotto nel duplice aspetto del significante e del significato, anche se, come afferma Gusmani (1998: 95) ciò non comporta un'esatta aderenza al modello, alle volte si osserva pure un restringimento di significato rispetto alla parola presa in prestito.

Leggiamo:

> […] Ya entonces nosotros introdujimos en la lengua italiana vocablos como: *lindo, sfarzo, complimenti e disinvoltura, sussiego manteca, riso, zucchero, chicchera, rancio…*
>
> Y ellos en la española términos de arte, guerra, poesía, como: *fachada, escorzo, medalla, carroza, soneto, centinela, bisoño…*

Possiamo notare, analizzando il testo succitato che ci troviamo in presenza di quelli che D'Achille (2003) considera prestiti di necessità e prestiti di lusso; i primi si vengono a configurare nella lingua di arrivo, occupando uno spazio di significato che non era presente prima nella lingua (*chicchera, rancio, bisoño*), mentre il prestito di lusso «ha un fine stilistico e serve a evocare una civiltà, una cultura, un modo di vita considerati prestigiosi» (*sussiego, disinvoltura, soneto…*), e che molte volte sostituiscono un termine già esistente nella lingua di arrivo. Naturalmente, nel primo caso il prestito viene considerato come un *prestito di necessità* che ha una sua funzionalità nella lingua d'arrivo, mentre il prestito di lusso non compie nessuna funzione se non quella di abbellimento della lingua.

Giménez Caballero chiosando in tale maniera il suo articolo vuole dare ulteriore prova di dignità linguistica a questo prodotto. Di fatto, andando a riprendere i fasti linguistici dell'epoca del Rinascimento in cui illustri letterati quali Valdés o il Castiglione si misuravano con la ricchezza linguistica delle due lingue, intende portare avanti un processo di "pianificazione linguistica".

A questa *jerga italoespañola*, a questa specie d'esperanto spontaneo, caratterizzato dalla compresenza di vari fenomeni linguistici, fa riferimento anche Nino Ruggeri in un suo articolo sul numero 2 della rivista dal titolo *Breve historia del Legionario*, in essa si trova la seguente affermazione: «Fino a quando sopravviverà sulle loro bocche e nelle loro memorie quel gergo italo-spagnolo che serviva loro ottimamente per capire e farsi capire?» (*Ls/Fs*, 1, 2, 1940, 16). La tematica trattata nell'articolo, che descrive, appunto, il giornale *Il Legionario*, risulta essere la massima espressione, a livello linguistico, di una politica totalitaria le cui fila sono rette dall'alto, (dai gerarchi di regime) nell'abile messa in opera di una politica linguistica nazionale che vede, come sempre nel popolo, ed in questo caso nei legionari, gli strumenti per portare avanti questo delicato processo di Language planning (Foresti 2003). Ovvero la messa in moto di provvedimenti ufficiali relativi alla forma in cui deve presentarsi questa futura lingua standard di un paese, ed ai modi funzionali in cui essa e gli altri idiomi compresenti nella comunità devono essere impiegati (Status planning). Nella strutturazione del *Legionario* ci troviamo proprio nella fase dello status planning ovvero in questo stato intermedio in cui si tenta di dare dignità alla *jerga*, attraverso la poesia, anche se, appunto, espressa in questa interlingua dialetto siciliano/italiano[4].

La poesia di Paci Sante, questo siciliano, soldato della Divisione Littorio, preso da vero furore biblico è l'esemplificazione di questa volontà, rappresentando essa stessa un passaggio intermedio nel processo

4 Bisogna ricordare che sia in Italia che in Spagna siamo in presenza di un paese fortemente caratterizzato da bilinguismo e da plurilinguismo, il dialetto in Italia fino al 1950 era usato dalla maggioranza della popolazione e la riforma Gentile del 1923 lottava per l'attivazione di un processo di alfabetizzazione.

di normazione della lingua, come afferma (Muliacic, 1988 in Foresti, 2003). Dando uno sguardo alla poesia, colpisce l'impiego degli infiniti, sapientemente organizzati nel testo, per fare rima con gli altri. Anch'essi appaiono al lettore come il risultato di un processo di code mixing, di una mescolanza dal punto sintattico intrafrasale e che da luogo ad enunciati mistilingui italiano-dialetto creando un vero e proprio mistilinguismo italiano-siciliano. Si può dire che si nota l'uso di una sintassi unica, che passa attraverso la morfologia e il lessico dei due codici, in entrambe le direzioni, con grande disinvoltura.

> Noi italiani siamo fieri
>
> che le armi le sappiamo manegiari
>
> e questi vigliacchi dobbiamo caciari
>
> e dalla Spagna devono scompariri
>
> di tutta la terra e anche di mari
>
> e si va all'assalto, o si vinci o si muori
>
> […]
>
> Ma se l'Italia stringerà i denti
>
> Salteranno in aria tutti quanti

Possiamo concludere questa breve ricognizione sulla volontà di mettere a punto progetto di ricostruzione delle radici di un Sé nazionalista, attraverso un processo di costruzione di un codice "ideale", affermando che dallo *status planning* il passaggio al *language planning* impernia tutta la rivista. Di fatto in essa si contrappongono due livelli di *language planning*, uno più superficiale, il cui lettore modello è lo stesso soldato del fronte ed uno più profondo caratterizzato dall'uso di un lessico ricco di arcaismi, di termini dotti e poetici, di abuso di figure retoriche, latinismi, il tutto espresso a livello morfosintattico da un'aggettivazione abbondante, caratterizzata da anteposizione, da un uso appellativo dei verbi, soprattutto nei tempi del congiuntivo esortativi e dell'infinito, esprimendo una deissi verbale, un'espressione lessicale dell'oralità in chiave narrativa. E tutto ciò, dal momento che come ben afferma Francesconi

> Además, La Falange, si bien tenía similitudes con el fascismo italiano y el nacionalsocialismo alemán, fue un fenómeno típicamente español. Su característica esencial fue el afán por recobrar la "edad de oro" de España, precisamente la de los Reyes Católicos (Siglo XV), o sea, sus tres elementos esenciales: el nacionalismo, el imperialismo y el catolicismo.

Riferimenti bibliografici

ALCOFAR NASSAES, J. L. (1972) *C.T.V. Los Legionarios italianos en la guerra civil española, 1936–1939*, Madrid, Dopesa.

ALVAR, M. (1989) «Lenguaje político: el debate sobre el estado de la nación», *Política, lengua y nación*, Madrid, Fundación Friedrich Ebert, pp. 135–173.

BERRUTO, G. (2005) *Fondamenti di sociolinguistica*, Roma–Bari: Laterza.

BAZZANELLA, C. (2008) *Linguistica e pragmatica del linguaggio. Un'introduzione*, Roma–Bari: Laterza.

CEBRIAN HERREROS, M. (1992), *Géneros informativos audiovisuales*, Madrid, Ciencia 3, p. 88.

CEDRONI, L. (2002) *Il linguaggio politico*, Roma, Carocci, p. 133.

COSERIU, E. (1987) «Lenguaje y política», en Manuel Alvar (Dir.), *El Lenguaje político*, Madrid, Fundación Friedrich Ebert, Instituto de Cooperación Iberoamericana, pp. 9–31.

D'ACHILLE, P. (2003) *L'italiano contemporaneo*, Bologna, Il Mulino.

DANIEL, P. (1992) «Panorámica del argot español», introducción a León, V. *Diccionario de argot español. 7–24.* Madrid, Alianza.

ECO, U. (1975) *Trattato di Semiotica generale*, Milano, Bombiani.

FORESTI, F. (2003) *Credere, obbedire, combattere: il regime linguistico nel Ventennio*, Bologna, Pendragon.

FRANCESCONI, A. (2009) «El lenguaje del Franquismo y del Fascismo italiano», *Nómadas, Revista Crítica de Ciencias Sociales y Jurídicas*, 22.

FREEDEN, M., TOWER SARGENT, L., STEARS M. (2013) *The Oxford Handbook of Political Ideologies*, England, Oxford University Press.

GALLARDO PAÚLS, B. (2014) *Usos políticos del lenguaje. Un discurso paradójico*, Barcelona, Editorial Anthropos.

GRASSI, C., SOBRERO A., TELMON, T. (red.), (2001) *Fondamenti di dialettologia* italiana, Roma–Bari, Laterza.

GUSMANI, R. (1998) «Interlinguistica», in R. Lazzeroni (a cura di), *Linguistica storica*, Urbino, Carocci, pp. 87–115.

HAUGENE, I. (1956) *Bilingualism in the Americas. A Bibliography and Reasearch Guide*, Alabame, University of Alabama Press.

HAUGENE, I. (1962) *Schizoglossia and the linguistic norm. Monograph Series on Languages and Linguistics*. Georgetown University, Washington, D. C. No. 15, 63–69.

HAUGENE, I. (1966) «Dialect, Language, Nation», *American Anthropologist*, 68: 922–935.

HYMES, D. (1980) *Fondamenti di sociolinguistica. Un approccio etnografico*, Bologna, Zanichelli.

KLEMPERER, V. (1975, 2001) *LTI. La lengua del Tercer Reich. Apuntes de un filólogo*, Barcelona, Editorial Minúscula.

KLOSS, H. (1978) *Die Entwicklung neuer germanischer Kultursprachen seit 1800*. 2a edición ampliada. Düsseldorf, Schwann, 1978a.

LÓPEZ ALONSO, C. (2014) *Análisis del discurso*, Madrid, Editorial Síntesis.

MYERS-SCOTTON, C. (1993) *Duelling Languages. Grammatical structure in Code- switching*, England, Oxford University Press.

MORANT, R., PEÑARROYA, M., LÓPEZ, G. (1997–1998) «El lenguaje de los soldados», *Pragmalingüística*, 5–6, 343–359.

POPLACK, S., SANKOFF, D. & MILLER, C. (1988) «The social correlates and linguistic processes of lexical borrowing and assimilation». *Linguistics* 26/1, 47–104.

SOBRERO, A. (1992) «Alternanza di codici, fra italiano e dialetto. Dalla parte del parlante», (in:) Giovanni Gobber (red.), *La linguistica pragmatica. Atti del XXIV Congresso della SLI*, Roma, Bulzoni, 143–160.

SOBRERO, A. (1993) «Lingue speciali», *Introduzione all'italiano contemporaneo, La variazione e gli usi*. Sobrero, Alberto A. (ed) Roma–Bari: Laterza & Figli.

SOBRERO A., MIGLIETTA A. (2009) *Introduzione alla linguistica italiana*, Roma–Bari: Laterza.

WEINREICH, U. (1974) *Lingue in contatto*, Torino (ed or. *Languages in Contact*, New York 1953).

WODAK, R., RICHARDSON, J.E. (2013) *Analysing Fascist Discourse, European Fascism in Talk and Text*, New York and London, Routledge.

Note bio-bibliografiche autori

Mechthild Albert

Mechthild Albert ha sido Catedrática de Filología Románica en las Universidades de Münster y de Saarbrücken. Actualmente es Catedrática de Filología Románica en la Universidad de Bonn. Ha dedicado trabajos a la novela francesa de los siglos XIX y XX, al nexo entre sociabilidad y literatura en el Siglo de Oro y el siècle classique, literatura de vanguardia, cuestiones de intermedialidad y la memoria histórica en la novela española y francesa actual. Dirige el proyecto de investigación "Los saberes del ocioso – Muße, Geselligkeit und Wissen im Siglo de Oro en el marco del proyecto Saberes humanísticos y formas de vida". Ha estudiado la relación entre vanguardia y fascismo en España, dedicándose en particular, al análisis de las revistas *La Gaceta Literaria* y *Vértice*. Entre sus publicaciones se cuentan: *Vanguardistas de camisa azul. La trayectoria de los escritores Tomás Borrás, Felipe Ximenéz de Sandoval, Samuel Ros y Antonio de Obregón entre 1925 y 1940*, Madrid, Visor, 2003; (ed.): *Vencer no es convencer. Literatura e ideología del fascismo español*, Frankfurt am Main: Vervuert, 1998; *Vanguardia española e intermedialidad. Artes escénicas, cine y radio*, Frankfurt am Main/Madrid, Vervuert/Iberoamericana, 2005; *Sociabilidad y literatura en el Siglo de Oro*, Frankfurt am Main/Madrid, Vervuert/Iberoamericana, 2013.

Mostafa Ammadi

Es Doctor en Lingüística por la Universidad Autónoma de Madrid y Profesor Titular de Lengua Española y Lingüística en la Facultad de Letras y Ciencias Humanas Aïn Chock de la Universidad Hassan II de Casablanca (Marruecos). Miembro del Equipo Internacional de investigación en Manuscritos andalusíes (2006–2013) y coordinador de la edición y publicación de la serie *Primavera del Manuscrito Andalusí* (vols. I-VI). Traductor de las Conferencias Hassaníes que se imparten anualmente ante SM el Rey de Marruecos (2008–2014). Autor de varios libros y artículos dedicados a la Historia de Marruecos y la lengua española como *Historia y evolución de los arabismos en los diccionarios de la Real Academia Española (1726–1992)*, Casablanca, Publicaciones de La Universidad Hassan II, 2001.

Matteo Di Figlia

Ricercatore di Storia contemporanea presso l'Università degli studi di Palermo. Si è occupato principalmente di fascismo, con particolare riferimento al radicalismo e alla gestione del potere nelle realtà locali. Ha anche svolto ricerche sulla partecipazione degli ebrei italiani alla mobilitazione politica di età repubblicana, con attenzione al dibattito sullo stato di Israele e sui conflitti in Medio Oriente. Tra le sue pubblicazioni ricordiamo le monografie *Farinacci. Il radicalismo fascista al potere* (Donzelli, Roma, 2007); *Alfredo Cucco. Storia di un federale* (Quaderni di Mediterranea ricerche storiche, Palermo, 2007) e *Israele e la sinistra. Gli ebrei nel dibattito pubblico italiano dal 1945 a oggi* (Donzelli, Roma, 2012).

Floriana di Gesù

Ricercatore dal 2004 di Lingua e Traduzione Spagnola (L-lin/07) presso la Facoltà di Lettere e Filosofia di Palermo. E' coordinatrice del Master di II livello NE.FO.DO (Neuroscienze ed alta formazione del docente di lingua straniera-Esperto nell'orientamento al successo scolastico). E' coordinatrice del Progetto di ricerca (ex quota 60%) dal titolo "Stampa e regimi. Legiones y Falanges/Legioni e Falangi. Rivista d'Italia e di Spagna (1940–1943): catalogazione e approssimazione critica linguistico-letteraria". E' condirettore della collana "NeuroPaideia" edita dalla casa editrice Aracne che intende raccogliere contributi finalizzati alla co-costruzione di conoscenza accogliendo i paradigmi formativi che propone la Neurodidattica. Le sue linee di ricerca s'inquadrano nel campo della Lingua e Linguistica Spagnola e nel corso degli ultimi cinque anni la sua ricerca si è focalizzata sull'analisi del contributo che le Neuroscienze ed in particolare la Neurodidattica possono offrire a tale disciplina.

Catalina Fuentes Rodríguez

Catalina Fuentes Rodríguez es Doctora en Filología Hispánica y Catedrática de Lengua Española en la Universidad de Sevilla (España). Dirige el grupo de investigación "Argumentación y persuasión en Lingüística" (APL) y ha sido y es investigadora principal de proyectos nacionales y autonómicos. Entre ellos el proyecto I+D+I "(Des) cortesía y medios de comunicación: estudio pragmático" (FFI 2009–10515), "La perspectiva de género en el lenguaje parlamentario andaluz" (P10-HUM 5872) y "Macrosintaxis del español actual. El enunciado: estructura y relaciones" (FFI 2013-43205-P). Su campo de trabajo es la sintaxis y pragmática del español. Ha publicado numerosos estudios sobre marcadores del discurso, elementos modales, tipos discursivos, estructuras sintácticas periféricas, enunciación, argumentación, cortesía y discurso parlamentario. Entre sus publicaciones destacan *Lingüística pragmática y análisis del discurso, La sintaxis de los relacionantes supraoracionales, Diccionario de conectores y operadores del español, La sintaxis del enunciado: los complementos periféricos, Guía práctica de escritura y redacción* (Instituto Cervantes), *La gramática de la cortesía en español/LE,* e *Imagen pública y medios de comunicación (coord.).* En colaboración, cabe señalar *Mecanismos lingüísticos de la persuasión* y *Aproximaciones al estudio de la (des) cortesía en español.*

María Ángeles García Collado

Profesora de español como lengua extranjera en el Instituto Cervantes de Tetuán, ha trabajado también en los centros de Rabat y Fez (Marruecos) y São Paulo (Brasil). Doctora en Filología Románica por la Universidad del País Vasco, Máster en Enseñanza del Español como Lengua

Extranjera y Máster en Enseñanza Abierta y a Distancia (UNED) y DEA en Sciences du Langage (École des Hautes Études en Sciences Sociales-París). Autora de publicaciones sobre didáctica y cine, historia cultural, literaria y de la lectura en España, como *Los pliegos sueltos y otros impresos menores, Historia de la edición y la lectura en España, 1475–1914*, coord. por Víctor Infantes de Miguel, François López y Jean François Botrel, Fundación Germán Sánchez Ruipérez, 2003.

Josep Gelonch Solé

Josep Gelonch Solé es investigador asociado al Departamento de Historia de la Universidad de Lleida. Doctor en Historia por la Universitat de Lleida (2010) con una tesis sobre la implantación del régimen franquista en la provincia de Lleida y el análisis del papel de FET y de las JONS, es autor de la monografía *El poder franquista a Lleida, 1938–1951* (2012). Ha publicado sus trabajos en distintos libros colectivos y revistas especializadas y ha sido editor de varios libros sobre violencia, marginación y políticas sociales, y memoria de las víctimas del franquismo. El último de ellos *Duelo y memoria. Espacios para el recuerdo de las víctimas de la represión franquista en perspectiva comparada* (2013, coeditado con Conxita Mir). Ha sido investigador postdoctoral en el Cañada Blanch Centre for Contemporary Spanish Studies – LSE (2011–2013) con un proyecto sobre políticas de la memoria de las guerras civiles en la Europa del siglo XX.

Donatella La Monaca

Donatella La Monaca è ricercatrice di Letteratura italiana contemporanea di cui è docente nella Facoltà di Lettere e Filosofia dell'Università di Palermo. Ha pubblicato articoli e saggi su scrittori dell'Ottocento e del Novecento. E' autrice dei volumi *Il marchese e la maestrina. Luigi Capuana e altri studi*, Caltanissetta-Roma, Sciascia editore 2003; *L'"archivio della memoria". La scrittura autobiografica di Giuseppe Tomasi di Lampedusa* Caltanissetta-Roma, Sciascia editore 2004;

Poetica e scrittura diaristica. Italo Svevo, Elsa Morante, Caltanissetta – Roma Sciascia editore 2005, *Scrittrici siciliane del Novecento* Palermo, Flaccovio 2008, *Canto a tre voci. Elsa Morante, Anna Maria Ortese, Lalla Romano* (Bonanno 2012), *Un decennio di narrativa italiana (2000–2010)* (Bonanno). Le sue ultime ricerche si incentrano sulle forme della scrittura autobiografica nel Novecento, in particolare sui rapporti tra 'privato' (diari, saggi, memorie di viaggio) e invenzione (racconti, romanzi). E' responsabile scientifico del sito "Lo specchio dicarta. Osservatorio sul romanzo italiano contemporaneo", (<www.lospecchiodicarta.it>) e componente del comitato scientifico della collana "I quaderni dello specchio di carta" (Bonanno editore).

María Matesanz del Barrio

María Matesanz del Barrio es profesora de Lingüística General de la Facultad de Filología de la Universidad Complutense de Madrid. Ha sido colaboradora del Centro de Estudios de la Real Academia Española, en la sección del Diccionario de la Lengua Española (DRAE). Ha participado como investigadora en diversos proyectos nacionales y europeos. Sus intereses actuales en investigación se orientan en tres direcciones: adquisición y enseñanza de segundas lenguas, especialmente en hablantes plurilingües, intercomprensión entre lenguas romances y terminografía, enfocada a la creación y descripción glosarios especializados digitales. Es directora del grupo de investigación LALINGAP, de la Universidad Complutense de Madrid. Entre sus publicaciones más recientes se encuentra la edición en 2013 de *El plurilingüismo en la enseñanza en España*, Madrid, Editorial Complutense.

Rosa María Mateu Serra

Rosa Mateu Serra es profesora colaboradora permanente en la Universidad de Lleida. Sus intereses de investigación están vinculados a la pragmática de la lengua española, la comunicación verbal y no verbal, y la lingüística aplicada de la lengua española. Ha trabajado sobre el papel del silencio en el proceso de la comunicación, tema sobre el cual versó su tesis doctoral. Es autora de artículos como en "¿Actos de habla vs. Actos de silencio?" (2001) o "El papel del lenguaje no verbal en la comunicación" (2007) o la coordinación conjuntamente con Gloria Picazo del monográfico *El silenci i el buit*, de la revista *Transversal* (2005). Asimismo, ha hecho incursiones en los rasgos pragmáticos inherentes al acto comunicativo publicitario, como en el capítulo "La publicidad en los anuncios de prensa: *El País* a fines del siglo XIX" (2004) o "Los anuncios de la firma cosmética 'Rigaud': un análisis lingüístico-pragmático" (2013).

Alina Navas

Alina Navas es profesora de Historia en la Consejería de Educación de la Comunidad de Madrid y Doctora Europea por la Universidad Complutense de Madrid con una tesis titulada "España-Italia; Arte, Cultura e Ideología (1923–1943)". Obtuvo el Diploma de Estudios Avanzados en 2006 con el trabajo "Pensionados de España en Roma entre 1923 y 1939", tras recibir la beca de teoría y estética de la Real Academia de España en Roma. Sobre este tema ha colaborado con un capítulo sobre la estancia en Italia del pintor Alejo Vera en el catálogo dedicado al pintor publicado por Caja de Guadalajara en 2010. Además ha colaborado en el catálogo *El retrato español 1906–1936* Madrid, Real Academia de San Fernando, 2010. Con Ángel Llorente ha escrito el catálogo dedicado al pintor Jesús de la Sota (Madrid, Galería José de la Mano, 2012). Ha participado en diferentes congresos internacionales con conferencias sobre el futurismo (Roma ciudad futurista —Université Aix-en-Provence-Marseille) y sobre los viajes de intelectuales italianos a España (Anton Giulio Bragaglia-MNCARS).

Domenica Perrone

Domenica Perrone è Professore Associato di Letteratura italiana contemporanea, presso l'Università di Palermo. Si occupa di Letteratura italiana dell'Otto e Novecento con una particolare attenzione all'analisi tematica e intertestuale. Ha pubblicato saggi su De Roberto, G. Ragusa Moleti, Pirandello; Rosso di San Secondo, Borgese, Brancati, Vittorini, Joppolo, Gadda, Tomasi Di Lampedusa, Sciascia, Russello, Piccolo, Caproni, Coordina l'«Osservatorio sul romanzo italiano contemporaneo» e il sito «Lo specchio di carta», da lei fondati nel 2003. Nel 2007, ha coordinato il progetto internazionale PEN (portal on euopean novel) finanziato con fondi europei. Ha organizzato e coordinato scientificamente numerosi Convegni nazionali e internazionali. Ha curato e introdotto le seguenti opere di Brancati: *Tutti i racconti* (Milano, Bompiani, 1994 – Milano, Mondadori, 2003); *I piaceri*, Milano, Bompiani, 1993; *Il bell'Antonio*, Milano, Bompiani, 1993; *La governante*, Milano, Bompiani, 1998. Ha pubblicato i volumi: *I sensi e le idee*, Sellerio, Palermo 1985; Vitaliano Brancati. *Le avventure morali e i "piaceri" della scrittura*, Milano, Bompiani, 1997 – Caltanissetta, Sciascia, 2003; *La memoria dilatata. Scritture del contemporaneo*, Acireale-Roma, Bonanno, 2006; *In un mare d'inchiostro. La Sicilia letteraria dal moderno al contemporaneo*, Acireale-Roma, Bonanno, 2012; *Un decennio di narrativa italiana (2000–2010)*, Acireale-Roma, Bonanno 2012. Di recente ha orientato il proprio interesse su spazio e letteratura ideando e introducendo una Guida letteraria della Sicilia (*I luoghi degli scrittori*, Acireale-Roma, Bonanno 2007) che è stata tradotta in lingua spagnola (*Los lugares de los escritores. Guía literaria de Sicilia,* Sevilla, Doble J, 2010). Dirige le collane "Mappe letterarie" e "Quaderni dello specchio di carta" (Editore Bonanno). E' membro del Comitato Direttivo dell'Associazione Internazionale AIPI e dell'Associazione MOD.

ASSUNTA POLIZZI

Ricercatrice di Letteratura spagnola presso l'Università di Palermo, dove si è specializzata, conseguendo la Laurea e il Dottorato di Ricerca, mentre ha conseguito il Master's in *Spanish and Southamerican Literature* presso the University de Rhode Island, U.S.A. La sua principale area di specializzazione è la letteratura Realista/Naturalista spagnola e, in particolare, l'opera di Benito Pérez Galdós. Con la sua tesi dottorale ha conseguito il "Premio Internacional de Investigación Pérez Galdós 96" e la pubblicazione del saggio dal titolo *El proceso metafictivo en la obra de Pérez Galdós* (Ed. del Cabildo Insular, 1999). Attualmente si occupa della sua produzione drammatica. Ha pubblicato traduzioni, tra le quali la prima edizione italiana de *La desheredada* di Galdós (*La diseredata*, Isidora, 2011), articoli in riviste specializzate sulla traduzione e sulla censura di regime («Traducciones y traiciones. El caso de *Fortunata y Jacinta* en Italia», 2004), sulla narrativa e sulla poesia spagnola moderna e contemporanea (José Ángel Valente, Miguel Sánchez-Ostiz) e sulla stampa (*La Ilustración Española y Americana*). Ha curato volumi di saggi (*Parole, discorsi, testi nelle culture ispaniche*, Palermo, Flaccovio, 2007; *En la otra orilla de la noche. En torno a la obra de Alejandra Pizarnik*, Aracne, 2013). Ha partecipato a vari progetti di ricerca, nazionali ed internazionali e ha coordinato il Progetto nazionale "Editoria e cultura di interesse ispanico in Sicilia tra Rinascimento e Barocco", riguardo al quale ha pubblicato il volume di studi *Imprenta y cultura de interés hispánico en Sicilia entre Renacimiento y Barroco* (Peter Lang, 2013).

Carla Prestigiacomo

Carla Prestigiacomo es Doctora en Lingue e letterature iberiche e iberoamericane por la Universidad de Palermo, donde trabaja como Profesora de Lengua y lingüística española. Su labor docente e investigadora gira en torno a la traducción, a la pragmática y al análisis del discurso. Es autora de tres volúmenes sobre la novela de vanguardia española (*L'utopia dell'immortalità nei romanzi di Ramón Gómez de la Serna* – 1999, *Vanguardia e ideología en Notas marruecas de un soldado. Análisis lingüístico y retórico* – 2003, *El discurso y la palabra. Retórica, persuasión y neología en la narrativa española de vanguardia* – 2008), así como de diversos estudios sobre discurso argumentativo, español coloquial y didáctica del español.

Rogelio Rodríguez Pellicer

Doctor en Filología por la Universidad de Valencia con la Tesis Doctoral La dedicatoria impresa en la Literatura Española Contemporánea. Ha sido Profesor Asociado del Área de Lingüística del Departamento de Teoría de los Lenguajes y Ciencias de la Comunicación de la Facultad de Filología de Valencia. Colaborador del citado Departamento, publica habitualmente reseñas en su revista "LynX". Catedrático de Enseñanza Secundaria del IES Luis Vives de Valencia, su actividad investigadora está orientada hacia la Lingüística, el Cine Español y la Didáctica de la Lengua y Literatura Españolas.

Antonella Russo

Antonella Russo è attualmente docente di letteratura spagnola all'Università degli Studi di Salerno. Ha frequentato un dottorato in cotutela tra le Università di Salerno e Siviglia, ottenendo il doppio titolo. Membro dell'Associazione degli Ispanisti Italiani (AISPI), i suoi interessi di ricerca si concentrano sulla letteratura spagnola fra XX e XXI secolo. Nei suoi primi lavori si è occupata di narrativa spagnola contemporanea, in particolare di romanzi e racconti di Juan José Millás. I suoi studi più recenti si concentrano sulla produzione letteraria durante la guerra civile e nell'immediato dopoguerra, soprattutto in relazione a riviste, periodici e scrittori che appoggiano gli insorti e, successivamente, il regime. In questo ambito si inseriscono i contributi: "Entre el canon y el quiosco. El Antiquijote de Tomás Borrás", in C. Mata Induráin (a cura di): *Recreaciones quijotescas y cervantinas en la narrativa*, Eunsa, Pamplona, 2014, pp. 263–273; "La capitale spagnola tra narrazione, descrizione e argomentazione in Madrid de corte a Checa di Agustín de Foxá", Testi e Linguaggi, n° 6, 2012, pp. 237–252; "Racconti per-versi: la guerra civile nella produzione poetica del bando azul", in *Le forme del narrare, nel tempo, fra i generi, Atti del XXVIII Congresso AISPI*, Pisa, Università di Pisa, 27–30 novembre 2013 (in corso di stampa) e "Compromiso y frivolidad: escritoras en la literatura de quiosco de la inmediata posguerra", in *Posguerras: 75 aniversario de la Guerra Civil Española, Actas del Congreso Internacional*, Madrid, Universidad Complutense de Madrid, 3–5 aprile 2014 (in corso di stampa).

Chiara Sinatra

Chiara Sinatra è Ricercatore di Lingua e Traduzione Spagnola all'Università degli Studi di Palermo. Dottore di Ricerca in Lingue e Letterature Iberiche e iberoamericane presso l'Ateneo palermitano, è coautrice di libri per l'insegnamento dei linguaggi giuridico – amministrativo e del turismo (*Lenguajes en Contacto*, 2005; *Lenguajes y culturas en contacto*, 2007) e autrice di numerosi saggi sulla didattica dello Spagnolo come Lingua Straniera (E/LE). La sua attività di ricerca s'incentra soprattutto sulla linguistica applicata: dagli studi sui meccanismi di codificazione e ricezione del testo (2008; 2009) agli ultimi lavori dedicati all'oralità trascritta e tradotta- ai contributi che analizzano il rapporto tra pragmatica e dizionario accademico (2012) e uno studio sulla macrostruttura dei dizionari analogici e combinatori monolingue (2014). In ambito letterario ha lavorato sulle diverse forme di codificazione linguistica dell'odio *cainita* (2002) e sull'apparato retorico delle lettere pastorali dell'episcopato spagnolo all'inizio della guerra civile (2006). Recentemente (2013) ha analizzato la presenza di parole e immagini della religiosità ottocentesca nella rivista "La Ilustración Española y Americana."

Cinzia Spinzi

Cinzia Spinzi è ricercatrice di Lingua e Traduzione Inglese presso l'Università di Palermo. Ha conseguito il Master in Translation Studies presso l'Università di Birmingham e il dottorato di ricerca in Inglese per Scopi Speciali presso l'Università di Napoli, Federico II. Il suo campo di ricerca è costituito dall'applicazione delle tecniche della Corpus Linguistics nel linguaggio dell'ecoturismo e in quello politico/diplomatico ai fini dello studio dell'ideologia e della traduzione. Al linguaggio diplomatico si ricollega il suo recente interesse per la mediazione linguistica e culturale. E' co-editor di una rivista internazionale "Cultus: the journal of intercultural mediation and communication". Fra le sue pubblicazioni si segnalano due monografie e vari articoli che ripropongono la stessa metodologia della linguistica dei corpora per fini traduttivi nel campo dell'ecoturismo e della diplomazia britannica.